李雲漢——著

懷元廬存稿之二

懷德與憶往

自序

這是一冊紀念文集，共收入我多年來撰寫的紀念文字六十一篇，文主只有五十四位。以文主與我的關係為區分界限，可分為六部分：師長、鄉賢、上司與同僚、學術界友好、同學、門生。文體及篇幅雖不盡同，中心觀念則只有一點：表達最誠摯的感激、懷恩、悼念與惋惜！

一

師長部分，係紀念我中學及大學時代的十位恩師。

中學時代的師長有四位：前山東省立昌樂中學教導主任滕振鐸化文先生、教務主任王懷中亦民先生、校長霍樹枬梓坡先生、及前澎湖防衛司令部子弟學校校長王志信篤修先生。滕、王、霍三位先生是在山東省立昌樂中學教過我課的業師，王校長志信先生則係內子韓榮貞女士中學時代的校長，我自始即事之以師禮，情感之篤厚一如業師。四位先生均於民國三十八年（一九四九）自山東來臺，繼續服務於教育界，直到退休。我夫婦與四位先生時相過從，有緣繼續沐受教誨，真正是終身師生緣份，不僅有至德，抑且懷深恩，尤以滕師化文、王師篤修兩先生，直接感受上就是我夫婦在臺的家長。

在臺灣，我是國立政治大學研究部在臺復校後第一期研究生，讀教育研究所。師長中，有四位先生和我的關係最密切，我都曾在他們身後撰寫專文紀念。四位先生是：羅家倫志希先生、黃季陸先生、楊亮功先生、陳雪屏先生。羅、黃兩先生，均為我在中國國民黨中央黨史會暨國史館服務時的先後任首長，於師生關係外尚有長官與部屬關係，追隨均在十年以上，係對我一生中影響最多的兩位師長；因此在兩位先生過世後，我曾不止一次的為文哀悼，本集收入羅師紀念文四篇，黃師三篇。楊亮功先生，是我碩士學位論文口試時的口試委員，他晚年主持中山學術文化基金會時代，和我接觸甚勤；我曾參與編纂楊師的《年譜》，楊師也多次以其著作相贈，對我無話不談，關懷備至。陳雪屏先生，是政大教育研究所首任所長，我直接承受教誨有二年之久，對治學門徑及研究方向，多所提引。由於陳先生後來出任政府公職，見面的機會不多，然晚年每次見面，都垂詢殷殷。他於九十九歲高齡駕鶴西歸時，我不在國內，因撰文以申哀思。

師長輩中，方永蒸蔚東先生是比較特殊的一位。他是東北籍的老教育家，抗日戰爭勝利後，出任國立長白師範學院院長，於民國三十八年（一九四九）率領全院師生自東北輾轉遷徙至海南，最後渡海來臺，其忠貞愛國的志節與氣魄，國人無不額手同欽。我未曾跟方先生讀過書，只於他擔任臺灣省行政專修班教育行政科主任時做過一年的助教，因而建立了師生情誼，不時相見，直至他以一百零三歲高壽辭世。

劉真白如先生曾任政治大學教育研究所所長，那時我已畢業離校，惟每有機會見面，仍以老師稱之。民國八十五年（一九九六）我退休後，劉先生正主持中山學術文化基金會，聘我為學術著作獎審議委員會委員，繼又聘為董事，得以親接清誨一十六年，直至其以一百晉一高齡謝世。我曾撰有數文論及與白如先生的師生情緣，以本集所收〈當代人文教育大師劉白如先生〉及〈我所知道的劉真白如先生〉兩文，雖略有重複處卻較為完整而平實。

二

鄉賢部分，收入九篇紀念文，分別紀念八位與我關係密切的昔日山東政、教、軍界鄉前輩。八位先生是：前昌樂縣縣長、第八區行政督察專員兼保安司令、保安第一師師長、山東省政府委員張天佐仲輔先生；前昌樂縣縣長、第八區行政督察專員暨省政府委員程鈺慶韞山先生；前昌樂縣政府教育科督學、三民主義青年團山東支團昌樂分團部書記、臺灣省立大甲中學教師王華軒先生；前國民參政會參政員、第一屆立法委員王仲裕先生；前三民主義青年團山東支團部代書記、第一屆立法委員宋憲亭先生；前第十一綏靖區青年教導總隊總隊長、國立山東大學教授、國立中興大學農學院教授陳孝祖繩伯先生；前第十一綏靖區司令官兼行政長、臺灣中部防守區司令官、金門防衛司令官、陸軍總司令、中央信託局董事會主席劉安祺壽如上將；大成至聖先師孔子奉祀官、第一屆國民大會代表、考試院院長孔德成達生先生。八位鄉先生，除張天佐先生係於民國三十七年（一九四八）四月山東昌濰戰役壯烈殉職外，餘均來到臺灣，我因而有機緣相識，並能於彼等仙逝後為文悼念。

我於八位鄉先生，誼屬晚輩，雖然結識的時間及過程各不相同，然彼等對我的愛護以及我對諸鄉賢的敬仰情愫，則始終如一。張天佐先生，是一位政績卓著的縣長，為抗日、反共名將，也是我中學母校創辦人及衛護者，我等學子視之為保姆。在家鄉，聽過他不少次講話，卻並不相識。張夫人李佐卿女士於民國三十八年（一九四九）來到臺灣後，居住臺中，我於四十六年（一九五七）初到臺中工作時，始得緣相見，我以伯母稱之。張伯母右鄰，即曾於民國三十七年（一九四八）繼張天佐先生出任昌樂縣縣長的程鈺慶先生。程先生在戰前及戰時，長期擔任昌樂縣政府秘書，我父親喜歡稱他為「程老秘」，因此我於相識後，尊稱他為程伯伯。四十六年（一九五七）十月我結婚後，曾在臺中宴請諸鄉友及黨史會同事，張伯母與程伯伯都親臨參加，程伯伯並以我故鄉老縣長身分講了話。王華軒先生，在昌樂故鄉時就曉得他，但未曾談過話，到臺灣後也緣慳一面。然當趙光家顯庭先生告知華軒先生在大甲的教學成就之後，欽敬之心油然而生，撰文表彰他為夕陽古道中少見的教育界典型。

在臺灣，我認識的山東籍第一屆立法委員有六位：前國立山東大學教務長、名法學家杜光塤毅伯先生、前善後救濟總署魯青分署署長延國符（瑞琪）先生、前山東省政府魯南辦事處秘書長趙公魯先生、前國民參政會參政員王仲裕先生、前三民主義青年團山東支團部代書記宋憲亭先生、前山東《民國日報》、北平《華北日報》、臺北《山東文獻》總編輯宋梅村先生。六位先生謝世後，我撰專文表達哀思的，只王、宋、宋三先生。王先生，我有兩次和他見面：一次是在臺中，聽他報告山東老革命黨人鍾孝先先生的生平事略，談到當年的艱難困苦，他哽咽至言不成聲；一次是我去他北投的住所訪問他，談《山東革命黨史稿》的編纂過程及推廣問題，我建議就原稿影印，以存其真，他接受了。王先生過世後，他介弟服務於臺灣省政府的王仲懿先生希望我寫篇紀念文，我樂於從命，並稱譽王先生為「革命黨人」，以彰顯他早年革命黨人的本色。宋憲亭先生，抗戰末期曾駐節我縣昌樂，亦曾到我校檢閱過三民主義青年團團員，並曾於抗戰勝利後主持過全縣的慶祝大會，我的印象特別深刻。但與宋先生直接接觸，是到臺灣以後的事。由於他的公子宋鐸是昌樂中學比我晚幾級的同學，我稱宋先生為伯伯。公私兩方面，我和宋伯伯接觸最多；因而於他逝世後，我情不自禁的要為文哀悼。宋梅村先生謝世後，曾以「宋梅村淡泊名利」為題，撰文紀念。

陳孝祖先生和劉安祺上將，是山東流亡學生的大家長，也是大恩人。民國三十七、八年間，如果不是陳先生提議，劉先生核可，適時於青島成立青年教導總隊來收容我們這些流亡學生，帶我們到臺灣來，我們不可能有今天。當然，我在青年教導總隊做學生兵時代，不可能與高高在上的兩位長官有任何私人間的來往。我與陳先生有直接接觸，是在四十六年畢業於國立政治大學教育研究所以後的事。陳先生已脫離軍職，受聘為國立中興大學教授，我因改稱他為陳老師。從四十六年至八十五年的四十年間，師生間不時晤談，未曾間斷。陳先生又向老司令官劉安祺上將引荐我，因得與劉先生有了往來，記不清見過多少次面，吃過多少次飯。我不再稱他為司令官，像其他鄉人友好一樣，敬稱他為壽公；他則逕呼我的名字：雲漢。兩位先生係在同一年度內辭世，我都親與喪禮，並曾為孝祖師請准覆蓋黨旗，親任覆旗委員。

與孔德成先生相識，始源於鄉賢楊展雲鵬飛先生發起創辦《山東文獻》季刊。楊先生原擬推請孔先生為發行人，孔先生以身為公務員不宜擔任其他職務而謙辭，卻力為贊助，參加多次籌備會議及餐敘。我有幸參與編輯委員會，因得於餐會時敬陪末座，因而與孔先生相識。另一因緣為中山學術文化基金會，孔先生為副董事長，我為董事，因而有了「同事」之雅。他謝世後，我當然要為文悼念。小人所能，唯此而已！

三

上司與同僚，係我服務於中國國民黨中央黨史委員會時期的數位上司及同事。本集收入紀念文十篇，紀念：三位老上司：前中國國民黨中央黨史委員會主任委員秦孝儀心波先生、前中央委員會秘書長馬樹禮先生、前中央常務委員中央日報社董事長曹聖芬先生；四位同事：前黨史委員會副主任委員陳敬之伯誠兄、林徵祁兄、纂修劉宗向紹唐兄、前中央秘書處主任廖風德兄。

七位先生中，以秦心波先生和我的關係最深。秦先生主持黨史會十五年，其中有十二年，我是他的副手，退休時又強力推薦我為他的接班人。兩人的關係，以公，為上司與下屬；論私，則在師友之間，於治事處人方面，我確從他處學得了很多。因此，在公祭典禮中，治喪會暨家屬均認為由我來報告心波先生的生平行誼，最為適當。他於行政長才之外，是飽讀經籍的學者，詩人，更是當代唯一著名於世的篆書書法家。心波先生前年贈送我的那部《秦氏大小篆三種》，在我有生之年常置案頭，不時翻閱，見書如見人也！

馬樹禮先生是報人，印尼獨立運動史專家，第一屆立法委員，外交官，也是中國國民黨的「高幹」——曾任主管海外黨務的中央委員會第三組主任，中央委員會秘書長、中央評議委員主席團主席。他受蔣經國故主席之召由日回臺出任秘書長時期，我任黨史委員會副主任委員，因此我在紀念文中，標題為「我的秘書長老上司」。但，我和馬先生在學術方面的交往益深，引為知友，則是在他晚年主持逸仙文教基金會時期。他的道德、操守、學養，都有長者之風，為一代典範。

我與曹聖芬先生的交往，始於一本書。是在民國六十二年（一九七三），我四十六歲，臺北市新聞記者公會決定請人為兩位元老記者各寫一種可讀性高的傳記：一是于右任傳，一是陳布雷傳；前者邀我來寫，後者邀徐詠平執筆。聖芬先生是新聞記者公會理事長，和我素昧平生，他是接受中國時報副總編輯常勝君（崇寶）兄的推薦而邀我。我把書名定為《于右任的一生》；成稿之後，送聖芬先生親為審閱。聖芬先生深感滿意（係中央日報副總編輯任熙雍兄見告），此後即締為文字交，信函往還，歷三十年。我見面，總稱他為聖公，或聖老，他則以小學弟視我，稱我雲漢，並說：「你在政校的輩分太低」。他謝世後，我參加了他的告別式，也以不捨的心情，寫出〈追思雙清老人曹聖芬〉一文，附印了他寄我的一封親筆信，以申哀思。

陳敬之與林徵祁兩兄，是與我同時擔任黨史委員會副主任委員的同僚；不過，兩兄任職時間卻是一先一後。敬之兄是與我同時到職的；他在大陸湖南，曾做過縣長，來臺後任職於中國國民黨中央黨部暨總統府，文筆不錯。在黨史會只做了三年，就屆齡退休。很不幸，退休甫月餘，即以胰臟絕症棄世。繼敬之兄職務的，是前中央通訊社社長、香港時報社董事長林徵祁兄。徵祁兄到職後次年，復應召出任中央日報社董事長，我為董事，於是成為「雙科同事」，也因此我稱他是「游刃於新聞與歷史之間」的朋友。我與陳、林兩兄，各有所長，亦各有所短，適可相匡互補，合作無間。迄今想來，記憶猶新，而兩兄墓木亦已拱矣！

《傳記文學》出版社與《傳記文學》雜誌社社長劉紹唐（宗向）兄，是我的同事，更是我的知己好友，我夫婦與紹唐兄嫂都相熟稔。說同事，是因為我和紹唐兄曾同時擔任過黨史會纂修，還有蔣永敬兄，三人氣味相投，志趣契合，稱之為「三老纂」。創辦《傳記文學》，是紹唐兄一生最大也最成功的事業，朋友們盛稱他是「以一人敵一國」的文化界巨擘。我是《傳記文學》雜誌的基本讀者與作者，紹唐也把我和蔣永敬兄看作是《傳記文學》圈內人，多數座談會及學術活動都邀我倆參加。他過世後，我和內子曾冒著滂沱大雨去第一殯儀館景行廳參加他的告別式，情不自禁的流下了眼淚。我也不只一次參加紀念他的座談會，寫過數文，而以〈我所知道的劉紹唐〉最能表達真摯的情感。

廖風德原是政大歷史系教授，與我有同事之誼。他太太郭芳美讀政大歷史研究所碩士班時選讀過我的課，風德因此也稱我為李老師。他受邀參與黨務工作後，先後出任中央祕書處主任及中央組織發展委員會主任，成為我的同僚。他於民國九十七年（二〇〇八）總統選舉，著有功績，曾被內定為內政部部長，前程似錦。不意就在此際，竟因登山跌倒，心肌梗塞，延誤送醫而喪生。我聞此耗，不勝痛惜，立即為文哀之，且自儆焉！

四

學術界友好圈內，收入十二篇文章，紀念十三位好友。

梁永燊、瞿韶華、林衡道、潘振球四位先生都是學術機關主管，由於共同舉辦或參與當代史的學術活動而相識，成為同道好友。四位先生，各有自己的專業範圍及輝煌建樹，也都是功在國家的政學雙棲人物，卻也都不失高級知識份子的真情本色。我與四位先生交往多年，極為愉快。梁永燊先生應該算是英年早逝，我以未能親赴香港致祭為憾，只寫一篇紀念文表達心意。瞿韶華先生在國史館館長任內，與史學界諸友推誠合作，與我更有相見恨晚之感。他謝世後，我為治喪委員，親率黨史會同仁參與祭典。林衡道先生，出身於板橋林家，民族主義思想甚濃。他主持臺灣省文獻委員會時期，每年都舉辦臺灣史蹟源流研習會，邀我講述「國民革命與臺灣」課程，並參與他主持的臺灣史蹟訪查活動，頗感其愛國情殷，反共意志亦極堅強。他過世時，我不在國內。其後由中央研究院近代史研究所所長陳三井教授告知情況，邀撰文紀念，我欣然從命。潘振球先生擔任中國青年反共救國團主任時即曾相識，交往最頻繁的時期為他出任國史館館長之後。兩人史學觀念相同，也都具有一種強烈的歷史使命感，相處極為愉快。

國內的沈雲龍、宋晞與旅居美國的唐德剛三位先生，是國人熟知歷史學界名家，也都是與我有三十年以上友誼的好朋友；沈、宋兩人的逝去都由於意外：沈雲老係因心臟病突發而猝逝於討論會會場中，宋旭老則是於晨間散步時在馬路上為一摩托車撞倒而不治。我都曾參加兩位老友的喪禮，也分別撰文表達追思與悼念。唐德剛晚年頗受病災之苦，然高齡已屆九十又三，著作等身，宜無憾也。回憶在哥倫比亞大學與德剛相處情形以及在臺北多次餐敘時的說古道今，他的聲音笑貌又不時出現在腦板上。

張佛千先生是藝文界名士，我因劉紹唐兄的媒介與之相識，敬稱他為佛老。他住在金山南路的一所公寓，「往來無白丁」，美女弟子甚多，我羨慕他的生活有如神仙。因此追念他的文字，標題為〈願佛老永遠優遊如仙〉，也將終生保存著佛老贈送我夫婦的那首嵌名詩。

葉明勳，新聞界的元老，也是教育界的前輩，曾任中央通訊社社長、自立晚報社社長、世新大學董事會的董事長。然而，我有緣識荊卻在他的晚年。最愉快的時段，是受行政院聘任一同參加二二八事件研究委員會的兩年間，他和陳重光是召集人，我是委員，每次會議後由兩位召集人輪流做東，讓大家吃得豐盛，談得盡興。他夫人是著名女作家華嚴女士，曾將其主要著作送我一份；女兒是旅美史學教授葉文心博士，也是時常在學術討論會場合見面暢談的朋友。

李海天先生是位成功的企業家，他的事業在日本橫濱，因此也被視之為重要的旅日僑領。在國內，曾數度當選為僑選監察院監察委員及立法院立法委員。我因於民國七十年（一九八一）去日本橫濱出席一次國際學術會議而與他相識，其後並曾兩度應他邀請去東京在學術討論會中作主題演講。他的去世，對中日關係未來的發展，當然會有相當程度的影響。

王愛生女士是劉紹唐兄夫人，也具文才。龐登龍先生是前臺灣省青年服務團暨行政專修班的老上司，我與內子都事之以師禮。兩位在同時間內棄世，所以合為一文悼念之。我曾參加龐先生的告別式，並為行專同學的主祭人。劉王女士告逝，則因未接獲任何資訊，悵然久之。她繼承了紹唐兄的遺志，把《傳記文學》月刊交與世新大學成氏姐妹（成露西、成嘉玲）接辦，長期延續下去，誠屬難能可貴。

楊茂林先生是前臺中商業專科學校教務主任，他及夫人黃素琴女士，與我夫婦誼屬同事，已有五十多年的友誼，子女們也都相熟識，稱得上是「通家之好」。兩家本來都住臺中，其後先後遷居北市，每過段時間，兩家夫婦即邀約餐敘，迄未間斷。茂林兄九十五歲大壽賀宴，我夫婦應邀出席，見其精神智力都還剛健，初不意未及一年即以辭世聞！默念其一生際遇，福壽雙全，應無遺憾。

五

我初至臺灣時，二十三歲。和我年齒相若之小學及中學同學，先後來臺者，數在百人以上；和我同班以及時相過從的同學，有三十餘人。六十多年後之今日，已有半數同學離開塵世矣！算算看：年級比我高者，有吳湘永、李瑞、劉誠心、劉新民（成棕）、李建坡（復興）、鞠鴻文、崔廷選（弼臣）、王祥鑑、張春興等；同班者，有馬大忠、滕欣榮、趙世傑、許衍潤、劉百魁、程威海、馬大信、滕興華、陳會傑等；年級低於我者，有尹慶山、孫國勛、王者光、張來禧（至礽）、張瑞岐等。逝者喪禮，自難一一到場，限於時機及資訊，亦不可能多所著墨，然有十位最親近之同學，我曾含淚執筆一吐心聲！

十位同學中，只河南省籍之姚潤身一人，為前臺灣省青年服務團同隊同班同學。其餘九人都是山東省立昌樂中學同學，六人為同班，三人為晚幾級的學弟。同班六人是趙世傑、劉百魁、程威海、馬大信、滕興華、陳會傑；學弟三人為孫國勛、張來禧、張瑞岐。除張來禧、馬大信的告別式因事未能到場致祭外，餘人我及內子都曾趕往醫院或殯儀館見他們最後一面，送他們最後一程。難過，是當然的，但不過度悲傷！我等年齡差不了幾歲，只是早一步晚一步而已！

六

我曾在臺灣四所公私立大學兼任教職三十年，並曾應聘為碩士、博士論文指導教授。二十年前，出版學術自敘傳《史學圈裏四十年》一書時，述及我指導過學位論文的十七位研究生，都是時當盛年，為當前史學界的菁英：不意五年以後，即陸續有中國時報副總編輯蘇墱基、世新大學教授陳曼玲、國史館纂修王正華，以研究孫中山先生行誼思想為專業而往來臺海兩岸的莊政教授，英年早逝，令人惋惜！我分別參加了他、她的告別式，也私下寫了悼念文字，來表達白髮人送別黑髮人的椎心之痛！

本集所收六十一篇紀念文字，有二十九篇已經發表過，都是直行豎排的原版印刷體文字。另三十二篇是未曾發表的文稿，又有兩種形式：一為直行手寫稿，有三篇；一為橫行打字稿，有二十九篇。蓋我於民國九十四年（二〇〇三）以前，習慣於手寫，其後則改為在電腦螢幕上打字。這次由秀威資訊統一編排，清楚多了，也要對秀威資訊諸先生，表達由衷的謝忱。

中華民國一百〇七年（二〇一八）七月，
李雲漢記於臺北市文山區木柵路三段六十九號
「仁普世家」六樓之三寓所。
年齒已達九十有二，電腦打字尚無大礙，亦云幸矣。

目次

一、師長

長懷滕師化文先生的恩澤

首蒙恩澤

我中學時代受過課的師長，有三十多位。民國三十八年（一九四九）先後來到臺灣的，有霍樹枏（梓坡）校長、霍樹棻（蘭村）老師、王源河（星垣）老師、滕振鐸（化文）老師、趙設科（立文）老師、王懷中（亦民）老師、徐金誥（晉三）老師、王爾昌（聖俞）老師、朱既章老師、黃桂顯老師、叢樹林老師，共十一位先生。朱、黃、叢三位先生，始終未曾再見面，徐金誥先生、王爾昌先生，只在臺中見過數面；其他六位先生在世時，則經常有聯絡，亦不時見面承教；其中相處最久，教誨最多，恩澤最深的一位師長，乃是當年的教導主任滕振鐸師化文先生。

我讀小、中學，係在我國對日抗戰時期（一九三七－一九四五）。民國三十年（一九四一）七月，我畢業於昌樂縣立下皀戶小學，成績還不錯。可是次月升學昌樂縣立初級中學時，卻意外受挫。我小學校長鞠鴻儀（理堂）先生，認為評閱試卷有問題，要求重新閱卷；縣中校長劉裕坤（厚民）先生，擔心惹起更多麻煩，乃答允鞠校長讓我免試入學，先讀師範講習科。這時縣中採行教務、訓導合一制，教導主任即是化文老師。第二學期，學校升格為山東省立昌樂中學，教、訓分開，化文師專任訓育主任。讀師範，非我所願，因此聯合幾位情形相同的同學，向滕主任請求准予轉入初中部的中二級。這是我首次晉見滕老師，也是首次提出對我前途有深遠影響的請求。能否獲准，很難預測，因為耳聞滕主任行事嚴格，內心惴惴不安。沒想到，化文師了解我們幾個人的實際情形和意願後，立即准許了我們的請求，當時真有不勝雀躍的欣喜。有了這一步，我才能步入以後的正規升學坦途。這也是首次身受化文師的恩惠，終生難忘。化文師還怕我們幾個由師範轉入初中的人，英文程度趕不上，特地利用中午飯後休息時間為我們補習，每週一次。他要求很嚴格，言詞也很嚴厲，我們都萬分敬畏，因之進步也快。

戰時學校的老師們，好像每位都由縣政府配發一套軍服式樣的制服。劉校長穿的是黑色的；滕主任穿的是黃褐色的，有次看到他「全副武裝」，還打了「綁腿」，顯得很威風。其他老師則仍習慣於長、短裝，穿洋服的似乎只有教美術的王聖俞老師，學生們背後送他個外號：「藝術王」。

「圍著桌子轉」的全能老師

讀初中一年級時，化文師教我班英文，在其他班級則曾教過數學。因為他是齊魯大學天文算學系畢業，英文、數學都是專長，教起來自然順心應手。事實上，化文師被認為是一位「圍著桌子轉」（是我們家鄉的一句俗話，意思是樣樣都行。）的全能老師，凡是教師請假或是一時請不到適當教師的課程，化文師就去代起來，絕不讓學生們「上空堂」。依我的直接經驗，化文師代授過「公民」和「生理衛生」，講來頭頭是道，引人入勝。這是他的真本領，也是他勇於負責的美德。不管是六十年前的當時，或是二十一世紀開端的現在，這樣健全的老師，的確難以尋覓。

化文師教我們英文，方法也很活潑，新穎。有些課文，編成歌曲，教大家來唱，興致盎然，歷久不忘。我至今仍熟記一課可以歌唱的童話式課文：

Ba, Ba ,black sheep,
Have you any wool?
Yes Sir, Yes Sir,
Three bags full.

民國三十四年（一九四五），我讀高中一年級。暑假期間，昌樂縣籍同學都回家去了，家鄉已淪入共黨統治而無家可歸的外縣籍同學，仍然留在學校中。高中部主任鞏章武（憲文）先生，為這些同學開辦了一個為期六週的「傳譯班」，分組學習英語及日語，期能配合傳言盟軍將在青島登陸時之傳譯人才需要。我本已回到家中，卻又受到共軍的突擊，不得已又回到學校。鞏師了解我的情形後，特准我參加「傳譯班」的英語組，我因而有了第二度跟化文師受教的機會。當時教英文英語的教師有三位：一是滕師化文，教英語會話；一是趙師立文，教英文文法；一是朱師既章，教英文佳作選讀。化文師的課雖是「會話」，但不取面對面對話方式，而是選讀海上冒險的文章，其中有對話，也有各式表情及動作，叫我們身歷其境般作言詞及動作表達，效果不錯。立文師比較嚴肅，要求也嚴格，大家的心理負擔很重。既章師喜歡講各式各樣的英語，我不大能領略其意義。抗戰勝利之日，朱師眉開眼笑的用英語向我們報告這一喜訊，我倒是印象深刻。「傳譯班」同學後來來到臺灣的，只王銘箴（當時係讀高中三年級）學姐和我；本年三月一日，昌樂中學同學在國軍英雄館迎賓廳春節餐會中，我還對銘箴姐談起當年傳譯班的情形，覺得很有趣。

師生相聚於桃園中學

化文師初來臺灣時，係在中部的中學中任教，情形我不甚了解。民國四十二年（一九五三），我在鳳山陸軍軍官學校預備軍官訓練班受訓期間，得卞玉玟兄來信告知：「我們的滕老師已來省立桃園中學任教，興華兄也轉職到桃園來。」興華，是化文師長公子，與姐姐愛華，初、高中都與我同班。這年七月，我軍校預訓班受訓結業北返臺北後，就與玉玟兄一道去桃園中學拜候滕老師。這是來臺後首次和老師見面，聲音笑貌一如往昔。興華兄本是身材苗條的帥哥，這時卻有點發福了。次年（民國四十三年，一九五四）

一月，陳會傑兄與劉景芬小姐在臺北市的銀翼餐廳舉行結婚典禮，化文老師是主婚人，我是來賓。會傑兄是我同班同學中第一位走上紅地毯的人，我為他高興，也很羨慕。沒曾想到，三年又十個月之後，老師又在臺北為我主婚。這一緣分，始於我的女友韓榮貞小姐之就業於桃園中學。

榮貞係於民國四十五年（一九五六）七月，畢業於臺灣省立法商學院大直分部，緊接著就是就業問題。她已順利的考取應屆畢業大專學生就業考試，臺灣省政府也已發給她派令，派往高雄市政府教育局工作。因此，就業本不是問題。但我們不願意離開北部：一則她計畫繼續回法商學院進修；一則我在政大雖已通過碩士學位考試，然仍須留校一年補讀大學本科所缺的二十幾個學分。最好能在臺北市或臺北縣，找個中等學校教職。我們也曾努力過，卻未能如願。因而想到桃園中學：一則有老師在那邊，事事都有個照顧；一則距臺北不算遠，不影響榮貞的進修計畫。因此，我們懇託中國青年反共救國團總團部婦女組組長許素玉女士，給桃園中學校長曹沛滋先生寫了介紹信，由我帶往桃園中學面請化文老師轉交，當然也懇請老師運用他的影響力，玉成此事。化文師很高興，他也轉請教務主任王文坦先生幫忙。初步得到的反應是：「有希望」；我當然很興奮，回到木柵政大宿舍中等候信息。

大概是在兩個星期之後，接到化文老師一封親筆信，告訴我：「榮貞的事已成，希早日前來辦理報到手續。」太好了，我迫不及待的跑去大直向女友報告此一佳訊，並與她商定於第三日前往桃園拜謝滕師並向桃中報到。我倆乘坐火車去桃園，出站後步行沿成功路前行，在成功橋頭遇到時任桃園中學總務主任的鄭培仕先生（鄭先生不久即出任中國國民黨桃園縣黨部主任委員），他很高興的說：「韓小姐已被安排在女生部教英文課」。到老師宿舍見到老師和興華兄，榮貞雖係首次相見，卻有賓至如歸的感覺，化文師也把她看作是自己的學生，了無隔閡。當晚，我和興華兄即送榮貞去女生部的宿舍中安頓下來，我再回政大，心中頗有幾分心想事成的快樂。

民國四十六年（一九五七）二月，化文老師應曹校長之請，接任訓導主任職務。他曉得我政大的補修學分將告結束，希望我去接任訓育組長，為他分一點勞，我立即遵命到職。不過，每週仍有一天半時間，要回政大做功課。化文師寫信給任教於新竹市立一中的王亦民老師，告訴他接掌訓導主任且有一「李姓生」來協助，王師回信中就說：「兄提及之李姓生，我猜是李雲漢。」化文師把王師回信交我一閱，我感到自己的責任更重了些。

跟老師做事一學期，是一段極為愉快的歲月。化文師授權於我，訓導處內諸同仁相處和諧，教高二的一班國文及高三的一班三民主義，也不算累。下班後及晚間，和老師及興華兄談古論今，真是人生難得的樂趣，也是一種高品格的享受。老師對我無話不談。他說，曹校長喜歡用山東人，因而教務、訓導、總務三處主任都是山東人；但也看不起山東人，說：「你們山東人只能當『二把手』，不會當頭頭。」

有一次，談到學生愛國運動的事，化文師對我說：「我在大學時代也曾是狂熱的愛國者。情願從家鄉繞道壽光縣的羊角溝，再搭船沿小清河上駛去濟南，多化兩天時間；而不願搭乘日本人管理下的膠濟鐵路火車，當天即可到達。」對我們幾個常在他身邊的同班同學，老師也曾評論：「你們幾個人，各有所長。你，書讀得不錯；興華，人最厚道；論奮鬥精神及創業治事能力，應推威海。」對我不經意在言詞及動作上的一些小毛病，老師也不客氣的當面糾正。

為我主婚

我樂於到桃園中學客串教師的另一原因，是便於多和女友見面。我和榮貞相識已兩年多，兩心實已相許，彼此間信心十足。化文老師是長輩，卻希望我們早日結婚，了卻一樁心願。他已主動向學校為我們要房子，也當面催我們早日完成終身大事。我還沒有正式就業，手頭空空，怎敢奢言結婚！我向老師說明此情，老師卻反問我：「你到甚麼時候才有錢？我看你到我這樣年齡，也不會有錢。」我真的無詞以對。經與榮貞商量，為了叫老師放心，我們先訂婚。老師高興了，他親筆為我們填寫訂婚證書，字極工整而有力。這證書，我一直珍藏著，視作是重要的家乘文件。

四十六年八月，我正式就業：服務機構是中國國民黨中央黨史史料編纂委員會（簡稱黨史會），職位是編審，辦公地點遠在南投縣草屯鎮郊外的獨立院落「荔園」。兩人南北分開，實在很不方便，因而決定於十月六日結婚，明年春初將在臺中建立新家。然而我們都很窮，婚禮不能不力求儉約。榮貞的旗袍是劉成仁送的，我的西裝是代杜奎英兄（政大政治研究所第二期同學，去日本參觀旅行了）去建國中學夜間部授課一個月的鐘點費，一套小型籐桌椅是滕興華兄給買的。我另向高明敏兄（政大教育研究所同班同學，此時為彰化溪州中學籌備主任）借了一千元，應付有關必要的開支。婚禮簡單得有點不好意思，我在〈我家三遷〉一文中，作過如下的回憶：

> 談到我們的婚禮，也簡樸到有點出奇。我倆都是就業未久，毫無積蓄的「窮措大」，不能不處處撙節，能省則省。婚禮是在臺北市濟南路臺灣省社會服務處的禮堂舉行的，自然比租用大飯店的大會廳便宜多多。結婚當日上午，我倆是從桃園搭乘公路局普通班車來臺北的；婚禮過後，則是借搭中國國民黨桃園縣黨部主任委員鄭培仕先生的便車。內子未請化妝師，只由她大學同班同學毛志文小姐來幫忙。女儐相是請內子好友時正就讀臺大的李鑫小姐來權充。男儐相則是臨時拉差，找胡佩璋同學伴我亮亮相。兩位介紹人，也是拉來的中學同學好友：我找滕興華兄，內子找來了邢紫劍小姐。
>
> 婚禮雖然近乎草率，氣氛卻極為熱烈，馥郁。三位長輩——證婚人黨史會主任委員羅家倫先生，我的主婚人省立桃園中學訓導主任滕振鐸先生，內子的主

婚人蒲臺縣國民大會代表胡月村先生，都未因婚禮的儉約而稍露不齊。師長、鄉友、同學、同事也都親臨祝賀，禮堂有爆滿之勢。政治大學教務長浦薛鳳師即站在門外，等我禮成步出禮堂時才見到他，真是又感激又抱歉。

化文師已不單單是業師，而是我名實相副的家長。婚禮次日，我們在桃園設宴答謝桃園中學的友好，化文師即以家長身分講了話。慚愧的是，我始終都未對化文師作任何形式的禮謝，不更世事，是個不折不扣的傻書呆子。我倆於婚後去臺中及日月潭住兩日，算是「渡蜜月」。曾在日月潭德化社土產店內選購一條手杖，回來送給化文師。事後一想，這事做得不妥當。老師這年才五十八歲，怎能用得上手杖呢？真糊塗！前些日子，我夫婦去桃園探望興華兄嫂，興華兄把這柄手杖拿出來，問我還記得否，我不禁又驚又喜！五十年前的舊物，興華兄仍然保存得好好的，老師在天上也必然感到好玩，笑我當時是個愚蠢得可愛的小傻瓜！

為老師作〈事略〉

人是萬物之靈，自己的智慧和毅力可以主宰大部分事務，卻絲毫無法來影響應享的天年，這是人生最無可如何之事。化文師性格爽朗，心胸開闊，健康狀況一向良好；上帝卻只賦予他六十七年歲月，於民國五十五年（一九六六）三月召回天國。當時我住臺中，於老師舉行告別式之日，一大早就趕往臺北市第一殯儀館，在太平間瞻仰老師遺容，哀思洶湧，淚流滿面。去會傑兄和平東路住所小坐，一見面，竟又悲痛失聲。下午祭典完畢後，隨車前往火葬場，恭送老師最後一程。興華兄噙著眼淚對我說：「回去吧，告訴榮貞，放心，我會勇敢的撐下去！」

我一直想寫點東西來紀念化文師，卻由於出國進修以及工作的忙迫，始終未曾動筆。直至民國七十七年（一九八八）四月，故鄉淪入共黨統治四十週年之期，我應昌樂旅臺同鄉聯誼會負責人趙光家（顯庭）先生之邀，與兩位張同學（來禧、瑞岐）共同籌編《昌樂文獻》專書時，才商請興華兄提供若干資料，據以為老師寫了篇簡單的〈事略〉，刊於「鄉賢傳略」欄內。全文如下：

滕化文先生事略

滕先生名振鐸，字化文，人皆稱其字。昌樂縣營邱鄉徐家河口村人。清光緒二十六年（民元前十二年，一九〇〇）九月十四日出生於原籍，民國五十五年（一九六六）三月二十四日病逝於臺北，享年六十七歲。

先生全家，均為基督教信徒，故就讀教會學校，畢業於濟南齊魯大學天文算學系。他是個絕頂聰明的人，文理各科，都有專擅。愛國觀念尤強，憤於日本侵略，捨膠濟鐵路（當時在日人管理下）火車，而步行至壽光羊角溝，再搭小船去濟南。師友聞之，無不敬佩，然先生從不對外人提及；他認為不坐日本人火車，是中國人應該做的事，人人如此，日本就非失敗不可。

先生一生，以從事教育事業為職志。歷任安徽省立宿縣中學教員，營口私立培真書院教務主任，濰縣私立廣文中學教員，壽光縣立中學教員。抗戰開始後，一度參與昌樂縣動員委員會工作，旋又回到教育界，先後擔任山東省立第八聯合中學教員，山東省立昌樂中學教導主任、訓育主任。抗戰勝利後，應聘為青島扶輪中學訓導主任。三十七年來到臺灣，初任臺灣省立大甲中學教員，繼轉至臺灣省立員林中學任教，復於四十二年應臺灣省立桃園中學之聘，先後擔任高中部主任，訓導主任、女生部主任等職，直至五十三年五月退休。

先生為人達觀，體質素健。不意天不假年，竟因心臟病發於五十五年猝逝。先生有二子二女，次子留大陸原籍，長女愛華長居國外，長子興華、次女麗華在臺，亦各成家立業，其子女亦長成。興華以教學為業，並肩負學校行政，任勞任怨，負責盡職，學校同人無不欽佩稱讚，亦吾昌樂鄉人之光榮也。

滕師〈事略〉，原刊於《昌樂文獻》二五六頁，筆者並未署名。我與榮貞結婚已屆五十週年矣，感念師恩，因有此文之撰述，乃我金婚紀念作品之一。

中華民國九十六年（二〇〇七）
二月二十八日（星期三）傍晚，
八十一歲中老年人李雲漢
記於臺北文山木柵路三段六十九號六樓之三寓所。
前塵往事，猶歷歷在目也。

王師亦民先生的一封信

清理舊文件時，發現了王師亦民先生的一封信，很高興，也很感動。王老師，名懷中，字亦民，山東諸城人，是我於抗日戰爭時期，在故鄉就讀山東省立昌樂中學時代的教務主任，曾教過我班的「歷史」課。初中時代，他對我似乎沒什麼印象。高中入學考試，我幸獲榜首，王師記在心裡。上第一堂課時，就說：「你們還沒選班長，我來指定吧！李雲漢做正班長，陳俊宅（五位免試直升同學之首位）做副班長。」這是我首次受到亦民師的「提拔」，當然內心裡感到幾分榮耀，也增加了幾分自信心。

亦民師是北京燕京大學歷史系畢業的高材生，為人信實圓通，人脈極佳，政治意識亦甚強烈。抗戰初期，他任教於山東省立第八聯合中學。民國三十年（一九四一）冬，第八聯中由於受到日寇的侵襲被迫停課後，一部分師生轉來昌樂中學，亦民師即在其列。他擔任教務主任四年，貢獻良多。抗戰勝利後，他離開昌樂中學，受任為青島扶輪中學校長。民國三十八年（一九四九）來到臺灣，任教於新竹縣立第一中學。我於民國四十二年（一九五三）五月，率領行政專修班教育行政科應屆畢業生前往新竹各中學參觀時，才又見到亦民師。分離已經八個年頭了，他的言語像貌沒有絲毫改變；我倒是有點變化；說好聽點，成熟了一些，已經是地地道道的成年人了。此後又隔了幾年，亦民師轉職至臺北北投的政工幹部學校，任文史系副教授，才又有了不時見面，談談學術問題的機會。這是因為：亦民師遷居北投，來往臺北市區方便多了，很多活動都可來參加；來臺昌樂中學校友每年春節過後，都舉行團拜餐會，每次都禮邀老師們參加；我和亦民師都是中國歷史學會會員，每年的年會及一些學術活動，都可碰頭，談一陣子。

亦民師和我於不時師生敘舊外，更有意義的，尚是彼此間的學術交往。這方面，有兩件事，印象特別深刻。一件事是：他的教授升等著作《中西文化交流的序幕》，曾要我提供寫作意見及主要史料。他約我在臺北中華路飲茶，借便談談寫作計畫的情景，記憶很清楚，他曾笑謂要請我做「論文指導教授」；結果功德圓滿，順利取得教授證書。另一件事：是亦民師教授的中國近代史課程，採用我的著作《中國近代史》作教科書，兩年後寫封親筆信給我，表示嘉許，也提出一些意見。這封信已有二十年歷史，亦民師亦已作古，原稿我仍然保存著，作為紀念，這是亦民師唯一留存的墨跡。信的原文如下：

雲漢學棣如晤：

採用吾弟編著之大學用書「中國近代史」已經兩年。多年來所採用之教科用書，以此書最為有價值，對口味。此書之編排十分科學，如每頁有註解，錯字極少，可與昔年之商務、中華相比。印刷又清楚，在目茫老花之人如我，即使不戴眼鏡，亦可閱讀自如。文字之通暢，更不待言。總之，採用此書，師生都感十分滿意，愉快。不多言。

此書分量很多，就一般用法講授，極難順利授畢。若提綱挈領，或重點講述，甚或指定閱讀，學生多半不甚習慣。所以只有每章每節甚至每段，簡單提示，以趕進度。好在只有自己採用此書，也不過於遷就進度，結果還算順利。

此書前部，比較熟習（悉），因已經教了幾十年。後半部，尤其政府播遷來臺，雖然諸事都係耳聞目見，且親身經歷，但記憶力衰退，講來比較不太順暢，可說稍感吃力。只要多閱讀幾遍，也就應付裕如了。

預習、講授，每逢有點疑慮，或者詞字為手民錯置者，立即記下。茲將累積之四五十條，列出以供吾弟參考。若認為正確，可於再版時參考；若認為無必要者，則作罷。有幾處，是過去講授常死板板的那麼發表，不一定對，只看作有此一說而已，不必重視。吾弟處原始資料多，又常出入於檔案史料之叢，自可即刻迎刃以解；而我手頭則甚缺乏，故常有些疑慮而無法作決，是一憾事。

第二版不便訂正，可於書後附一勘誤表。

七十六年一月十七日　懷中筆記

亦民師信後，附列了四十八條意見，希望我「參考」。我仔細的讀過數遍，凡是明顯的誤筆，立即函請三民書局於再版時修正；涉及有爭議之人或事件，就重新查證原始史料，確定其真偽實虛後，即使師生看法相異，亦據實函復亦民師，說明究竟。如清末之攝政王（溥儀之父）名為載灃，不少書誤作載澧，亦民師亦謂：「本人講授及所寫兩本教科書，一直用載澧。」我函告亦民師「灃」是對的，他也坦然接受。當然，有些史事取捨及論述筆法之輕重詳略，著作人的觀點難免見仁見智，無法亦無必要強求其同。這一點，亦民師和我的看法，完全一致。

與老師談經論道，是趣事，也是樂事。亦民師對我寫的那冊大學用書《中國近代史》，如此重視，如此用功夫去閱讀、研析，並如此熱心而又虛心的提出建議，求證，真正是歷史學者的典範，我也真的以曾受教於亦民師為幸，為榮。

中華民國九十六年（二〇〇七）三月四日星期日，
李雲漢志感於臺北文山木柵路三段六十九號
「仁普世家」寓所。年八十有一。

霍樹枬先生與昌樂中學

小引

十月十三日晚間接到程威海兄臺北來的越洋電話，告訴我我們中學時代的校長霍樹枬（梓坡）先生已棄世，訂期於十月十七日在臺中公祭。這一突如其來的消息，令我感到十分悽愴，幾天來也一直在回憶著中學時代的一些往事。霍校長和其他幾位恩師的音容清楚的顯現在腦際，其情其境，猶如昨日。

霍校長梓坡師，是位畢生致力於教育事業的學者，抗戰前即是在北方有盛名的數學大師。抗戰期間，出任山東省立昌樂中學校長，把昌樂中學辦成第一流的名校，也建立起他優越的教育家聲望。我忝列門牆，受惠至多，如今不克返臺參加他的祭典，因而想把半個世紀前就讀昌樂中學時代的所知所見與所感寫出來，藉申對梓坡師的無限景仰、銘感與哀思。

昌樂中學的初創時代

昌樂中學是抗戰初期建立的學校，是縣長張天佐（仲輔）就職後主要建設之一。建校於民國二十八年（一九三九）三月，校址初設於昌樂南鄉之下皂戶村，繼遷東楊家莊。校名初為昌樂縣立初級中學，僅設初中及師講科各一班。開學尚未及兩月，就由於日軍大規模圍攻昌樂——慘痛的「四一三戰役」——而被迫停課四個月，至二十八年八月，才又在鄌郚鎮屬的山村劉家溝復校。我回憶母校建校道路的坎坷，曾感慨言曰：「它誕生在戰地裡，成長在烽火中，流離顛沛是校史上最大特色。」

於劉家溝復校後，昌樂中學仍然擺脫不掉日敵摧殘的災難。校舍亦是臨時修建的茅簷土牆克難房屋，卻也曾有一年內被進犯日軍燒毀三次的記錄。又招收新生兩班，與原有兩班，依次編號為中一級、中二級；師一級、師二級。教室內原有課桌，由於遭到日敵的破壞，就乾脆不再用課桌，而由學生自備圖板馬踏以代之。沒有教科書，只印發油印講義。沒有圖書館，更談不到理化實驗室了。大家所憑藉的，只是高昂的士氣、苦幹的精神以及強烈的求知慾。

劉家溝時代，校長是劉裕坤（厚民）先生。他是昌樂人，山東大學中國文學系畢業，畢業論文的題目是「曹子建評傳」。劉校長具有文人氣質，剛毅木訥，不善於大庭廣眾的演說，卻有踏實苦幹的精神。生活也能與學生打成一片，每天早上都看到他和學生們一起跑步、升旗。後來讀到趙顯庭、于天壽兩先生在《昌樂文獻》中的文章，才曉得劉校長辦學之外，還做過一件鮮為人知但對昌樂抗日軍事極有貢獻的事：是他運用關係把濰縣南部的抗日志士張震寰拉到昌樂來，投效張縣長天佐。張震寰為一江湖型人物，有機智，反應性高，勇於作戰，歷經營長、團長等職務，頗獲張天佐縣長之信賴。

昌樂中學初行訓教合一制，教導主任是本縣籍的滕振鐸（化文）先生。滕先生出身於教會家庭，畢業於濟南齊魯大學天文算學系，專長為英文、數學。他有強烈的愛國心和使命感，處事明快，教學嚴格，學生們對他都有敬畏之感。國文教師有周湘浦、李子才兩位。周師為劉校長山東大學同班同學，亦是校長夫人；李師則貌似「虬髯客」，為人熱誠坦率。數學教師是兩位黃先生：年長的一位來自壽光，我已忘其名號；年輕的一位是黃桂顯，給我的印象是英俊爽朗。史地教師是單秋汀，道貌岸然。講授教育學的教師是徐金誥（晉三），他並擔任事務主任。最年輕的教師是教音樂和美術的楊振寰，多才多藝，但也拙於言辭，他同時也是昌樂日報的美術編輯。

實施軍訓，是戰時各校共同的措施，昌樂中學尤為澈底。每週有軍訓課四小時，週三及週六下午還要集合各班來個會操。軍訓教官是平陰籍的陰毓崑，雖無高深學識，教管卻能認真負責。承張縣長批准，由縣府免費供應學生每人一套黑色新制服，青天白日帽徽在陽光下閃閃發光，我們當時都很神氣。軍訓的成績不錯，大家精神抖擻，紀律亦有可觀。記得是民國三十年（一九四一）「九一八事變」十週年時，全縣軍警及學生在縣府所在地的鄭家莊集會紀念。大會由縣長張天佐先生親自主持，邀請國軍第五十一軍第一一三師副師長王坤升作講演，激昂悲憤，令人動容。大會結束送走王副師長後，張縣長再登臺作嚴厲講評。他說：「今天會場的秩序，昌樂中學是出乎意外的好，部隊是出乎意外的壞。」當然，部隊的指揮官們挨了一頓臭罵，昌樂中學的陰教官在不久之後，升任為主任教官。

梓坡先生出任校長

民國三十年（一九四一）三月，昌樂中學由縣立昇格為省立。同年八月，設於安邱南逯的山東省立第八聯合中學，受到日敵飛機的濫炸，不得不宣布停課；這一變化，卻為昌樂中學帶來擴充發展的機會，但也同時促成了校長的更迭。

省立第八聯合中學建校於民國二十八年（一九三九）五月，較昌樂中學稍遲，但規模之大及發展之迅速，卻非昌樂中學所能及。春季、秋季均招生，設有高中、初中、簡易師範、師範及師資科等部門，盛況空前。校長為安邱名教育家李榮錦（製美）先生，他畢業於美國哥倫比亞大學教育學院，為名教授杜威（John Dewey）的高足。個性耿直，辦事認真，受到各方的尊重，有時卻也面臨「秀才遇到兵」的場合，難免吃點虧。八聯中的師資也都是一時之選，如王佩實、王懷中（亦民）、田際隆（治忱）、趙設科（立文）、王文周等，均為名師，昌樂中學教導主任滕振鐸，亦係由八聯中請回本籍服務者。昌樂縣籍學生之就讀第八聯合中學者，為數亦不在少。

第八聯中停課，對昌樂中學之發展提供了兩項有利的條件：一是師資的增強，二是班級的擴充，未幾即由初級中學晉級為設有高中、師範、簡師各部的完全中學，校名亦定為山東省立昌樂中學。

師資方面，原任教八聯中的一部分名師，連續被聘請至昌樂中學任教。他們是：霍樹枏、王懷中、呂聖與、亓耀文、田際隆、王文周、劉壽徵等先生。當時我在昌樂中學讀初一，還記得劉校長在大操場升旗典禮後，介紹這幾位新老師與同學們見面時，曾說「我們最近請來了大批老師」，用「大批」一詞來形容教師額曾受到批評，也可見劉校長不善言詞之一斑。

學生方面，在張縣長的大力支持下，昌樂中學決定增班，以接納第八聯合中學之初中四、五兩級及簡三級學生轉來就讀，編為中三級、中四級及簡一級三班。三十年十二月，中三級畢業，昌樂中學遂設高中部，是為高一級；中四級畢業繼續升高中，是為高二級。等我初中畢業升入高中時，已是高四級。高一、高二兩級的學生中，有不少傑出的人才，如于延文、于鼐文、李瑞、吳湘永、潘傑英、高廣孚、王祥鑑、劉簡、王銘箴、潘國佐、徐伯鶚、張懷仁、趙怡然等，後來都是教育界的翹楚。由於這一淵源，第八聯中與昌樂中學無形中建立了姊妹校關係，在臺灣的昌樂中學校友於每年春節舉行餐敘時，均與第八聯合中學會銜通知，兩校校友亦均欣然參加。

昌樂中學增班擴充後，校長一職繼之更換，初由張縣長天佐兼任一段時間，至民國三十一年（一九四二）一月，山東省政府核定張天佐縣長的推薦，發表霍樹枏先生為山東省立昌樂中學校長。

張縣長兼任校長期間，各處主任略作調整：原教導處分為教務、訓導兩處，原任教導主任滕振鐸先生專任訓導主任，教務主任則聘請霍樹枏先生擔任。事務主任仍是徐金誥先生。事實上，大家都清楚，張縣長兼任校長只是短期間的過渡時期，未來校長必是梓坡先生無疑。蓋梓坡先生為張縣長為謀擴展昌樂中學而遴請之適當人選，曾與張縣長有同學之誼的趙顯庭先生於其〈八十偶憶〉一文中，曾經點明：

> 張專員（天佐）想把昌中擴大，改為省立，廣增班級，大量招生，想另請更好的教育專家，負此重任，遂想到了霍梓坡（名樹枏）。他是十中時的前後同學，畢業於北師大數學系，名列數學金剛。畢業後即被聘到（青島）鐵路中學任教，時在安邱八聯中任教，遂請他接長昌中。劉（裕坤）則調任縣府社會科長。

戰時昌樂，民眾愛戴張縣長，暱稱之為「掌櫃的」，意即當家做主之人。昌樂中學之生存與發展，關鍵在於張縣長。雖名為省立，然大部分經費，則係來自縣庫，梓坡先生獲張縣長之賞識、信任和支持，因而能於為期七年之校長任內，使昌樂中學發展為戰後山東巍然獨存且氣象萬千的名校，梓坡先生回憶其初任校長時的情景：

> 余於是年（民國三十一年）二月承乏昌中校長，時值日寇肆侵，環境惡化，風聲鶴唳，一夕數驚，其間艱苦，有不能以言語形容者。幸賴仲公措施周詳，雖處烽火之間，絃歌得以不輟。

梓坡先生接任校長後，教務主任一職順理成章的由王亦民先生接任。亦民先生，諸城籍，燕京大學歷史系畢業。在第八聯合中學任教時，即曾繼王佩實先生之後出任教務主任。至昌樂中學後，梓坡先生名為教務主任，實則若干教務工作均已由亦民先生為之。尚憶我為中二級英語與師二級教育學排課時間請求更動事，曾向梓坡先生面請，梓坡先生告訴我：去找王亦民老師，課表是他排的。我因而獲知亦民先生已是事實上的教務主任；我在此處稱之為「順理成章」者，職此故也。亦民先生教過我的歷史，是位深具史學史識而又具有誨人不倦精神之良師。

遷址、隱蔽與各分校之設立

民國三十一年九月，張縣長天佐以功晉陞為山東省第八行政督察區專員兼保安司令，仍兼昌樂縣長，專員公署亦由安邱北遷昌樂，昌樂部隊亦擴編為旅。至是昌樂與壽光，乃被視為膠濟鐵路兩側的兩大抗日重鎮。次（民國三十二年，一九四三）年七月，山東情勢在日軍與共軍的進逼下，趨於惡化，魯蘇戰區總部及山東省政府同時撤離魯南，移駐安徽阜陽，魯南各縣亦先後為共軍佔領。日軍趁此機會，向昌樂軍政中心所在地之鄌郚地區進攻，並將鄌郚佔領，派兵駐守。縣政中心遂不得不轉移至馬宋、倉上地區，昌樂中學亦不得不宣告停課，於半年之後，始以寺後及辛牟地區為新址，重行復課。

因應戰略需要及考慮現實利害，昌樂各機構採取了隱蔽政策。專員公署及縣政府均駐倉上，但對外通信多以代號行之——如昌樂縣政府的代號為「天立堂」，部隊新番號也秘而不宣，如保安第五旅、山東挺進第二十二縱隊的番號迄未公開，山東省保安第一師番號也是於抗戰勝利後始行揭示於內外。昌樂中學處此情勢下，遂亦採取疏散方式，將校本部、高中部、初中部、師範部分別設置於各鄉村，並停止舉行大規模集會，軍訓課程亦取消術科，保留學科。對淪陷地區，則以昌樂縣第七區中心國民學校名義為掩護，以避日敵耳目。張專員令其部屬張震寰以「二縱五團」的舊番號，通過已被俘接受偽軍番號之厲文禮司令，得以進駐濰縣東城，對昌樂境內各軍政單位之安全，曲盡掩護之責。

據我記憶，寺後、辛牟時代的昌樂中學，分布的情形是：校長駐叢家莊，亦即校本部所在；高中部設於寺後，以鞏章武先生為主任；初中部設於龐家河溝及郝家辛牟，以亓耀文先生為主任；師範部則設於滕家辛牟及東西阿坡，以原任古疃分校主任趙設科（立文）為主任。訓育主任則聘高魯生先生擔任。這一地區，分屬於馬宋、營邱兩鄉，縱橫寬廣十餘里內之十數村落，均成為昌樂中學的校址。教室、辦公室及師生宿舍，均借之於民間，各村民眾對昌樂中學亦竭其全力來支援，我身處其間並身受其惠，內心委實感動不已。此時教師陣容更趨堅強，國文教師有趙新坡、霍樹棻（蘭村）；數學教師有同被列為「數學金剛」的鞏章武、王源河（星垣）、趙光燮（理堂）；英文教師除趙設科、亓耀文外，又請來了郭金南、朱既章和趙肖川；理化教師則為王文周、袁澤生；美術教師則是新聘的青年藝術家王聖俞（爾昌），他是新潮派畫家，有次去馬宋街頭寫生，由於穿了洋服，反被當地自衛隊誤認為日本間諜而予以拘訊，成為當時的笑談和美談。同學們也暗地稱王先生為「藝術王」。

校本部而外，昌樂中學為便於遠地學生就讀，特設立分校。抗戰期間設立的，有古疃和路北兩分校。古疃分校由趙設科任主任，招生兩班，一年後因校本部已東遷，乃併於本校，為初中部五甲、五乙兩班。路北分校係指設於膠濟鐵路以北的一所分校，屬淪陷區內，校址在馬家河子。抗戰勝利後設立的分校亦有兩所：一為五里莊分校，實係路北分校為安全計，由馬家河子遷設於城南五里莊者；一為山唐分校，山唐屬中部喬官鄉，為便於中南部學生就讀而設立者。兩分校均只設初中，規模不大。

梓坡校長不時往來於校本部與各分部、分校間，有時步行，有時騎毛驢，往返奔波，不以為苦。尤其是去路北分校，需穿過敵軍佔領下的膠濟鐵路，而日軍戒備極嚴，十分危險。大概是民國三十二年吧，梓坡校長前往路北分校途中，於穿越鐵路時，不幸為日軍所擄，押解至坊子予以監禁。消息傳來，師生無不驚惶萬分，擔心校長的安危。亦有師長持樂觀態度，告訴同學們說：「請大家相信張專員，他一定會想辦法營救校長回來。」張專員果然有辦法，於三個星期後，梓坡校長獲得釋放，安全返校。我那時在龐家河溝讀初中，曾與一部分同學去叢家莊見校長表達慰問赤誠，記得校長對我們說：「大家放心，我被監禁期間，並未受太多的罪。」見他面容憔悴，眼角也有點潤溼，心中也不禁為之黯然悽傷，至於落淚。

民國三十三年（一九四四），無論是全面抗戰的大局面，昌樂縣的小局面，都是最為艱危的一年。就大局面言，國軍於豫、湘、桂三省戰場連連失利，日軍長驅進入貴州獨山，貴陽告急，重慶震動。就小局面言，中共想一舉攻佔昌樂，派王建安部共軍發動對倉上、張莊等八個據點的全面攻擊，是為「六九戰役」。所幸大局面由於蔣委員長的適時調動援軍，使日軍知難而退；小局面亦由於昌樂部隊之艱苦奮戰，將共軍擊退，昌樂轉危為安。倉上是專署、保安司令部和昌樂縣政府所在地，亦是共軍此次進攻的主要目標。我們學校距倉上不足十華里，記得六月九日那夜激戰，慘烈非常。我們耳聽清晰可辨的槍砲及炸彈聲，心中卻一直在砰砰作跳，一夜未曾闔眼。

這一年，對昌樂中學而言，卻是值得紀念的一年。有幾件事令人興奮：其一，省立益都師範學校奉准復校，由省立昌樂中學兼辦，梓坡先生成為雙科校長。其二，教師陣容益臻堅強，專署教育科長潘俊英（潔民）及八聯中校長李榮錦等名師，都來授課，也增聘了十幾位年輕教師。其三，去年暑假曾辦過以政治教育為主的集訓，效果不錯。今年暑期則擴大辦理，政治、軍事並重。政治教官多由駐昌省政機構及三民主義青年團山東支團部所遴聘，軍事則由文武兼備的陳玉琢為大隊長，幾位中隊長如李鴻爵、滕建麟、郗篤堂等，都是新由陸軍軍官學校畢業回籍服務之青年軍官。去年和今年的兩次暑訓，我都參加，身受「革命教育」的洗練，獲益非淺。其四，響應知識青年從軍運動，昌樂中學鼓起了從軍熱潮，有幾十位男女同學投筆從戎，參加了抗日報國的戰鬥行列。張天佐縣長曾親來學校講話，說：「從軍是個大好機會，如果不是大了幾歲，我也會報名參加。」

梓坡先生回顧他在昌樂中學推行的戰時教育，曾說：「省立昌中不獨在規模上為全省冠，而在教育方式和內容上，更有眾所不及的特點，其最主要者有二：一為加強政治教育……二為實施戰地服務。」所指「戰地服務」，係指為配合戰時國策及地方需要，每年暑期訓練結束後，即分別編組為服務隊，派至各區、鄉公所，配合民運工作人員，從事組訓民眾、宣揚政令、查緝奸宄、協助治安等服務工作。民國三十四年（一九四五）四、五月間之一次戰地服務，規模最大，成效亦最著，我曾被派至畢都鄉服務一個月，當時頗有「初生犢兒不怕虎」的氣概。

民國三十四年夏天，盛傳盟軍有意在山東半島登陸以腰擊華北日軍。昌樂中學為因應此一情勢，乃於暑期在寺後設立一個傳譯班，由鞏章武先生負責，全部公費。傳譯班分英語、日語兩組，目的在培訓傳譯人才，以備於必要時協助國軍或盟軍作戰。參加傳譯班者，多係高中二、三年級且籍隸外縣暑期無法返家之同學。我方讀高中一年級，又係昌樂籍，但由於家鄉近曾遭到共軍的偷襲無法回家，亦蒙鞏主任特准參加。我是英語組，亦常至日語組聽課。傳譯班尚未結束，日本已宣布無條件投降，勝利的狂歡沸騰在每個人心裡，街上也有人載歌載舞。不幾日，全縣的慶祝勝利大會在寺後東河沿露天舉行，我也很榮幸的參加了這千載一時的盛典。

勝利後的新氣象

抗戰期間，規模最大的省立中學是設於壽光的第十五聯合中學。該校於民國三十年（一九四一）六月建校，較昌樂中學為晚，然發展之速與聲勢之盛，則遠超過昌樂中學。民國三十四年（一九四五）六月，該校發展到頂點，校本部之外有七個分校，合計有高初中師範共一百二十八班，學生有六千餘人，真是洋洋大觀。同年八月，抗戰勝利。但勝利帶給十五聯中的不是狂歌，而是困厄，因為共軍於此時全力進攻壽光，致壽光全境淪陷，十五聯中自也無法生存下來了。昌樂中學於勝利後，則在縣城東南郊五華里的吳家池子建立起永久的校址，萬瓦沈沈，氣象非凡，成為戰時各中學碩果獨存的一座學府。

新校舍建設，係出於全縣公意，費用亦係由縣庫負擔。時任昌樂縣政府教育科長之趙光漢（文齋）先生於所撰〈昌樂之教育〉一文中，提及新校舍建築緣起及昌樂中學戰後現況：

> （民國）三十四年秋抗戰結束，日寇降伏。先生（指張縣長天佐）召集地方人士，研商籌建昌樂中學永久校舍，充實設備，為本縣青年謀就學之便利，開拓一教育良好環境，乃於縣城東郊草山西麓，闢地百五十畝，依山傍泉，興建校舍六百餘間。規模之大，風景之秀麗，為全省中學之冠。計本校內設師範、簡師、高初中六十餘班，學生近三千人。鄰縣淪陷區青年，間關來此就學者尤眾焉。……

新校舍之建築，設有委員會，由事務主任徐金誥先生主其事。民國三十五年（一九四六）夏，大部分教室及餐廳已建成，昌樂中學遂於是年九月由寺後辛牟地區遷入新校舍。教室均係平房，磚牆瓦頂，排列整齊。辦公大樓正奠基施工中，依設計圖為二層樓房。昌樂縣警察局特於校舍區設立分局，以保護校區人員及建材之安全。

隨勝利之到來，教師之變化亦大。有的先生因另有高就而離校，如教務主任王懷中出任青島扶輪中學校長，滕振鐸先生應王校長之邀出任該校訓導主任，趙設科先生先任教育廳督學，後任山東省立益都中學校長，王文周先生則被延攬至省建設廳服務。梓坡校長亦聘請了十多位飽學實才的教師，其主要者，有數學名師王笑房（兼教務主任），國文名師王芸劬，以及歷史教師王郁堂，英文教師王克捷、祝長琦，地理教師魏子厚等先生，壽光數學大師劉桐軒亦受邀前來兼課。

新校區內，除省立昌樂中學、省立益都師範兩校外，昌樂縣立簡易鄉村師範學校亦建校於此，暫由昌樂中學兼辦。民國三十五、六年（一九四六－一九四七）間，昌樂境內除上述三校外，另有三校：一為設於堯溝之省立益都中學，一為在縣城北關復課之壽光縣立初級中學，一為設於馬宋河西之昌樂縣立初級中學。省立昌樂中學有分校二所：一在城南五里莊，一在中部山唐。省立昌樂中學設有附屬小學一所，三十六年起附設大學補習班一所。自小學至大學成一完整系統，可謂氣勢宏偉。

張天佐縣長計畫將昌樂中學附近地域，建設為一個廣闊的文化區，設立縣立醫院及農業專科學校。縣立醫院已開始動工興建，農業專校亦已與省方洽妥，並計畫延請劉桐軒先生負其責。據曾任專員公署第二科科長之趙顯庭先生憶述：

> 民國三十六年，昌中已發展到相當高的程度，教師陣營已極強大，且已達高水準，他（指張縣長天佐）又想在昌中校園區附近，增設一農專。在數次赴濟南開會時，早已與教育廳李泰華廳長、農林廳閻若珉廳長（博山縣人，是十中同學，留法農業博士）私下商

談，極獲讚許協助。由教育廳負責報部立案，編列預算，逐年擴充；農林廳供給資料及增補專材。他又想到曾在西北聯大任教授的劉書琴（字桐軒，壽光西鄉湯河人，十中同學。北師大數學系畢業後，又到日本留學專攻農業化工，學成歸國，即在西北聯大任教授），於三十六年夏，經數度誠懇函邀到昌中，初協助辦理昌中大學先修班，並付策劃成立農專事宜。已決定三十七年暑假開始招生，計畫利用此一學府專才，改進地方農業生產技術，增加農民收益。一切計畫，因地方失守，未獲實施。

三民主義青年團昌樂中學分團

民國二十七年（一九三八）七月，三民主義青年團成立，並在各省建立組織。次年，山東成立支團部，由秦啟榮（向村）先生負責；同年，昌樂分團部籌備處成立，由教育科科長趙伯樞（宸豐）兼任書記。昌樂亦設有中國國民黨縣黨部，由趙叔勤任書記。兩位趙書記係同胞兄弟，也是張縣長所欣賞的幹才，因此黨團合作無間，不像其他地區黨團常有傾軋現象。

昌樂中學在劉家溝時代，即已建立三民主義青年團的組織。三十一年東遷寺後、辛牟地區後，團務活動極為活躍，每班均建有小組。我是團員，並曾擔任過小組長，因此對團務活動甚為熟悉。

梓坡校長是中國國民黨黨員，但對青年團的支持熱誠不減於黨。民國三十二秋，他聘請曲阜高魯生（芳楷）先生為訓導主任。高先生為秦啟榮之嫡系幹部，曾任秦部軍需處處長，至昌樂中學任職後，即以輔助校長、推行思想教育、發展三民主義青年團團務為己任。時山東支團部亦駐節昌樂，對昌樂中學團務直接予以指導與協助，支團部代書記宋憲亭先生也常來訪問。三十二年冬，曾舉行一次團員大檢閱，梓坡校長、宋代書記主持，我在〈悼念宋憲亭先生〉一文中，回憶其情形：

> 三十二年冬間，支團部舉行了一次昌樂中學學生團員大檢閱，地點在郝家辛牟初中部的大操場，完全以軍隊閱兵的方式進行。宋代書記是大閱官，他在講評時的興奮、嘉許和激動，深深打動了每位同學的心絃，隨後即掀起了知識青年從軍報國的高潮。

抗戰勝利遷入新校址後，班次增多，團務活動也加強。民國三十五年秋，山東支團部以昌樂中學團務工作成績優異，令升格為學校分團，成立三民主義青年團山東支團昌樂中學分團籌備處，由訓導主任高魯生為主任，教師趙建修為書記。下設五個股，各設股長及幹事，由主任遴選優秀青年教師及學生幹部兼任。記得五位股長姓名是：

第一股　主管總務　股長張繼明
第二股　主管組織　股長劉百魁
第三股　主管訓練　股長由書記趙建修兼

第四股　主管宣傳　股長鄭書厚
第五股　主管服務　股長趙世奎

在團務系統，昌樂中學分團管轄範圍不限於省立昌樂中學及省立益都師範，尚包括省立益都中學及臨朐縣立簡易師範學校。全分團團員編配為十五個大隊，其中十三個大隊係省立昌樂中學及益都師範師生，省立益都中學及臨朐縣簡師則各編為一個大隊。

我是被遴選參加分團部工作的學生幹部，在第一股擔任文書工作，每月呈送支團部的工作報告均由我擬撰初稿。和我同時在分團部工作過的同學，除股長劉百魁外，尚有陳會傑、尹公斗、卞玉玟、宋繼修諸兄，我們都於昌樂陷落後流亡到臺灣來，服務於各部門，忠耿之忱未嘗稍變。

當然，團的若干政策和工作，都要得到校長的同意和支持，才能有效的推行。在我記憶中，梓坡校長對分團部似乎是有求必應。民國三十六年（一九四七）冬初，高魯生主任鑑於我們義務為分團服務的同學至為辛苦，建議報請縣長由縣府免費贈送我們一套棉制服，梓坡校長立即應允面報張縣長。當我們穿上由縣長批准發給簇新的黑色棉制服時，確是暖在心裡。

我個人也有向梓坡校長提出請求立即獲准的經驗。那是讀高中三年級上學期的時候，我當選為班長。由於我班已是最高年級，想創刊一份班刊以為表率，同學們都一致同意，但我們沒有班費，也沒有地方可以申請補助，唯一的道路是請求校長大力支援。我為這事去見梓坡校長，請求准許我們用學校的石印機印刷我們的班刊，紙張也請由學校補助。校長聽我說明後，沒有猶豫，說：「好吧，就照你的意思辦。寫版則由你們同學自己負責。」這份名為《幼稚園》的班刊終於出現了，至為精美，寫版、漫畫多由任撝敘同學負責。共出刊三期，我們就畢業了。

來臺師生

民國三十七年（一九四八）四月，山東共軍集其全力向昌濰地區進攻。經鏖戰月餘，濰縣城破，昌樂棄守，張天佐專員自戕成仁，昌樂中學的兩位老師高魯生和魏子厚，也隨昌樂淪陷而殉難。多數師生，則又忍痛離開了故土，踏上流亡的征途。

昌濰流亡師生的第一目的地是青島。到青島後又分為兩批：一批離青南下，這就是昌濰臨時中學，從南京、上海經浙、贛、湘、粵四省，與山東其他七所流亡中學合流，然後去了澎湖，合組為澎湖防衛司令部子弟學校；一批暫時留在青島，進入青島市轄臨時中學，上了一個學期課，至青島撤守時，才又跟隨部隊或循其他管道來到了臺灣。——這已是五十多年前的事，流亡途中的苦難和辛酸仍然深藏在每個人的心湖裡，難以忘懷。

昌樂中學來到臺灣的老師們，大多數仍然從事於教育工作，只有一、二位轉了業。教過我的課以及我所認識的老師，除霍校長梓坡先生外，有王懷中、滕振鐸、趙設科、徐金誥、霍樹棻、王源河、朱既章、黃桂顯、王爾昌、趙建修、叢樹林等先生。王懷中先生曾任新竹中學教務主任，政工幹部學校文史系副教授、教授，德佑商專教務主任等職，著有《中國近代史》及《中西文化交流的序幕》等書。滕振鐸先生先後任教於大甲中學、員林中學，並曾出任省立桃園中學訓導主任及女生部主任等職。趙設科先生曾任澎湖防衛司令部子弟學校教務主任、臺南玉井農校教務主任及省立板橋中學教師。徐金誥先生初任臺中空軍子弟小學教務主任，後任省立虎尾中學教師。霍樹棻、王源河兩先生均任教於省立臺中第一中學，王爾昌先生亦先後任教於臺中市二中及省一中。朱既章先生曾任教師範大學；黃桂顯先生曾在嘉義任教；趙建修先生為教會工作，任牧師，並經常寫作；叢樹林先生好像也改行了。這十二位先生，已經有九位先生先後作古，他們的學養志節以及教誨不倦的精神，卻為教育界樹立了最好的榜樣。

另有一位被稱為太老師的老師，是趙鑑堂（鏡海）老先生。他出生於清光緒七年（一八八一），山東優級師範學堂畢業，民國初年即曾擔任過昌樂勸學所（相當於今之教育局）長，對國學、史學造詣深邃。抗戰期間，曾任教昌樂中學路北分校。其哲嗣趙光漢先生已任教育科長，故學生多以太老師尊稱之。鑑堂先生是詩人，來臺後仍吟咏不輟，其作品《魯臺吟集》，曾刊載於《昌樂文獻》。太老師於民國六十八年（一九七九），以九十八歲高齡病逝臺中。

流亡來臺的昌樂中學學生有多少？並無確實的調查，最保守的估計，應在二百人左右。初來臺時都還是血氣方剛的少年和青年，今日則是年在七十歲上下，且多已退休的銀髮族人。五十多年來，他們分別服務於學、教、政、軍、警、黨各界，雖無出類拔萃的超等人才，然皆能進德脩業，有為有守，其卓有建樹被視作棟梁之材者，亦不乏人。就我所知，各作代表性的介紹。

從事於學術研究及任教於高等學府者，有張春興（師範大學教授，曾任心理系主任，著作等身）、高廣孚（師範大學教授，曾任總務長）、張存武（中央研究院近代史研究所研究員）、唐振訓（中興大學教授）、于鼎文（國防醫學院教授）、劉簡（新竹師範學院教授）、王銘箴（臺北工專教授）、劉明欽（臺灣糖業公司糖業研究所研究師）、張晉忠（中山科學院）等。我濫竽政治大學教職並從事史學研究歷四十年，似可附驥。

在教育界服務的昌樂中學同學，估計人數在五十人以上。其中曾任高級中學（職校）校長者三人：于延文（澎湖、北港、宜蘭）、王祥鑑（臺北市）、崔廷選（臺東）。曾任國民中學校長者三人：張懷仁（新竹）、趙怡然（宜蘭）、王振東（臺北縣）。曾任中學主任者三人：孫鴻祿（臺中、南投）、陳會傑（臺北市）、吳湘永（臺北市）。曾任國民小學校長者六人：李瑞（臺中縣）、孫鴻祿（臺北縣）、劉百魁（南投）、張炳智（新竹）、高鵬翔（南投）、冀維仁（南投）。其中，劉百魁曾獲師鐸獎，為最大榮譽。這只是我所曉得的情形，我不曉得的校長或主任們，就只有說聲抱歉了。

服役過軍旅中的昌樂中學同學，表現至為優異。中將兩人：楊學晏（陸軍中將，歷任旅長、師長、司令，助理次長、副局長、董事長）、高仲源（空軍中將，歷經駐南非空軍武官、聯隊長、政戰主任，聯勤副總司令，輔導會秘書長、副主任委員）。少將兩人：潘國佐（歷經國防部總政戰部處長、主任），毛鴻章（歷任軍中財務主管、行政院主計處司長）。校級軍官最多，幾乎全部退役同學都是上、中校級，王文章（慶儒，曾任三軍大學教官），張瑞岐（曾任聯勤總部主管軍售）等，均為業績佼佼者，為同學服務，尤為熱誠。軍職同學中，有幾位被遴選從事於高等學府軍訓工作，如尹公斗之先後在臺大與成大，潘建英之在臺北商專、張來禧之在中興大學是。

在政府部門服務之昌樂中學同學，亦有十數位。曾服務於中央政府各院、部、會者，有程威海（教育部、考選部、青年輔導會）、楊學晏（國防部）、劉成仁（財政部）、毛鴻章（主計處）、高仲源（國軍退除役官兵輔導委員會）、李雲漢（國史館）、張國訓（立法院）。曾服務於省級機構者，有王樹棨（臺灣省水利局）、宋繼修（臺灣省烟酒公賣局）、程威海（臺北市政府）、張鶴書（臺灣省公路局中興站）。曾服務於縣級機構者，有劉新民（南投縣，臺南市）、王耀本（新竹縣）。其職位有次長級、司處長級、局科長級、主任及主任秘書級、專門委員級及廠長、站長。

來臺昌樂中學同學，百分之百的為中國國民黨黨員，亦有少數同學畢生從事於中國國民黨黨務工作，孫國勛可為代表。國勛中興大學畢業後即投身於黨務工作，先後服務於中央、省、縣三級黨部，於花蓮、基隆、臺南縣、臺南市四任主任委員任內，貢獻甚大。以功升任省黨部副主委、中央組織工作會副主任等職。不幸積勞成疾，於民國八十六年（一九九七）二月辭世。

梓坡先生有功有德

霍校長梓坡師，是位好校長，更是位好教師。有些校長，只管行政不教課，很容易被學生看作是官僚，很難與學生建立起真正有感情的師生關係。梓坡先生任昌樂中學校長時，那麼大的學校，行政工作已經夠忙的，但高年級各班都爭著請他開課，他也盡可能的不讓同學們失望。他教數學是出了名的「棒」，能聽他課的學生好像身價增高了一些。初中三年級時，梓坡先生教過我班的平面幾何學。很奇怪，他平日講話似乎總有點不大能抓緊核心，一件事往往用很多話來解說，還不一定能談得清楚。但上了講臺，就有了令人刮目相看的感覺，再複雜的數學難題，他只用三言兩語就說得明明白白了。尤其是在黑板上信手畫出的圓形，竟是絲毫不差的那麼圓，叫人不能不驚佩梓坡師的奇才。

梓坡先生抗戰前在青島鐵中任教；抗戰期間初任教於第八聯合中學，繼出長省立昌樂中學；來臺後，先後任教於省立臺中一中、逢甲大學及中興大學。桃李滿天下，培育了不少有用之材。就這方面而言，梓坡師是有功於國家的。他的功，誰都不能掠美，誰也不應該予以漠視！

對昌樂中學同學而言，梓坡師不僅有教誨之恩，且對不少人有玉成之德。在烽火中逃亡，很多人的畢業或肄業證書都未能帶出來，或是毀於炮火。在臺灣沒有這些學歷證明文件，如何能找到工作？又如何能升學深造？幸好梓坡師把省立昌樂中學的鈐記帶到臺灣來了。他對請求補發學歷證明文件的同學「有求必應」，為同學解決了最大的困難，成全了不少人才。為這事，他甚至受到教育部的質疑，他也數度去教育部說明辯解，總算沒有節外生枝的困難。這對同學而言，能不說是大德！

昌樂中學在大臺北區的校友，每年春節過後，都由張瑞岐安排，舉行餐敘並向各師長拜年，梓坡先生每年都遠從臺中來參加，每次也都說一些語重心長的話。今年春節餐敘時，他講的話更多，有欲罷不能之勢。現在想來，冥冥中他似乎感到以後講話的機會不多了，果然他於今年九月二十七日以九三高齡溘然長逝！回憶五十八年來的師生情緣，內心倍感戚戚，謹譜小詞以祭：

數學天才稱金剛兮，
令譽早滿東魯。
辦學聲名冠山左兮，
引領春風化雨。
鯤瀛布教門多士兮，
幾番沂浴雩舞；
載福載壽駕鶴去兮，
功德輝耀千古。

民國八十八年（一九九九）十一月六日於美國伊州旅次

（《山東文獻》第二十五卷第三期，
民國八十八年十二月，臺北。）

永懷王師志信先生

一

民國八十八年二月十三日午後四時許，突然接到王府王佩泉小姐電話，哽咽著告訴我王校長志信先生不幸逝世的消息。王小姐說：

這事一定要告訴你；因為你和韓大姐每年正月初一都會來給校長拜年，不告訴你，會白跑一趟。老人家走了，請不要再勞駕！

我立刻為這一突如其來的噩耗，感到無比的震驚和哀傷。噙住眼淚，把這消息告知內子，她痛苦的表情也立即出現在臉上，我們都難以接受這一突然的變化，但理智提醒我們：這是無法改變的、殘酷而又無奈的事實！

我和內子，是去年十二月二日從美國回到臺北的，第三天晚上，王校長便撥來了電話，和我們聊了一大陣。我告訴他，話是說不完的，等農曆年元旦去拜年時再作長談。元旦快到了，我們也已準備了上好的茗茶，準備元旦下午去王府拜年，讓校長品嚐。誰又想到只差兩天就是元旦，老人家卻悄悄的走了，人算難敵天算，我只有感到「天胡不仁」的悲憤！

二

初識志信先生，是在民國四十三年（一九五四）春天的一個下午，我去臺北工專去看任今才教授時，任先生介紹我認識了這位鄉賢。那時任今才教授在工專任教授兼祕書，和志信先生同一職務且同室辦公。任教授在行政專修班教育行政科兼授國文，我是助教兼辦訓導工作，因而與任教授相識。這次去工專訪任教授，是為了接洽教材，也是想去與任教授閒聊一番，因為任教授為平原籍，極重鄉誼。還記得見到任教授時，他第一句話就說：「來得正好，先給你介紹一位同鄉，諸城王教授志信先生。」

剛好教育部督學郝更生先生也來找任教授，我就讓郝先生先與任教授交談，自己坐到王教授辦公桌旁邊的椅子上，與王教授談話。他問起我來臺經過、就學與就業情形，語多嘉勉，希望有機會還要再上進。當時我對王教授的學術背景竟毫無所知，只覺得他是一位循循善誘的學者，是位誠懇而熱心的鄉先輩。第一次見面談話並不多，卻留下了極為深刻的印象。三年後和內子韓榮貞女士結婚，才曉得這位王教授原來是她在澎湖讀書時的老校長，是山東流亡學生共同的大家長和恩師。

內子的師長，就是我的師長。後來在考試院高普考閱卷廳中相遇時，我就衝口而出：「老師，您好。好幾年沒有見面，您好像一點也沒有變。」志信先生也坦然接受我對他「老師」的敬稱，問我一些婚後的工作及生活情形，關懷之情溢於言表。

由於工作較忙及住所較遠的關係，有一段時期很少與志信老師見面。直到他遷居到辛亥路五段住所後，才有了近水樓台之便，去看望老人家並當面請教的機會增多。最近幾年間，更是過幾天就通電話，古往今來，幾乎無所不談了。內子有一次帶笑說：「我的校長現在成了你的校長了，電話一來就找你，一談就那麼久。」

我雖然未跟志信老師讀過書，但對他主持下的澎湖防衛司令部子弟學校的艱苦奮鬥與該校學生後來在各方面的卓越成就，卻知之甚稔，油然生敬佩之感。我也認識幾位教職員，如趙設科（立文）先生，是我就讀省立昌樂中學時的英文老師，王惠文（世恩）先生是抗戰時住過我村的教育界先進，而且是我父親的朋友；崔廷選、張慎之兩位，則是高我幾班的中學同學。該校出身，後來在文史學界享有盛名的學者王曾才、張玉法、陶英惠、朱炎等兄，則都是莫逆之交。加以內子在子弟學校讀過高中，因此有朋友認為我也是同一來路的流亡學生。聽到這話，我感到很高興，以身為流亡學生為榮！

三

志信老師是南開大學出身的教育家，對張伯苓先生創辦南開的遠大理想、辦學精神，以及南開校風與愛國傳統，都引以為榮，念念不忘。每當談到當前教育界一些不景氣情況，感慨之餘，常以南開的風格作為規範，勉勵後人。他在〈我的求學經過〉一文中，以相當大的篇幅敘述在南開讀書五年的經過，對張伯苓先生備極推崇。他提到伯苓先生辦學以「教育救國」為目的，以「公」「能」為校訓，處事公私分明，對人知人善任，而以「誠」為做人處世的基本條件。這些特徵，也同樣出現在志信老師的人格和志節中，我認為志信老師實深得伯苓先生的真傳，在「南開人」行列中俯仰無愧。

除張伯苓校長外，志信老師尊重的南開師友尚有政治系主任及文學院院長張純明博士。張博士，字靜軒，亦作鏡軒，美國耶魯大學博士，然對中國政治之變遷著力尤深，於民國二十九年（一九四〇）任教西南聯大時出版《中國政治二千年》一書，篇幅雖不多，然能言簡意賅，觀察深入，評論精當，以最經濟的筆法指出自秦漢至民國，中國政治的特點與動向，針砭缺失，筆鋒銳利而立論持平。此書出版四十五年之後，臺灣商務印書館決定出版「臺一版」，編審委員會並寫序介紹。「臺一版」出版年月為民國七十五年三月，兩年後我收到志信老師親筆題贈的一冊。志信老師的親筆題款是：

先師張鏡軒先生遺著
雲漢吾兄惠存
王志信敬贈　七十七年三月十五日

收書後我向志信老師面謝，並談到張純明此書的筆法與特點。志信老師說：「中國二千年政治的一些現象，別的政治學者不願講，先師張純明博士很坦率明白的指出來了，這是他的過人處，也是值得敬佩處，更是值得國人反省處。」

這冊《中國政治二千年》放在書架上，我已讀過好幾遍。志信老師遽歸道山，這冊書更有了永恆紀念的意義。我在內封裡扉頁上寫出下面一段話：

此書為王校長志信先生親贈，已讀數遍。今志信先生已歸道山，當珍藏以為無價之紀念。
中華民國八十八年二月十八日　李雲漢

四

每次與志信老師面談或電話中通話，內容多半與歷史有關，特別是一些有關中國國民黨的歷史與人物。志信老師對中國國民黨歷史有興趣，是有淵源的，這要追溯到祖父王樹城（韌三）老先生。樹城老先生早年即曾參加過孫中山領導的革命團體同盟會，且「為諸城負責人之一」；老先生對志信老師愛之深教之也殷，志信老師嘗謂；「憶余幼時，每晚臨睡時，祖父必講授歷史故事一則。」就由於這一家世淵源，志信老師對歷史饒有興趣。不獨對中國史有興趣，還曾教過外國史，他在〈我的求學經過〉一文中，有如下一敘記述：

民國二十四年暑期，經歷史系教授蔡維藩（文侯）師推介，到南開中學兼授高中二年級的外國歷史課。男女兩部中學高中二年級共八班，與燕京大學畢業的孫紹裘先生分別擔任。在任課時曾編有「外國史綱要」，印發八班學生，作為補充教材。並送請蔡文侯師指教，蒙印作大學外國史課之參考教材。（《山東文獻》，第二十三卷第二期，第七十二頁）

山東各縣中，諸城開革命風氣之先，有「小廣東」之稱。諸城王家為望族，人才輩出，先期革命黨人為數可觀，後期革命黨人王樂平、王立哉等，亦均在革命黨史中有其地位。志信老師與兩位王先生有親誼關係，且曾進入王樂平等所創辦的青島膠澳中學就讀。膠澳中學被認為是國民黨的黨校，志信老師因而對中國國民黨的歷史與人物，較同時代的人士有更深刻的認識。他曾為王樂平、王立哉寫過小傳，分別刊載於《傳記文學》第五十七卷六期及五十六卷四期。我曾多次為山東的黨人和黨事向志信老師請教或求證，他都給我滿意的答覆。有時，也表達一些不同的看法，給予我須作重新思考的啟示。

孫中山與日本的關係中，有所謂孫的「密函」和「盟約」問題，引起中日雙方歷史學者間的爭議。民國八十七年（一九九八）一月三日，在臺北由國父紀念館舉辦之「孫中山與現代中國學術研討會」中，第一次分組討論會的主題就是此一爭議問題：日本學者藤井昇三和中華民國學者陳在俊各執一詞，針鋒相對。我是討論會主持人，會中不便說什麼，會後接受中央日報專刊編輯馬西屏先生訪問時，認為日本方面的說詞破綻甚多，所謂「密函」應非出自孫中山的親筆。馬西屏將討論會情形寫了一篇〈孫中山是否簽了中日密約〉，刊載於一月十七日出刊的中央日報「中山學術論壇」第一三二期，披露了我的看法。志信老師讀過後，於一月十九日上午九時給我撥來了電話，提到劉大同與孫中山因此問題而翻臉的事。我當時作了筆記，記下志信老師口述原意：

> 劉大同，諸城人，早年參加同盟會。民國三年參加中華革命黨，為東北及山東代表，在日本東京，參加中華革命黨內部會議。會中談及向日本借款事，孫中山說要以東北礦產作抵押。劉大同聽後不以為然，怒問孫氏：「何以以東北礦產作抵押，而不以你們廣東礦產作抵押？太自私了！」說罷即拿起所坐的小木櫈擲擊孫氏，並退出中華革命黨。其後，劉大同居住大連，我（志信先生自稱）曾往訪，他親口告訴我這段經過，可知孫氏與日本間有密約一事，未必不可能。

雖然志信老師再三說劉大同的話僅供參考，要我曉得有此一說而已，但我認為這是很重要的線索，需要更深入的查證。我查到劉大同係於民國四年（一九一五）一月十日為孫中山委任為中華革命黨東三省支部部長（《革命文獻》第四十五輯，頁二一七），至於與孫衝突憤而退黨一事，並未發現有任何記載可資佐證。我仍然認為所謂「密約」一事，在沒有獲得確切可信的證據之前，難作肯定的論斷。

志信老師電話中和我談歷史問題，自然不限於中國國民黨黨史範圍，時間上也不限於現代。記得有一天晚上，他來電話要我查證公冶長的生卒年代換算西曆年份問題。他說：「孔子弟子公冶長是諸城人，生年已可確定，卒年尚需查證，我手頭史料不足，請你來查查。」我從幾種不同的史籍記載中，按年代加以排列對比，最後加以確認。當我於次日以電話向志信老師復命時，他非常高興，說：「問題不解決，總放心不下；解決了，有豁然開朗之快感。」

五

志信老師於最近四年間，全心投注於《山東流亡學校史》的編纂，和《山東流亡學生史》的設計和徵集。在陶英惠兄的大力協助下，《山東流亡學校史》一書已於民國八十五年（一九九六）六月由《山東文獻》雜誌社出版，皇皇鉅帙，不能不令人又敬佩，又感激。他有一次對我說：「我要利用此生剩餘的價值編纂史籍，和你是同門同道的人了，讓我們共同對歷史盡些責任！」

民國八十七年（一九九八）農曆元旦下午，我偕內子去給志信老師拜年。他告訴我：「繼《山東流亡學校史》之後，要著手編纂《山東流亡學生史》。前者是以學校為主體，後者則是以流亡學生個人為主體。你是流亡學生出身，一定要把自已的流亡經驗寫出來，越快越好，不要推辭！」

「長者命，不敢辭。」我於兩星期內寫成一篇〈國破山河在〉，概述五十年前流亡生活的經歷。寄給志信老師復命。兩天後，接到老人家電話，說：「文章看過了。有幾處筆誤，如甄審誤為『斟審』是，我都代你改過了。但是在政大研究部讀書的一段怎麼沒寫？這段艱苦向學的過程寫出來，才算完整。補一段吧！」我遵命補寫一段寄去，他回電話說：「這樣才能與你的《史學圈裏四十年》銜接起來，算是有個比較完整的交代！」

年前我致力於在臺山東及青島籍中央民意代表、任職中央政府各院部會正副首長，暨曾任中國國民黨高級黨職人士名錄的蒐編。每輯成一部分，就以複印件寄請志信老師指正。他曾分別予以改正與補充，使錯誤及疏漏減少。每一人名甚至每一個字，老人家都不馬虎。有良師隨時請益匡正，實在是最大的幸運。

《山東文獻》第二十三卷第一期起，分期刊出志信老師的回憶錄——分題為〈我的求學經過〉、〈我的鄉里與家世〉暨〈前塵往事憶述〉。每篇發表後不幾天，老人家就會掛電話來問我對他的文章，有什麼意見。我總是說：「老師大文所述戰時山東省政，都是我極需了解的，太好了，受益匪淺，也感動良深。」他對我這說詞，似乎不大滿意，問：「有什麼錯誤沒有？」我終於在志信師大文第五章第四節「山東省政府在皖北阜陽時期」第二目「教育廳在皖北設立七校」文內，找到一項小小的筆誤，告訴他：「老師，你提到省立臨時政治學院由安邱賈孟店子遷移到昌樂下皂湖村，『湖』字不對，應為『戶』字，是下皂戶村，當時我正在下皂戶村讀高級小學。」回答是：「這就對了，寫文章，一個字也不能錯。」

六

志信老師走了，回到了極樂世界。我從此失去了這位衷心景仰的師長，幾天來一直沉浸在失落和感傷的深淵裡。除夕晚上，以虔誠的心情寫出下面的頌詞，獻給志信老師的在天之靈：

肫肫其仁，昭昭其誠。
闇闇其言，恂恂其容。
淵淵其學，察察其明。
循循其教，英英其風。
耿耿其節，炳炳其行。
碩碩其德，皇皇其功。

中華民國八十八年二月十九日寫於臺北
（《山東文獻》第二十五卷第一期，
民國八十八年六月二十日出刊）

王師志信先生（右）參觀韓榮貞（左）畫展後合影。

羅志希先生逝世二週年祭

十一月一日那天上午，曾經追隨過羅志希先生的一群朋友們，於瞻拜過中山先生軍事顧問荷馬李將軍（General Homer Lea）的墓園後，又默默的走下山去，走向位於陽明山第一公墓第十二區的羅志希先生的墓地。將近一年沒有到這座墓園來了，遠望對面山坡上的墓穴已是「鱗次櫛比」，不消說，一年來，墓園裡又增加了不少的「新客」。「志希先生在這裡也不會寂寞了！」路上，我這樣想。

到了，志希先生的墓園依舊，只是墓前的短牆受山洪的沖刷，坍倒了一段，世景兄正計畫著加以重修。朋友們向志希先生的墓穴虔誠的行了三鞠躬禮，氣氛是顯得無比的肅穆，大家的感觸和表情也是多方面的。志希先生，是我兩度受業的師長，也是我跟隨過十有二年的長官，公私方面的接觸，使我對志希先生有異乎一般學生對老師，僚屬對長官的感情，志希先生離我而去了，我總覺得負了他什麼似的。每次想到他，每次到他的墓地來，我脆弱的情感上就更有不勝負荷的感覺。志希先生，你泉下有知，對我這種不大容易解釋的感觸，會有特別的理解嗎！

我待在志希先生墓穴前默悼了一會，抬頭看到總統蔣公所題「學淵績懋」的輓詞，閃閃發光。右側墓壁上所鑄刻的志希先生生平最得意的作品「玉門出塞歌」，仍是清晰圓潤。我走過去，讀出來：

左公柳拂玉門曉，
　塞上春光好。
天山溶雪灌田疇，
　大漠飛沙旋落照。
沙中水草堆，
　好似仙人島；
過瓜田碧碧叢叢，
　望馬羣白浪滔滔。
想乘槎張騫，
　定遠班超，
漢唐先烈經營早！
當年是匈奴右臂，
　將來更是歐亞孔道。
經營趁早！
　經營趁早！
莫讓碧眼兒射西域盤鵰！

讀著讀著，我又情不自禁的沉湎於這首歌的雄邁豪放的意境中了。這是志希先生二十三年的作品，滿腔愛國熱情發抒為沉鬱雄豪之作，曾使得千百萬青少年們為之鼓舞奮發。志希先生過世後，門人王金生、金唯信、魯傳鼎、杜文田、張作棟等五位先生把這首不朽之作刻於墓壁上，實具有表彰先賢志節而勵來茲的深遠意義。我也忝列志希先生的門牆，久浴清誨，可是對於志希先生的死，曾無一語一字以志哀悼，相形之下，我自愧太麻木了。這大概就是自感有負於志希先生的原因吧！祭墓回程中，世景兄也以哀戚的語態問我：「你為什麼不寫點東西紀念羅先生？」是的，我為什麼不把追隨志希先生十二年來的一些感受寫出來呢！這是我應當做，也是唯一能夠做的事！

一

我初次曉得志希先生的大名，羅家倫，是在民國二十六年的冬天，那時我還不過是個小學四年級的學生。不像其他的青年人，對志希先生的慕名與敬佩，是由於志希先生是五四運動時的健將，五四運動對一個小學學生是起不了什麼激發作用的，況且自九一八事變後，五四運動的餘波早已被抗日救亡的熱潮所掩沒了。我之曉得志希先生並仰慕他的大名，是由於他的一首雄豪熱烈的「綏遠戰歌」。這首歌分兩段，歌辭是這樣的：

天蒼蒼，野茫茫！陰山東北好戰場，軍容如火陣堂堂。刀閃月光白，彈落陣雲黃，么魔小鬼齊掃蕩。上、上，熱河就在望，過去還是我們的，嵯嵯長白山，滔滔黑龍江。

天威震、撻伐張，我有猛士鎮四方，軍容如火陣堂堂。陷陣平射炮，衝鋒機關槍，么魔小鬼齊掃蕩。上、上，熱河就在望，過去還是我們的，嵯嵯長白山，滔滔黑龍江。

這首歌是志希先生民國二十五年冬寫的。二十五年十一月，傅作義的部隊在綏東打敗了日本軍閥豢養的偽蒙軍，克復了百靈廟，造成了自二十二年喜峰口之捷以後的大勝利。消息傳出，萬民歡騰，中央為了對前線將士表示慰問和鼓勵，特組織了一個勞軍團前往綏遠戰地。志希先生當時是勞軍團的一員，他這首戰歌就是在綏遠戰地前線寫成的。第二年七七事變爆發，各地抗日軍興，志希先生這首歌遂被配上曲譜，廣泛的為抗日的軍民所歌唱。我這時是在敵後的山東戰區裡受教育，學校的音樂老師教我唱這首戰歌，放學回家，街上的兒童們唱這首歌，駐在我家附近的一隊游擊隊戰士，更是每天早晚都唱這首歌。由於這首歌所含的強烈的愛國情緒與雄豪氣概，使得唱歌的人——即使是個不滿兩尺高的小孩童，有著自身已是抗日英雄的感覺，因此它流傳得最廣，發生的鼓舞力也最大。歌詞是如此的雄壯激揚，歌詞的作者也必然是個情懷熱烈的愛國文豪，我喜歡這首戰歌，因此我敬慕這首戰歌的作者。在我幼稚的心靈中，顯然已經樹起了志希先生的偶像。但只讀其文，連照片也還未見過。

山東戰區距大後方的距離是遙遠的，儘管志希先生是抗戰期間後方的知名人士之一，但前方戰區篇幅有限的報紙上，卻不容易看到記述志希先生言論或行蹤的消息。直到民國三十六年，志希先生奉派為駐印度大使，新聞天地把他的家庭照片刊於封面，我才第一次見到志希先生的玉照。那一期的新聞天地我曾保存了很久，直到故鄉陷匪再度逃難時才弄丟了。

我正式見到志希先生的人，聽志希先生的課，是三十九年二月以後的事。三十八年大陸淪陷前夕，全國有一百零八個院校的大專學生八百多人流亡到臺灣來，政府為收容我們這班流亡學生，特令臺灣省政府設立了一個臨時性的訓練機構——青年服務團，由上官啟我先生任團長，在圓山現在美軍顧問團的地址開始訓練。由於籌備工作需要時日，開訓時已是三十九年的三月了。訓練課程中有一門是「人生哲學」，啟我先生聘請志希先生來講授。這時志希先生剛由印度下旗歸國後不久，也很高興和這班歷盡千辛萬苦逃難來臺的知識青年們談談人生問題。他認為啟我先生開設「人生哲學」這門課是很對的，因為在一個動盪不安的時代裡、青年人最重要的是堅定自己的人生觀，才不會隨波逐流，才能做中流砥柱。志希先生是抱著這樣熱切的心懷來授課，我們也都是以素所敬慕的一種誠悃來聽講。但意外的是，這門課並未收到預期的效果。原因是合堂授課、八百多人擠在一座矮矮的禮堂裡，顯得亂哄哄的，志希先生沙啞的聲音無法使每個學生都聽得到，因此秩序也就更不好維持了。記得志希先生有一次曾為我們的秩序不好，而氣憤退席，結果是我們全體挨啟我先生一頓訓斥。但當我散隊後到休息室看志希先生時，他仍然心平氣和的為我解說問題。我聽了志希先生半年的「人生哲學」，很坦白的說，課堂上我什麼都聽不見，因為座位太靠後，倒是在休息室裡，聽志希先生講過「弱是罪惡，強而不暴是美」的道理。我對半年的「人生哲學」課記在腦海中的也只是這句話。不過、我想，這句話已經足夠了，一個青年人能做到「強而不暴」，不就是人格的典型嗎？

四十三年秋，我升學國立政治大學研究部的公民教育研究所（次年改稱教育研究所），「民族主義研究」一科，校長陳百年先生特聘志希先生講授，這是我第二度做志希先生的學生。研究生的課都是小教授班，同學總共只有十二位。因此不但可以聽見志希先生的每一句話，志希先生的音容笑貌也看得清清楚楚。我這才真正體察到志希先生學識淵博，與見解之精闢。記得第一次上課時，志希先生生動真摯充滿情感與活力的講詞，深深的打動了每位同學的心絃，筆記下來，真是一篇文情並茂的民族史詩。曾讀過霍布金斯大學校長吉爾曼博士的一句話：「大學之要著不是大廈，而是大師」，聽過志希先生的課，才真正體味到吉爾曼這句話的重要。我真誠感激百年校長在母校在臺復校之初，即羅致了不少像志希先生這樣的大師。

二

四十六年夏，我修完政大教育研究所的課程，通過了碩士學位的考試，接著而來的是就業問題。所主任陳雪屏先生和黃季陸先生都認為我適任教學的工作，介紹我到臺北工專去任教。可是當季陸先生介紹我去工專校長私邸作禮貌上的拜謁時，卻挨了一記悶棍。那位校長先生僚氣太重，根本不把我看作是位來訪的客人或是未來的教席，他是以警官們盤問小百姓的態度查問我的來歷，我以禮貌來，彼以輕蔑往，自感人格尊嚴上受到了損傷，立即拒絕再和這位校長見第二次面。第二天，把這情形告訴負責教育研究所行政業務的沈宗執先生，沈先生立即告訴我說：「羅志希先生需要一兩位同學去幫忙整理史料，最好你能去……不過，羅先生限制條件很嚴，要中英文程度都好。」沈先生的話沒再講下去，我已明白他的意思，即使我有意追隨，怕不一定能符合羅先生所定的條件。

教育研究所推薦了三位同學給羅先生挑選，我也列名其中。但我覺得既是志希先生的學生，師生間是什麼話都可以講的，何不去當面說明心意，他接受不接受都沒關係。於是在七月中旬的一個早上，我到了潮州街九十三號志希先生的寓所，志希先生讓我坐定後，沒等我說明來意，便先開口：

> 學校推薦你來我主持的黨史會工作，原則上我接受你。現在要你自己做決定，能不能受得了苦。做歷史工作的人必須從爛紙堆裡爬出來，才會有成就。如果你同意來工作，我要派你到草屯史庫去。那是鄉下，交通不便，設備簡陋，很苦，很苦。

想不到志希先生這樣爽快。也許是由於平時對志希先生的一種敬仰心的鼓動，我沒加思索的就回答：「只要老師認為我能勝任，我願意追隨。」

志希先生對我的答復很滿意。他即不厭其煩的向我說明了工作的性質，給我的名義和待遇，以及黨史會的人事環境。然後他又極其鄭重的對我說：「我對年輕的同學是抱著極大的期望的。你的碩士論文我看過，文筆還不夠簡練，結構也不行。我要你從基礎上做起，接受磨練。跟我做事，三年後沒有進步，你自己要負責任！」

志希先生最後的一句話語氣特別重，講完後凝視著我，我默默的點一下頭。這一次談話決定了我此後的道路，也帶給我沉重的負擔。我曉得這是漫長的道路，很少人喜歡走。我能走得多久？自己也曾對自己提出這個問號。但志希先生「三年後沒有進步，你自己要負責任」的話刺激著我，我決定要硬著頭皮走下去！

在草屯史庫中我一直默默無聞的工作了十年，這是一段漫長而可怕的歲月。物質生活談不到，研究環境也未如理想，人事上一些磨折，有時也叫人感到心灰意冷。但我仍然默默的呆下去，我沒有忘記志希先生的話，我要使志希先生發現我有了「進步」，沒有辜負他的一片苦心。三年過去了，志希先生沒說我進步，再等；六年過去了，志希先生仍沒說我進步，再等，再等，再努力；直到十個年頭過去了，才等到了志希先生的一句話：「雲漢進步很快。」這是五十六年三月我出國進修前夕，偕內子韓榮貞女士去向志希先生辭行時，志希先生親口對內子講的，並且還幽默的加上一句：「這該是妳的功勞。」

在史庫工作的漫長歲月是清苦的，平淡的，但我並沒有感到孤獨，也沒有因為長久屬於低等職位而感到難堪。因為志希先生雖把我放在史庫裡，但他並沒忘記我，他對我要求嚴格，但他並不卑視我。他在臺北辦公，不常到草屯去，但他每過一段時間，總要寫封信垂詢一下工作和研究的情形，並給予安慰與鼓勵。總說一句，志希先生是不把我單純的看作是一個屬員，而是看作一個正在接受訓練中的老學生。志希先生給我的信札保存了不少，我願把下面的一封公開出來，讓讀者也能認識到志希先生對後進的督責與關懷：

雲漢學弟惠鑒：

茲有數語奉達：文獎會稿已入選，可能在前三名中，可喜！但其中文字尚欠精簡，印前當加斟酌，此其一。中央留學事今年可送人數略減。我主張史學有一人（以前門類取消，注重工作之需要），主管方面表示考慮，在目前不無可能，此其二。關於年譜以及其他有關與黨史有關工作，務必努力為之，為所學，為前途，將來必有知之者，此其三。此函不可傳觀。另有一函致永敬兄並列弟名在上。

此頌學祺！

家倫手啟　五四、七、十三

信中所稱「文獎會稿」，係我的「從容共到清黨」書稿，由志希先生推薦於中國學術著作獎助委員會評審，倖獲首獎。「中央留學事」係指中央委員會遵奉總裁蔣公指示，考選年輕優秀同志出國進修。這件事，志希先生一直鼓勵我參加，有一次在臺北辦公室中曾很感慨地說：「我年紀已大，努力黨史者繼起無人，你正年輕，不打好深厚基礎，將來如何能肩負重要職務」。中央最早決定的留學門類中，並無史學一科。志希先生認為史學乃當務之急，主張重新擬訂門類，加入史學一類。我在五十四年九月三日，曾接到志希先生從國史館辦公室給我寄的一封信。

雲漢學弟惠鑒：

本星期為派遣留學事有所決定，經我說明黨史會需要後，在座諸公認為合理，以本黨每年所感到急需之人才為派遣的對象，所以今年將黨史列在第一，盼即注意及之。如能考取，當好好做一番工作，以期毋負黨的培植。百年誕辰工作，也期迅速好好協力做成。此頌

暑祺並祝合府安好

家倫手啟　五四、九、二

志希先生寫過信後，又託人帶信要我到臺北來。他說他主張在留學項目中增加史學一科，是為了黨史會，也是為了我個人。他說他對黨史會和我個人，都負有一種不可推卸的責任。因此他要為黨史會培植出高級幹部來，也為我個人爭取一條出路。我聽過志希先生的話後，不曉得說些什麼好，只有默默的點一下頭，好久，才說出「請老師放心，我必努力以赴。」

志希先生鼓勵我進修的那分熱誠，是我永生不會忘記的。他曾當面考問過我一些史學的問題，也曾糾正我英文的發音，並把他個人學習英語的經驗提供給我：練習英文寫作最有效的辦法，是抄寫英文佳作。考試的前夕，志希先生又寫信鼓勵我說：

> 關於留學考試日期，業經決定，想已發出通知，也是一件盛事。當鼓勇氣，憑實力以試，毋自餒焉！至要至要！考完之後，並望多與永敬兄完成年譜工作為盼。我在少年及壯年時，愈臨考試時間愈不著急，但仍常勝。方知「勝固欣然，敗亦可喜」兩句話的功用。書此以供一笑！

我在志希先生如此殷切的鼓勵下參加出國進修的考選，心情是緊張的，心境卻是愉快的。當我看到一些單位首長那種對部下作威作福的官僚習氣，想到志希先生的對後進的督責與愛護，不能不承認自己是幸運的。所幸這次考試並沒有落伍，否則，真無顏見志希先生。出國前夕，會內有人事變動，志希先生曾特地把我找去說：「我曉得這幾年委屈了你，但你年輕，需要的不是職位高低，而是服務進修的機會。現在有學識資歷不如你的同志升級，我曉得你不會爭，但卻不能不告訴你。」我當時也懇摯的回答：「我從老師處得到的已經夠多了，我所想到的是今後如何報効問題，不是名位問題。」

三

我於五十六年三月赴美進修，在哥倫比亞大學以訪問學人身分，從事一項專題研究，並同時在聖若望大學歷史系讀學位。蔣永敬兄比我早去半年，也在哥大。我倆都曾不斷的把在國外的所見所聞以及研究進修的情形，寫信向志希先生報告，但志希先生卻不像以前那樣，經常寫信鼓勵我們了。我到美的前半年，只收到志希先生寫給永敬兄和我的一封信，以後再也沒接到他的片紙隻字。等永敬兄回國後才寫信告訴我：志希老師的健康大不如前，有些事已經記不清楚！

此後我仍不時寫信給志希先生，但再接不到他熱誠的回信，我猜想他的健康情形是每況愈下。五十七年秋天，永敬兄在一封信中告訴我，志希先生體力記憶力均急遽衰退，已無法執行主管職務，並已決定辦理退休。我讀過信後，默然許久。真想不到人的凋謝會如是其速，我只希望志希先生的病是暫時性的，會很快復元！

由於志希先生的健康不佳，有些國外學人的來信都沒法及時致覆，因此也惹起不少人的誤會，認為志希先生故意擺架子。也有人曉得志希先生健康情形不好，但並不予以同情，反而責備政府為什麼不早點換人。我在哥大東亞圖書館門口，即曾遇到過一位所謂旅美的中國學人，對我很刻薄的指責志希先生。結果是我和他的一場爭論，他不再和我講話。國外人士的信不覆，當然是使人家失望而誤會的，但這能完全責備病中的志希先生嗎？

五十八年二月，我讀完學位後立即回國。行前特在紐約買了上等的韓國蔘，心想這東西或許對羅先生的病體有所助益。回到臺北的當天晚上，即向羅公館掛了電話。接電話的是羅師母，當我表示要去看望志希先生時，師母卻說：羅先生睡了，謝謝你的盛意，隔天請你來舍下便餐。羅師母講話一向是條理清晰的，但這次講話的語氣很急促，我已預想到志希先生的病仍未見癒。羅師母在電話中本要我過幾天去看羅先生的，但想不到第二天下午，志希先生由羅師母陪同親自到國父史蹟紀念館來了。我見到志希先生，既興奮而且激動，顧不得尊卑間的禮貌，走上去緊緊的握住志希先生的手，可是一句話也說不出來。志希先生凝視著我，似相識又似不相識，好久好久，才問我：你什麼時候回來的？在國外多久？顯然他認出了我的面貌，但已記不清是什麼時間出國，自然也忘記了出國前他對我的那番鼓勵與叮嚀了。僅僅是兩年，志希先生病到了這步田地！

此後我又回到臺中去工作了一段時期，沒時間多來臺北探望志希先生。直到五十八年十一月，志希先生的病情惡化，我才又與世景兄等一道到榮民總醫院的病房裡探視。這時志希先生已不能言語，但神志似乎又還清醒。他看到我們幾個環立在病榻前，想笑已笑不出來，只能做出個要笑的表情而已。我們在病榻前停留了一些時候才離去，我回頭看到志希先生的一隻手在痙攣似的搖動著，心頭是一陣悽楚。想不到，這竟是見志希先生最後的一面！

志希先生是五十八年十二月二十五日過世的，再過幾天就是兩年了。從我眼看著他的靈柩放進墓穴的那時起，我的思想忽然起了一些變化，好像增加了一些負擔。志希先生在世之日，我雖曾感到冷落，但並不感到孤獨，現在他去了，我反倒有了孤獨的感觸。此後，有誰能給予嚴厲督責，又有誰能指引我行進的方向！我追隨志希先生十二年，他教導我會做精細的工夫，會做長久的忍耐，會做默默無聞的笨工匠，會不間斷的自我鞭策，追求進步。但，我能報効志希先生者在那裡呢？真是的，我能報効於志希先生者究竟在那裡呢?!

（《新知雜誌》第一年第六期）
（民國六十年十二月一日出刊）

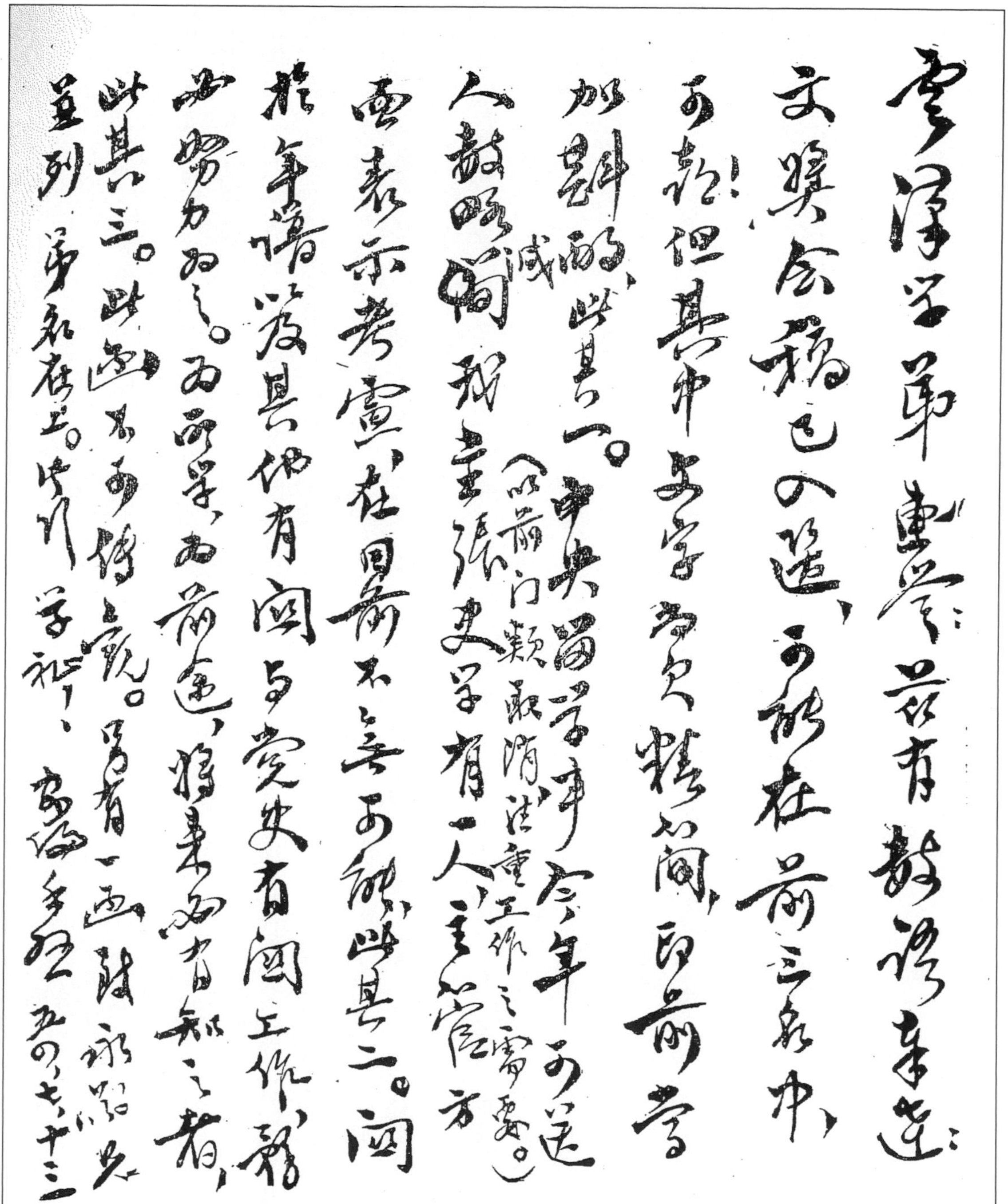
雲翔學弟惠鑒：最近有數項喜訊：
文獎會稿已入選，可能在前三名中，
可喜！但其中與守常史料精確問題，即前所要
加斟酌，此其一。
中央圖書館今年所選（以前門類取消，注重工作之需要。）
人數略減，[illegible]張史學有一人，[illegible]方
面表示意見，在目前不妨而就，此其二。
於年譜發其他有關與黨史有關工作，我
必努力為之。而所學，而前選，將來為有知之者，
此其三。此函不再傳之人。尚有一函請[illegible]與
並列弟名在上。此請
學祉！ 家倫手啟 五四、七、十三

羅志希先生給作者函。

羅志希先生的大學時代

羅家倫志希先生青年時所受的高等教育，分為兩個階段：第一階段為北大就讀時期，自民國六年（一九一七）秋季入校到民國九年（一九二〇）秋出國留學，為時三年；第二階段為國外研究時期，自民國九年秋進入美國普林斯頓大學（Princeton University），繼入哥倫比亞大學（Columbia University），再轉歐洲進倫敦、柏林、巴黎三所大學研究院，至民國十五年（一九二六）夏返國，前後七年。[1]這是非常完整的一段教育歷程，國內外合計十年的高等教育，使志希先生的學問淹博深厚，兼通中外，對哲學、文學與史學都有極高的造詣。

本文為篇幅所限，不能把志希先生十年高等教育的全部歷程作一論述，只就他就讀北京大學三年間的生活與活動，略作概述式的介紹。就志希先生這三年多彩多姿，有聲有光的大學生活，已足使這一代的青年人為之歆羨、嚮慕，而油然生起崇拜之思——誠然，志希先生充實而生動的大學生活，是有著強烈的啟發性的！

1 羅志希先生手書自傳原蹟。

一、良師益友

志希先生是民國六年秋進入北大的。這時正是蔡元培先生就任北大校長半年之後，對校務正大事改革，建立起學術自由的新學風的時候。蔡校長是民國六年一月四日就職的，他在就職之日的演說詞中，就要求學生改革他們的觀念，「須抱定宗旨，為求學而來；入法科者非為做官，入商科者非為致富。」[2]對於北大的教育方針，蔡校長的主張是：「循思想自由的原則，取兼容並包主義。」[3]就在蔡校長這樣開明的政策下。北大的校風丕然大變，尤其是文科，蔡校長接受了湯爾和的推薦，聘陳獨秀為學長——相當於今日的文學院院長，胡適之、劉半農、周豫才、周豈明等具有新思想的人也都進入北大任教授，於是「文學革命，思想自由的風氣，遂大流行。」[4]志希先生就在這股新潮流在北大萌發的初期，進入北大參加了這一行列，且擔當了一個主要的角色。

2 蔡元培，就任北京大學校長演說詞，民國六年一月四日。

3 蔡元培，〈覆林紓（琴南）書〉，見《新潮》第一卷第四號（民國八年四月一日出版）。蔡氏於「北京大學月刊發刊詞」一文中，亦述及其辦理北大的教育政策說：「大學者，囊括大典，網羅眾家之學府也，禮記中庸曰：萬物並育而不相害，道並行而不相悖，足以形容之。」

4 蔡元培，《我在教育界的經驗》，見〈蔡元培自述〉（傳記文學出版社，民國五十六年九月一日臺北），頁四四。

對北大的師長，志希先生最崇拜，也受到最大影響的是蔡元培校長，他曾以「偉大」與「崇高」來形容蔡校長的人格。[5]另一方面，志希先生也最受到蔡校長的重視，支持和提拔，據志希先生自己的記述，早在民國七年，北大學生為反對北京軍閥政府出賣高徐、濟順二路給日本的媚日外交，並歡迎自日本罷學回國學生而開會於西齋飯廳，由於志希先生一席過於激烈的演說，弄得蔡校長一度幹不下去。[6]但蔡校長並沒有責備志希先生，反倒對志希先生更加重視。當時北京大學附設了一個國史編纂處，由蔡校長親自主持，著手編纂通史、民國史及歷史辭典等書，蔡校長就曾要志希先生幫他做這樁工作。[7]及志希先生與傅斯年創辦《新潮》月刊，所需經費也由蔡校長批准由北大補助，蔡校長的一些文字也拿在《新潮》上發表，[8]《新潮》也是由北京大學出版部負責經銷的唯一的學生雜誌。[9]而志希先生又常代蔡校長在《新潮》上解答一些詢問；譬如南開學校大學部國文教授熊子真寫信給蔡校長，對雜誌，歐化主義及文學史方面提出意見，蔡校長就轉志希先生代覆。[10]志希先生與蔡校長之間，已經超越一般師生間的關係，而進為師友之間了。

志希先生在北大文科主修外國文學，但他的興趣至為廣泛，文學，史學，哲學的課，只要講授的先生有見解，他都去聽，他是鼓吹文學革命的新潮派人物，卻也常聽守舊派幾位大師的課。譬如辜鴻銘，是個老復辟派，當時在北大講授英國詩，志希先生聽他的課，發現這位「老復辟」把英詩分為「外國大雅」「外國小雅」「外國國風」「洋離騷」等類，弄得志希先生「在教室裡想笑而不敢笑」，卻是十分欣賞。[11]

師生間問難質疑，坐而論道，是當時北大學風的一大特色，這種風氣在民國七、八年間最盛，志希先生說他「尤其身受這種好處。」[12]志希先生最常接近的教授，應推胡適之和李守常。和胡適之多半談些文學革命的事，和李守常接近，是因為李是新潮社的熱心贊助者，志希先生對李的印象很不錯，談話的範圍也很廣。譬如黃克強先生拿錢辦北京晨

5 羅家倫，《逝者如斯集》（傳記文學出版社，民國五十六年九月一日，臺北），頁四八。

6 羅家倫，〈書詒天下才，我為蒼生哭〉，見《逝者如斯集》，頁一五四。

7 羅家倫於〈近代中國文學思想的變遷〉（見《新潮》二卷五號）一文中，曾有「材料是很容易喪失的，如去年我們為國史編纂處搜集辛亥革命時代的印刷品，已經不可多得了」的記述。

8 《新潮》曾經發表蔡元培的五篇文章，其篇目及卷號如下：

〈大戰與哲學〉　一卷一號（附錄欄）
〈勞工神聖（演講）〉　一卷二號
〈致公言報並附答林琴南書〉　一卷四號
〈北京大學月刊發刊詞〉　一卷四號
〈美術的起原〉　二卷四號

9 北京大學出版部曾在《新潮》二卷五號刊登〈特別啟事〉如下：「現在外面有許多出版物，未得本部同意，遽列本部為代理或寄售處。今特登新潮雜誌，北京大學日刊，及上海時事新報聲明。凡未得本部負責人認可，概不得將本部列為代理或寄售處。其未先經本部認可代售，而逕行將書報送來者，本部亦概不收受，再可向本部直接訂購之雜誌，僅新潮一種，合併聲明。」

10 熊子真來信及志希先生覆信，均見《新潮》二卷四號（民國九年五月出版），頁八二八—八三九。

11 羅家倫，〈蔡元培先生與北京大學〉，見《傳記文學》第十卷第一期（民國五十六年一月出版，臺北），頁三〇。

12 同註十一。

報並介紹李守常進晨報社做編輯一事，就是李親口對志希先生講的。[13]對蔣夢麟先生，志希先生也很尊敬，可是在民國八年二月間，由於北大學生林德揚的自殺，志希先生和夢麟先生對於「自殺」的價值的看法，曾有過「辯難」。[14]

同學之中，和志希先生最要好，也最能稱得起益友的人是傅斯年孟真，其次為段錫朋書詒、楊振聲金甫、狄福鼎君武、吳康敬軒等先生。志希先生說，他與傅斯年是民國六年進入北大後認識的，這年志希先生二十一歲，傅斯年二十二歲，但傅卻已是「識途老馬」，因為他早在民國二年夏即考進北大預科，民國五年預科畢業升入本科，學的是文科國文門，比志希先生要高一級。[15]他們結識的經過，志希先生曾有一段記述：

> 我和孟真是民國六年開始在北京大學認識的，他經過三年標準很高的北大預科的訓練以後，升入文科本科，所以他的中國學問的基礎很好，而且瀏覽英文的能力很強。這是一件研究中國學問的人不容易兼有的條件。我是從上海直接考進文科的學生，當時讀的是外國文學，和他的中國文學雖然隔系，可是我們兩人在學問方面都有貪多務得的壞習慣，所以彼此常常越系選課，弄到同班的功課很多，就在哲學系方面，也同過三樣功課的班。我們開始有較深的了解，卻在胡適之先生家裡。那是我們常去，先則客客氣氣的請教受益，後來竟成為討論爭辯肆言無忌的地方。[16]

那時志希先生住校外松公府的公寓裡，傅斯年住在校內學生宿舍西齋四號，和顧頡剛、狄福鼎、周烈臣三人同住一個房間。志希先生經常到來和傅等高談文學革命和新文化運動，有時來得太早，傅還沒起床，就掀他的被窩。志希先生喜歡提起這段往事：「我早上到校上課之前，首先要到他（傅）房裡談天，他沒有起來的時候，我有時掀他棉被，他頗引以為苦，氣得大叫。」[17]

志希先生是浙江人，性格有幾分柔弱，傅斯年是山東籍，代表北方之強。兩人的個性不大一樣，且都有脾氣，因此時常吵嘴、嘔氣，但兩人都是有真性情的志同道合之士，吵吵嘴，並不傷和氣，仍是最好的朋友，志希先生這樣說，傅斯年也早就承認。傅說：「志希和我，因為彼此都有好吵鬧的脾氣，幾乎每天打嘴仗，甚而至于氣忿忿的，不談話了，然而過五六分鐘，仍然一切如常。任憑吵上多少次，我

13 志希先生生前面告筆者。

14 北大學生林德揚於民國八年十一月自殺，羅志希先生於同月十九日晨報說明林君自殺情形，並提出三個補救方法：（一）美術的生活，（二）朋友交際的生活（並男女朋友交際的生活），（三）確立新人生觀。蔣夢麟先生繼發表〈北大學生林德揚君的自殺〉一文於《新潮》二卷二號（民國八年十二月出版），反對志希先生對「自殺」的若干看法。

15 傅樂成，《傅孟真先生年譜》（文星書店出版，民國五十三年四月，臺北），頁七—九。

16 羅家倫，〈元氣淋漓的傅孟真〉，見《逝者如斯集》，頁一六六。

17 同註十六。

們總是最好不過的朋友。」[18]

志希先生和傅斯年還有兩個共同嗜好。一是喜歡看外國書，每人每月都要向日本丸善株式會社買幾本新書，一是兩人都很自負，也都有做「刪改文章刀斧手」的橫厲之氣，很多稿件到他們兩人手裡，經過「老實不客氣的加以刪改」後，就「面目全非」了。傅斯年改文章的標準，比志希先生還要嚴格，這使得志希先生自己也不能不時時小心，他也承認從傅斯年這位益友處得到益處。志希先生很真誠的說：「我雖然同他（傅）一道做刪改文章刀斧手，然而看見他這樣嚴格的標準，使我對於自己的稿子，也有戒心，不能不先慎重一點，才敢交出來，從這方面來說，我深得孟真的益處。益友之所以對友能益，這就是一個例子。當時我的文章，雖然也有人喜歡看，可是我總覺得不如孟真的厚實。」[19]

段錫朋和志希先生成為至友，是由於共同發動五四運動的一段經歷。志希先生回憶：「在五四這一段，我和書詒幾乎天天在一起，有幾次工作到夜深了，還擠在一張窄小與硬木床上睡覺，一談談到天亮。」[20]楊振聲是《新潮》初

18 傅斯年，〈新潮之回顧與前瞻〉見《新潮》第二卷第一號（民國八年十月出版），頁一九九—二〇五。

19 羅家倫，〈元氣淋漓的傅孟真〉。志希先生不僅欣賞傅斯年先生的文，更欣賞他的詩，如傅氏於《新潮》二卷二號同時發表標題為「心悸」和「心不悸了」兩詩，志希先生即曾在詩後加了這樣的按語：「我們新潮上的詩，總覺得寫景的太多，像這樣『Humanized』的詩，實在很少，所以我讀了非常歡喜，並祝我人道化的孟真健康。志希。」

20 羅家倫，〈書詒天下才，我為蒼生哭〉，見《逝者如斯集》，頁一五六。

創時期的編輯部的書記，志希先生的助手，他的山東人脾氣卻與志希先生很相投，楊在民國八年夏即去美國留學去了，志希先生曾在《新潮》二卷二號選載了俞平伯的「送金甫到紐約」白話詩，以志惜別。狄福鼎名狄膺，別號君武，當時在北大讀哲學系，與志希先生相識於北大西齋四號房間，五四以後幾天裡，他經常與志希先生於晚間帶些食品和內衣等到警察廳內的看守所去探視被捕的同學。[21]吳康也是學哲學的，他與志希先生當時是「杜威講壇」的熱心人，兩人把筆記杜威的講演整理成一篇「思想的派別」，在《新潮》上連載了四期。[22]這幾位益友都是志希先生生前時常提起的，他們的學問，精神，品格，風采，都在志希先生大學時代的生活史上留下了生動而深刻的痕跡。

二、創辦《新潮》

《新潮》是傅斯年和志希先生等十幾位北大同學創辦的一份雜誌，被認為是提倡新文化運動的第二種富有號召力的刊物。第一種是《新青年》，羅敦偉卻認為「《新潮》比《新青年》更有內容」。[23]

據傅斯年講，早在民國六年的秋天，他即和顧頡剛、徐

21 羅家倫，〈狄君武先生遺稿前言〉，見《狄君武先生遺稿》（中央黨史會編印，民國五十四年三月，臺北），頁一。

22 此文連載於《新潮》二卷二號至二卷五號，禁止轉載，稿由吳康、羅家倫筆記，經胡適之修改校正。

23 羅敦偉，〈北大生活與北大精神〉，見《五四愛國運動四十週年紀念特刊》（國立北京大學臺灣同學會編印，民國四十八年五月四日，臺北），頁六〇。

彥之、潘安洵（介泉）及志希先生等談論要出版一份雜誌的事。傅說：

> 民國六年的秋天，我和顧頡剛君住在同一宿舍同一號裡，徐彥之君是我們的近鄰。我們幾個人每天必要閒談的。有時說到北京大學的將來，我們抱很多的希望，覺得學生應該辦幾種雜誌；因於學生必須有自動的生活，辦有組織的事件，然後所學所想，不至枉費了；而且雜誌是最有趣味，最于學業有補的事，最有益的自動生活。再就我們自己的脾氣上著想，我們將來的生活，總離不了教育界和出版界，那麼，我們曷不在當學生的時候，練習一回呢。所以我們當時頗以這事做談話的資料。頡剛的朋友潘介泉君，我的朋友羅志希君，常加入我們這閒談。[24]

當時他們談是談，卻還沒有一個具體的計畫，好像也還沒採進一步的行動。他們都是學生，要赤手空拳的辦份雜誌，當然不是件輕而易舉的事。他們都是能文之士，稿源不成問題，但開辦之初總需一些錢，因此錢的問題是他們遭逢到的第一難題，後來這個難題，由於陳獨秀的協助獲得了解決：北大當局答應補助，這已是民國七年秋天的事了。傅斯年對這段經過也有記述：

> 七年的秋天，子俊和我又談起這層事：子俊說：「何如竟自嘗試一會呢？不成功也沒什麼不可以。」於是乎作了個預算。最難的是經濟方面，社員分配擔任外，不夠還多；至於文稿，或者不至於很拮据。我們想，我們都是北大的學生，學校或者可以幫我們成功。子俊就和文科學長陳獨秀先生商量了一次。陳先生說：「只要你們有辦的決心，和長久支持的志願，經濟方面，可以由學校擔負。」這是我們初料所不及的，我約集同人商量組織法了，最先和羅志希，康白情兩位研究辦法，其後有十多位同學加入，對這事都很有興味，胡適之先生是做我們的顧問，我們很受他些指導。[25]

在籌備期間，《新潮》的創辦人們曾經舉行過兩次會議。第一次是民國七年的十月十三日，這次會中，決定了雜誌的名詞和風格。關於名稱，中文的「新潮」是志希先生定出來的，英文名稱The Renaissance則是徐彥之所主張，這兩個名詞恰好可以互譯。至於雜誌的風格，他們決定「不使他雜亂無章，不使他有課藝性質」，因此決定了三種「元

---

24 傅斯年，〈新潮之回顧與前瞻〉，傅氏述及他和顧頡剛，徐彥之先談此事，潘介泉（家洵）、羅志希也常參加，周策縱據之稱作「傅斯年、顧頡剛、徐彥之首先倡議、羅家倫、潘洵、康白情以後也增加」（*The May Fourth Movement*, Stanford University Press, 1967, p.55），未免失當。

25 傅斯年前文。

素」：

（一）批評的精神

（二）科學的主義

（三）革新的文詞

第二次會是在同年的十一月十九日召集的。這次會應當就是新潮社的正式成立會，因為這次會通過了新潮社的組織簡章，也推選出新潮雜誌社的職員。依據「簡章」第五條，設編輯與幹事兩部；編輯部總攬編輯業務，幹事部則主持編輯以外諸事務，如對外交際及雜誌之出版發行等事務。當時推定的職員名單是：

編輯部

主任編輯　傅斯年

編輯　羅家倫

書記　楊振聲

幹事部

主任幹事　徐彥之

幹事　康白情

書記　俞平伯[26]

新潮社既經成立，李守常把他圖書館——有名的紅樓——辦公室右側的一個房間，撥給新潮社作編輯室用。這間房間很小，外臨沙灘東口。筆者於民國五十三年七月八日當面向志希先生請教關於新潮社創設的經過時，志希先生欣然取筆劃出了一張略圖，並順便寫出了一部分發起人的姓名。一種當年的豪氣，又浮現在他的眉宇之間。

十一、十二兩個月，是志希先生和傅斯年籌備出版創刊號的一個忙季。他們在創刊號裡發表的幾篇鴻文，也都是在十一月間寫成的，印刷發行的事，則由李辛白負責張羅，志希先生說，他為了新潮的撰稿、審稿和編輯事務，經常忙碌到深夜。

《新潮》是月刊，創刊號——稱第一卷第一號——於民國八年一月一日出版，「發行者」為國立北京大學出版部。二十開本，只一百五十頁。各欄文字計共二十一篇，傅斯年和志希先生兩人就寫了十四篇，佔總篇幅的十分之七還多。兩篇宣布新潮雜誌宗旨的重要文章——「新潮發刊旨趣書」和「今日之世界新潮」，也分別由傅斯年和志希先生執筆。毫無疑問的，傅、羅兩先生是新潮的骨幹人物，當時及以後有關的記載，也都標明《新潮》的創辦者是傅斯年和羅家倫。依據創辦人的最初計畫，《新潮》每年發刊十期，每五期為一卷，每卷終了時即進行職員的改選，[27]第一卷的五號是嚴格的按照這個計畫執行的。但第五號於民國八年五月一日出刊後只三天，就爆發了五四運動，由於主幹人物都忙於五四的活動，第二卷第一號的出版，因而就延期到同年的十月；二卷二號則又延期至同年的十二月。

26 徐彥之〈新潮社記事（一）〉，見《新潮》第二卷二號，頁三九八－四〇二。

27 「新潮社簡章」第十二條，見《新潮》二卷二號，頁四〇〇。

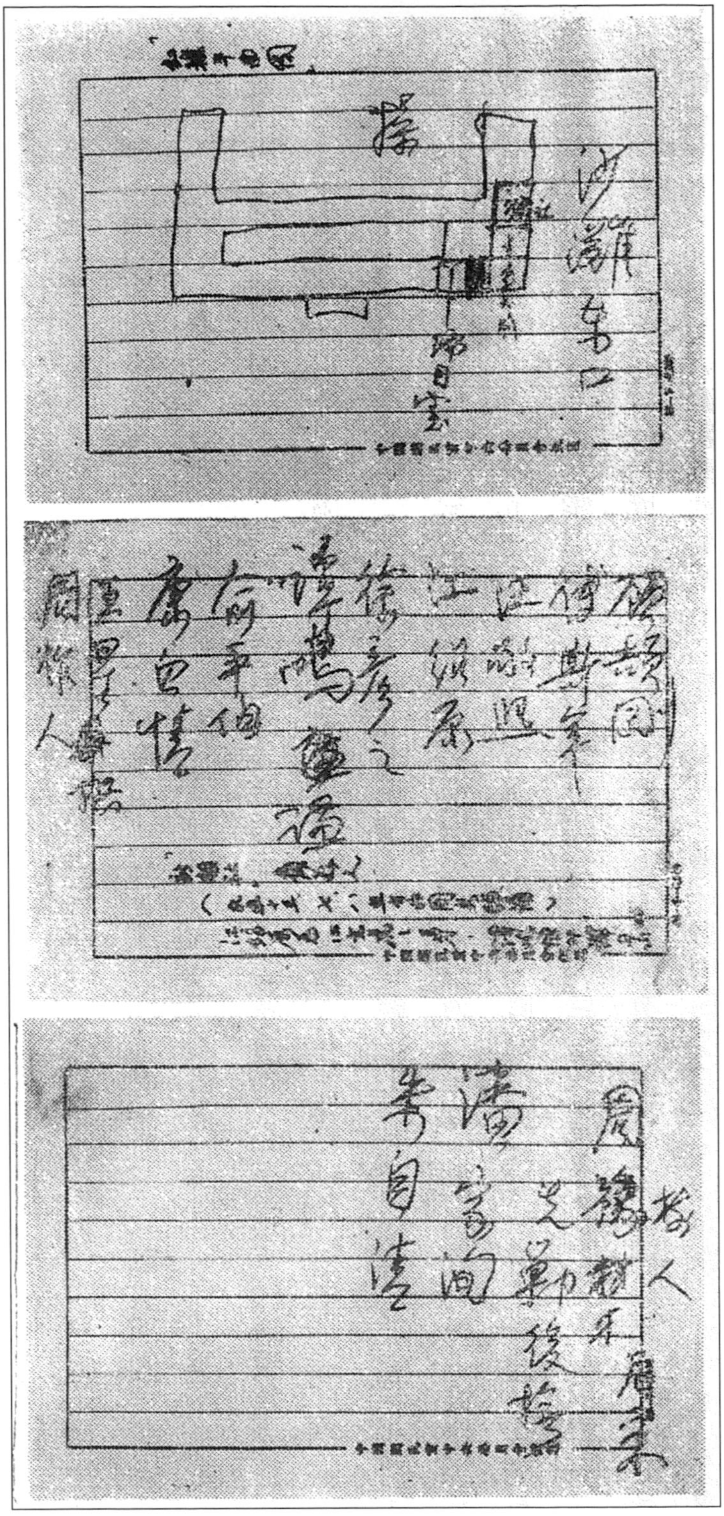

羅家倫先生手繪紅樓平面圖及手書新潮社部分發起人姓名。

民國八年的十一月十九日，新潮社成立一週年，遂在這天舉行在京全體社員大會，檢討社務的改進，擴大業務的範圍，同時並舉行職員的改選，組織也變更了，把原來的編輯、幹事兩部制，改為編輯一人，經理一人，記錄校對等人員數人。傅斯年已於這年的秋天到英國留學去了，所以職員改編的結果，是由志希先生擔任編輯，孟壽椿擔任經理。其餘的五位次要職員是：顧頡剛（代派贈閱交換等），高尚德（廣告）及王景漢、宗錫鈞、李榮第（均任記錄及校對）。[28]

事實上，志希先生自民國八年的秋季起，即全力承擔了新潮的編輯工作。所以他在二卷一號的新潮上，一個人就寫了七篇文章，二卷二號也發表了一篇論文，一篇講演記錄，

28 徐彥之，〈新潮社記事（一）〉。

兩篇評論，一篇書評和兩通覆信。這真是件苦事，志希先生擔任這項苦差事達一年以上，直到民國九年秋赴美研究，才把新潮的編輯工作交給了新任的主任編輯周作人，《新潮》的光芒也開始暗淡起來了。

依據徐彥之的記述，新潮社初成立時之社員有二十一人，其後有陸續加入的，到民國八年十一月止，已有三十七人之多，依據新潮社簡章第二條「本社全體社員均為撰述員，擔負雜誌材料供給之責任。」[29]但有幾位在一年之內，既沒有寫稿，其他方面也沒有盡過絲毫的幫助，社方乃認為這幾位社員是「自請出社」，所以民國八年十一月新潮社重新宣布的社員名單只有三十四人，他們是（以姓氏筆劃為序）：

毛　準（子水）　王星漢（仲宸）　王鍾麒（伯祥）
江紹源（紹源）　汪敬熙（緝齋）　吳　康（敬軒）
何思源（仙槎）　李榮第（小峯）　宗錫鈞（甄甫）
俞平伯（平伯）　孟壽椿（壽椿）　高　元（承元）
高尚德（君宇）　郭希汾（紹虞）　徐彥之（子駿）
孫福源（伏園）　張崧年（申甫）　陳兆疇（穗庭）
陳達材（彥儒）　陳嘉藹（杭甫）　康白情（白情）
傅斯年（孟真）　葉紹鈞（聖陶）　葉　麐（石蓀）
楊振聲（金甫）　趙承易（子經）　劉光頤（叔和）
劉秉麟（南陔）　潘元耿（元耿）　潘家洵（介泉）
戴　嶽（毓峰）　譚鳴謙（誠齊）　羅家倫（志希）
顧頡剛（頡剛）[30]

其後繼續有新社員加入，新潮社曾先後公告過四人。[31]他們是：

朱自清（佩弦）　馮友蘭（芝生）　孫福熙（春臺）
周作人（啟明）

以上三十八人中，絕大多數都是北大的學生，也有一兩位是北大的教授。他們的專長都不出哲學、文學和歷史；共同的特色則是具有「新」的色彩；以倡導新學，接受新潮，刷新思想，檢討傳統的精神和作風相砥礪。所以，傅斯年曾帶幾分自豪的說：「我們雜誌是由覺悟而結合的；至於將來，若不死於非命，我敢擔保必定放個光彩。」[32]

《新潮》雖是北大學生辦的刊物，其社員雖也以撰稿為取得及維護其資格的必要條件，但不是一個少數人包辦的雜誌，他歡迎並曾接受了不少非社員的稿件，根據筆者的統計，《新潮》第一、二、三卷的作者共有六十六人，其中屬

29 《新潮》第二卷第二號，頁三九九。

30 《新潮》第二卷第二號，頁三九九。

31 《新潮》第二卷第三號〈本社特別啟事二〉及二卷四號〈本社特別啟事（二）〉。

32 傅斯年，〈新潮之回顧與前瞻〉。

於「非社員」者為數三十五，可見他們的胸懷極為開闊。三十五位非社員中，有些是北大的師長和贊助者，如校長蔡元培，教授胡適、蔣夢麟、李大釗是；有些是遠道慕名自願投稿者，如魯迅、歐陽予倩；也有「不知何許人也」的隱名或化名之人，如「某君」、「KS」等是。總之，《新潮》的群眾基礎是極廣大的，北大是它的大本營，贊助者、同情者和崇拜者則遍佈各處。

由於人才多，群眾基礎廣大，《新潮》的銷路意外好，影響自然也更廣闊，新潮社又出版過「新潮叢書」，於是上海的泰東圖書局也起而效尤，發出要出版另一「新潮叢書」的廣告，害得新潮社不得不刊登特別啟事予以澄清。[33]志希先生在紀念傅斯年的一篇文章中，曾提到當時的青年人對《新潮》比對《新青年》更為同情，他這樣說：

> 我們天天與新青年主持者相接觸，自然彼此間都有思想的交流和相互的影響。不過，從當時的一般人看來，髣髴新潮的來勢更猛一點，引起青年們的同情更多一點，新潮的第一卷第一期，複印到三版，銷到一萬三千冊，以後也常在一萬五千冊左右，則聲勢不可謂不浩大。[34]

《新潮》一至三卷（第三卷僅出兩號）六十六位作者中，傅斯年發表的文章最多，有四十四篇；志希先生次之，三十六篇；康白情、俞平伯、葉紹鈞、汪敬熙又次之，都在十篇左右。志希先生寫的文字大致有四類：論著、評論（含「評壇」及「書報評論」）、詩歌、通信；有時署名羅家倫，有時署名志希。茲就其發表時間之先後，列目如下：

一卷一號（民國八年一月一日）

今日之世界新潮　羅家倫

評壇（說明）　志希

今日中國之小說界　志希

今日中國之新聞界　志希

一卷二號（民國八年二月一日）

什麼是文學　羅家倫

雪（詩）　羅家倫

一卷三號（民國八年三月一日）

「除夕」入香山（詩）　羅家倫

是愛情還是苦痛？　羅家倫

一卷四號（民國八年四月一日）

今日中國之雜誌界　羅家倫

「出世」？　志希

通信——答易君左　羅家倫

---

33 《新潮》二卷四號〈本社特別啟事（一）〉。

34 羅家倫，〈元氣淋漓的傅孟真〉。

一卷五號（民國八年五月一日）
駁胡先驌君的中國文學改良論
——解答幾種對於白話文學的疑難　羅家倫
通信——答楊鍾健　志希

二卷一號（民個八年十月）
婦女解放　羅家倫
天安門前的冬夜（詩）　羅家倫
歡迎我們的兄弟——牛津大學的新潮　志希
古今中外派的學說　志希
杜威博士的「學校與社會」　志希
杜威博士的「德育原理」　志希
少年中國月刊　志希

二卷二號（民國八年十二月）
近代西洋思想自由的進化　羅家倫
思想的派別（杜威講壇）　吳康　羅家倫
學術界的騙局　志希
是青年自殺還是社會殺青年？　志希
解放與改造　志希
通信——覆張溥泉　羅家倫
通信——覆施存統　羅家倫

二卷三號（民國九年四月）
往東車站送楚僧赴法（詩）　羅家倫
輿論的建設　羅家倫
批評的研究——三W主義　羅家倫

二卷四號（民國九年五月）
餘談（一）（二）　志希
通信——覆熊子真　志希
通信——覆何思源　志希
一年來我們學生運動底成功失敗和將來應取的方針
羅家倫

二卷五號（民國九年九月）
近代中國文學思想之變遷　羅家倫

三卷二號（民國十一年）
——一九二〇年世界名著介紹特號
杜威的「哲學改造」　羅家倫

三、對五四運動的貢獻與評價

志希先生的名字幾乎和五四運動分不開的，因為他在五四運動這一洶湧澎湃的愛國浪潮中，始終是一員健將。筆者無意，也沒有必要細述志希先生參加五四運動的經過，但有幾件事是不能不特別提出來的。第一、五四前夕的法科大禮堂大會——一般稱之為五四運動的發難大會，志希先生是參加了的，而且被推為二十位代表之一。[35]第二、五四當天分發的唯一宣傳品——「北京學界全體宣言」，是志希先生在十五分鐘內寫成的，其中「中國的土地可以征服而不可以斷送！中國的人民可以殺戮而不可以低頭！」的壯語，幾乎為愛國青年們視作是不朽的格言，直到民國六十一年「釣魚臺事件」發生時，筆者仍親見臺灣大學的學生張著寫有這句壯語的布標，遊行於臺北街頭。第三、志希先生參加了五四下午的十三校三千人大遊行，並與張廷濟、江紹原同被推為代表，歷訪美、英、法、義等國公使館，遞送了意見書。第四、志希先生於五四之次日全日為被捕同學聯絡奔走，並向同日下午舉行的北京學生大會，報告向各方接洽情形及被捕同學尚受優待消息。借吳相湘一句話：「羅在這一運動中，始終是主角之一。」[36]

然而，更重要的還在於志希先生用筆名「毅」，在五月二十六日出版的《每週評論》第二十三期「山東問題」專欄內發表的一篇短文：「五四運動的精神」。志希先生在這一短文中，不但首次創始了「五四運動」這一名詞，而且指出了這個運動表現出了三種真精神：第一、學生犧牲的精神；第二、社會制裁的精神；[37]第三、民族自決的精神。這時五四運動還正在熱烈的進行著，志希先生的觀點乃是當事人對此一運動最早所作的評價。一直到民國二十四年（一九三五）還不曉得「毅」是何人的胡適，卻在他自己紀念五四的文章中摘錄了志希先生的短文，認為「這裏的三個評判，是很公道的估計。」[38]

五四運動是學生運動，最初的出發點是愛國，口號是「外爭主權，內除國賊」，可是演變下來，就變得不那麼單純，流弊也就發生了。志希先生看到這種情形，於是在五四運動一週年之期，在《新潮》第二卷第五號發表了一篇一萬多字的長文：「一年來我們學生運動底成功失敗和將來應取的方針」，對學生運動重新作了檢討，也對五四運動的歷史意義作了確切的評價。志希先生開頭就說：

> 無論是贊成的反對的，總不能不認「五四運動」是中華民國開國以來第一件大事。這事件為中國的政治史上，添一個新改革，為中國的社會史上，開一個新紀元，為中國的思想史上，起一個新變化！[39]

這個評價確切極了，公正極了，志希先生一直抱持這個

35 據《五四愛國運動四十週年紀念特刊》所載二十位代表中之九位為：段錫朋、傅斯年、方豪（俶新）、羅家倫、狄福鼎（君武）、周炳琳、易克疑、雷國能、孟壽椿、康白情、陳寶諤（劍修）、許德珩、張廷濟、江紹原、牟振飛、谷源瑞、周長憲、楊健、王文彬等，另一位待考。

36 吳相湘，《民國百人傳》（《傳記文學》出版社，民國六十年一月，臺北），第三冊，頁一九九。

37 筆者手藏原文影印件。

38 胡適，〈紀念五四〉，見《獨立評論》第一四九號，民國二十四年五月五日出版，北平。

39 《新潮》二卷四號（民國九年五月出版），頁八四六。

看法，沒有什麼改變。他在二十年後為紀念五四而寫的一篇「五四的真精神」，也仍然理直氣壯的說：「五四是中國思想史上的一個大轉變，五四是中國政治史上的一個新潮流，無論你贊成五四也好，反對五四也好，五四在中國近代史上自有其劃時代的地位。」[40]

對於民國八、九年間的學生運動，志希先生認為有成功的方面，也有失敗的方面。他舉出成功的方面有三：思想改革的促進，社會組織的增加，民眾勢力的發展；失敗的方面，則有兩方面：一是學生自身弱點的暴露，如萬能的觀念，學術的停頓，落於形式的窠臼；二是社會態度的改變——人心厭亂對罷工罷市有了反感。[41] 檢討成敗得失，志希先生認為學生運動將來應取的方針，就應當從「社會運動」和「文化運動」去努力，社會運動要重視群眾，養成群眾，具體的概念是「養猴子的人，必須自己變成猴子」；文化運動的目的是「以思想革命為一切改造的基礎」，要擴張思想改造的效力須注意：（一）定期出版品不在乎數的增多，而在乎量的改革，（二）宣傳的印刷品應當增多，（三）西洋大部有系統的著述，應當從速翻譯介紹，（四）專門學者的培植實當今刻不容緩之圖。[42]

志希先生這篇宏文，曾為上海《申報》等大報全文轉載，他在二十年後再寫「五四的真精神」時，仍提起他當時的主張，並為大家的「認識不真，做得不夠」，表示歉感。志希先生洋洋灑灑的大文，無異是厲行社會改革和文化建設的具體方案，他當時只是二十三歲的一位北大應屆畢業生，其理想，其志節，其氣魄，其文采，都在中國現代青年運動史上大放異彩！

40 羅家倫，〈五四的真精神〉，中華民國三十九年五四紀念日晨三時作，見《五四愛國運動四十週年紀念特刊》（國立北京大學臺灣同學會編印，民國四十八年五月四日），頁三四－四二。

41 《新潮》二卷四號，頁八四七－八五五。

42 《新潮》二卷四號，頁八五六－八六一。

四、與黨人的交往暨赴滬晉謁國父

大袖藏歸革命軍，教兒讀罷氣如雲；
鄉賢歷歷頻頻數，惟讚王劉不朽文。[43]

這首詩是志希先生追念其先君傳珍公對他的教誨而作的。傳珍公於清代最後的幾年間在江西從政，於在公堂公畢返寓時，曾祕密攜回鄒容的《革命軍》給志希先生讀。《革命軍》當時是禁書，傳珍公把這本禁書帶給他的愛兒讀，其用意自然是深遠的，這是志希先生首次接觸到革命黨人的氣息，他以「氣如雲」三字說明他讀罷《革命軍》之後的感奮情緒，傳珍公不但是位勤政愛民的好官，而是革命黨的同情者與贊助者，為力救黨人彭克儉與藩司劉某衝突，幾遭讒遇禍，更曾力勸清江西巡撫馮汝騤開脫過不少新軍中被捕的黨人，李烈鈞就是當時獲救的一個。志希先生說，他還記得兒時親見父親中夜徬徨以作書為黨人疏解的情形，因而寫過下

43 羅家倫，《心影遊蹤集》上冊，頁五一－五二。

面的一首詩來紀念：

> 為冤黨獄幾瀕危，深夜移文代析疑；
> 嗣見功成終不道，一生謙附黨人碑。[44]

可見志希先生之與革命黨，是有其家世淵源的，辛亥革命之後至進入北京大學之前這段時間，志希先生也在有意與無意之間，受到革命黨人的濡染。不過，他與革命黨人以通信方式談論問題並與國父孫中山先生見面，卻是民國八年他的《新潮》時代。《新潮》二卷二號刊有張繼（溥泉）的投書，和志希先生的覆信，可能是志希先生本人接近革命陣營的最早文證。

張繼寫給《新潮》的信是民國八年四月二十九日寫的，他說對於《新潮》的言論，「實在佩服的很」，認為「諸君近來主張廣義的文學革命即是思想革命，真是救中國的根本方法。」[45]由於收到這封信時，正是五四運動的浪潮捲起大波瀾的時候，志希先生到十一月八日才代表《新潮》社寫出覆信，一點也不掩飾，志希先生同意張繼對於思想革命及中國時局的看法，以堅定的口氣說：「文學革命不過是我們的工具，思想革命乃是我們的目的」；他並列舉思想革命的三個目標是：

（一）變奴性的思想為獨立的思想；

44 同前註。

45 《新潮》二卷二號，頁三六六。

（二）變專制的思想為平民的思想；

（三）變昏亂的思想為邏輯的思想。[46]

也許，影響志希先生其後思想與事業發展的一件重要大事，是他於民國八年年底的上海之行；在上海，他晉見了國父孫中山先生，參加了全國學生聯合會的活動，同時也和一些具有新思想且熱心於新文化運動的中國國民黨人戴季陶、朱執信、張繼等建立了深厚的友誼。

據志希先生說，他去上海是因為「被北洋軍閥搜捕」，才由北京學生聯合會緊急會議派為代表，到上海去與各方面「商量採取聯合行動，予軍閥以打擊。」[47]和志希先生同時去上海的還有張國燾，他們逃出北京前往上海的一段經歷是非常驚險而有趣的，志希先生曾有如下一大段生動的回憶：

> 在五四那年的冬天，段祺瑞政府忽然下命令要逮捕我，那時候我住在北京嵩祝寺八號，和幾位同學共同租了一所公寓，房租由每人分攤。那天下午公寓的前門被圍了，步兵統領衙門派了八個馬隊和若干名警察進來搜查。我從後面匆匆溜到同學黃振玉家裡躲了一下，在傍晚的時候，頭上戴了一頂氈帽，逃到北京大學，躲在校長室的後間，只有一個屏風隔離外間，並無板壁。那時候是蔣夢麟先生代理校長。也就在傍晚的時候，北京學生聯合會開了一個緊急會議，推我

46 全文見《新潮》二卷二號，頁三六六—三六八。

47 羅家倫，〈我所認識的戴季陶先生〉，見《逝者如斯集》，頁一四四。

到上海去做代表，並且推張國燾和我一道去，中途可以互相照顧。

我們在八點多鐘的時候，天氣已經很黑，由北京大學的紅樓沿著操場的圍牆，走後門出去，到鐵獅子胡衕左右，各人叫了一部洋車，出順治門再彎到永定門，搭京津路的慢車上天津。因為我們絕對不能在前門車站上車，那是軍警密布很難倖免的區域。我們離永定門不遠就下車了，步行到車站。那知道三分鐘以前，一輛慢車已經開走，於是我們再退回到前門外，怎麼辦呢？於是我就想個主意，和張國燾一道到觀音寺一間澡堂裡去洗澡，目的是在利用澡堂的電話。到了澡堂洗完澡以後，打一個電話給一個老同學李光宇（字闓初），我第一句話問他：「你今天看見報沒有？」他聽出我的聲音了，他說：「看見」。我說：「我來看你好不好？」他說：「好」。我們不敢在澡堂久留，於是出來走到李鐵拐前街李家，闓初已經在門口等著迎接我們進去。

那時候，天氣很冷，闓初的夫人在火爐邊上為我們煮東西吃，圍爐而坐，談到四點鐘，於是我們悄悄地離開李家，步行到永定門，搭最早一班慢車上天津（因為快車在永定門是不停的）。那知道到了城門口，而門不開，常常看錶，知道火車快要開到了，而守城的兵仍然在城門邊的小屋子裡高臥，毫無動靜，等一會，雞叫了，他還沒有起來開門；狗叫了，還是如此。於是我們想到了孟嘗君門下的雞鳴狗盜之雄，到這時候也毫無用處。到最後，一個兵起來了。拿了一盞馬燈放在踏步上，慢慢地洗臉漱口。再拿一把一兩斤重的大鑰匙，去開那南門的大鎖。

城門開了。我們走出城門的時候，頗有唱文昭關的感覺。可是出去以後，趕到車站，這輛慢車又開走了。怎麼辦呢？

我同愷蔭（國燾的號）商量，天亮以後絕對不能退回北京城裡，祇能沿著鐵路走到豐臺，再搭火車，於是我們在天色半明半暗的時候，尋著鐵路軌道向豐臺前奔，只有走過鐵橋的時候最感覺討厭，因為橋的兩旁並無闌干，火車經過的時候，很難躲避。在平常坐在車廂裡經過鐵橋，不到一剎那的時間，到了自己要用腳步踏過一條一條的枕木，那就覺得需要時間是非常的長。

二十幾里的路程，到八點以前到了，我們躲在車站邊上一個茶館裡小坐，吃了兩個燒餅，兩條油條。火車一到，立刻上車，沿途倒是安然無事的到了上海。[48]

志希先生和張國燾到達上海後，同住在三馬路的一家孟淵旅館裡。由於他們是來自北京的學生代表，而且又是五四

48 羅家倫，〈有關張國燾的兩件回憶〉，未刊稿。

運動中的風頭人物，很多人都去找他們談話，也受到各方面的尊重。北京學生聯合會的會長段錫朋早在六月間即來到上海，而且被推為全國學生聯合會的會長，志希先生到後，他們再度合作推展全國學生聯合會的工作。

志希先生在上海大概停留了兩三個月之久。在他所有的活動中，最有歷史性意義的是他和其他幾位學生代表，到環龍路四十六號晉見了國父孫中山先生。晉見的日期可能在民國九年二月中旬，但無記錄。[49]好在志希先生於事過三十年後，曾告訴我們一個重要的線索。他說：「五四那年我曾代表北京學生到過上海，第一次同其他兩位代表一道謁見國父，以『初生之犢不畏虎』的精神和他劇烈辯論三個鐘頭，而他始終娓娓不倦，越辯越起勁，硬是要說服我們！」[50]

依據志希先生的自述，他在上海與中山先生左右的幾位黨人曾有過接觸，並從此建立起友誼。他曾見到廖仲愷，對廖的初步印象不是很好，[51]談話的情形卻還和洽。廖曾告訴志希先生關於國父同意蔡元培出長北大的一段往事：「當年范源濂先生任北京教育總長，要請蔡先生（元培）去擔任北京大學校長的時候，馬君武先生絕對反對蔡先生去，而總理卻贊成蔡先生去。現在證明總理真有眼光和氣度，蔡先生把革命精神傳播到北方去了！」[52]

羅家倫先生上國父孫中山先生函，信封上註有「二月十九」字樣，孫先生並批有「已覆」二字。

前面提到，民國八年四月間，張繼便與新潮社通訊，志希先生代表新潮社答覆他，這次在上海，兩位先生見面了，從此成為忘年之交。後來張繼先生繼邵元冲之後出任中國國民黨中央黨史史料編纂委員會主任委員，志希先生則是他的副手，及張先生去世，志希先生自印度下旗歸來，中央就發

49 羅家倫曾有上國父函，與劉清揚、張國燾、許德珩、康白情、祁大鵬等五人共同具名。原函為：「中山先生：今因聯合會有要事集會，星期一下午不能踐約；特先奉告，並述歉忱。」信封上註有「二月十九」字樣，國父並批有「已覆」二字。

50 羅家倫，〈五四的真精神〉，見《五四愛國運動四十週年紀念特刊》，頁三九。

51 志希先生生前面告筆者。

52 同註五〇。

表志希先生來接下主持黨史會的重擔。在一篇紀念張繼先生的文字中，志希先生回想他們當年在上海見面時的印象說：

> 我在上海初次和他（張繼）相遇時，看見他提起凝重的獅子步伐，移動一付厚重的身軀，蓋著一頭黑壓壓的頭髮，射著一對炯炯發光的眼睛，卻說出些簡單直接，天真而又熱情的話，覺得他是我們的朋友，於是成為忘年之交。[53]

戴季陶和朱執信，是志希先生的文字交。志希先生在上海復旦公學讀書並主編《復旦季刊》時，就曾與戴季陶「簡短的晤談過幾次」。[54]而且，戴季陶和朱執信也是鼓吹新思潮的人，與志希先生引為同調，戴在上海主編《星期評論》，志希先生在北京主編《新潮》，兩邊互登廣告，互通消息，頗有南北唱和之勢。志希先生給熊子真的覆信中，曾引證了戴季陶「阿們」詩的全文。[55]志希先生到上海來，他們當然有更多的機會晤敘，那時的季陶也是位天真爛漫的青年人，和志希先生很處得來，對康白情卻不大能容納。志希先生說過季陶曾使他「惶恐不知所措」的趣事，足可見到季陶的真性情：

> （民八）在滬期間，我和季陶先生與朱執信先生因為文字上的因緣，談天的機會頗多。那年的除夕，民國日報舉行全體員工一道聚餐，當時還屬創舉，不知何哉，我以外客的身分被邀。祇是季陶先生豪興百倍，酒多話多。他於酩酊之際，不知何故，聽到我說了一句話，認為不無可取，於是突然對我磕了一個頭，使我惶恐到不知所措。[56]

志希先生於民國九年春間由上海回到北大繼續他的學業，同年秋季即赴美深造。他是一位熱情的愛國主義者與民主主義者，他就是基於強烈的愛國情操而參加五四運動，同時將其一生的智慧和精力貢獻於國民革命運動。他是五四時代青年人的典型，秉持著覺醒了的國家民族意識，大踏步走向救國救民的革命道路！

民國六十五年十一月十五日晨

53 羅家倫，〈抱任俠之氣存赤子之心〉，民國三十九年十二月十五日，臺北《中央日報》。

54 羅家倫，〈我所認識的戴季陶先生〉，見《逝者如斯集》，頁一四四。

55 《新潮》二卷四號，頁八三二－八三四。

56 同註五四。

志希先生二三事

——羅家倫先生百年誕辰口述歷史座談會

時　間：民國八十五年十二月六日
地　點：臺北市福華飯店
主持人：陳鵬仁
出席人：李雲漢　王論雲　楚崧秋　王聿均　劉紹唐
　　　　王成聖　蔣永敬　蘇雲峰　呂芳上　潘振球
　　　　劉世景　羅久蓉

我於民國四十三年（一九五四）在政治大學研究部做了志希先生的學生，四十六年（一九五七）進入黨史會做了志希先生的下屬。前後追隨志希先生十五年之久，深受志希先生的教誨與薰陶。我之走向中國近現代史研究這條路，是由於志希先生的引導；後來有機會考取公費去美國深造，也是由於志希先生的爭取、鼓勵和期勉；志希先生也是我結婚時的證婚人。因此，我與志希先生的關係，除師長與學生、長官與部屬之外，尚有一種更深刻也更親切的情緣，他真正是「玉我於成」的一位師長和尊長。

志希先生逝世二十七年來，我已六度寫文章或發表談話來紀念他。第一次是寫〈羅志希先生逝世二週年祭〉，發表於《新知雜誌》第一年第六期（民國六十年二月一日出刊）。第二次是寫〈羅家倫先生的大學時代〉，成稿於民國六十五年十一月，發表於同年十二月出版的《羅志希先生傳記暨著述資料》。第三次是民國六十六年一月，在《傳記文學》雜誌社主辦的「專題人物」（羅家倫）座談會中講的〈羅志希先生與新潮雜誌〉，發表於《傳記文學》第三十卷第一期。第四次是民國六十八年五月四日應臺灣日報社之邀出席「五四運動六十週年」座談會，講了一篇〈羅家倫與五四運動〉，刊布於同年五月十日的《臺灣日報》。第五次是應黨史會之邀，於民國八十一年為《中華民國名人傳》叢書寫了一篇〈羅家倫〉，發表於該叢書第十二冊。第六次是上個月剛寫成的一篇學術論文，題目是〈羅志希先生的新史學觀〉，是為紀念志希先生百年誕辰而寫的，全文將發表於本月出版的《近代中國》雙月刊第一一六期，並將在十二月二十一日故宮博物院主辦的「羅志希夫人捐贈展」暨「羅志希先生百齡誕辰紀念會」上作口頭報告。按理講，有六次發表文字，紀念志希先生的話應當講完了，這次口述歷史座談會中不應再講什麼話。但總覺得，還是有些話很值得說一說。為了不佔用別人講話的時間，決定改提書面意見。當然，以前六次撰文中提到的事，這次就不提了。我只想提幾件事，都是我親身的經驗和體察。

第一件事是志希先生評閱研究報告的認真態度。民國四十三年冬，志希先生在政大研究部講授「民族主義研究」課程，我是選課研究生之一。我欣賞志希先生生動真摯充滿情感和活力的講詞，佩服他學問淵博而見解精闢，但也關心甚至有幾分擔心這一課程的成績，因為志希先生給學生打分數的嚴格是出了名的。志希先生規定每人要撰寫一篇「夠水準」的研究報告，學期結束後就得繳稿。我自然遵命行事，一點也不敢馬虎。撰成一篇二萬多字的研究報告，於限期內親自呈送給志希先生，以後就盼望早日獲知這篇報告的評閱結果——及不及格。當然，我希望分數不要太低，否則在同班同學面前將變成「矮子」，那將是極難為情的事。過了好久好久，其他課程的成績都公布了，只有「民族主義研究」的成績遲遲不來。有同學問志希先生「我們的論文成績如何？」他說：「不急，我正在評閱。」又過了一段時間，志希先生把論文發還給我們了。我的成績竟然是：七十五分加五分。

我很失望，也很眩惑。七十分是及格分數，七十五分是及格以上的「低標準」，為何又要加五分？過了幾天，有一個機會去看志希先生，我帶了論文去請教他打這個分數的意義。他說：你的報告我閱過兩遍。第一遍覺得可給七十五分，可是閱過其他人的報告再來看你的報告時，覺得七十五分欠公平，應再加五分。他當面指出我報告中的一些缺點和訛誤，我只有口服心服。這樣認真負責，簡直絲毫不苟，志希先生此種最寶貴的教學和治學態度，給予我終生難忘的印象和感召！

第二件事，是他敢講話，講真話。劉世景先生於前幾年編印《羅家倫先生文存》時，所有稿件我差不多都校讀過一遍，深感志希先生那些講演詞的內容極有識見，也極為真誠，他敢於講話，而且講的都是真話。這兩天，再把這些講詞及函札讀一遍，更加強了我對志希先生這種道德勇氣的認識。譬如說：民國二十年（一九三一）九月十八日日軍侵佔瀋陽的事變發生，主戰的聲浪高徹雲霄，一部分知識人士和青年學生的抗日情緒尤為激昂，志希先生卻能不同於流俗，以理智而持平的態度發表當時「不能戰」的真心話。九一八事變後第三天——九月二十一日，他在中央政治學校總理紀念週講述〈九一八噩耗的來臨〉，於極端憤慨的說明日軍的橫蠻殘暴，痛言「我們還在這裡做什麼人」之際，也不能不冷靜的告訴全校師生：「宣戰吧？我們如今拿什麼去打！」「我們也會唱高調，說什麼『寧為玉碎，毋為瓦全。』但是這是錯誤。」

事實證明，志希先生講的是真話，毫無掩飾的真話。他對外交部長王正廷有批評，說王身負外交重責，「在事變前毫未有布置」，陳果夫得到九一八事變消息告知王氏，「而王不信」，因而憤言：「政府之外交，受王正廷之欺騙與貽誤。」這些話，語氣雖甚激越，講的事實則大致不差。別人不敢講或是不願意講的話，志希先生卻毫無顧慮的在大庭廣眾下講出來，這是他的率真處，也是他的可敬處！

我追隨志希先生期間，也有不少次聽他講真話的經驗。那時我在臺中，不管因公還是因私到臺北來，我都會去看看志希先生，或是掛電話向他報告一聲。見面後，他會問起一些臺中和草屯的情形，也會把一些我全然不知道的事不厭其煩的告訴我，叫我留意。其中也包括若干人事關係問題，甚至某些同仁間對某些問題的情緒化反應。當然，也告訴我一些研究史學的門徑和經驗。

另一件事，是志希先生寧願受人非難，甚至侮辱，但是不以牙還牙。人世間，從來就沒有十全十美的人，也沒有無懈可擊的事。志希先生主持黨史會十八年間，有不少值得稱道的建樹，但也不斷受到某些人的批評，甚至攻訐。最早對志希先生表示不滿的人，是張繼夫人已故監察委員崔震華，曾向蔣總裁中正先生告過「御狀」。其次是立法委員李文齋，曾在立法院中提出質詢。再次就是所謂「簡體字風波」，不少人寫文章「圍攻」志希先生，後來的羅剛、吳相湘兩位教授，也對志希先生有所批評，羅剛且曾大張旗鼓的要對羅（志希）編《國父年譜》初稿本進行「糾謬」，風波竟然鬧進了黨中央。面對這些不同理由和不同程度的非難，志希先生採取逆來順受的態度，從未對對方作脣槍舌劍的反駁。別人看不慣了，挺身而出為志希先生講話，像傅啟學教授，就曾出面對羅剛加以批評，羅剛氣勢因而大挫。我有一次問起志希先生：這些人意氣用事，是否以前私人間有過什麼過節？志希先生的答覆是「有的」。他曾把一兩位非難者過去私人間不愉快的情形約略對我說明，結論是：有些事是出於誤會，有些事是由於要求不遂，是非大家心裡都明白，越辯反而越令人糊塗。況且冤家宜解不宜結，有限度有條件的忍耐並不就是理虧或是妥協！

（中國國民黨中央黨史會編印《百年憶述》（五），近代中國出版社出版，民國八十八年六月，臺北）

紀念羅師志希先生逝世四十週年

參與黨史館舉辦之座談會

十二月初接到黨史館同仁楊麗美女士電話，言及黨史館計畫於十二月二十五日——羅故主任委員家倫（志希）先生逝世四十週年之日，舉辦一次座談會以志追思，邀我出席並作十分鐘報告。中旬接到黨史館正式邀請函，獲悉座談會訂於是日上午十時三十分在黨史館展覽廳舉行，將邀請馬英九總統蒞臨致詞，報告人則有志希先生長女公子羅久芳教授、國立政治大學校長吳思華博士、故宮博物院院長周功鑫博士、國立中央大學教授馮滬祥博士。又過幾天晚間，接到羅久芳電話，始悉她已自美歸來，這次座談會係出於她的主動建議，會後將邀大家去國家戲劇院餐廳吃自助餐。一部分邀請名單也係她所提供。久芳的孝行，不能不令人感動。志希先生是恩師，也是長官；多年來已很少人提到他，現在有這個紀念座談會，我當然要參加、要講話。花了兩天時間，準備了一份講稿，電腦螢幕上打出來，列印五份，帶到會場。

二十五日，是個多雲卻不甚冷的好天氣。我於九時正離家去搭公車到公館，再轉車，到達會場時已是十時過十分。客人陸續到場了，預計有五十人左右。碰到陳鵬仁兄，才曉得今天的座談會由他主持；告訴我；馬英九總統本應允前來致詞，臨時有事離不開，由總統府秘書長廖了以代表前來。找到羅久芳，談幾句，她也有點老態了。志希先生姪女羅久蓉跑前跑後，多方照料，告訴我，由我校閱過的那冊《羅家倫先生文存補遺》已由中央研究院近代史研究所印好，今天可以贈送各位來賓。見到故宮博物院院長周功鑫、副院長馮明珠、國史館館長林滿紅，中央研究院近代史研究所退休研究員張朋園、前所長陳永發、現任副所長張力等舊識，都寒暄一陣。黨史會老同仁蔣永敬、劉世景、劉維開、高純淑及國史館前事務科長何繼曾等，也先後來到，備感親切。另有學術界友人馮滬祥、周玉山、張臨生等教授，也都在場。也有幾位看來面熟，卻記不清姓名了，只有點點頭，報之以微笑。

座談會準時開始。先由主持人陳鵬仁講話，廖了以秘書長致詞，繼由羅久芳、馮滬祥、吳思華、李雲漢、周功鑫、張朋園，依次作「專題報告」，各佔十分鐘。報告人除羅久芳外都以志希先生與其服務機構的關係為主題。吳思華是現任國立政治大學校長，是我唯一不認識的報告人，會後也沒有機會交談，不無遺憾。最後一個項目是「自由發言」，講話的人有三位：一是東海大學前校長梅可望、一位是現任國史館館長林滿紅、一位是一路和我追隨志希先生作史學工作，高齡已八十晉八的政大退休教授蔣永敬。林滿紅館長的發言，旨在彌補國史館沒人被邀請為台上報告人的缺憾。

羅志希先生與國民黨黨史會

我預先準備的一份報告稿。題目定為「羅志希先生與國民黨黨史會」，原文如下：

> 中國國民黨中央黨史會故主任委員羅家倫（志希）先生，就學術範疇而言，是一位馳名中外的文學家、哲學家、教育家、史學家。由於雲漢係在史學領域內追隨志希先生十多年，因此只想說明兩點：一是志希先生倡導中國近代史研究的貢獻；一是志希先生主持黨史會時代的主要建樹。當然，重點是要放在志希先生與黨史會這一主題之上。
>
> 先談志希先生倡導近代史研究之貢獻。
>
> 史學界的朋友，沒有人否認志希先生是最早倡導研究中國近代史的先驅，然他「但開風氣不為師」，謙沖為懷，從不居功。我曾為他寫過一篇傳記，發現他童年時代即曾讀過革命黨人鄒容寫的《革命軍》，青年時代在北京大學讀書時期，曾參與蔡元培校長親自主持之國史編纂處的史料蒐集工作。美、歐游學時代，開始有計畫的蒐集中國近代史史料，並與師長、同學討論有關中國史學及其研究方法問題，鼓勵時在美國紐約哥倫比亞大學進修的蔣廷黻從事中國近代史料的編纂與論述。民國十五年（一九二六）夏自歐回國時，曾帶回在英、法、德三國所蒐集的史料圖書一千餘冊。其中有志希先生自倫敦大英博物館圖書部中抄錄的孫中山先生倫敦蒙難史料，他利用這些史料進行研究，於民國十九年（一九三〇）著成《中山先生倫敦蒙難史料考訂》（二十四年增訂後再版），為國內對此一重要歷史事件的第一種學術專著。同年內，志希先生在武漢大學《社會科學季刊》二卷一號發表了一篇長文〈研究中國近代史的意義與方法〉，被認為是一篇「開一代風氣」的重要文獻，其影響力「不同凡響」。他也鼓勵任教東南大學時的學生郭廷以（量宇）全力投注於中國近代史研究，郭先生終於成為近代史學界的一位名家。
>
> 下面談談志希先生主持黨史會的辛苦與建樹，主要依據是本人長期在黨史會工作的了解與體驗。首先要說明，志希先生是我就讀國立政治大學教育研究所時代的業師，也是帶領我走向近、現代史研究這條道路的領航人。他主持黨史會十八年（民國三十九年九月至五十七年十一月），我追隨的時間有十二年（民國四十六年八月至五十七年十一月），其中有兩年係帶職赴美進修。回想這段時間志希先生的教誨與獎掖，內心的感觸只有八個字：玉我於成，師恩浩蕩。
>
> 現在言歸正傳。
>
> 志希先生與黨史會的關係，應溯源於民國二十四

年（一九三五）十二月。此時黨史會主管由常務委員制改為主任委員制，中央任命邵元冲（翼如）為主任委員，梅公任（佛光）、羅家倫為副主任委員；梅為專職，羅為兼任。二十五年（一九三六）十二月，邵元冲主任委員於「西安事變」時殉難，中央推由張繼（溥泉）繼其任，副職則未更動。志希先生兼任黨史會副主管，計共十一年又六個月，至三十六年（一九四七）五月奉派出使印度，始行辭職。三十八年（一九四九）十二月，中央黨部隨政府播遷臺北，厲行改造。三十九年（一九五〇）一月，志希先生亦返回臺灣。同年八月八日，中央改造委員會第二次會議，通過蔣中正（介石）總裁交議案，任志希先生為黨史會主任委員，是為志希先生主持黨中央史政機構之始，亦為黨史會由「黨人治史」到「學人治史」的轉捩點，黨史會的功能也由消極的蒐集與保管革命史料，進而為積極的整理、展示、編纂、研究、發表及推廣，並逐次對中外史學界人士開放。

然而，志希先生主持黨史會的歷程並非一往平順，而是艱苦備嚐；因為他接手的是個困難重重的破落戶：沒有會舍，史料暫時存放於草屯近郊借用的祠堂、廟宇及里民會所中；未曾開箱，亦未編目，查卷或調閱完全依靠幾位保管人員的記憶；工作人員二十餘位，雖有愛護史料有如生命的美德，然缺乏史學訓練，保守有餘而進取不足。面對如此情境，志希先生只有採取穩健做法，一步步解決問題，從穩定中求發展，期於達到現代史政機構的管理水準。

這自然是一樁極為艱鉅的任務。依我的體會，志希先生係從四個方向去努力：一是籌建史庫，以策史料的集中與安全；二是整理史料，分類編目，進而製卡，以便於應用；三是有系統的發表史料，進而有限度的公開史料，以開啟黨史研究風氣；四是培養人才，薪火傳承，為黨史會之永續發展作準備。

上述四端，我都親身經歷過，今天沒有時間，也不需要作細緻的說明。然在人才培養方面，我深受其惠，對志希先生的苦心了解也多，不能不多說幾句。據我了解，原任副主任委員狄膺（君武）過世後，志希先生希望有一位來自學術界，真正能夠為他分憂的副主管；曾經邀請過姚從吾教授，以不能提供住所而未成事。後來請到傅啟學教授，確曾幫過志希先生大忙，然為時未久即離職。志希先生也常藉助外才，如邀請郭廷以代為設計一套史料分類編目辦法、王聿均協編《國父年譜初稿》、朱傳譽編輯《中國國民黨與臺灣》等是。更重要的，志希先生決定引進有研究能力之青年人才，於是有蔣永敬兄和我進入黨史會在先，呂芳上等出身歷史系所之一代，繼之於後。民國五十五年（一九六六），志希先生爭取於黨務專職人員出國進修考試類科中列入黨史一門，屬意要我報考，親口對我說：「這是為了你，更是為了黨史會。」令我由衷的感激與敬佩。永敬兄於民國五十七年（一九六八）赴美研究歸國後接主編輯業務，大幅度的改革與擴展，黨史會在史學界的面貌為之一新。正當黨史會逐走向中國近代史「研究重鎮」之際，志希先生卻因健康因素而退休，次年竟謝世，能不令人扼腕長嘆！

我沒有依此稿「照本宣科」，而是隨興之所至，任情發揮，而以人才的招徠與培養為中心，現身說法。沒有打咳，音量也充足，時間控制也適當，自己感到很欣慰。會後，羅久芳說「你報告得很好」，周玉山則說「我深受感動」。都是奉承話，不過我相信兩位係出於誠意，勉之，勉之。

八份贈閱書刊

會場中，收到兩所機構、兩位朋友及一家雜誌社贈送的書刊，令我有「滿載而歸」的興奮。

兩所機構：一是中央研究院近代史研究所，贈送的書籍是新出版之《羅家倫先生文存補遺》，八開本，精裝一巨冊，七二四頁；一是中國國民黨文化傳播委員會黨史館，贈送的書籍是劉維開編著的《羅家倫先生年譜》，是卌十三年前出版的舊書，卻極合我的需要；因為原存的一冊留在美國女兒家，身邊極需此書備查考。前書我曾詳細的校閱過，後書係我所發動，有我寫的一篇序文，都值得保存。

兩位朋友：一位是陳鵬仁，送我一冊本月甫行由海峽學術出版社出版的《中國・日本・臺灣2》，附有他在《民眾日報》發表的兩篇政論文字；一位是馮滬祥，送我的著作是《新時代人生觀》，副題為「羅家倫論人生」，由臺灣商務印書館於本年十月出版，我首次見到。兩人的行事風格我不一定完全同意，然其勤於著述的自強不息精神，令人欽佩。

一家雜誌社是文訊雜誌社。我曉得，這家雜誌社與黨史館在同一樓層辦公，只是從來沒有和雜誌社人員接觸。這次在會場中，雜誌社社長兼總編輯封德屏女士找到我，送一張名片，才曉得她也是臺灣文學發展基金會的執行長（董事長為王榮文）。封社長送我一個紙質資料袋，內裝三冊專刊及三份小型摺頁畫冊。三冊專刊是：一是《五四文學與人物》，介紹林紓、蔡元培等六十二位五四人物，其中有羅家倫；一是《懷想五四　定位五四：「五四」九十週年紀念專刊》，含三十六篇專文，其中有周玉山教授寫的〈遙想羅家倫先生〉；一是《文訊》雜誌第二九〇期（二〇〇九年十二月號），其「人物春秋」欄內，有張玉法兄那篇〈懷念唐德剛先生〉。三份摺頁資料係五月間在國家圖書館舉行之「五四文學與人物」展覽品簡介：「人物照片簡介」、「手稿及民國珍本書籍簡介」及「五四時期文學期刊簡介」。這些書刊都具有史料價值，值得保存，雖然我的兩座書櫃早已「書滿為患」。

永懷恩師

我作口頭報告時，談到民國五十五年（一九六六）羅師為我爭取留學機會前後經過，有些哽咽，幾乎講不下去。生平很得意的事，是在政大研究部讀書時，遇到幾位堪稱經師人師的大學者，都有恩於我。羅師是我結婚時的證婚人，婚前偕女友去看志希先生，他很鄭重的告誡我：「不要多生兒女」，並以他自身經驗「現身說法」。這一點，我和內子做到了。志希先生期盼我能始終盡瘁於黨史會，我也做到了。今天，我有充分理由告慰於羅師在天之靈：「老師，雲漢為黨史會效力近四十年，自信沒有叫您失望。」

中華民國九十八年（二〇〇九）十二月二十七日，
史學工作者李雲漢憶述於臺北。
時年八十三歲。

哀悼黃季陸先生

一、流淚最多的一天

黃季陸先生突告病逝，我有著比別人更大的震驚和更多的感傷。

最後一次見到黃先生，是四月二十日中午。那天是星期六，故宮博物院秦院長心波先生邀請了十幾位史學界的朋友吃午飯。黃先生是主客，他那天好像特別興奮，吃的東西也比平時多。我以一半客人一半主人的身分，飯前迎接黃先生，飯後再送他登車回家，看到老人家精神、健康狀況都很好，心裡感到特別高興。我告訴黃先生：「我們研究中心第一一二次學術討論會已決定在四月二十四日下午舉行，洽請中山大學中山學術研究所所長楊日旭兄主講，講題是：美國國務院一九一二－一九一八年外交文書中關於孫中山先生的記載。會後我請日旭兄在悅賓樓吃便飯，也請老師參加。」黃先生很高興的答應了，他說他很喜歡悅賓樓，那是于右老在世時常去吃飯的地方。

二十四日上午，我在九點鐘左右到了陽明書屋的辦公室。下午就要開討論會並吃晚飯，我想應該再與黃先生聯繫一下。又怕時間太早，老人家不方便，因此到十點三十分我才掛電話到黃府。秘書接電話，要我稍等一下，他上樓去請黃先生。但不一會就聽到秘書很急促的說：「對不起，黃先生怎麼躺在那裡，危險，等會再回話。」電話掛了，我就有種不祥的感覺，究竟出了什麼事呢！

不幸的消息終於來了。董淑賢小姐電話中告訴我：「老師走了！」事情就這麼突然，又這麼湊巧，黃先生就這樣不聲不響的離開了這個世界，沒有半句遺言。遲景德兄後來告訴我：老先生走得很安詳，就像平時在睡眠！

三十三個月以前，愛兒肖元在預備軍官受訓時因公殉職，我曾有過以淚洗面，生機盡喪的日子。不久以前，才又決心把眼淚吞進心底，面對現實，再和命運搏鬥幾年。黃先生突然逝去，卻又把我的情感堤防再度沖毀了。我俯在辦公桌上哭了一陣子，拿起話筒告訴內子這一不幸消息，一開口就哽咽著說不出話，話筒的那端也開始在低泣。請劉委員世景兄和我一道下山去醫院，車上兩人都又流著淚。從耕莘醫院再到中央新村黃府，看見黃先生孝媳陳蜀瓊女士時，不禁又失聲了。心理上的舊創新痛同時迸發起來，竟變得如此脆弱，如此失態，幾乎不能再承受任何的刺激！

二、三十年，兩封信

認識黃先生並成為他的學生，是三十年以前的事。民國四十三年秋天，國立政治大學奉准在臺復校，先設四個研究所。我是公民教育研究所（次年改稱教育研究所）第一期研究生，所長是陳雪屏先生。四十四年春，黃先生應聘至政治研究所講課，我去旁聽，課後喜歡和黃先生談談，他對我也有了初步認識。四十六年我畢業後，黃先生介紹我去臺北工專教書；由於初次去見工專校長時談話不太愉快，我就沒去工專。後來到黨史會來，跟羅家倫先生作史料整理、編輯和研究工作。羅先生和黃先生是復旦公學同學，兩人性格不同，但感情很好。羅先生存了一張與黃先生的合照，他在相片背面題了幾句話，說：「提起此人來頭大，乃當年黃大將軍是也。」原來黃先生在復旦時，為足球健將，人又健碩開朗，同學皆稱之為「黃將軍」，羅先生每提到此事，就莞爾一笑。我也喜歡常和羅先生談談公務以外的事，羅先生有時也提到一些關於黃先生的事，很有趣。

有一次，我到臺北來見到羅先生。他說：「黃季陸先生最近要去草屯史庫看史料，你們好好接待他。不要讓黃先生花錢，他是個沒有錢的人。」我當時覺得很奇怪，黃先生老早成名，貴為部長，不會沒有錢吧！但我相信羅先生的話是真的，他對黃先生了解深刻。黃先生到史庫來了，看過史料後我們請黃先生到臺中沁園春吃飯，飯後黃先生每人送一瓶酒要我們帶回家。我對黃先生說：「老師，我心裡很不安，我曉得你的錢並不多。」黃先生哈哈大笑說：「真是孩子氣，我再沒有錢，總比你們剛做事的人要富啊！」

五十六年春天，我去美國進修。行前到臺北來向羅先生辭行，羅先生說：「別處都不必去了，但一定要去看看黃季陸先生，向他請教請教。黃先生是正正派派的讀書人，你要多與他接近，多請益！」我到中央黨部去看黃先生，黃先生很高興，並把他當年留美時的經驗和軼聞告訴我一些，要我除研究以外，還要多觀察，多體會。

我在美進修的第二年——五十七年八月，羅先生因病請假六個月，黃先生奉命代理國史館館務。十一月，羅先生辭中央黨史會主任委員職務，中央決議調黃先生以中央設考會主任委員接任黨史會主任委員。我當然很高興，曾寫信向黃先生道賀。一個多月之後，我接到黃先生親筆寫的一封信，原文如下：

雲漢弟：

黨史會百端待理，正賴長才，在美研究工作能告一段落，希早日回國相助，至盼至盼。目前有一最迫切之工作，即應於返國前辦到者：

一、即晉見周書楷大使，接洽關於搜集荷馬李（Homer Lea）將軍有關之資料。

二、存於斯丹佛大學胡佛圖書館之「波司文件」（Charles Booth Papers in China B. 725 Vault）宜即設法取得一份複製攜回，以便彙列專檔。如有必要，可親往該校與馬大任先生洽辦，並商談今後合作辦法。該校能以全部有關中國革命資料複製品見贈，我可將黨史會及國史館出版或可複製之史料以酬之，作為交換。所需經費，可洽大使館暫為墊付。

三、在大使館文參處工作之毛先榮同學希接洽，本會擬聘其為駐美通訊員，為本會搜集有關資料。

四、已兑三百元美金至（駐）日本大使館轉弟，以作在日搜集資料費用。

五、對美國各圖書館有關中國革命之資料，希儘量設法抄一目錄攜回，能即時取得者，更不宜放棄不買。

欲談欲辦之事甚多，以上各事似已足弟於返國前所可致力者，餘容再函告知。匆此，即問近好

季陸手啟　元月十二

黃先生這封信是五十八年一月十二日寫的，寄到紐約時已是二十日左右了。我因公費已到期，又因趕著回家過春節，所以把華盛頓的事請毛先榮兄偏勞，紐約地區和日本的資料我自己負責，史丹福大學方面就只有函請馬大任兄協助了。五十八年四月，馬大任兄陪同荷馬李的後人及史丹福大學胡佛研究所政治組主任卜遜尼博士（Dr. Stefan T. Possony）等，護送荷馬李將軍夫婦骨灰來臺安葬，並將荷馬李及布斯的重要文件、信函複印件攜贈黃先生，黃先生也發表了一冊《國父軍事顧問——荷馬李將軍》。

荷馬李將軍骨灰歸葬臺北一事，為黃先生接任黨史會主委後主辦的第一件大事。他曾把全案過程及其重要性簽報先總統蔣公，蔣公於五十八年一月二十三日親批：「荷馬李將軍為我建造民國總理所聘請外國的第一顧問，彼既願葬在中國國土之上，則我政府應當贊成，並可先為其在我國土臺灣選擇吉地，予以優禮祭葬，待我光復大陸後再遷移於南京紫金山總理陵墓之附近安葬可也。」

六十五年四月，我應邀去伊利諾大學出席「戰時中國討論會」（Conference on Wartime China, 1937-1945）。會後，又去紐約及華盛頓作了近兩個月的研究。這時黃先生已離開黨史會，專任國史館館長，並以全力編纂《中華民國史事紀要》。我出國前，黃先生略感不適。我到紐約後曾寫兩信給黃先生問候起居，並請寄書贈送在美友人，及匯款代購史料。黃先生於六十五年五月十四日親筆覆我一信，原文如下：

雲漢：

五月二號七號兩信均誦悉。史事紀要早已付郵，書款因結匯手續太繁，據總務處報告，昨日方劃撥清楚，此信到時當可接到了。季近遵醫囑停止服糖尿藥，並節食以減輕體重與血糖，以便拔牙。施行以來，體重已減一公斤多，血糖已漸降下，初頗感不適，近週來則甚覺精神與行動，反而輕鬆許多，實一可喜現象。購得之主要微卷，能親自攜回最好。韋慕庭先生退休後，是否可來我國作較長之逗留，希代為問侯。光前、本京、相湘諸先生請代致意為盼。

勿覆，即頌

近好

季陸手啟　六五、五、十四

張鐵君先生是否現尚在紐約，希代問好。

信中提到的韋慕庭，即哥倫比亞大學名教授C. Martin Wilbur，現已退休，仍努力於中國現代史著述。光前是薛光前，時任紐約聖若望大學亞洲研究中心主任。本京為李本京，任薛光前先生的副主任。吳相湘先生居住在伊利諾州，在伊利諾大學開會時剛見過面。黃先生託我問侯，我都先後轉達了黃先生的心意。

黃先生不常親筆寫信。我直接間接追隨黃先生三十年，也只保存了這兩信。現在製版發表，讀者可略見黃先生真誠待人的態度和重視史料的心懷。

三、明是非，守原則，有遠見

黃先生度量大，人緣好，在政治上是個不倒翁。有些朋友時常問我，黃先生除了度量大，人緣好之外，還有那些為常人所不及之處？這是很難回答的，因為我是晚輩，對黃先生的了解也不夠完整和深刻，自然不敢隨便亂說。好在近十餘年來，和黃先生相處的時間比較多，從他口中聽到不少以往的經歷和感想，使我對他有了更進一步的了解。我想，黃先生的過人之處，至少有三點，容我略作說明如後。

其一，黃先生於重大關鍵處，能明辨是非，持正不阿。譬如說，黃先生對陳炯明有一段私人感情。他於民國二年亡命南洋時，曾得陳的資助升學，陳也很看重他，民國六年陳還特別去復旦公學看過他。但到十一年陳炯明叛變後，黃先生以大義所在，不能以私害公，他詞嚴義正的指責陳炯明。及陳炯明死後歸葬海豐時，黃先生又不顧同志的責難，前往海豐致祭以報私恩。再如黃先生在二十年寧粵失和以後，他是屬於西南執行部和西南政委會的一系，其後並去廣西，幫李宗仁、白崇禧辦理民眾組訓工作。可是二十五年西安事變發生時，李、白均態度猶豫，黃先生卻逕自在香港致電南京，主張討伐。電報的原文是：

南京國民政府林主席、于院長、孫院長、居院長、戴院長、孔院長、何部長勛鑒：弟昨由桂林抵港，得悉蔣先生被叛軍劫持，驚恐萬狀。當此強敵壓境，舉國奮興之際，發生此不祥事變，不僅影響國家治亂，民族安危，實為本黨存亡之一最大關鍵。弟日內飛桂，與德、健諸兄面商一切，共策進行。一息尚存，誓隨中央諸同志之後，戡亂討逆，以固黨基。謹此電達。

弟黃季陸叩。

黃先生後來告訴我，這個電報是他本人起稿發的。他隨即由香港返回桂林，告訴李、白：國民革命的中心力量，一在南京，一在桂林，兩支力量合一，黨基即可鞏固，如果分立，黨的前途危險。無論如何，不可做亡黨的罪人。終西安事變期間，西南的表現尚能差強人意，黃先生的勸勉與有力焉。

其二，黃先生做事用人，作風很民主，不願開罪任何人，卻也不是人云亦云，他能堅持原則，不亂步伐。有兩年的時間，我曾做黃先生的主任秘書，對他堅持原則這一點，體察最為深刻。他認為應當做的事，不大顧慮法規或人事制度的限制，即全力做去。他能信任幹部，讓他們放手去做。但他絕不是不聞不問，而是隨時詢問，有時他自己也參加工作，以了解情況。他認為不當或是不同意的計畫或請求，往往用長期擱置的方式延緩下去，絕非「有求必應」，但他從不予人以難堪。

用人也是一樣，他喜歡用年輕人和有才華的人，但無論研究人員和行政人員，他似乎都是先取德，後取才。有一位已經有相當史學根柢的先生，想到黃先生主持的機構中做事，著作送來審查，相當不錯，寫介紹信的人來自高階層有力人士，以為圓通如黃先生者，必可成全。但拖了好久，黃先生就是不批，最後那人知難而退了。後來我問黃先生：老師你時常嘆息人才難求，那位先生的史學修養已很不錯，你怎麼不用他？黃先生說：「他喜歡到處送禮嘛。」我清楚，再也不提這事了。

黃先生很健談，喜歡和人聊天，這就是四川人講的「擺龍門陣」。但我漸漸發現黃先生和人聊天，也有個原則：可以聊的人則聊，不可聊的人，黃先生只聽，不說話，等那人說夠了，沒有反應，自然就很沒趣的走了。而且，黃先生和人聊天，天南地北，無所不談，但絕不涉及私人的事，有人提到私事，黃先生往往「顧左右而言他」。

其三，黃先生是一位開創性的首長和學者，他不斷提出新構想。當時或許有人見不及遠，不願接受，但事後卻證明黃先生的構想，不是空想，而是遠見。他在教育部長任內，提出的新構想很多。其中最為大家熟悉的，是大學推廣教育即夜間部的設置問題，和空中教學亦即視聽教育問題，有幾位立法委員認為黃先生專門標新立異，戲稱他教育部長為「太空部長」，叫他啼笑皆非。及今觀之，黃先生才真了不起，他能看到若干年以後的事，而及早迎接新時代，這才是卓識遠見！

中央黨部的一位委員先生告訴我一件往事：黃先生卸任教育部長後，冷靜的思考各項問題，他提出黨務要全面革新的建議。很多人不同意，甚至說他自由主義思想甚深，要他檢討。但過了不久，蔣總裁下令黨務要配合政治社會的改革，全面革新，並任黃先生為設考會主任委員。反對者這才服了，還是黃先生看得遠，看得對。但只有構想，缺乏得力的人才去執行，結果也還是落空的，黃先生時常慨嘆人才難求，自也是有感而發！

四、最後的港口——史學圈裡

黃先生於五十七年八月代理國史館館務，十一月接任中央黨史會主任委員，五十八年二月正式接長國史館，五月加入中國歷史學會，並當選為理事長。這一連串的變動，把黃先生從政治圈裡送到史學圈裡，他說他已駛進了人生最後的港口，以後就全心全意為史學研究而努力。他又說：如果早幾年來接黨史會和國史館，情形會更好些，成果也必然會更大些！

就黨史會言，黃先生做主任委員只有兩年半時間，確實是太短了些，但貢獻卻不容忽略。第一，他提出「開放史料便利研究」的新政策，於五十八年十一月與國史館合作在青潭設立中華民國史料研究中心，把草屯的史料運來一部分提供學術界參閱；第二，他決定以科學方法來整理史料，先清點，後編卡，購置了縮影攝製機、複印機等多種新設備，為史料管理與運用邁出革新的第一步；第三，他授權蔣永敬先生革新編纂工作，出版物種類增多，內容充實，學術性亦相對的提高。六十年五月黃先生依照中央新人事法令，依例自退，離開了黨史會。他似乎有些捨不得，記得黨史會同仁在自由之家以茶會歡送他時，他眼睛有些潤濕，再三說黨史會同仁親愛合作，有如家人。

就國史館言，黃先生的第一大貢獻，是遷建新館。國史館原設於北平路二號，房舍狹小，簡直不成格局。黃先生接長後，即與行政院接洽，將原館舍讓予行政院，由行政院出五百萬元供國史館在新店青潭遷建新館。這計畫實現了，於六十二年一月遷建完成。其後又逐次增建大樓三棟，才成今日的局面。

民國六十年起，黃先生決定了一項編纂《中華民國史事紀要》的大計畫，他要從民元前十八年即清光緒二十年甲午（一八九四）年起，每年編史事紀要一至三冊，成為一套完整的民國史基本參考書。為這一計畫，黃先生全力傾注，親自督編並複閱文稿。我曾經參加過這項工作，編了民國九年這一年的史事紀要，送給黃先生複核時，他從頭到尾一一讀過，一下子就寫出了五十七條修正意見。他是用紅色原子筆寫在便條紙上，共十六張。我彙集起來妥善的保存著，視作是黃先生珍貴的墨寶。

編史事紀要，也不是件簡單事。國史館人力也不足，這計畫至今仍在進行中，今年四月二十七日在政治大學出席「中國國民黨與中國政治發展學術討論會」時，遇到新任館長朱匯森先生，談起此事，朱館長說本年內可出版至六十冊。這套大書，實際上就是一部中華民國編年詳史。雖然有些部分取材尚不夠嚴謹，但它的史料價值是不能忽視而且應該加以肯定的！

至於中華民國史料研究中心，至今也仍然繼續舉辦學術研討會，並編印「中國現代史專題研究報告」及民國史研究叢書。以往每次討論會，黃先生差不多都會參加的。從四月二十四日第一百一十二次討論會起，黃先生再也不能參加了。朱館長主持這次討論會，一開始就宣布黃先生上午十一時三十分逝世的消息，繼之大家默哀，也有不少人流下眼淚！

黃先生倡導現代史研究，他自己也寫了不少有關現代史的著述。除了在《傳記文學》發表的七十餘篇自述性的文章外，重要的著作有《民主典例與民主憲政》、《國父的偉大及其革命志業的繼承》、《國父軍事顧問——荷馬李將軍》、《劃時代的民國十三年》、《我們的總理》。另外，黃先生和其他十幾位歷史學者合著一冊《研究中山先生的史料和史學》，和其他三位學者合編一冊《出席國際孫逸仙先生學術研討會報告》，都很有價值，受到國內外史學界的重視。

黃先生以八十六歲高齡溘然告逝，他的人格、風範、志節和事業，必將長留人間！

——民國七十四年四月二十八日臺北懷元廬

（原載《傳記文學》第二七六期）

黃季陸師（左）、作者（右）主持中華民國史料研究中心學術研討會。

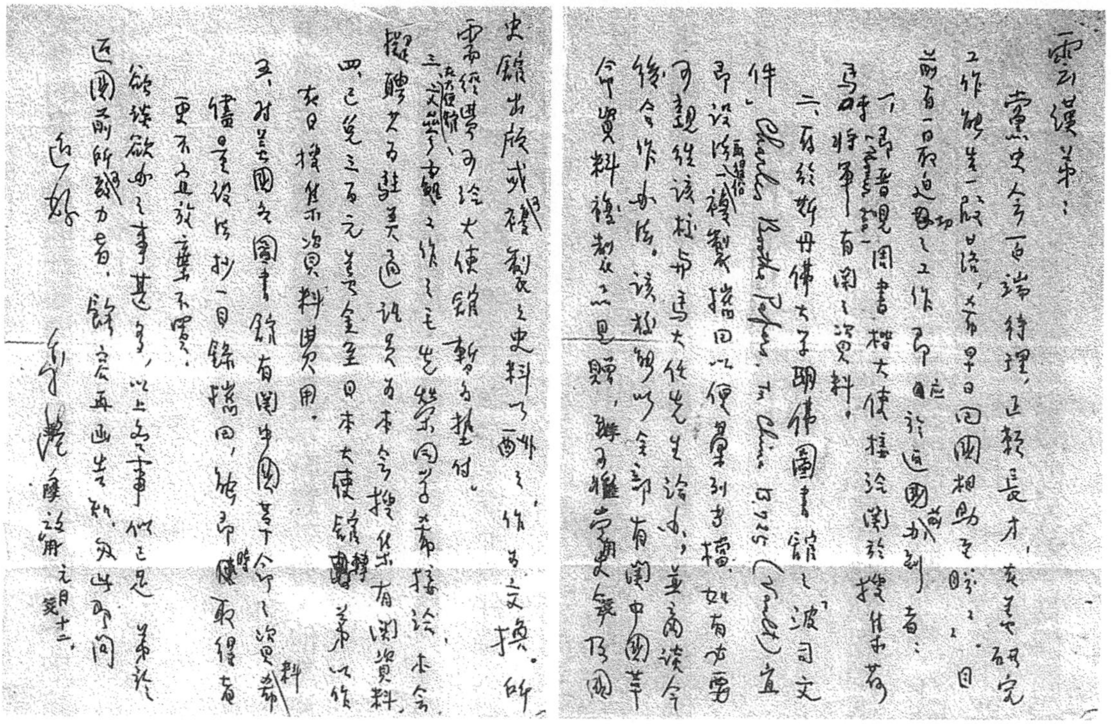

黃季陸先生給作者的親筆函兩封。

師恩浩蕩

生平中最值得驕傲的一件事，是一直受到幾位名師的陶冶和指引。就讀政大研究部時代，校長陳百年先生，所長陳雪屏先生，教授羅家倫、王鳳喈、楊亮功、吳兆棠、劉季洪、黃季陸、薩孟武、浦薛鳳等先生，都是畢生難忘的恩師，畢業後又先後追隨羅家倫、黃季陸兩師做史料編纂工作，兩先生給予我的教誨最多，我所受之於兩先生的影響也最大。

跟羅先生做事，有一十二年，其中有兩年多是在國外研究。從民國五十八年起追隨黃先生，則長達一十六年，其中有兩年擔任主任秘書職務，耳提面命，受益最多。羅先生啟發我歷史研究的興趣，提示我治史著述的門徑；黃先生則擴大了我的視野和知識領域，使我更深刻的認清了為人和治事的一些基本修養和條件。大半生的學術生活，都在恩師的愛護與提掖之下，難道不是人生的大幸嗎？

以前常對好幾位老朋友說過：聽黃先生的課，不如同黃先生閒談時得到的知識多。這一體驗，凡追隨過黃先生的人都有同感。我最喜歡與黃先生閒談，因為只有在閒談中，才能從他口中獲得書本中找不到的一些知識，也才能學到一些如何洞察時勢和治事應變的一些要訣。當然，與黃先生閒談的最大好處，是真正能體會到春風化雨，沂浴雩舞的至樂境界。

黃先生於五十七年奉令主持黨史會和國史館時，是抱了最大的熱誠，想為中國現代史的研究開創一個新局面，新時代的。他採取了「公開史料，便利研究」的政策，要以科學方法整理史料，創辦中華民國史料研究中心，並開始編纂大部頭的《中華民國史事紀要》。他還有些別的計畫，告訴我：史學工作「百事待舉」；甚至於說：「不去主持別的機關，早幾年到黨史會來就好了。」黃先生顯然覺得自己對黨史、國史都有一種責無旁貸的使命感，一心一意要對黨國負責，要對歷史交卷。事情的得失和成敗不必說，單就這種敬業和開創的精神，已經給予人們以最大的啟示；假如史學機關的主持人都有這種認識和精神，相信我們的史學研究成績必然是很輝煌的。

黃先生能容人，也能用人；有理想，也有魄力。只是若干制度上的障礙和人事上「積重難返」的舊習，往往使他的理想大打折扣。我受命辦理史料研究中心，參加編纂史事紀要，也做了兩年幕僚人員，擔任了中國歷史學會的四年總幹事，黃先生都能充分信任，充分授權。有時做得不合他的意思，他也只是略為一提，點到為止；做錯了，他會體諒，甚至代為受過。記得編民國史事紀要時，一位年輕的朋友錯用了史料使得那條紀事成為不可饒恕的「敗筆」，我沒能及時發現改正就付印了。後來受到外界的嚴厲批評，令編者無詞以對。這事我當然要負責任，非常難過，上個簽呈自請處分，黃先生卻告訴我：「我是首長兼總纂，論責任，我的責任更大，該自請處分的人是我，不是你。記著這次經驗就夠了，對這位青年人也不要苛責！」

做黃先生主任秘書時，黃先生有事有時叫我去館長室，有時卻不聲不響的到我辦公室來。有時是問我公事，有時卻是來和我聊天。古今中外，無所不談，我當然很想從他口中得到些他親身經驗的秘辛，時常提出些別人以為是「禁忌」的問題，但他都很親切的告訴我。但他也時常提醒我：政治並不是很單純的，純粹的學者不大能體會出它的奧妙。官僚亦有其官僚之道，最好不要一提到官僚，就斧鉞交加！

在我和我內人的感覺上，黃先生和黃師母已不僅是師長和長官，而是我們的長輩，私心敬之愛之，有如父母。因此，我有私人難以決定的事，也往往和黃先生商量，黃先生都給我親切的指示。六十年度的甲等特考，我本無意一試，黃先生卻責備我：為什麼不報名？任何機會都不要錯過，多一層資格就多一個為國家服務的機會啊！我報考了，以後也有了用處。政大專任的事，我向黃先生徵求意見，他同意了。第二天卻又對我說：還是不動好，你是黨史會培植出來的，為黨史會工作應是第一優先！

我在黃先生面前笑過，也哭過。笑過無數次，哭只有兩次。一次是七十一年我兒肖元殉職後不久，見到黃先生，話未出口就落淚了。黃先生只對我講一句話：「任何危難，都要向寬處去想，我也是一樣！」這使我想起了先一年逝世的黃師母，黃先生不也是哀傷莫名嗎，不禁飲泣一陣。另一次是六十八年六月間，秦主任委員心波先生希望我回黨史會工作，秦先生先同黃先生提過，要我再當面向黃先生請准。我實在難以開口，黃先生也需要我呀！幾次見面，我都欲言又止。後來黃先生看出我的心理上的矛盾了，他主動告訴我：「黨史、國史同樣重要，回黨史會也是一樣，不要為難。回去要全心全意襄助秦主任委員做事。」我一時答不出話來，流淚了。黃先生胸懷坦蕩，大公無私，我以身為黃先生的學生為榮！

由於公務亦由於私誼，仍然和黃先生保持密切的接觸，過幾天就通電話，或去當面請教。研究中心的學術討論會照常舉行，黃先生幾乎每次都出席，每次都很愉快。我對他有所請求時，幾乎是有求必應。偶而我因有別的事不能到會時，黃先生也必然追問原因，那份關切和愛護有時實超出常情之外！

黃先生是個博聞強記的人。最後一年多，記憶力顯然是衰退了。有幾件重大的歷史事件，很想有機會再向他求證一下，想不到上帝不再給予這樣的機會。四十四年做黃先生學生，五十八年跟黃先生做事，回憶往事，首先出現在腦際的感觸就是：師恩浩蕩！哀痛中體會自己的責任，自當：承傳薪火！

七十四年九月二十二日，寫於臺北懷元廬
（黃乃興編：《黃季陸先生紀念文集》，民國七十五年三月）

民國六十年五月二十一日，黃主任委員季陸榮退，黨史會同仁歡送會（臺北自由之家明駝廳）。第一排由左至右：杜副主委元戴、黃主任委員季陸、崔副主委垂言。第二排由左至右：沈裕民、楊毓生、蔣永敬、曾介木、作者、林泉。作者左後：劉世景。

回憶追隨季師的日子

民國八十七年二月二十八日晚間，去臺大校友會館出席中國歷史學會理監事聯席會議時，遇到邵銘煌總編輯。他說《近代中國》雙月刊將於四月號出刊〈黃季陸先生百年誕辰紀念專輯〉，希望我寫點紀念文字，因為我追隨黃先生時日甚久，關係非同尋常。我稍作考慮，就答應了銘煌。黃先生是恩師、長輩，也是長官，他百年誕辰，我如何能沉默不語！

成績當然是最好的

我是民國四十三年（一九五四）秋天考進國立政治大學研究部的，是在臺復校後第一期研究生。第二年，黃季陸先生應邀來講課，課程是「民權主義研究」。課前課後，常有同學到休息室或在室外邊走邊談，向黃先生請教一些問題，我也是其中之一。從這時起，黃先生成為我的老師，當面我稱他老師或黃老師，寫文章提到黃先生時，我喜歡稱他為季師，覺得這樣更親切。

民國四十六年七月，我畢業於政大教育研究所，面臨就業問題。我喜歡到專上學校教書，那樣可以繼續自修。聽說臺北工專（今臺北科技大學）有缺，但需有力人士推薦。有人告訴我，最好是找黃季陸老師；因為黃先生做四川大學校長時，工專校長康代光在川大當教授，對黃先生極尊重。於是我就去合江街黃公館去看季師。當我說明來意後，季師立即掛電話給康校長，說要介紹一位同學去任教。對面講什麼話我聽不到，但聽到季師很爽快的說一聲：「成績當然是最好的！」然後告訴我：「說好了，你這就去看看康校長！」

這事並沒有成功，我也改變計畫，接受教育研究所的推薦，到中國國民黨中央黨史會來跟羅家倫老師做史料整理和編纂工作。我只是季師眾多學生中的一個，他怎能曉得我是「成績最好的」？說真的，他並不曉得我的成績，只是為了獎掖後進，使我建立自信心，也表示他不會隨便推薦人，才說出這樣叫我既驚疑又感激的話！

向湯惠蓀校長推薦人才

我到黨史會報到後，被派到偏僻的鄉下——南投縣草屯鎮郊外的荔園，做最基本的史料保管與整理工作。和我同來荔園的，還有政大同所同學蔣永敬兄。我倆對於這段「荔園歲月」，都留有難以忘懷卻又五味雜陳的回憶。

我到荔園後，曾給季師寫過一信，報告史料典藏情形。季師也曾去荔園兩次。一次是去查閱他自己的革命史料，晚間住臺中，我和曾介木一道去看他，談了一個夜晚，獲益非淺。第二次是在季師任教育部長期間，與中興大學校長湯惠蓀博士一道來到荔園，只待了半天。記得我和永敬兄等到會客室看到季師，他隨即介紹了湯校長，並對湯校長說：「你們中興大學要請教授的話，這裡就有好幾位，他們都是很優秀的人才。」

季師當面薦才，湯校長好像很意外，打量我們一下，說幾句客套話，事情也就過去了。只是季師一句話，又帶給我不少安慰與鼓勵。走在孤僻的史學研究道路上，一時也有並不孤單的感覺。

慢慢的，我了解季師是樂於獎掖人才的，也一手發掘並培植了一些人才。像劉岱教授，當年考公費留學去英國時，因為繳不起報名費，不想考了，季師曉得後立即找到他並帶他去繳費報名，劉兄後來是飲譽國內外的名教授。又如毛先榮，是季師任考選部長時從圖書館裡發掘的人才，在季師不斷的鼓勵培植下，做到駐美文化專員和教育部高教司司長。劉、毛兩兄是我所熟識的老友，對他們的好學與成就，我知之甚詳，其他由季師栽培而奮鬥有成我卻無緣相識的人，當然還有不少。

指定我做史料清點小組執行秘書

季師是民國五十七年接掌了羅家倫先生的兩項職務：國史館館長和中國國民黨中央委員會黨史史料編纂委員會（民國六十一年改稱黨史委員會）主任委員。這時我正在美國進修，聽到消息後當然很高興，曾寫信向他道賀，也從此時開始，季師成了我的頂頭上司。他為了蒐集荷馬李（Homer Lea）的史料並計畫與美國有關學術機構進行合作，本有意要我在美國多留一段時間，但我的公費期限已滿，同時也思家心切，所以就在民國五十八年一月間回到臺北。

見到季師，要我到他石牌寓所吃晚飯，講了一些黨史會未來發展的話。記得最清楚的一句：「立即要做的工作，是清點史料，清點以後再整理。」當時我不以為這件事與我有關係，後來才曉得季師這句話是有意的「伏筆」。幾天後，季師召集黨史會各主管會議，對工作效率不彰大為不滿，我也是第一次看到季師生這麼大的氣。然後宣布：立即開始史料清點，成立專案小組，指定蔣永敬兄為召集人，我為執行秘書，叫我們立即回到臺中及草屯荔園，展開工作。

我在季師極為嚴峻的命令下接受這項新任務，當然要全力以赴，但總也有些顧慮。好在黨史會主管同仁都能合作，尤其是劉世景、蔣永敬兩兄，一北一南，大力支持，因能在政通人和的情形下，採取了大動作。除黨史會一部分同仁外，我們公開招考了近四十位專上學校學生參加工作，浩浩蕩蕩，真是荔園這地方從未有過的大場面。清點完後，繼之以整理製卡，這工作繼續了一年多，工作地點且曾延伸到臺北的青潭。就我個人而言，這次是很嚴重的考驗。做不好，恐怕就難以再在黨史會待下去了。還好，我擔心的結局並沒有發生，季師交代的任務總算能如期完成。

季師任黨史會主任委員的期限並不長，只有二年多，就礙於主管任期制度的改變，不能不依例自退，交卸黨職。國史館館長專職則繼續擔任，至民國七十三年始辭職，轉任資政。我因為有甲等特考及格的簡任職資格，自民國六十年起在國史館有纂修名義，又因主持中華民國史料研究中心，所以經常跑青潭，與季師接觸的機會反比他在黨史會時多了。從治事到治學，從古聖到時賢，興之所至，幾乎無所不談。有次我問他身為政界不倒翁的處世要訣，回答是「忠厚，和平」。有次談到西山會議派在上海開第二次全國代表大會的事，他批評鄒海濱（魯）沒有眼光，不該反對他建議選蔣中正為中央執行委員。那幾年，我從季師聽到了很多！也學到了很多！

財不難，才難！

民國六十六年，國史館主任秘書許師慎屆齡退休。季師在考慮繼任人選。已有多人表示有意効力，他都沒有接受。一次和我談及此事，很感慨的說：「財不難，才難！」

意思是說，找錢財並不難，找人才才真難！就國史館的情形，因為沒有副館長，主任秘書就顯得格外重要。既要為館長所信任，又要有點學術地位，還要具備簡任級的任官資格，這就比較難覓適當人選了。季師有好幾次對朋友說過「才難」的話，相信他是有感而發。又過了幾天，季師與我同車由青潭回臺北，忽然對我說：「你能否離開黨史會，到國史館來幫我？」

我不能叫季師失望。但希望給我幾天時間好好考慮一下，如何把事情辦得很圓融。可是第二天，季師就在電話中告訴我，他已下了手令，派我做國史館主任秘書。我原來就有纂修職缺，這次只是調兼，並非新任，所以手續簡單。就這樣，我成為專職幕僚長，在季師身邊工作了整整兩年。

名為主任秘書，但沒有秘書或助理人員來協助，辦公室裡由我一人唱獨角戲。季師完全授權，大大小小的圖章都在我處，一般性事務他從不過問，只有政策性的決定我才向他請示。他常到主任秘書辦公室坐下來，有時來談公務，有時是談學術或史料，有時則是純粹的閒談，了無拘束。正因為如此，我一方面沐受春風化雨之樂，一方面卻也不得不小心翼翼，惟恐小有差錯，有負重託。公務文書由文書科掌理，季師有些個人函件或應酬性文字，就必須我來代筆。有次為興中會史事給旅美歷史學人鄧嗣禹回一封長信，我先用原子筆起稿送季師修改後再行繕發，不意季師看過原稿後立即簽名囑即付郵，並對我說：這樣寄去就好，很真實，收信人會很高興。而且該省的時間一定要省，把腦筋和時間用在更值得用的地方。我這才體會到季師所說「才難」之「才」字的深義，「才」是智慧、知識、品德和經驗的綜合！

跟季師做事還有一項好處，就是可以有多方面的接觸，也可以多結交一些朋友。季師的社會關係極廣，應酬也多，來國史館看他的名人也不少。客人來了，有時也要我陪著接待，或引導參觀。已故考試院長孫科（哲生）先生來國史館，季師為我介紹，並合影留念。嚴家淦先生在交卸總統職務前也來國史館視察一次，在小會議室裡，由我做簡報，然後向全體同仁講話，語多嘉勉。嚴總統稱黃先生為季陸兄或季陸先生，很少稱黃館長。沈雲龍教授在世時，數次向我盛稱季師老革命黨人的風範，說：「你們黨裡現在很少像黃季老這樣的老革命黨人氣質的人了，以後也不會再有。」

民國六十八年六月，黨史會主任委員秦孝儀先生要我回黨史會服務，給季師寫了封很客氣的信。他也與季師當面談過，希望季師諒解。季師主動找我談此事，叫我不要為難，準備回黨史會全力為秦先生做事。他說：「人才不是私人的，而是國家的。」「黨史國史是一樣的重要。」「我本來也有過兩年要你接副館長之意，先回黨史會任副主任委員，多些磨練也好。」既要回黨史會，我就上了辭呈。季師只批准我辭主任秘書，仍保留纂修職務，理由是：「有個名號，找你做事時比較方便，我有些事也還要你協助。」

報告季師生平事略

季師宅心仁厚，灑脫開朗，大家都預知他會享高壽，沒想到八十七歲之年，就安然離開人間。事實上，季師逝世前兩三年，健康情形已見衰退，原來記憶力極強的人有時也模糊起來了。有一次和我同行，忽然說：「我們去找梁和鈞（敬錞）聊聊如何？」我聽了很難過，因為梁和鈞已過世幾年了，季師竟然已經忘記。逝世前數日，一道去故宮博物院參加秦院長召集的一次座談會。看到他上下樓梯已極吃力，想扶他他卻不肯。他本是喜歡講話的人，那天座談會中卻沒講話，問他意見，也只說「好」、「可」。我目睹此情，為之黯然。

民國七十四年四月二十四日上午十時三十分，我掛電話至黃府找季師講話，秘書上樓請他接聽時，才發現季師已不能言語，急送耕莘醫院，至十一時三十二分宣告棄世。我趕去黃府，已經見不到季師了。這天是我流淚最多的一天！

季師哲嗣乃興兄與夫人陳蜀瓊女士均任職於中山科學研究院，決定喪禮以宗教儀式舉行，請周聯華牧師主持追思禮拜。也要有人報告季師生平事略，決定請時任臺灣省政府主席的邱創煥兄擔任，由我先聯絡。邱主席是政治大學研究部第一期同學，也是季師學生，由他來報告是最適當的安排。當我與他通電話說明這事，他卻因為同一時間內另有要務不克分身，表示歉意。我把這情形告訴乃興兄，請他另考慮適當人選。一天後，乃興兄電話告我：「家人的意思就請雲漢兄報告，因為你最了解先父。」

五月三日的追思禮拜中，我以晚輩身分向來賓及親友作了十分鐘的報告，在事功方面，我的綜結是：季陸先生是革命家，十三歲就出任小學生保路同志會會長，參加了辛亥革命；是宣傳家，曾任《醒華日報》總主筆及廣州《民國日報》社長；是政治家，歷任中央、西南、臺灣黨政要職，對地方自治、民權政治、行政改革及土地改革之理論與實踐，卓著貢獻；是教育家，歷任中山大學教授、系主任、四川大學校長、臺灣大學及政治大學教授，教育部部長，桃李滿天下，於空中教學及人力儲備動員之設計，實開風氣之先；是史學家，主持黨史會與國史館兩所機構，設立中華民國史料研究中心，主張開放史料，並擔任中國歷史學會理事長十多年，倡導中國現代史研究不遺餘力。

報告中，我沒有提到季師是反共健將，是因為在這個場合，不宜提些政治性色彩過濃的事。事實上，他的反共思想是一貫的，從民國十三年第一次全國代表大會起直到七十四年四月逝世，從未稍微鬆動他反共的立場。在美的家人中有應邀赴大陸看看的人，季師大不謂然，曾去信表示失望，有大義凜然的氣概！

季師往矣！風範和節操永留人間。我已寫過〈哀悼黃季陸先生〉和〈師恩浩蕩〉兩文紀念他，逝世十週年紀念學術會上，也曾發表過一篇〈黃季陸先生與中國革命〉的學術論文。今逢季師百年誕辰，爰憶述追隨季師時候的幾件往事，用申無限的感恩與追思！

中華民國八十七年三月十二日，寫於臺北懷元廬。

永懷楊亮功先生

民國四十五年六月，楊亮功先生應聘擔任我的碩士學位口試委員，從此結了師生緣。到民國八十一年一月楊師逝世，足足有三十五個年頭。最後的十五年間，與揚師接觸的機會最多，談話的範圍更廣，從臺灣二二八事變到他早年的辦學與從政經歷，幾乎無所不談。這使我真正了解到楊師的學養、志節和個性，有了「登堂入室」的興奮之感。和我同時受教於楊師而關係更為密切的，是蔣永敬教授，相信永敬兄對我這種「引以為榮」的感受，會有幾分共鳴。

楊師離開人間了，他留給我們學生輩的精神遺產至多，我們對他的景仰和懷思更是無窮無盡。我一直想寫點東西紀念他，總覺得要說的話太多，一時理不出個頭緒來。就先把感受最深的幾件事寫出來吧！

一、難忘的一次口試

民國四十五年六月，我修畢國立政治大學教育研究所全部課程，也寫好了論文，申請參加碩士學位考試。先考學科考試，輕而易舉的過了關，成績還不錯。第二道關口是口試，就不能不有些「悚懼恐惶」的感覺了。因為當時的規定頗為嚴格，要五位考試委員來「會審」。五位委員中，有兩位聘自校外，都是大師級的名學者，一不小心，就有被「刷掉」的可能。已參加口試的同學，確有一位被無情的「刷掉」，另一位雖然過了關，卻被一位校外聘來的近代史教授批評得「體無完膚」。聽到這位同學非常氣憤的敘說試場上的委屈，我心裡也真有點怕怕——是吉是凶，誰曉得！

口試前一週，負責教育研究所課務的沈宗執先生告訴我：「你的口試委員已聘定，校內是論文指導教授王鳳喈先生，所長陳雪屏先生，訓導長吳兆棠先生；校外是考試院考試委員楊亮功先生和查良釗先生。」沈先生特別提醒我：「校內委員都教過你的課，對你都有幾分了解；校外委員卻是素昧平生，完全看論文優劣和口試時詢答情形而定成績，比較嚴格。楊亮功先生是以公正嚴格出名的，你切不可掉以輕心；先去看看楊先生如何？禮貌上，也應當先去行拜師之禮！」

要不要先去看看楊先生？我確是有些躊躇。去，實在感到有點冒昧；不去，似乎又覺得禮貌欠周。直到口試前一天，方決定去看看楊先生。楊先生住在溝子口埤腹路，門牌是沈先生告訴我的。按鈴後，一位中年人開門，我向他說明身分和來意，他說楊委員因公外出，很晚很晚才會回來。我只有請這位先生等楊先生回來後轉報一聲，自己先回到學校的宿舍裡。心想：沒有見到楊先生也好，免得楊先生有個先入為主的印象。

第二天的口試是在圖書館閱覽室舉行的。一張長方形的桌上，正面是主席也就是指導教授王鳳喈先生的位置，四位口試委員分坐兩側，我面對主席，是被審詢的位子，雖也有椅子，但我一直是站著說話或答詢，不敢坐下。王鳳喈老師要我先報告一下論文的要點及寫作過程，我開頭就很謙虛的說「第一次寫較長的學術論文，缺點自然很多，請各位老師不客氣的指教」，話未說完，就被王師制止了，他很嚴肅的說：「不要講客套話，如果論文很差，我也不會讓你提出來的。」這是當頭一棒，立即使我清醒了很多，也覺得慚愧，講話為何沒有顧慮到指導教授的立場，真笨！

主席請楊先生考問，我當然很緊張，準備接受嚴厲的批評。沒想到楊師開頭先說：「李同學，昨天勞你到舍下，適逢有事外出，很抱歉，謝謝你。」接著又說：「論文我已看過，很用心，不錯。」先把我的心安定下來了，隨後問我關於民初「修身」課程與今日「公民」課程功效上的異同，以及對於《論語》一類書的內容可否納入今日「公民」教材等幾個富於啟發性的問題，我坦誠的說明我自己的看法，楊師這一關就過了。查、陳、吳三位先生所問的，也都是與我論文主題「中等學校公民教育教材與教法的分析」有關的檢討與改進問題，像師生漫談一樣，使我有如沐春風的溫馨之感。老師們的愛護與鼓勵，使我暫時解開了口試成敗的榮辱心結。

口試結束後，王鳳喈師以主席身分宣布論文已被接受，分數還不差。老師們向我表示賀勉，我更由衷的感謝老師們的教導和啟迪。記得最清楚的是楊師亮功先生的幾句話：「學位是得到了，但治學的道路還很長，現在還只是一個起始點，成敗還要看以後努力的程度。」

三個小時的口試，診斷了我研究上的得失，更擴展了我的心胸和視野。楊師一句「現在還只是一個起始點」的警語，激起我必需要作更多努力的決心和意志。生平參加過無數次口試，以這次碩士學位論文口試最值得珍惜。我有一幀口試時拍攝的照片，三十五年來一直視為求學時代最有價值的紀念品。也從這次口試開始，楊先生成為我一生中最親近、最敬愛的老師之一。

二、「我和你們山東人」

楊師曉得我籍隸山東。無數次見面閒談時，常說起「我和你們山東人」如何如何。他為山東人的權利和前途出過力，幫山東人籌備過山東大學，到山東省會濟南講演過，也和山東人傅斯年（孟真）打過筆戰。身為山東人，聽楊師敘說他和山東人的種種，感到很溫馨、很光彩，有時也有些感慨。

楊師為山東人的權利和前途出力，是指民國八年參加五四運動的一幕。當時他正肄業於北京大學文科中文系二年級，不僅參與了這一次波瀾壯闊的愛國運動，而且利用暑假時間，與表兄蔡曉舟廣泛搜羅當時的文電編撰成《五四》一書，於八年九月出版。為第一本五四運動有系統的史述和

作者政大碩士口試，民國45年7月13日。中坐者為論文指導教授王鳳喈先生。左一吳兆棠教授、左二查良釗教授、右一陳雪屏教授、右二楊亮功教授。

史料專輯。民國四十四年，大陸出版的《近代史資料》一九五五年第二期（總五號）發表了《五四》的前三章，編者於卷首加按語，說：「五四運動是在思想上和幹部上準備了一九二一年中國共產黨的成立，又準備了五卅運動與北伐戰爭。」並在「五四書影與五四運動前後出版之進步期刊」欄內，製版刊出《五四》原書封面。這件事、由胡適之先生告知楊先生，楊先生又託唐德剛教授設法找到原本，於民國七十一年由臺北《傳記文學》出版社重印。楊先生寫了一篇〈「五四」重印序〉，作了總結性的說明：

> 總之，此一小書為記載五四運動最早出版的一本書。書中所載，皆係第一手資料。讀者可以從這一本書，認清五四的真面目，體會五四的真意義。亦可以瞭解到此一運動，與所謂新文化運動，或任何外在因素，完全無關。至於中共《近代史資料》編者，在按語中所說：「五四運動是在思想上和幹部上準備了一九二一年中國共產黨的成立」，是完全不正確的。由於此一運動，所表現的純為愛國行動，思想純潔，因此感動全國各階層人士，商人為之罷市，工人為之罷工，運動之所以如此成功，並非無因。

五四運動為山東問題而起，其要求為收回山東利權，山東國民請願大會首先通電攻擊賣國賊，山東六十二團體抗議北京政府逮捕愛國學生等事項，均見於《五四》一書。因此，楊師認為這是為山東人權利而奮鬥的行動，他把有關文電很公正的記載下來了。其餘有關五四運動的著作，對山東人的聲音和行動，多半予以忽略。

楊師參加籌備國立山東大學的事，是他於民國七十四年四月十日在臺北市永康街中山學術文化基金董事會辦公室內，親口對我講的。時間是民國十七年五三慘案以後，山東省政府暫時設在泰安，省主席是陳調元。大學院院長蔡元培徇山東人之請，找楊師及梁實秋、趙太侔、杜光塤、何思源、劉次蕭等，籌辦山東大學。為了此事，楊師曾去泰安住了二十多天。但由於胡適之先生懇邀楊師去上海擔任中國公學副校長，因而離開了山東。

楊師到濟南講演，是民國二十年八月間的事。這時他初任國立北京大學教育系教授，曾和徐慶譽、朱經農等人，先後到瀋陽、天津及濟南作旅行講演，稱為「學術講演團」，其目的則在：「加強對共黨的思想鬥爭，宣揚三民主義及糾正知識青年左傾的頹風，擴大黨外的文化運動與樹立中央的威信。」徐慶譽在其〈往事漫談〉中回憶說：「楊亮功先生和朱經農先生都是教育界的先進，他們的言論深入人心，對當日青年思想的轉移，發生了很大的影響。」

至於楊師和傅斯年間的筆戰，則是發生於民國二十一年。蓋當時北京大學以倡導新學術、開創新風氣相號召，惟對於教育學科，則不十分重視。傅斯年對於來自美國的教學新制，頗多非議。楊師曾與北平各大學教育學教授劉廷芳、楊廉、吳俊升、袁敦禮、邱椿、吳家鎮、杜元載、蕭承恩、劉吳卓生等十人組織了一個「明日社」，在《大公報》開闢「明日之教育」專欄，介紹並推廣新教育理論與新教育方法，並對當時教育加以檢討，「對於中國今日之教育，一致表示不滿意」。時任教於北大歷史系之傅斯年，卻有相反的看法，他看不起來自美國的新人物與新制度，對哥倫比亞大學之師範學院，曾有輕視之言，把當時流行的新教學方法「道爾敦制」（Dalton Plan），戲稱為「逃而遁制」，又嘗稱之為「竇二墩制」，極盡戲謔。楊師為新教育制度之護衛者，也曾當面毫不客氣的告訴傅斯年：「只有你們山東才出竇二墩，別的地方沒有。」

二十一年七月間，傅斯年在《獨立評論》第九號發表一篇〈教育崩潰之原因〉，把哥倫比亞師範學院稱之為「教員學院」，說這個學院的畢業生回到中國來，「所行所為，真正糊塗加三級」。這是意存戲謔，曾引起邱椿著文反駁。傅斯年於七月間，再發表一篇〈再談幾件教育問題〉，認為「大學不是適用教育學的場所」、「教育家必於文理各科中有一專門」、「中小學課程門類要少而內容充實」，總之，傅氏要把教育學排除於大學課程之外。這下輪到楊師親自出馬了，他於《獨立評論》第二十二號發表「讀了孟真先生『再談幾件教育問題』以後」一文，率直指明傅斯年的文章中「也還不免有點武斷和偏見」，而且主張上也有「自相矛盾」之處。楊師在文章結論中，仍視傅為「諍友」，並表示感謝。他說：

孟真先生總算是我們研究教育者的諍友，毫不客氣的給我們許多的批評，足以使我們研究教育者反躬自省，努力改進，這是我們應該感謝的。

三、成立中國教育學會

楊師是教育家，一生熱心於教育事業。蔣永敬兄和我一道為楊師編年譜，時常向他請教，每次談話他都特別強調他的教育研究與教育活動，尤其是發起中國教育學會一事，最為得意。我保存楊師親擬「生平大事」中，就有「成立中國教育學會」一條。他曾告訴我們說：民國二十二年一月二十八日，參與發起組織之中國教育學會假上海青年會舉行正式成立大會，被推為大會主席團三位主席之一，並當選為理事。

早於民國十九年夏，楊師於安徽大學校長任內，即與京、滬兩地名教育學者常道直、陳鶴琴、陳劍修、章益、歐元懷、廖世承、沈亦珍、謝循初、鄭西谷（通和）等十人，倡議發動組織全國性教育學術團體，並相約分別徵求其他教育學者專家贊助。二十年暑期，彼等復聚會於上海八仙橋青年會，一致同意發起組織教育學術團體，並定名為「中國教育學會」，推選楊師與常道直、陳鶴琴、劉湛恩、鄭西谷五人為籌備委員，預定於二十一年春召開成立大會。不意二十年九一八事變發生，二十一年一二八淞滬戰爭接踵而來，中國教育學會之籌備工作因而停頓。直至二十一年秋，情勢稍安，五位籌備委員乃商定於二十二年一月二十八、九兩日，假上海青年會舉行成立大會。「中國教育學會簡史」記述當時情形如下：

民國二十二年一月二十八日上午九時，中國教育學會（以下簡稱本會）在上海青年會禮堂舉行成立大會，到會各地會員八十餘人，公推劉湛恩、楊亮功、鄭曉滄三人為大會主席團，由主席劉湛恩先生致開幕詞，鄭西谷先生報告大會籌備經過，中央黨部及教育部代表，上海市教育局長等致詞，然後全體拍照留念。下午通過會章，並由趙冕先生報告北夏普及民眾教育實驗區之實驗；江問漁先生報告徐公橋鄉村改進實驗區之實驗；鄭西谷先生報告黃渡鄉師工學實驗；韋捧舟先生報告一個教學組織和實驗等。二十九日上午，討論中國教育改革方案，對各級教育改進發表意見。下午選舉理事十五人，晚上假上海新新酒樓舉行第一屆理事會會議，由劉廷芳先生任主席，推舉常道直、許本震、陳禮江、鄭曉滄、鄭西谷五人為常務理事，推常道直為駐會理事及文書，負責本會一切通訊工作。設高等教育、中等教育、初等教育、師範教育、職業教育、民眾教育、教育行政七個研究委員會，及出版委員會、教育名詞審訂委員會，募捐委員會等組織，分組辦事。本年重要事蹟有籌建會所，籌備教育圖書館、刊行會友通訊，進行調查城市與鄉村民眾經濟狀況及其所需之教育及教育實驗之推進，並編印有中國教育改造一冊、生產教育專號一冊、年報及專門著作之譯著等。

四、七十八件彈劾案

民國二十二年二月，監察院長于右任未經徵求楊師同意，即提請國民政府任命他為監察委員。楊師是先在晚報上看到這報導，第二天才接到于右任院長的電報通知。三月間，楊師辭卸北京大學教育系教授兼系主任職務，到南京就任新職。這年他是三十九歲，于右任五十五歲，兩人從此建立了深厚的友誼。楊師在監察院任監察委員五年，監察使十年，到臺灣後又做了四年監察院秘書長，為監察院的元老。

監察委員五年（民國二十二至二十六年）中，經楊師提案及審查成立的彈劾案，共七十八案。其中審查案中，以張作相、金樹仁兩案最受注目，曾經震驚朝野。張作相時任華北第二集團軍總司令兼第五軍團總指揮，奉令參加保衛熱河之役，但卻未盡守土之責。監察委員李世軍、田烱錦、鄭螺生、姚雨平、劉莪青五人聯名提案彈劾，要求呈請中央，予以「撤職拿辦，以肅法紀，而振士氣」。此案由楊師及楊天驥、曾道兩委員會同審查，認為成立，應予懲戒。其審查報告書於二十二年四月八日提出，原文如下：

> 為報告事：奉　交監委李世軍、田烱錦、鄭螺生、姚雨平、劉莪青等彈劾華北第二集團軍總司令兼第五軍團總指揮張作相臨陣脫逃、喪師失地一案。經加審查，僉以前敵將士不得退縮，業經中央一再申令；此次熱河之役，辱國喪師，宜伸國法。該省府主席湯玉麟已經本院特請懲治，奉國府明令褫職查辦在案。張作相負有調度指揮之責，難辭循私包庇之嫌。且先期退卻，匿居北平，其何以振厲戎行，統率將領？失職誤國，罪無可逭。應請將被彈劾人華北第二集團軍總司令兼第五軍團總指揮張作相，移付懲戒。拜請轉呈　國府，併案查辦。謹呈　院長鑒核施行！

彈劾前新疆省政府主席金樹仁一案，係由監察委員鄭螺生所提出，金的罪狀為「禍新、釀變，並違法擅訂新蘇商約」，致使新疆商業權利盡被蘇俄掌握，「主權損失，太阿倒持，後患何堪設想！」此案經羅介夫、程運鵬與楊師會同審查，認為成立，並提出審查報告書如下：

> 案奉　院長交下鄭委員螺生彈劾前新疆省主席金樹仁禍新釀變，並違法擅訂新蘇商約一案、委員等審查結果，認為此案證據確鑿，應將被彈劾人交付懲戒。其關於刑事各點，亦應分別移交法院辦理。

楊師以監察委員身分，單獨提出之彈劾案及與其他監察委員聯名提出之彈劾案，二十三年一年內，就有七案，被彈劾人為江西永修縣縣長邱冠勛、河南鹿邑縣縣長鍾石麐、浙江黃巖縣地方法院院長洪錦綬、財政部北平印刷局長沈能毅、河北堯山縣長白達仁、湖北前應城縣長馬建庸、浙江江山縣地方法院首席檢察官張逸民等人，其罪狀多為貪污、枉法、瀆職、殃民、舞弊。楊師關心民瘼，對地方官吏之貪瀆殃民，極為痛恨。此一觀念與作風，在他有生之年，未曾改變。民國三十四年，楊師在閩浙監察使任內，曾為彈劾浙江黃巖縣縣長蔡竹屏貪污案，而使浙江省政府主席黃紹竑大為不懌。稍後由於楊師發表談話指責浙江財政措施不當，而引起黃紹竑在會議席上與楊師為「麵包」與「貪污」問題，針鋒相對。黃為貪污行為辯護，認係「麵包」問題；楊師則嚴正表示此言不當，決不可以藉「麵包」問題而包庇貪污。未久，黃即調離浙江，不能說與此次藉詞包庇貪污無關。我不止一次聽到楊師述說這段往事。他說，他的談話，是由《東南日報》記者劉湘女披露的，因而惹起黃紹竑的爭辯。使楊師深感高興的，是公道自在人心。他說，陳誠有一次去上饒，道經福州，特別向楊師說一句：「我以浙江省民身分，感謝你為浙江省民講話。」

　監察院職司風憲，以彈劾權懲奸闢邪，以正官箴，自受國民所歡迎、所喝采。然當時政府中人，卻有因派系關係而縱容或包庇其部屬者，因而圖謀削弱監察委員行使彈劾權的效力。民國二十三年監察院彈劾鐵道部長顧孟餘，引起行政院院長汪兆銘的反制，即係一例。楊師曾對我和蔣永敬兄慨談這段往事，永敬兄作成下面一段紀錄：

> 本（二十三）年監察院最大彈劾案，為彈劾鐵道部長顧孟餘。案由監察委員劉侯武於本年六月二日提出。理由為顧部長向外國採購鐵路器材有喪權違法舞弊情事。楊先生於事先聞知其事，乃詢于右任院長可否再作審慎考慮。于院長愀然曰：「提案彈劾，正所以愛護顧部長也。」楊先生默然。此案既提出，行政院長汪兆銘殊不懌。全案公佈後，汪更為不滿。汪乃利用中央政治會議主席職權，向中央政治會議提出「補訂彈劾辦法三條」，以限制監察院在懲戒確定以前披露彈劾案內容。顧案拖至十月，國民政府政務官懲戒委員會決議顧孟餘不受懲戒，因而監察院的威信首次受到損害。

五、親撰「二二八事變結論」

　楊師於民國三十四年十月，由閩浙監察使調任為閩臺監察使。監察使署設於福州，在臺北設立閩臺監察使駐臺辦事處。三十五年一年內，於一月至二月、四月、十月，三次蒞臺巡察。三十六年三月，第四度來臺，這次任務卻是來「查辦」臺灣的「二二八事變」，或稱「二二八事件」。

　關於此一不幸的事件，楊監察使曾和另一奉令來臺協助查辦的監察委員何漢文，向于右任院長提出一份「調查二二八事件報告」，他另外撰有「二二八事變奉命查辦之經過」一稿，亦曾向中央提出「臺灣善後辦法建議案」一種。這三種文件，均已全文發表於《楊亮功先生年譜》一書內，為研究「二二八事變」必須參閱的基本資料。此外，我和蔣永敬

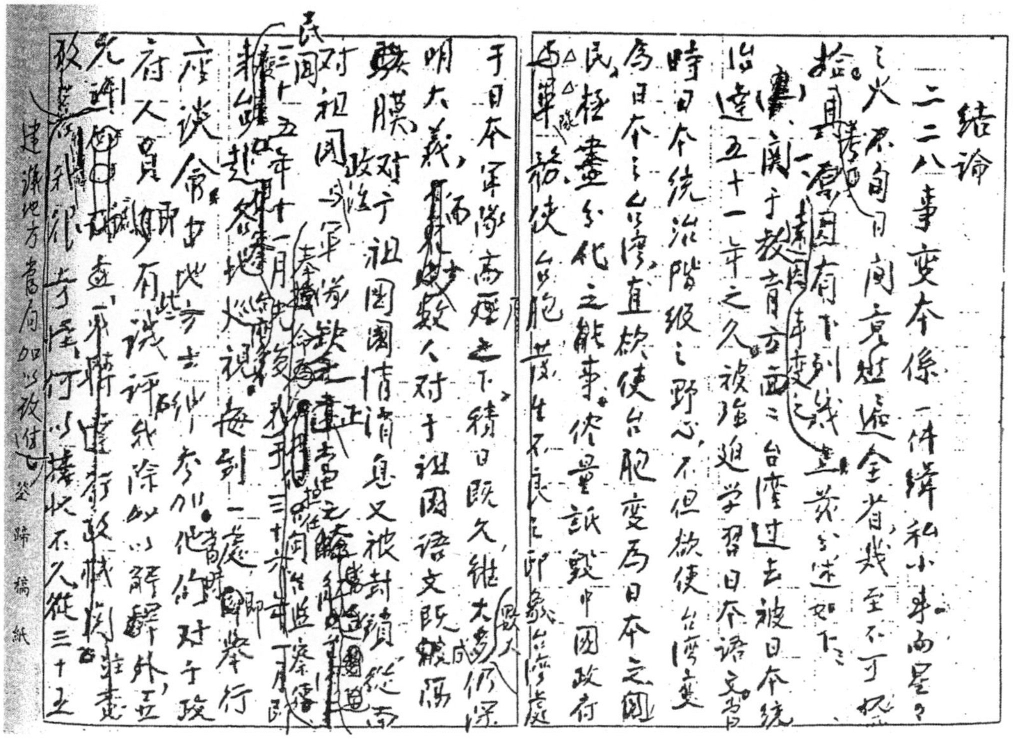

兄曾多次訪問楊師，由他口述，我倆分別記錄，有許多話並不見於上舉三種文件之內。特別是關於白崇禧等人當時私下講的話，以及他對臺灣社會及當時若干人士的觀察，對我和永敬兄講過不少，他也有無限感慨和無奈。他似乎有意重寫有關「二二八事變」的回顧，親筆寫好了一份「結論」，於民國七十三年四月十一日，在心園餐廳和我們一道吃飯時，交給我們參考。原稿閱後，已寄還楊師。我得他允許，複印一份（楊師親筆所撰「結論」部分墨蹟見上圖）、下面就是「結論」的原文：

結論

二二八事變本係一件緝私小事，而星星之火不旬月間，竟燃遍全省，幾至不可收拾。考其原因有下列幾點，茲分述如下：

一、事變之遠因

關於教育方面：臺灣過去被日本統治達五十一年之久。被強迫學習日本語文。當時日本統治階級之野心，不但欲使臺灣變為日本之臺灣，直欲使臺胞變為日本之國民，極盡分化之能事。儘量詆毀中國政府與軍隊，務使臺胞發生不良之印象。臺灣處於日本軍隊高壓之下，積日既久，雖大多數人仍深明大義，而少數人對於祖國語文既成隔膜，對於祖國國情消息又被封鎖，從而對祖國政治與軍隊缺乏正當之瞭解。民國三十四年十一月臺灣光復後，我奉命擔任閩臺監察使，於三十五年一月即來臺，赴各地巡視。每到一處即舉行座談會，由地方士紳參加。當時他們對於政府人員即有些議評，我除加以解釋外，並允許建議地方當局加以改進。我很奇怪，何以接收不久，從三十四年十一月到次年一月不到三個月，一切政令設施尚未實施，何以竟招致地方人士之不滿，此或由於有少數接收人行為之不當。其最大原因不能不說是由於受了日本教育宣傳之故。

關於社會方面：臺灣當日本統治時期，對於本省無業流氓，曾施以特殊訓練作為侵略祖國之鷹犬，或驅逐至臺灣東部之火燒島，亦有禁錮終身者，光復後此輩重行放出，終究習慣難改，遂成為擾亂分子，益以戰時被日本征調之臺省壯丁達十餘萬人，陸續遣回，形成嚴重之失業問題，此亦潛伏事變之遠因。

二、事變之近因

（一）關於經濟方面：臺灣經濟向來與日本經濟密切配合，臺灣所產原料不多，其半製成品，需經日本再加工產製成品。例如米與糖為臺灣之大宗產品，臺灣米與糖生產之所以豐富，全賴化學肥料，而此化學肥料則仰給於日本。日本戰敗後，工廠停頓，無剩餘肥料足以供給臺灣。按臺灣年需化學肥料總量約二十五萬噸，而臺省工廠所能生產者年不足五萬噸，供求相差甚大，以致米糖生產大受影響。尤以糧食缺乏以致影響到地方治安甚鉅。又勝利後臺灣之經濟可謂完全脫節。加以原有工廠不能完全恢復，工人失業者為數不少，在此情形下，人民不滿現狀，自不待言。貿易、專賣兩局之設置，在收入上年達二十餘億臺幣之鉅，佔臺灣三十六年度總預算二分之一，政府財政雖獲補盈，然因貿易統制範圍過廣，民營工商範圍日狹，遂使人民生計困難，失業增多，遂造成人民之不滿。

（二）關於政治方面：臺灣光復之初，民情興奮，皆以重歸祖國得與各省同胞獲得平等自由為光榮。迨臺省行政組織頒佈後，則感於行政長官兼警備總司令之職權咸與日本之總督相類似，初雖以為接收伊始或將徐圖更張，使本省人在政治上得有出路。而政府對於省縣市高級人員任用臺籍者過少，如行政長官公署八處正副主管中僅有臺籍副處長一人，全省八縣市中亦僅有臺籍縣市長二人，此為臺省人士所最為不滿者。我為此事曾向陳儀談及，他總認為本省人缺少行政經驗難以付與主管任務。到了二二八事變發生時，地方人士組織處理委員會，明為協助政府解決糾紛，實際上是一班士紳亟欲在政治上謀求出路。嗣後處理委員會人數愈多，分子愈複雜。如日據時御用紳士、退役軍人、浪人以及共黨分子紛紛滲入，他們明為標榜政治革新，實係企圖顛覆政府，奪取政權，最後遂有四十二條之提出，而圖窮匕見矣。

（三）關於軍事方面：臺灣自光復後中央原派林偉儔所屬之六十二軍駐紮臺灣。嗣陳儀以臺灣地方安寧毋庸長期駐紮軍隊，中央乃將林部調赴華北。嗣另派劉雨卿所轄之整編二十一師之一獨立團調駐臺灣鳳山。其外另有憲兵第四團之兩營憲兵分駐臺灣各地，尚有兩營留駐在福建。待事變發生後皆以各地兵力薄弱窮於應付。臺北方面，僅有一連憲兵分駐各機關倉庫。事變發生時由於鐵路罷工交通斷絕，高雄鳳山雖駐有一團軍隊，而無法調遣。臺北雖另有警察大隊，其中百分之六十為本省人，事變發生他們或攜械離去，或將槍械交給暴民，因此暴亂日益擴大而不能制止。

三、對於調查事變之處理方針

二二八事變發生後，我奉命赴臺調查。根據我的職權，對於事變之處理抱有兩大方針，茲分述如下：

（一）免除事態之擴大。當二二八事變發生後，我於三月五日接到監察院電令赴臺調查。奉到電令後，我即向福建省政府接洽交通工具。適當此時有駐在福建之兩營憲兵奉調赴臺，準備乘海平輪。我本不欲與憲兵同行，以免發生誤會。但一時又無其他交通工具。三月七日晚我同憲兵由福州上船，次晨抵基隆，晚十時登岸。正當此時臺北發生武裝暴動。暴民分批襲擊長官公署、警備總部、警察大隊，供應局倉庫等軍政機關。我們登岸，即接獲臺北告急電話，因此未及休息，我隨同兩營憲兵隨即開赴臺北加以制止。如果我們未能及時趕到，則此一暴動將不知有多少人死傷，事態更形擴大，而更難於收拾。又據云：暴民本擬三月十日接收政府，各處人員皆已擬定，並製有國旗。嗣聞政府將派兵來臺，遂提前暴動。不意福建憲兵適時趕至，加以制止，遂未得逞。

（二）制止報復行動：自二二八事變發生後，外省人不斷的被殺害，尤其是公務人員。自三月八日國軍到達以後則不免對本省人採取報復行動，三月十日我約同行政院善後救濟分署署長錢宗起、中央通訊社臺灣分社社長葉明勳，到臺北各醫院慰問受傷者。所經過街道，行人斷絕，時見有死人，橫屍於途，而各處槍聲仍不斷。在各醫院受傷者有本省人和外省人。本省人多被槍傷，外省人多被棍刀擊傷。我除請錢署長對於醫藥缺乏加以支援外，當日下午我拜訪陳儀長官，提出三點建議：一、軍隊非必要時不得任意放槍。二、制止軍隊採取報復行動。

三、派人向英美領事對於放槍事加以解釋，以免發生誤會。又自三月十日長官公署重行宣布戒嚴令後，於是警備總部警察大隊別動隊在各地嚴密搜索參與事變分子加以懲處，其執行逮捕懲處之步驟甚亂。其在臺北政府機關之公務人員被逮捕，經直接向我控訴者，我即向長官公署查詢，其餘外埠各方面無法向我控訴而被逮捕懲處者，則不知凡幾。我因此特電于院長請轉陳中央加以制止。並建議三點：一、非經查明直接參加暴動者不得逮捕。二、處理人犯須經法律程序。經于院長面陳蔣主席。蔣主席嗣隨即電令陳儀嚴加制止，自此以後，社會人心始漸安定。

最後講到此次事變，本省人與外省人死傷人數究竟有多少，傳說不一，報紙記載亦不一致。例如：

一、美國紐約時報記者雷伯曼三月七日南京專電稱；「根據中國方面消息，此次暴亂後導致至少五百人被殺或受傷。」

二、該報南京三月二十二日專電稱：「據估計三月十四日止有二千二百臺灣人在街上被槍殺或處決。」

三、該報特派員竇丁南京電稱：「從臺灣回到中國的外國人們估計被殺的臺灣人達一萬人。」

四、臺灣主管治安機關統計事變中傷亡人數如下：

（一）外省人死五十七人，傷一三六四人，失蹤十人。

（二）本省人暴徒被擊斃者四十三人，俘獲五八五人，自新三、〇二三人。

（三）軍人死亡者，官十六人，兵七十四人，受傷者官三十五人，兵二六二人。

根據以上三項統計，死亡者計一九〇人，受傷者合計一七六一人。

上述公私記載死傷人數相差甚巨。我為此事特向陳儀、柯遠芬二人詢問亦無具體答覆。實際上，在此次事變中，外省人被打死者人數既無從查考，而地方各機關處決人犯既不按照法定程序且步驟甚亂，亦無從查考。至於說到本省人被殺者有萬人，當不實在。究竟外省人與本省人在此次事變中被犧牲者有多少人，實無法得知其確數。這真是一件慘痛的悲劇。

六、贈書「吾兄」留史證

楊師歷任考試院副院長、院長、總統府資政等高職，屬於大老級人物，但他一直保持讀書人的本色，毫無官場習氣。他也一直在讀書、寫文章，找朋友和學生們吃小館，談學術問題。我很幸運，是楊師時常找去談談的學生之一，也是他贈書的基本對象，每有專著或論文出版，差不多都可以直接從楊師手中得到一份。

楊師贈書，多會親自題款。送我的書，則又非常客氣的稱「學兄」或「吾兄」。五十八年三月十日送我一冊《教育學研究》，題款是：「雲漢學兄正之，亮功，五八、三、一〇」。

我曾面懇楊師，贈書不可稱「吾兄」、「學兄」，尤不可用「謹贈」，這樣會使我感到不安，甚而愧疚。但楊師堅持他的原則，說：「在名分上，你是我的學生，在學問上，卻已是不折不扣的吾兄，我這樣寫，沒有錯。」這句話更令我惶愧，以後也不敢再提此事了。當然，楊師贈書也有不題款的時候，如民國七十四年三月六日在中山學術文化基金董事會董事長辦公室送我兩冊書──《早期三十年的教學生活》和《星軺小紀》，就沒題字。他說這是提供編「年譜」用的材料，用不著「存正」。

楊師贈書中，我最喜歡《星軺小紀》，因為在一個研究現代史的人的心目中，這冊「小紀」具有最高的史料價值。這冊書包括兩篇，一為「跬步」，一為「夜渡」，是他戰時巡察各地的親身經歷。楊師也指出這書的史料價值，他在「跬步」「前言」寫出：

> 此篇雖係紀行之作，多敷陳景物之辭。然對於敵人之暴行，民生之顛頓，戎事之得失，吏治之良窳，咸有所論列，使世之讀者，得以明察當時國家社會之情況，與夫成敗之所自，而知所警惕焉。

每次讀《星軺小紀》，心靈上都會受到極大的衝擊。楊師以監察使之尊，徒步巡察六省五十縣，陸路行程四千二百七十七里，於日敵嚴密封鎖下六次夜渡（實際是偷渡）長江，其冒險犯難精神，能有幾人可與倫比！為躲避敵人搜捕而藏身野蔓中，有一日僅得一食之境遇，讀至此處能不潸然淚下！巡察所至，鄉民遞狀控告地方官吏之魚肉舞弊者，不知凡幾，楊師均一一處理，其真民之父母耶！讀及吏治之窳敗與夫日寇之暴行，則又不禁悲憤填膺，湧起誓不兩立之忿恨！所記日軍在臨川、餘江等地之殘暴，尤足令人髮指。此等真憑實據，節錄數則以為研究抗戰歷史同道之參證，且為本文之結束。

> 三十一年十月四日，……抵臨川……五日……遊市衢，頹垣敗礫，觸目蕭條。文昌橋已炸毀。城陷時，居民被投橋下溺死者二千餘人。敵人常以刺刀洞穿嬰兒腹，高舉視其啼號以為樂。又常縱火焚屋，聚眾環觀，拍手歡呼。此與明史所載英宗正統四年倭寇浙東時，其行事頗相類，頑敵暴行，其所由來久矣。（頁十二）
>
> 七日，偕逸縣長劍花視察（東鄉）縣城，劫後里閈、屋宇存者不及十分之二。衙署堂榭，僅餘垣礎；學校齋舍，鞠為茂草。人民東播西遷，留者亦無所棲止。（頁十三）
>
> 九日……至餘江……大街率成灰燼，天主堂高樓已炸

毀。有意國神父某，年六十餘，居中國三十年，城陷時亦被殺。城內少女被姦斃，孕婦被剖腹死者，橫尸於路，或棄尸井中，屍臭水腐，疫癘流行。收訴狀一，控前縣長胡某擅離職守。此次敵人進犯浙贛，沿撫河及浙贛鐵路，水陸並進。一月之間，陷城十數，遂使東南之藩籬盡失，空防之基地無存。哀我生民，橫遭荼毒。外間有言此次贛東各縣陷沒，未聞一鎗聲，有之，則為散兵游勇趁亂搶劫人民耳。又云：「周保之妓千騎，羊侶之貨百船，而公家之物，棄如敝屣」。年來時局艱危，強寇侵軼，諸政寬忍，容非得已，遂致軍令無馬謖之誅，捷書有孫歆之報。失職之罪，豈僅一二縣長而已。（頁十四－十五）

中華民國八十一年四月四日
寫於臺北蝸居懷元廬
（《傳記文學》，六〇卷六期，
民國八十一年六月出刊）

永懷恩師陳雪屏先生

從美洲《世界日報》報導中獲知陳雪屏先生逝世，已經是六月下旬的事了。五十年前，雪屏先生是救助我們那群流亡學生的恩人；四十五年前，雪屏先生成為我就讀國立政治大學教育研究所的首任所長，是我最敬愛的師長之一。如今老人家以九十九歲高齡病逝臺北，我卻因身在國外而不能參加他的追思儀式，一申哀思。近日來，追懷往事，雪屏先生的聲音笑貌不時出現在腦際，禁不住要對當年流亡來臺初期暨就讀政大三年的艱苦歲月，作一追述，藉以略申對雪屏先生的感激之忱。

三波知識青年流亡潮

自民國二十年至三十八年間（一九三一—一九四九），是國人所熟知的國難時代，也是個戰亂時代，先是抗日，後是內戰。生活在這個時代的知識青年們，在滿腔熱忱的愛國情緒激勵下，前後掀動了三波充滿血淚的流亡潮，為近代中國青年運動史寫出了最為生動感人的篇章。

第一波知識青年流亡潮，開始於民國二十年（一九三一）「九一八事變」，東北各省知識青年們為逃避日本人的蹂躪踐踏，也是為了有機會雪恥復仇，而逃亡到以平津為中心的華北地區。「流浪到那年？逃亡到何方？」把流浪和逃亡連綴在一起就成為「流亡」一詞，於是「流亡三部曲」的激昂悲壯就成為愛國青年們的共同心聲，抗日救國的風潮乃風起雲湧。

第二波知識青年流亡潮，是在民國二十六年（一九三七）全面抗日戰爭爆發之後。這是中華民族生死存亡的嚴重關頭，戰區各省市的知識青年們一批批的湧向後方，追隨政府，參加抗日的戰鬥行列以及建設部門的各項工作。半數以上的專科以上學校也遷設於大後方（西南各省），雖嚐盡顛沛流離之苦，而志氣高昂，精神奮揚。我寫「盧溝橋事變」一書，於述及此一感人場面時，不禁主觀的論定：「中國知識分子在抗戰這個大時代中所表現威武不屈的精神，證明中華民族是個不可征服的民族。」

第三波知識青年流亡潮，發生於民國三十七年（一九四八）至三十八年（一九四九）兩年間。在國共內戰的戰場上，共軍於三十七年在東北及華北地區獲得了壓倒性的勝利，三十八年四月又復駸駸乎大舉南下，有橫掃全國之勢。在此勝敗榮辱情勢極為顯明的情形下，卻有不少知識青年們再度背鄉離井踏上流亡的悲痛之路。他們多半來自北方，反共意志堅強。有的是隨學校集體行動，如東北的國立長白師範學院，及山東省的八所中學（山東省立第一至第五聯中及昌濰、煙台、海岱三所臨中）的師生；有的是單人獨馬的奮鬥，利用各種機會和管道，於遍歷大江南北各地後，最後來到了臺灣，這就是包括我在內的，為政府暫時收容於臺北市「七洋大樓」的一群。

雪屏先生與這先後三波知識青年流亡潮，都有密切的關係。「九一八事變」前，他在瀋陽的東北大學任教授，事變後才逃亡到北平，受北京大學之聘，開始他為期六年的「北大教書時期」。抗戰開始後，他也是隨校南遷的教授，經歷過由北方到南方，由長沙到昆明的長程跋涉之苦。至於第三波知識青年流亡潮時期，他先後擔任青年部部長、教育部次長代理部務，工作與學校及學生息息相關，對於流亡學生的由來、成分、言行及志趣等特色，自然知之甚稔、了解亦深。也就由於這一淵源，使雪屏先生成為濟助我們這群來臺流亡學生最力的一位政府官員——他係於民國三十八年五月起擔任臺灣省政府教育廳廳長。

雪屏先生為流亡學生解決困難

來自各省各地的流亡學生，雖都是矢志反共擁護政府的青年菁英，但身無分文，在臺灣又舉目無親，因而不能不依靠政府的收容與救助。三十七年（一九四八）秋冬間，到臺灣的流亡學生人數還不多，設於臺北市南陽街的中國國民黨臺灣省黨部為他們提供暫時住所。至三十八年（一九四九）四月共軍渡江南下之後，流亡學生一批批來到臺北，省黨部已無能為力，不能不由政府部門負起照顧的責任。老實說，這些流亡學生的意志很堅決，能力也很強，行為卻有些放蕩不羈，反應銳敏，破壞力也很可觀；政府若處置得當，將是一股有用的建設力量，否則將有無窮無盡的麻煩發生。政府官員中不少人深受大陸學潮的刺激，把流亡學生也看作是專會鬧事搗亂的一群，怕他們，不願或不敢與他們接近，雪屏先生卻不是這樣，他認為這是有用的國家人力資源，應當珍視而妥為運用。同時也是教育廳長的職責所在，因此他毅然擔負起照顧流亡學生的責任，為政府解決此一難題。

雪屏先生了解，流亡學生們最迫切的需要，是住宿和吃飯問題的解決。住的問題，他想到了當時的臺北市中正西路（今忠孝西路）舊火車站前一棟大樓——七洋行，決定作為來臺流亡學生集體居住的場所。這座大樓原是七洋行行址，因業主犯法而被充公，政府有權使用。我係於民國三十八年十二月住進七洋大樓，三層樓都已住得滿滿的，幾無容膝之地。吃飯問題，教育廳自行解決，雪屏先生令教育廳餐廳（當時臺灣省政府教育廳設於臺北市中山南路一號，即今監察院所在地）每天準備八百人的飯菜，供住在七洋大樓的流亡學生每天分四批前來用餐。費用當然是由省政府支付。當時凡是路過自七洋大樓至教育廳這一路段的人，都可見到穿著各種不同服裝而長髮蓬亂的流亡學生們行走其間，絡繹不絕。

流亡學生們住和吃的問題解決了，自然有助於政府誠信和社會安定。但他們所需要的不僅僅是消極的收容，而是要求給他們繼續受教育或是工作的機會。他們曾經向各方陳情，要求成立以反共為主旨的教育機構，甚至有人要求設立「反共大學」。他們對臺灣大學校長傅斯年處理李玉成檢舉「匪諜學生」一案之做法表示憤慨，七洋大樓入口樓梯兩側曾張貼過反對傅斯年校長的標語。人多了，分子自然複雜，情治單位開始注意他們的言行，警備總部也派了幾位軍官常川駐守，以防意外。看情形，如何把這群流亡學生導入教育正軌以培育其報國的潛力，乃是刻不容緩的事。

這問題，也在教育廳的主導下獲得解決。雪屏先生與教育部暨省政府有關單位磋商，決定設立臺灣省青年服務團於圓山，讓所有流亡學生經甄審合格後入團接受為期六個月的訓練，然後參加軍中、山地、文宣及各項民眾服務工作，或是繼續升學深造。計畫定了，服務團團長的人選卻也煞費周章。最初考慮由學者主持，也曾經發表過一位團長人選，但這位學者不願就職。最後才決定由甫自西北來臺的上官業佑先生任團長。上官先生不負所託，如期將七洋大樓的流亡學生們接進圓山的青年服務團內，接受革命教育的洗禮。

服務團直隸於臺灣省政府，設有團務委員會為決策及規劃機構。團務委員會有三位常務委員，一位是教育部次長鄭通和，一位是臺灣省教育廳長陳雪屏，另一位即是團長上官業佑。我是青年服務團受訓的一員，我們的結業證書上即係由三位常務委員共同署名。

住過七洋大樓的同伴們，彼此間喜歡稱為「七洋老友」，受過圓山青年服務團訓練的一群，則又喜歡以「革命伙伴」相稱許。五十年來，這些「老友」、「伙伴」們，從事於學術、教育、財經、稅政、社會、軍事以及中國國民黨黨務工作，貢獻出他們畢生的智慧和能力。他們中間，有名學者、名教授、獨立學院及專科學校校長、部會幕僚長、中上級行政主管、將軍、社會工作者，以及地方行政及黨務人員。一本當年流亡學生時代的愛國情操，為國家發展與社會繁榮作了無私的奉獻。正如雪屏先生當年所說：「這些流亡學生，是國家的資財，而非政府的包袱。」回顧五十年來往事，「老友」和「伙伴」們應會有俯仰無愧的喜悅。

政大教研所的初創時代

民國四十三年（一九五四）五月，張其昀先生出任教育部部長。新官上任，張部長有很多新計畫，其中之一，便是打破程天放部長時代「不復校、不建校」的原則，決定讓國立政治大學在臺北復校，先辦研究部，第二年再恢復大學部。張部長是位說幹就幹的人，為了要使國立政治大學研究部如期於四十三學年度開學，全部復校工作直接由教育部承擔。沒有校舍，決定暫借木柵指南山下教育部的一座疏散用庭院作為辦公室及教室，另建兩棟克難木房作為研究生宿舍及餐廳。校長一職，教育部也排除政大的老校友，聘請曾經代理過北京大學校長的陳大齊（百年）先生擔任。張部長另作一項革命性的決定：研究生報考資格略放寬，除大學本科相關科系畢業生外，凡高等考試及格之相關類別人員亦可報考。這一措施，為高考及格人員開闢一條進修的道路，受益者視之為德政；卻也惹起若干批評，認為與大學法的精神不符。因此這辦法只實行了一年，第二年的研究生入學考試，高考及格的人就被擋之門外了。

政大研究部於復校之初，只設四個研究所。當時所定的名稱是：公民教育研究所、行政研究所、國際關係研究所、新聞研究所。教育部聘請的各所所長是：公民教育研究所所長陳雪屏，行政研究所所長邱昌渭，國際關係研究所所長崔書琴，新聞研究所所長曾虛白。第二年大學部各系開始招生，研究部配合大學部各系名稱，遂將公民教育研究所改稱教育研究所，行政研究所改稱政治研究所，國際關係研究所改稱外交研究所，新聞研究所名稱不變。每所招收研究生十二至十五名，於民國四十三年（一九五四）十一月二十四日正式開學。

筆者非常感激張其昀部長的乾綱獨斷，使我有機會以高考及格身分考進公民教育研究所，做了雪屏先生的學生。同學中，和我同樣情形的尚有好多位。我們是先讀完研究所的學分，通過碩士學位考試後，教育部再核准延長一年公費，以便我們補修大學本學系所缺少的學分，然後由政大同時發給學士和碩士兩份學位證書。這情形，在中國教育史上，迄今仍是唯一的特例。

公民教育研究所（以下改稱教育研究所）首期研究生共錄取十四人：鄭瑞澤、陸珖、呂寶水、李序僧、王承書、李雲漢、黃啟炎、程運、高長明、鍾永琅、陳石貝、徐傳禮、江漢松、高明敏。其中我和高明敏是「七洋老友」，我倆及政治研究所的周道濟兄、孟德聲兄，則都是圓山青年服務團時代的「革命伙伴」。

開學後，雪屏先生來到學校和每位研究生作一次個別談話，以了解各人的背景、興趣及理想。他態度和藹而親切，有如家人。記得一見面，雪屏先生就說：「你是山東來的。我在濟南讀過中學，對你們山東人的個性頗有了解。」隨後又說：「你們流亡學生的英文不會好，要設法補救，特別加油。」他果然邀請新自美國學成歸國的李其泰博士為我們幾個情形類似的人，補習英文。也建議學校開一門英文課程，聘請臺大教授趙麗蓮博士來主講。由於雪屏先生一番話，我日後對英文的進修不敢疏忽。就業以後，也繼續聽廣播，閱讀英文書刊。這對我後來參加公費留學考試時英文一科順利過關，大有裨益。

所名初定為公民教育，我不曉得是出於何人的主張。可能是張其昀部長，也可能是雪屏先生。即使所名非雪屏先生所定，所的宗旨、課程、師資及發展計畫都是他以首任所長身分所決定，則是無可置疑的事。雪屏先生公開告訴我們：建所目的，在於培養教育行政專業人員、三民主義理論研究人才，與專科以上學校國父思想課程的師資。因此在課程安排上，有兩個重點：一為教育專業課程，一為孫中山先生理論著述的研讀。關於教育專業課程，他邀請劉季洪、吳兆棠、王鳳喈、樊際昌、胡秉正等先生來講授。孫中山先生理論研究方面，則於第一學年開設四門課程，其名稱及任課教授姓名如下：

三民主義哲學研究　謝幼偉
民族主義研究　羅家倫
民權主義研究　邱昌渭
民生主義研究　翁之鏞

上開四門課程除主講教授外，雪屏先生也請一些與課程本題有關但觀點未必相同的學者來作專題講演，目的在使我們了解一些不同的看法，以訓練我們廣闊的視野以及容忍、評析、接納及融和不同主張的能力。此外，雪屏先生規定我們要詳細閱讀「孫文學說」、「實業計畫」、「三民主義」等書，要作出心得札記來。由本所專任講師沈宗埶先生一一評閱。及所名改稱教育研究所之後，課程自然也有了大幅度的調整。

雪屏先生在黨政方面都有重要的職務，不可能經常在所裡處理所務。因此一般行政及例行性事務都由沈宗埶先生處理，同學們有什麼建議或要求，也多由沈先生轉達。但雪屏先生一有空就到所裡來，每逢端午節及中秋節來時，並帶來粽子或月餅分贈我們。也曾數度邀全所同學到他新生南路的家中，飽餐一頓。他和我們談話時，也常觸及一些做人處事、事業發展方向，甚至留美生活中的實際問題。他說，一個人的事業，不外學術與事功兩途，各有各的必要條件。你們在決定作學術研究或在行政方面求發展之前，必須先對自身的條件如智慧、興趣、個性、身體狀況、語言能力等，先作冷靜客觀的評估。既經決定後，就要勇往直前，鍥而不舍，切勿見異思遷，半途而廢。這番話，給我的印象最深刻，受到的影響也最大。

由於公務繁忙，雪屏先生實難以分身負責所務。因於民國四十四年（一九五五）秋，邀請吳兆棠先生來政大任教，並準備接任教研所所長。吳先生也是忙人，同時礙於情面不好斷然辭掉原任職務，但雪屏先生一定要請吳先生來政大專任。放棄校外的黨政職務。雪屏先生曾對同學們說：「所長職務由專人擔任，才是正軌，我自己無法專任，希望兆棠先生能全力投注於所務。我勸兆棠先生辭卸革命實踐研究院的職務，他不好意思向陳副總統辭修先生提出辭職的事，得便時我要替他向陳副總統講一聲。」

吳兆棠先生終於到政大來專任了。先是擔任訓導長，四十五年（一九五六）春夏間接長教育研究所，這時所長職稱已改為主任。我就在吳先生接任所長之初，撰好了學位論文，申請參加碩士學位考試。吳先生與雪屏先生交換意見後，決定安排考試時間。教育專業課程考兩科：教育學與心理學，我都順利過關。論文口試，則由五位教授組成小組，由指導教授王鳳喈先生主持，雪屏先生與兆棠先生都參加。另聘請楊亮功、查良釗兩位先生。口試時，楊、查兩先生問的問題多，兆棠先生也提問訓育原理方面的意見，雪屏先生卻始終未發問。鳳喈先生曾對指導我撰寫論文的過程及論文特點略作說明，也未再提任何問題。經五位教授投票後，由鳳喈先生宣布我論文獲得通過。這時雪屏先生乃對我說：「恭喜你，初次寫學術論文能有此成績，很不容易。不過，這才是研究工作的開端，以後要學的還有很多很多。」這是鼓勵，也是警惕，使我感到溫暖，也感到心理上沉重的負擔，研究工作也真是任重而道遠，我能沉穩的走下去嗎？

現在寫的字好多了

雪屏先生在學術方面，是心理學權威。他精於棋藝，又長於書法。他擔任政大公民教育研究所所長時期，曾題贈每位同學一幅條幅，給我的一幅款式及內容是：

翠竹黃花一草堂柴門月出課耕桑蘇林投老思遺事譙秀
辭徵住故鄉彊飯卻扶茫屨健高歌脫帽酒盃狂莫嗟過眼
年光易征調初發已十霜

雲漢學弟雅囑

陳雪屏

這是珍貴的墨寶，我一直妥善的保存著。四十年後，我在陽明書屋的一次餐會中遇到雪屏先生，提起這幅墨寶，我說：「老師這幅墨寶我一直保存著，只是那時候的裝裱技術不夠好，紙已經變黃了，很可惜。」稍停一下，我就提出請求：「老師能否抽空再賜贈一幅？」

「可以。」雪屏先生給了我滿意的答覆，隨即笑吟吟的說：「那時候寫的不夠好，現在寫的好多了。」

「現在寫的好多了」，這說明雪屏先生一直在練字，已經到了令自己感到滿意的程度。這種自強不息、鍥而不舍的精神，令我既敬佩、又慚愧。老師已屆高齡，仍孜孜不息的追求進步，我這個老學生雖也喜歡寫毛筆字，卻是歲月虛擲，迄無進益，有什麼理由可以原諒自己呢！

但是我並沒有得到雪屏先生答應的墨寶。因為不久之後，就聽說他的健康情形退化，實在不好意思再有所求索。隨後我也自工作崗位上提前退休，與老師見面的機會也少，墨寶的事也就無緣再提。如今雪屏先生已歸道山，回憶往事，只感到無盡的敬仰與感念。先生往矣，風範常留人間！恩澤常存我心！

中華民國八十八年（一九九九）八月七日於北美旅次

感念教界耆宿方永蒸先生

民國四十二年（一九五三）九月至四十三年（一九五四）十二月間，我在臺灣省行政專修班教育行政科做助教，得緣識侍科主任方永蒸（蔚東）先生，並以師禮事之，友誼達四十餘年。方先生，是東北籍的教育家；抗戰勝利後，出任國立長白師範學院院長，於三十八年（一九四九）大陸變色之際，率領全院師生涉歷千難萬苦，追隨政府播遷來臺，為中外人士一致欽敬。《中華民國當代名人傳》（臺灣中華書局編印，民國七十四年十月初版）於方先生生平，有如下一段記述：

> 方永蒸先生，字蔚東，民國前十九年生於遼寧省鐵嶺縣。民國六年畢業於北京高等師範學校英語部，十一年畢業於該校教育研究科。初在東北家鄉從事地方教育工作，曾任教育廳視學科長、中學校長等職。民國十九年，赴美入哥倫比亞大學研究教育兩年。歸國後，歷任東北大學教育學院院長、文學院院長，北平師範大學及西北師範學院教授兼附屬中學校長，國立長白師範學院院長等職。三十七年，當選第一屆國民代表大會東北區教育團體代表。四十三年起，任考試院考試委員十二年，其間兼任考試技術改進委員會主任委員七年。其辦學期間，最堅苦的一段經歷為大陸淪陷時，率領國立長白師範學院師生，由中國東北角永吉縣輾轉遷徙至中國之南端海南島，卒能追隨政府來到臺灣。因此，教育部在第三次中國教育年鑑中，曾有「在專科以上院校中，該院遷徙流亡時間最久，奔走跋涉途程最遠，師生所感受之苦痛艱難最大，而所表現之反共抗俄意志最堅，忠貞愛國之精神最著。」等嘉勉之語。（見該年鑑下冊第一一三九頁）彼時大陸上國立院校追隨政府來臺者，衹此一校耳。

方先生生於民元前十九年，即清光緒十九年（一八九三），亦即孫中山創立第一個革命團體興中會之前一年，因此他比中國國民黨大一歲，比中華民國大十九歲，有資格被敬稱為「黨國元老」。但他在青壯年時代，政治信仰方面屬於無黨無派的社會賢達；直至抗日戰爭期間，奉調至重慶參加中央訓練團受訓時，始正式加入中國國民黨。又過了四十多年，至民國七十七年（一九八八），已經九十六歲了，才受聘為中央評議委員。但他很重視這項黨職，每次中央評議委員會議時，都來參加，我也總會到他座位前談一陣，為老人家祝福。

對我而言，一年多的助教工作，也很值得紀念。我寫過一篇〈助教工作的回憶〉，有一段記述我和方先生初次見面及其後相處的情形：

就任助教後頭一件該做的事，是去漢中街晉見科主任方永蒸先生。我原以為方先生在漢中街有自己的寓所，而且很寬敞，到達後才發現他只是借人家的辦公室臨時歇息一下，自己並沒有住所；家人則住在臺中市。我沒有跟方先生讀過書，自居於私淑弟子之列，一開始見面就稱方老師，方先生則一直稱我李先生。第一次見面，一老一少，坐在兩張破椅子上談上半天，從修己到待人，從治學到為政，真正的無所不談，使我有如沐春風的快樂。方先生一本教不厭，誨不倦的精神，盡其所能的獎勉後進，愛護學生。他不時請名家來班上講演，如臧廣恩（伯京）先生等是。教育行政科同學畢業時的參觀訪問，也都由方先生親自接洽，並親身參加，參訪了臺中一中、臺中師範、新竹師範、新竹中學、新竹市一中、竹師附小等學校的教學活動。從民國四十二年相識起，我一直與方先生保持聯繫，信函往還，他都是親筆。晚年，還曾邀我去他溝子口的寓所作過口述歷史，其情形我曾撰文發表於王大任主編的《東北文獻》。

民國四十三年，方先生出任考試院考試委員，住進溝子口靠山邊的一棟房舍。同年十一月，我升學國立政治大學教育研究所，住木柵政大研究生宿舍。雖已辭助教職務，有些善後事宜仍須辦理，因而常回臺北大直。從木柵去臺北的公路局班車經過溝子口，因此我有時會在公車上遇到方先生。十二月中旬某一天，在車上遇到方先生，談到教育行政科同學進修的事，他說要把廖世承教授的一篇教育論文印發給同學們參考，問我有沒有收存這篇論文。剛好我還存有一份，就答應寄給他（她）們班會自己去複印。方先生說，寄給當學術股長的那位女學生就好。那位女學生，就是我印象極佳，很想接近的優秀學生。方先生無意中的談話，卻為我搭起了首座愛情之橋，我給那位女學生寄出了第一封信，也得到了她初步的回應。她是誰？就是在三年後和我結婚的韓榮貞小姐。這件祕密，我曾對榮貞提起過；只是方先生始終不曉得，他曾在無意中扮演過月老的角色。

民國四十六年（一九五七）六月，我畢業於政治大學教育研究所之後，曾為就業問題向幾位師長暨前輩先生們請教，也懇請他們相機推薦。黃季陸老師曾介紹我去臺北工專任教，由於我與康代光校長首次見面談話時不甚愉快，打消了此念。方先生曉得，曾在長白師範學院任教的周世輔先生，現正主持政工幹部學校的「革命理論部」，遂寫信推薦。我以志趣不甚相合，也婉謝了。後來，周先生轉任政治大學教授並兼任訓導長，因而相識。他的兩位公子玉山、陽山兩位教授，也都熟稔。我曾擔任過玉山博士論文的口試委員，他因而待我以師禮。

民國八十一年（一九九二）五月，方先生壽登期頤，家人及友好設筵於臺北市中山堂，為之祝賀。我參加了此一盛典，並撰賀詞以獻。詞曰：

肫肫其仁，耿耿其忠。
諄諄其教，泱泱其風。
聖之時也，一代學宗。
有士三千，東國菁英；
自北徂南，豪志如虹。
韜勵在莒，地緯天經；
匡危持顛，矢為干城。
嶽頌華祝，松柏長青。

方先生渡過百齡壽慶後，健康情形顯著退化，以輪椅代步。他的長公子方兆驥教授，身體也有障礙。長女公子方兆雲女士，遂偕同其夫婿自大陸來到臺北，照顧父親。有一天，兆雲女士給我掛來電話，說父親希望我能去他家一談，有些事要交代。我去了，方先生要口述他的生平大事，由我記錄下來，送黨史會存檔。顯然他是要為身後事預作安排了。那天，他仍穿好西裝，打好領帶，不願穿便服與我相見。然而，精神已有所不濟了，談了幾件事就須休息。原想以後再找機會談談，卻從此未再接到他或家人的邀約。

方先生逝於民國八十三年（一九九四）八月九日，享壽一百又三歲。九月三日，在臺北市第一殯儀館景行廳舉行公祭，奉准覆蓋中國國民黨黨旗暨中華民國國旗。我是覆蓋黨旗委員之一，另三位是前國民大會黨部書記長陳川、中國國民黨中央組織工作會主任關中、馮國卿（不悉其黨內職務）。四位國旗覆旗官，是前考試院院長邱創煥、前立法院立法委員趙自齊、前國立臺灣師範大學校長劉真及梁尚勇。我親撰一副輓聯，詞曰：

一代師宗，從游國士豈止七十二；
千秋大節，光昭春秋何限百零三。

方先生仙歸已十有三年，我夫婦亦屆金婚之期。回憶往事，於方先生實有深恩厚德，一言難盡之感，因撰此文以披瀝私衷，且以志我夫婦結褵之巧合天心人意也。

中華民國九十六年（二〇〇七）三月九日星期五，
李雲漢感憶於臺北文山木柵路「仁普世家」寓所，
時年八秩晉一。

當代人文教育大師劉白如先生

中華民國九十六年（二〇〇七）十一月二日下午，我去臺北市中山南路二〇號國家圖書館一八八室出席中山學術文化基金會第八十四次董事會議。會議由董事長劉真白如先生主持，實際程序則由董事兼秘書長陳志先兄主導；副董事長許水德先生，也應邀講了幾句話。白如先生高齡已九秩晉五，係坐了輪椅來出席會議，視力聽力都還可以。一見面就對我說：「雲漢，你還教課否？」我說自民國八十五年（一九九六）退休後，就不再教課了。老先生接著說：「你應當繼續開課，不開課，很可惜。」會後收到白如先生贈送的兩冊書：一是黃守誠著，由三民書局出版的《劉真傳》；一是劉真珍存，方祖燊編註，由正中書局出版的《當代名人書札》。我是個「以書為友」的人，尤其喜歡傳記類的著作，對白如先生這兩冊書視作是珍貴的禮物，回家後即開始細心閱讀，使我對白如先生的生平志業有不少新認知，加深了對這位當代人文教育大師的崇敬與感激，也形成了我要撰述這篇文字以表達一己情愫的心願。

初讀劉著《教育行政》

我是民國三十八年（一九四九）由山東故鄉流亡來臺的一個窮學生，年二十三歲。初被政府收容於臺北市中正西路（今忠孝西路）舊火車站前的「七洋大樓」，由臺灣省政府教育廳供給膳食。次年（一九五〇）三月，經甄選參加設於圓山的臺灣省青年服務團，受訓六個月。結業後，未參加服務，升學全公費之臺灣省行政專修班（後與臺灣省立地方行政專科學校合併，改制為臺灣省立法商學院），讀二年制教育行政科。就在行政專修班就讀時，讀到時任臺灣省立師範學院院長之劉真先生所著《教育行政》一書，感到非常滿意，對著作人的欽佩之感，油然而生。另外，我喜歡王鳳喈先生所著《中國教育史》；認為劉、王兩先生的著作，乃當代教育書籍中的經典之作；這想法，至今未曾改變。很高興，也很幸運，王鳳喈先生後來成為我就讀國立政治大學教育研究所時的碩士論文指導教授，對我啟發至多；晚年退休前後，則又有緣承劉白如先生推愛，得獻微力於中華民國中山學術文化基金會主辦的學術活動。親炙賢者風範，引為生平至樂至幸之事。

白如先生的《教育行政》，原係他在抗日戰爭期間（一九三七－一九四五）任教於湖北省立師範學院時的講義，由重慶中華書局於民國三十三年（一九四四）出版，列為大學用書。這年，白如先生三十一歲，是位青年教授，也是位行政幹才。我讀的《教育行政》，係臺北正中書局於民國三十九年（一九五〇）出版的增訂本，是冊新書；其後行銷至四十多版，可謂空前。依我讀這書的體察，其優點在於內容充實，條理清晰，論述中肯，文詞暢達。我當時曾想，著者尚是位青年學者，文字修養何以能達爐火純青地步？今讀《劉真傳》，乃豁然有悟，著者原是能文之士，童、青年學生時代，即有著作問世，以文才受到師友們的重視。二十一歲就有譯作《新式測驗編造法》出版，稿費收入也成為他求學時代「自食其力」的基本力源。後來之受知於陳誠（辭修）先生，也是由於發表於武漢《掃蕩報》的一篇論文〈湖北中學聯合設立之教育的意義〉，受到破格的賞識。

師友口中的白如先生

初到臺灣前數年的求學時代，課堂上讀過白如先生著的書，公開場合也不只一次的見到他的人，卻沒有緣分直接接受他的教誨。然而，從師長、朋友、同學的日常談話中，卻曾間接聽到一些有關白如先生行事風格的傳聞，多半是欽佩與推崇。

上官業佑（啟我）先生，是我在青年服務團受訓時的團長，也是我就讀行政專修班時的首任班主任。為人頗為自負，對幹部與學生的要求也很高，然很欣賞有才華、肯實幹的人。臺灣大學校長傅斯年先生逝世後，上官先生率領我們十多位學生代表去參加公祭，回程中曾對我們談到當時教育界的幾位領導人物，說：「論才具，首推劉真。」這是句十分公道的話，留給我的印象特別深刻。

我讀行政專修班教育行政科時代教育學科的老師，多半是聘請師範學院的教授們來兼課，孫邦正、宗亮東、雷正宇（國鼎）、鄒謙等先生都曾教過我。田培林（伯蒼）先生來作過幾次講演，他無話不談的風格，深受同學們歡迎。有次說，他本不願意擔任教育系主任，可是經不起劉院長的「再三懇求」。「我真佩服劉院長禮賢下士，鍥而不捨的精神，叫我不能不接受。」

民國四十六年（一九五七）七月，我畢業於國立政治大學教育研究所，次月即到中國國民黨中央黨史會服務。家住臺中，辦公室則在草屯郊外的「荔園」。就在此時，白如先生出任臺灣省政府教育廳廳長，廳址在臺中、草屯之間的霧峰。新廳長新作風，我聽到一些傳言，有些話是讚揚，有些話是批評。次年夏，師範大學教授王德昭教授到荔園蒐閱有關同盟會史料，因而相識，也不時談些史學範圍之外的事。有次談到師大劉校長，王教授說：「劉先生初到師院時，一部分教授有些疑慮，我也是其中之一人；但後來看到劉院長是踏踏實實的做事，校務出現蒸蒸日上的現象，大家都沒有話講。劉先生確實有功於師大，主持教育廳，也必然會有一番大作為。」

政大教研所第一期同學有十四人，其中來自師大者七人：鄭瑞澤、陸珖、李序僧、呂寶水、黃啟炎、陳石貝、江漢松。研究生都住校，朝夕相處，課業砥礪外，閒聊的機會也多。我發現他們都以出身於師大為榮，對劉校長身教言教並重之切身體驗，津津樂道。新聞研究所同學洪桂己曾經歷過師院時代的「四六事件」（亦稱「四六學潮」），後來在國史館和我同事，曾對我詳細說明此事的過程；對警備總部派兵進入校內抓學生不無微詞，對劉白如院長之迅速保釋被捕學生，安定校園，則備致推崇。他說：「共產黨學生早就跑了，被捕的人都很無辜。」「幸虧劉院長劍及履及的『快刀斬亂麻』，是值得慶幸的事。」「有劉白如校長，才能有今日的師範大學。」

繼白如先生之後，出任師範大學校長的人是杜元載（賡之）博士。杜校長卸任後，到中央黨史會擔任黃季陸主任委員的副手，黃先生退休後，杜先生升任主任委員，成為我的頂頭上司。杜先生不失為學者本色，時常找我談談會務以外的事，並曾推薦我去行政院公務人員訓練班講述「中國近代史」。我也發現，杜先生對白如先生極為推崇；經由杜先生，我也才曉得白如先生的尊泰山，是黃花岡革命烈士石德寬先生，心理上因而加重了對白如先生的敬意，覺得彼此間的無形關係似乎更近了一層。

近讀《當代名人書札》，發現五十位名人中，有十八位是我的師友。其中陳大齊、羅家倫、王雲五、楊亮功、劉季洪、浦薛鳳、薛光前等先生都是我受過課的業師；張其昀、蔣經國、陶希聖、張羣、張厲生、蔣彥士等先生，都是我曾經接觸過的黨內先進；沈怡、屈萬里、阮毅成、蔣復璁等先生，都是曾經有過學術交誼的前輩學人。周應龍則是中央黨部的同事，甲等特考同榜的同年；他似乎認為我也是出身於師大的人，見面總喜歡稱呼我「學長」。從他們的函札中，使我更加體會到白如先生的學養、風格、志節、英斷、卓識、遠見，以及其辦學教學的深謀遠慮與苦心孤詣，也更加深化了我的景慕之思。

師生間交換著作

白如先生於民國五十一年（一九六二）離開教育廳後，即應我母校政治大學劉校長季洪先生之敦請，到政大教育研究所長期開課，並有十年的時間兼任所長。我自民國六十年（一九七一）起，亦受聘為歷史研究所兼任教職，然始終沒有機會與白如先生見面，我想他也不會曉得我這個民國史學園地裡的園丁。大概是在民國七十七、八年間秋天的一個晚上，在臺北市金山南路二段二號寧福樓餐廳的一次飯局中，白如先生是主客，主人安排我坐他鄰座，我才有機會自我介紹說：「劉老師，我是政大教育研究所第一期畢業的。您做所長時，我已離校。」我話還沒說完，他就一擺手勢：「雲漢，我曉得，你的一切我都曉得。」首次談話，竟是那麼親切、坦誠，彼此間沒甚麼距離，使我有重坐課堂喜沐春風的感覺。

白如先生是讀書人，一直不停的寫作，也很重視學術界的動態暨新出版的著作。他的新書出版後，也都寄贈給朋友暨學生們參閱；當然也高興收到朋友暨學生們的作品。民國八十年前後，我數度接到白如先生的贈書。最早的一部，是司琦教授主編，由臺灣商務印書館出版的《劉真先生文集》，共四冊。包含了白如先生辦學暨從政時代的文章，我也大部分都曾瀏覽過。迨我民國八十五年（一九九六）退休時，就把這部書留給黨史會，永久珍存。第二部書，是白如先生應中央研究院近代史研究所之請所作的口述史《劉真先生訪問紀錄》，係民國八十二年（一九九三）十二月出版，我從頭到尾閱讀一遍，增加了不少見聞。我寫信致謝，由衷推崇白如先生為「當代人豪，功在國家。」這事，黃守誠著《劉真傳》中還記了一筆。第三部書，是方祖燊教授從白如先生百餘種著述中選輯的菁華言論，主題為《教育家的智慧》，副題為《劉真先生語粹》，由遠流出版事業股份有限公司於民國八十四年（一九九五）出版。白如先生太客氣，題款竟寫：「雲漢兄指正　弟真持贈　八四、七、十七。」我把這書與陳師大齊（百年）先生親筆題贈的《荀子學說》、楊師亮功先生親筆題贈的《孔學四論》，一併陳列在案頭，以便隨時取讀。本年（二〇〇七）十一月二日的贈書，已經是第四次了。十一日，到國家圖書館國際會議廳參加本年度學術著作獎暨文藝創作獎贈獎典禮時，見到白如先生，問我「書讀過沒有？」我立即回答：「讀過了，還作了註記。」這不是謊話，我真的是全文細讀一遍，認為重要或特別欣賞的地方還加以圈點。

我以自己的著作恭請白如先生指教，只有兩次。一次是民國八十三年（一九九四），我為慶賀中國國民黨建黨一百週年而著成的《中國國民黨史述》（共五冊）出版後，曾送請黨主席、副主席、中央常務委員、中央評議委員主席團主席等高層人士賜閱，是禮貌，也期盼得到他們的反應，不管是稱許還是批評，我都歡迎並虛心接受。白如先生是第一位對我表達賀意的長者，他先掛來電話慰勉，隨後又親筆寫信來道賀，並稱許，給予我很大的鼓勵。另一次是在民國八十五年（一九九六），我的學術生活自敘傳《史學圈裏四十年》由臺北東大圖書公司出版後，也寄呈白如先生一冊，請他指教。他親筆回我一信，詞意均極懇切。他真的閱讀過我這冊書，日後見面時曾提到書中的幾點紀事，絲毫不差。白如先生這幾封親筆信，連同其他師友及前輩先生的來信共七十七件，我已送請黨史會（今已改稱「黨史館」）專檔保存，期於恆久。

中國文化與中山思想的傳承者

民國八十一年（一九九二）春，中山學術文化基金會董事長楊亮功先生駕鶴西歸，白如先生眾望所歸，受推為繼任董事長。這一變遷，令我悲喜交集：一方面為亮功師的離開人間不勝感傷，一方面又為白如先生出主中山學術文化基金會董事長深慶得人。我始終認為白如先生是當代人文教育大師，畢生致力於深植民族根基的教育事業，以傳承並發揚中國文化為職志；同時也是服膺、實踐並弘揚孫中山先生思想的領袖學人，由他來主持中華民國規模最大成績最優的學術文化基金會，必將展現令人刮目相看的新猷。

據我的了解，白如先生的人文教育思想，於重視中國傳統的倫理道德外，特別強調歷史教育的深遠影響力。黃守誠為白如先生作傳，指證「他經常研讀中國近代史」（《劉真傳》三〇二頁）。白如先生主持政治大學教育研究所時，也要求研究生：「在努力吸收西方教育新知外，亦應多讀我國典籍史冊。」（《劉真傳》三四三頁）他尤其重視史德，認為即使是新聞系科的學生，也「應效法古代『良史』的精神，對自我作嚴格的要求。」（《教育家的智慧》二五八－二五九頁）中國近代歷史上的偉大人物中，孫中山先生是他終生服膺的偉人之一；尤其是孫先生「教育機會平等」的觀念與「世界大同」的理想，都構成白如先生教育思想與政策的主要元素。尚記得民國五十四年（一九六五），中華民國各界擴大紀念孫中山先生百年誕辰時，白如先生曾應邀撰寫〈怎樣實現國父教育機會均等的理想〉一文，編入《國父百年誕辰紀念論文集》。此《論文集》的主編人為崔垂言先生（時任中國國民黨中央設計考核委員會副主任委員），我曾被指派為崔先生短期的助手，因得先期拜讀白如先生大作，倍感快慰。

白如先生是位思想新穎而開明的學者。他對國人研究中山先生學說，不主張陳陳相因的只注意理論，而是要與時代思潮及社會實際需要相適應，予以充實，力求進步，並切實實踐。這一理念，在「中山學術論壇」的〈創刊獻言〉中，有如下一段發人深省的懇切陳述：

> 我們細讀《國父全集》一書，便可看出中山先生一生的著作與言論，不僅有完整的理論體系，同時也提出了實現其政治理想的具體方案。而且他一生特別強調「實踐」的重要，故創有「知難行易」的學說。所以我們今日研究中山先生的思想學說，似不宜專注意於其理論的層面，甚至把他的三民主義視為一種「意識形態」或政治上的教條；而應以中山先生思想學說的重要理念為基礎，進而參酌各種學術研究的最新成果，與世界潮流未來發展的趨勢，以及我國社會當前的實際需要，藉使中山先生思想學說的內涵，能不斷增補充實，與時俱進，成為「以建民國，以進大同」的指標。

白如先生於民國五十七年（一九六八）十月間到英國考察教育時，曾花費一段時間到倫敦大英博物館圖書館內閱覽，並參觀過孫中山先生於一八九六至一八九七年在館中使用過的研究室；並曾到馬克思（Karl Marx）的出生地及其墓地憑弔。此行加深了他對這兩位思想家思想根源的瞭解，堅定了「三民主義優於共產主義」的基本理念。他不只一次的對國人解說：「三民主義之所以優於共產主義，主要是由於國父對人群的需要，比馬克思認識得更清楚；而且，對於世界的問題，比馬克思瞭解得更透徹。」（《劉真傳》三〇二頁；《教育家的智慧》二八三頁）

由於白如先生的教育家風範及志業，使我想到《孟子》書中說過的兩句話：一為「君子創業垂統，為可繼也。」（《梁惠王》下）一為「善政，不如善教之得民也。」（《盡心》上）愚以為白如先生在近代教育界的建樹與成就，已達「創業垂統」的境界，是一位備受崇敬的「善教」之人。已故教育部長朱匯森（仲蔚）氏推崇白如先生為「我國當代大教育家」，不亦宜乎！

中山學術文化基金會任重道遠

中華民國中山學術文化基金會，係於民國五十四年經中華民國各界紀念國父百年誕辰籌備委員會之決議而設立，其宗旨為闡揚孫中山先生之思想學說，並獎勵學術研究。原始基金為新臺幣六千五百萬元，依當時幣制及物價，誠然不算是小數目；故在民國五十及六十年代，中山學術文化基金會對國內學術文化之研究與推廣，提供多方面的貢獻，其規模及聲譽亦執各文教社團之牛耳。民國七十年代以後，受銀行存款利率持續下降而物價不斷升高的影響，獎助項目及金額不得不逐漸減縮。白如先生接任董事長時際，基金會業務實已陷於最低潮。他並不消極，一本尊崇中山先生之誠悃與倡導學術文化之熱忱，一方面撙節人事及管理費用之開支，一方面對外籌募若干款項以作彌補。故十數年來，不僅固有業績維持於不墜，且開辦「中山學術論壇」等新領域，整體業務呈現蓬勃氣象。

我係於民國八十五年（一九九六）七月，自中國國民黨中央黨史會主任委員任內退休。當時即決定：除解除本職之外，其他學術機構和團體所聘贈的榮銜如顧問、委員等，到期也自動停止，不再接聘。次年（一九九七）三月，突然接到中山學術文化基金會聘函，聘我為基金會之學術著作獎審議委員會委員。我考慮了幾天，還是很高興的接聘了。原因有二：一是劉董事長白如先生是素所敬仰的師長，「長者命，不敢辭。」況且弘揚中山思想是職分，也是榮譽；一是我和基金會長久的關係，無形中已建立了感情，能為基金會略盡微力，是件美事。關於後者，我在〈退休五年〉一文中，寫出如下一段：

> 中山學術文化基金會和我的關係，較中正文教基金會更為久遠。我是該基金會首屆學術著作獎得獎人，撰寫《宋哲元與七七抗戰》一書時，也曾獲得新臺幣三萬元的獎助。歷任董事長王雲五、楊亮功，學術著作獎審議委員會召集人黃季陸、陳雪屏，都是我就讀政大研究部時的老師。曾任總幹事的阮毅成，曾任秘書的李錫祥，也都是老友。然而，中山學術文化基金會聘我為學術審議委員，則是劉董事長白如先生接任後的事。

民國八十八、九年間，我因為時常到美國女兒家小住段時間，惟恐有誤中山學術文化基金會的審議工作，曾函請實際負責推動基金會學術活動的陳志先兄，請轉陳劉董事長考慮接任人選。志先兄不同意，朱匯森先生也力勸，我當然也不好堅持。志先兄熱誠果斷，勇於負責，比我年長三歲，看他兢兢業業的奮勵精神，我也不應該有任何退縮的想法。民國九十四年（二〇〇五）十月，董事會議通過劉董事長提議，聘我為董事，深感自己的責任更重了一層，決心在健康情形還許可時，為基金會略效棉薄。

中山先生不僅是中華民族的偉人，也是近代世界知名的思想家與政治家。直至今日，中山先生思想學說與事功仍廣受國際史學界的重視，在中國大陸且早成為顯學。只是在中華民國臺灣，卻由於反中國的民主進步黨執政，中山先生思想學說的研究陷於空前低迷，造成中國歷史文化寶貴遺產的重大損失。目前，只有少數文教機構尚從事於中山思想學說的傳承與發揚，而中山學術文化基金會則居於有力的主導地位，任重而道遠。「為往聖繼絕學，為萬世開太平」大責重任的實踐，其在斯乎？

中華民國九十六年（二〇〇七）十二月三日，

李雲漢初稿於臺北木柵。

本文由《臺灣新生報》「中山學術論壇」主編節錄發表於該刊第四〇三期（民國九十六年十二月二十一日出刊）。

我所知道的劉真白如先生

中山基金會董事長易人

民國一〇一年四月十一日，星期三，上午十一時，接到中山學術文化基金會（以下簡稱中山基金會）一位女士電話：「董事長劉真先生往生了！董事會決定於四月十六日上午十時舉行臨時董事會議，選舉新任董事長。先電話邀約，稍後有正式通知，請你務必出席。」第二天，開會通知到了，才曉得劉董事長白如先生係於三月二十八日清晨一時五十八分在臺北市和平醫院辭世。這訊息，有點突然，但未震驚，因為白如先生已住醫院數年，又係嵩齡，大去實指日可待。我在當日手記中寫出一句話：「白如先生生於民國二年，享壽一百歲，宜無憾也。」

中山基金會成立於民國五十四年（一九六五），為全國各界紀念國父孫中山先生百年誕辰而捐款設置者，其全稱為中華民國中山學術文化基金會。首任董事長為王雲五先生，次年首次舉辦學術著作獎，我是八位得獎人之一。民國六十八年（一九七九）八月，王董事長逝世；次月，董事會推選楊亮功先生為第二任董事長。至八十一年（一九九二）三月，楊董事長以九十八歲高齡辭世，董事會全體董事集會推選劉真白如先生繼其任。白如先生是第三任，任職已達二十年，為三位董事長中任職最久的一位。如今白如先生撒手西歸，董事會要召開臨時董事會推選繼任人，是依章程行事。誰是繼任人選？我想，由現任第一副董事長許水德先生承其乏，乃順理成章之事。

以現任董事身分，我尅時出席了四月十六日的中山基金會臨時董事會議。現任董事十人——許水德、吳伯雄、趙自齊、郭為藩、黃昆輝、簡茂發、施金池、李雲漢、陳志先、汪成偉，全員到齊；由第一副董事長許水德主持。先為劉故董事長白如先生默念一分鐘。此時我想到與白如先生的公私情誼，心情有點激動，然深知此非表達私人情緒場所，勉持鎮定。會議的主題是選舉新任董事長、副董事長及白如先生遺留的一席董事。會議結果：第一副董事長許水德以全票當選為新任董事長，第二副董事長吳伯雄晉級第一副董事長，推舉資深董事趙自齊（生於民國四年，高齡九十有八）為第二副董事長；通過許水德董事長提名原任秘書陳壽觥為董事。我認為這是最合理、最妥當的安排。許水德先生曾任中國國民黨中央委員會秘書長，是我的老同事，以他的穩重、老練、務實的作風，相信會不負眾望。

會中我也獲知：白如先生治喪事宜由國立臺灣師範大學、師範大學校友會、劉真先生學術基金會及中山學術文化基金會四單位會同家屬，共同規劃。陳壽觥兄恐怕要做沒有名義的總幹事，克盡辛勞。喪禮日期訂於五月十三日（星期日）八至十時舉行，地點為臺北市民權東路第一殯儀館景行廳。我當然要尅時到場，恭送白如先生最後一程。

師友口中的劉院（校）長

我係於民國三十八年（一九四九）冬，自故鄉山東流亡來臺，為臺灣省政府收容於臺北市原中正西路（今忠孝西路）之「七洋大樓」。翌年（民三十九，一九五〇）三月，臺灣省青年服務團成立，我經甄審入團受訓六個月，然後升學臺灣省行政專修班，讀二年制教育行政科。就在此際，我讀到了時任臺灣省立師範學院院長劉真白如先生的早年著作：《教育行政》。是臺北正中書局甫行出版的增訂本，無論是內容、條理、文辭，都是標準型的大學用書，我非常滿意，也很欽佩著作人的學術修養。我在慶賀白如先生九秩大壽所寫〈敬祝白如先生福壽康寧〉短文中，如此回憶：

> 我最初曉得白如先生的大名，是甫來臺灣，讀到他早年著作由正中書局出版的那冊《教育行政》。書寫得很好，給我的印象很深刻。

民國三十九年十二月，國立臺灣大學校長傅斯年孟真先生猝然告逝。喪禮中，青年服務團與行政專修班登記為公祭單位，主祭人為團長兼班主任上官業佑啟我先生，與祭者為師生代表二十人，我是學生代表之一。事畢回程中，聽到上官先生評論教育界時賢的一席話，頗為中肯。他說：「論才具，要推劉真。」上官先生為人頗為自負，很少為他所看重的人；此話出自他口，我相信他的誠意，也確信他的觀察正確。

民國四十三年（一九五四），國立政治大學在臺復校，先設研究部（次年恢復大學部），我考進教育研究所，是為第一期。次年（民四十四，一九五五），臺灣省立師範學院昇格為國立臺灣師範大學，突顯了劉院長白如先生辦學的光輝成就。有一次，新任師大教育學院院長田培林伯蒼先生應邀來政大教研所演講，我們接待同學先在休息室向他的新職道賀，他當面說：「劉校長啊，真了不起。我是不想再做行政的，可是經不起劉校長三番兩次的要求，只好答應。劉校長這份真誠，叫我拿他沒辦法。」是的，白如先生之禮賢下士，為教育界人士共知共曉；受他禮敬有加的學界大師，豈止伯蒼先生一人？

民國四十六年（一九五七）六月，我畢業於政大教育研究所，經由政大教研所的推薦，到羅家倫志希先生主持的中國國民黨中央黨史會服務。志希先生是業師，有意要磨練我，派我到設於南投草屯郊外的「荔園」（黨史會史庫所在地）做史料整理與編纂工作，目的是要接近史料為學術研究打好基礎。四十七、八、九（一九五八—一九六〇）年間暑期，臺大史學教授吳相湘與師大史學教授王德昭共同推動一項「同盟會史事與人物」的研究計畫，也都曾到「荔園」研閱革命史料，朝夕相處一段日子，因而成為朋友。德昭教授工作休息時，會和我談些史料範圍外的事。有次談到師大劉真校長，他很鄭重的說：「劉校長初到師院時，部分師院老人表示不歡迎，我也是其中一人；然而後來事實證明，劉校長確是一位有理想，有魄力，幹練而又誠信的幹才；如果沒有劉校長，師大不會有今天蓬勃發展的氣勢。」德昭教授早已成為古人了，他明辨是非的態度與言詞，我迄今不曾忘懷。

我無緣進師範大學讀書，卻有不少曾就讀師大的同學、朋友。中學（山東省立昌樂中學）同學進入師院（大）者，有張春興、唐振訓、王祥鑑、高廣孚等人，我時常去男生宿舍找他們聊天，也因而曉得師大的一些校風，如每早都要升旗，劉校長以身作則，並曾到男生宿舍「掀被窩」等趣事。青年服務團與行政專修班同學湯振鶴、楊承彬、冷碩毅、蘇淑年等，畢業後也都再讀師大，從他（她）們口中，我也間接了解劉校長辦學風格，曉得劉校長是位忠黨愛國而又才華出眾的人文教育學者。民國四十一、二年（一九五二－一九五三）間，我在鳳山陸軍軍官學校預備軍官訓練班第一期受訓，接觸到不少師大同學，與李子達（即名導演李行）、張得壽、汪中、李懿宗、鄭香洲等更為接近，也時常聽到他們談起師大種種趣聞及幾位師長風範，包括劉校長的處事明快作風在內。後來就讀政大教育研究所以及畢業後從事史學研究，認識的師大校友更多了，如教育界的鄭瑞澤、呂寶水、陳石貝、梁尚勇、高銘輝，張植珊等兄；史學界的李樹桐、李符桐兩先生及李國祁、呂實強、王爾敏、張朋園、張玉法、陳三井、洪桂己、王仲孚等兄，都是無話不談的好朋友，也在有意無意間獲悉一些有關師大校風暨劉校長風範氣度的事例。感覺到，除了母校國立政治大學之外，最親切最接近的高等學府只有國立臺灣師範大學，其後也曾在師大歷史、三民主義兩研究所教過十多年的中國近代內亂史及革命史。對劉校長，早就有幾分私淑情感；及他出任政大教育研究所教授兼所長後，當然就是我的老師——只是還沒有機會見面請教。

交換著作與函電慰勉

首次與白如先生見面的情形，我在祝賀白如先生九秩華誕所寫〈敬祝白如先生福壽康寧〉短文中，有如下一段回憶：

> 大概是民國八十年前後吧，在臺北市金山南路寧福樓餐廳的一次飯局中，主人安排我坐在白如先生鄰座，我這才自我介紹說：「劉老師，我是政大教育研究所第一期畢業的。您做所長時，我已離校。」我話還沒說完，他就一擺手勢：「雲漢，我曉得，你的一切我都曉得。」首次談話，就那麼親切、坦誠，彼此間似乎沒甚麼距離。

此後數年間，雖然不常見面，卻曾互寄新近出版的著作，通過電話，也寫過信。我收到白如先生寄贈的第一種著作，是司琦教授編輯，由臺灣商務印書館於民國七十九年（一九九〇）十月出版的《劉真先生文集》。共四大冊，我放置於陽明山「陽明書屋」（原為蔣中正故總統在陽明山的避暑行館「中興賓館」，中國國民黨中央黨史會遷來此處後，更名為「陽明書屋」）辦公室內，隨時取閱，對白如先生生平思想德業及勛績有了比較完整的瞭解。八十五年（一九九六）我自黨史會主任委員任內退休，就把這部書留給黨史會列入先進先賢著述類內，永久保存，供人閱覽。事為中山基金會陳秘書長志先先生所悉，又補贈一部寄我木柵寓所，成為我主要藏書之一。

《劉真先生訪問紀錄》是由中央研究院近代史研究所幾位青年歷史學者訪問、整理，出版，時間是民國八十二年（一九九三）十二月，出版後即由近史所直接寄我一部。此書初稿，白如先生曾寄我一閱。這件事，文學家黃守誠（筆名歸人、黎芹）於編著《劉真傳》時，記上一筆：

> 按《劉真先生訪問紀錄》初稿，曾函請其門生中國國民黨黨史會主任委員李雲漢代為校閱。李雲漢為著名近代史專家，於覆函中推崇劉真為「當代人豪，功在國家」，自非泛泛語。（四九二頁）

《教育家的智慧》是一冊語錄體裁的白如先生言論選編，編輯人是方祖燊教授，於民國八十四年（一九九五）四月由臺北遠流出版公司出版。蒙白如先生親筆題贈一冊；他太客氣，題款竟稱「雲漢兄」，自稱「弟劉真」，叫我感到不安。案頭書櫃中還有一冊《劉真先生百齡華誕文集》，係由財團法人劉真先生學術基金會編印，於民國九十九年（二〇一〇）十月出版。本書為集體創作，作者為師大歷屆傑出校友王金平等三十一人。其中我所熟識者，有許水德、梁尚勇、簡茂發、施金池、李建興、陳壽觥、劉湯丞、湯振鶴、張植珊、王振鵠等先生，讀到他們的作品，格外親切，有百讀不厭之感。

我的著作送請白如先生指教者，只有兩種。一種是為慶祝中國國民黨建黨一百週年，憑一己之力費時三年完成的一部《中國國民黨史述》（正文四冊，附錄一冊，由中國國民黨中央黨史會於民國八十三年十一月出版），曾蒙白如先生復函並電話勉勵。另外一種是我的學術自敘傳《史學圈裏四十年》，由臺北東大圖書公司於民國八十五年（一九九六）三月出版。白如先生收到贈書後先翻閱一番，然後撥電話給我嘉勉幾句，又親筆寫信申賀，詞意極為懇切。這封信，連同陳立夫、羅家倫、黃季陸、秦孝儀、薛光前、曹聖芬等先生的親筆函件八十餘件，一併交由黨史會存藏於先進先賢書信檔內，期於久遠。

中山基金會追隨十六年

民國八十五年（一九九六）六月，我決定提前自黨職退休時，連中央日報社的董事，也一併辭卸，並不再接受任何機構榮譽性及契約性的名義。國史館潘振球館長聞訊後，親自送我一份「中國近代史料史著蒐集與評鑑委員會委員」的聘書，同時間也接到中山基金會寄來的聘書，聘我為學術著作獎審議委員會委員。我鄭重的考慮一番，覺得潘館長是老友，十分感謝他的美意，聘書還是寫封披瀝心臆的信璧還。中山基金會董事長劉白如先生是師長，不可辜負他的一番厚意，決定接受。七月一日，我以毛筆行書給白如先生寫過一封信：

白如吾師道鑒：

頃奉

貴董事會聘書，承聘　雲漢為學術著作獎審議委員會委員，自當敬謹接受。期能略盡棉薄，以報厚意。

雲漢申請提前退休，業經奉准，日內將可交卸

黨職。并此奉聞。

肅請

鐸安

生　李雲漢　敬拜

民八五、七、一

我之樂於為中山基金會服務，除白如先生之師生情緣外，也基於我與基金會值得珍惜的淵源。我的第一種學術著作《從容共到清黨》於民國五十五年（一九六六）出版，竟獲得基金會第一屆學術著作獎；民國五十九年（一九七〇），又以《宋哲元與七七抗戰》一書，獲得三萬元的「專題研究補助」。基金會前後任三位董事長王雲五先生、楊亮功先生與劉白如先生，兩位學術著作獎審議委員會召集人黃季陸先生、陳雪屏先生，都是我政大研究部的師長。我曾擔任過中國歷史學會的總幹事、常務理事、理事長，每年編刊《史學集刊》，也總會獲得基金會一萬至三萬元的補助。晚年退休後，還有為中山基金會略效微力的機會，也等於盡一分回饋的心意，能不欣然？

記得參加學術著作獎審議委員會之初，白如先生健康情形還很好。每次去出席審議會議，都見到他在辦公室忙著處理一些事務，有時也到會議席上和大家打招呼，或表達某些意見。他也親自規劃新工作，如「中山叢書」系列中之《中山先生民族主義正解》、《中山先生民權主義正解》、《中山先生民生主義正解》三書之撰述，即係由白如先生親自設計。我受命參與《民族主義》與《民生主義》兩《正解》的撰寫，親聞親見白如先生之周全考慮，不能不敬佩有加，不愧為當代人文教育大師。那時學術著作獎審議委員會的召集人，是國立中央大學前校長李新民先生。民國九十三年（二〇〇四）新民先生辭世，白如董事長聘請國立臺北大學前校長李建興先生繼其任。兩位召集人都是教育名家，主持審議，客觀而公正，令我萬分欽佩。迄於今日，我任學審會委員已歷十有六年，未曾有任何失誤或隕越，留下一段非常愉悅的回憶。

民國八十七年至九十二年間，我不斷到美國小住一段時日，有時也與白如先生通個電話。八十九年（二〇〇〇），

中國國民黨在總統選舉中敗於民主進步黨，喪失了政權，黨中央要大力「改造」，「瘦身」，黨史會的存廢亦成為「議題」。有黨史會同仁電話美國，希望我電請時任中央評議委員主席團主席的白如先生向中央負責人進言，說明黨不能沒有歷史。我從美國電話白如先生說明此意，白如先生說，他完全同意我等意見，一定相機進言；但也表示時代變了，老人說話不一定有用。老人家一向熱誠負責的語氣，令我感奮交集。後來，黨史部門是保存下來了，其位階卻由一級單位的「會」降為二級單位的「館」！

民國八十五年至八十九年（一九九六－二〇〇〇）間，中山基金會為增進青年學者對孫中山先生思想學說與革命事蹟的闡揚，設立了「大學博士論文獎」，成立「博士論文獎審查小組」負責審選。白如先生聘董事教育部前部長朱匯森先生、雲漢及中央研究院近代史研究所資深研究員王爾敏教授為委員，朱匯森先生為召集人。雖然申請的論文不多，我等仍以嚴格標準審查，白如先生偶而也表達意見或期望。可惜由於政治環境的改變，各大學之三民主義研究所先後改變名稱並轉移研究方向，此項獎勵也因乏人申請而停辦了。

民國九十年度之後，白如先生健康情況變差，終於長期住院療養。然對基金會的關懷並不稍減，每年的董事會議及贈獎典禮，都坐了輪椅出席，也都發表書面講話。近年見他言語已非十分清楚，心中不無悵然。可喜的是：基金會有位熱誠幹練而經驗宏富的董事兼秘書長陳志先先生主導全局，業務進行不僅未受影響，且不斷因應情勢，開啟新領域。民國九十四年（二〇〇五），我被聘為董事（接李新民董事遺缺），參與會務的機會增多，故知之頗詳。

志先先生，長我三歲，故經常以兄稱之。古道熱腸，是位志同道合的好友。他一生從事教育，出道也早，從師院師大、省教育廳、國家安全會議到中山學術文化基金會，一直是白如先生的得力助手。我濫竽基金會董事會，自愧駑鈍，然於志先兄所規劃、咨詢、囑託者，無不力贊其成，黽勉將事。惟能力所及，不過少許文字工作而已。本月十六日董事會議時，志先兄曾表達辭意！常言「功成身退」，其兄之謂歟？情有不捨，義則不忍見其以耄耋之年猶作無限期之奉獻也。

中華民國一〇一年四月二十八日，八十六歲叟李雲漢

筆於臺北文山木柵路「仁普世家」寓所。

二、鄉賢

掬淚望鄉關，平情衡史錄

——紀念張天佐先生殉國三十週年

一、一分心意與一種責任

今（民國六十七，一九七八）年是昌濰戰役三十週年，是濰城守將張天佐烈士殉國三十週年，也是故鄉父老淪於共黨暴政下受盡人間苦難的三十週年。身為抗戰烽火中成長的昌濰子弟，而且也是昌濰戰役時的劫後餘生者，此時此地，愴懷疇昔，真是萬感交集，欲哭無淚！

我在想：

——故鄉昌樂，戰前、戰時與戰後的十二年間，受惠於縣長張天佐（仲輔）者殊多。由一地瘠民貧文化落後的蕞爾小邑，一躍而為戰時「模範」戰後「實驗」的名縣，張縣長天佐的治績豈可等閒視之？然而縣志未重修，抗戰的史實湮埋不彰，耆老多凋謝，烈士的偉績尚乏筆椽，身為昌樂縣民且親承縣長張公「玉我於成」之恩者，如何可以安心！

——先總統蔣中正為張天佐烈士發布的褒揚令中，於獎譽「臨戎彰果毅之才，理邑流愷悌之美」外，更飭令「從優議卹，並准入祀忠烈祠，生平事蹟存備宣付國史館。」卹是議了，忠烈祠也進了，生平事蹟宣付國史館卻只做到一半——有褒揚令而未嘗為之立一完整正確的傳。身任國史館纂修，日夕握管品人論史者，能不算是怠忽職守！

——《山東文獻》是一份保存山東文獻，發揚齊魯精神的雜誌。魚臺屈萬里於「發刊詞」中，於表揚先烈方面，「希望能更加強同鄉們同仇敵愾，光復大陸的壯志」。《文獻》創刊四年來，確已發表了不少令人發揚蹈勵的先烈先賢傳記文字，惟迄今尚未見有介紹張天佐烈士生平事蹟的專題著述。身為《山東文獻》的贊助人並掛名為編輯人之一者，似亦難以自解！

實際上，筆者是有為張烈士天佐寫篇較為完整的事略，向歷史繳卷的責任和心意的。但分屬晚進，瞭解的不多也不深，只就昔日所親見親聞及在臺鄉友前輩的記述資料，寫出本文，聊作張公殉國三十週年之祭！

二、幼而岐嶷，壯而精幹

張天佐殉國時才四十二歲，正當壯年。又由於他是自殺成仁於戰陣之間，生前死後，均沒有正確詳盡的傳記資料發表。民國四十七年他殉國十週年紀念時，昌濰在臺人士編印了一冊紀念專刊，才有人給他寫了一篇傳略發表出來。這篇〈張天佐烈士傳略〉記述他少年時代：

幼而岐嶷，有大志，畢業省立第十中學，即考入山東警官學校，淬勵勤奮，學業冠同儕，識者咸以遠大期之。

省立第十中學設於益都（青州），錄取學生的標準極為嚴格，功課要特優，儀表器識也要不凡，才有機會。張烈士考取十中，足證聰明歧嶷。他在校時對學業從不馬虎，而尤喜愛體育。同學趙光家（顯庭）記曰：

> 先生在求學時代，即愛好體育，尤擅籃球，歷屆省運會，必大顯身手，堪稱斯時省內體育名將。以其體魄健強，不畏艱鉅，處事剛毅果斷。

他喜愛體育的習慣，一直維持到壯年官拜將軍之後。記得是民國三十六年，母校省立昌樂中學舉行校運會，烈士以專員兼縣長身分來校祝賀，我親眼看到他作了一次擲鉛球的示範表演，成績果然超群。

益都十中畢業後，張天佐曾考入山東工業專門學校，但隨即改行，轉學警察。他十中的另一位同學王平一說：

> 回想在十中讀書時，仲輔先生與我同班。同班同學在臺的，尚有王星垣（源河）兄。畢業的那一年，我們三人都考入山東工業專門學校。不久，我去俄國中山大學，星垣兄赴北平就讀，仲輔先生轉學警察。

「轉學警察」，就是考入山東省警察學校就讀，選定警政為其未來的職業。益都國大代表冀象鼎（紹九）為其同學，說他「千人稱俊，萬人稱傑」。警校畢業後，即從低級警官做起，歷任利津縣警備營連長，自衛團中隊長，警察分局長，濰縣坊子公安分局長，武城縣公安局長；大概是民國二十四年，調任昌樂縣公安局長。服務的成績相當優異，因此於二十六年七月獲調廬山受訓。記得先嚴曾對家人說過：「新任局長張天佐要比前任彭湖好到十倍，那個長沙人彭湖只會打官腔，不做事！」

三、昌樂的奇蹟是怎樣創造的

張天佐壽光縣人，發跡卻在昌樂。無論壽光人、昌樂人，都以他為榮。他殉國後在濟南舉行的追悼會上，三位壽光鄉友就曾寫出以昌樂、壽光結尾的一幅輓聯：

> 抗戰八年獲殊勳，力爭民族生存，名垂丹青，縣稱楷範，處處慶昌樂；
> 勦匪三載竟成仁，乃謀國家幸福，譽滿中外，聲震遐方，在在留壽光。

昌樂雖是齊國開國之地——太公初封營邱，在今昌樂城東南七十里，但面積小，人口少，人民窮苦，文化程度比鄰封各大縣差了一大截；因此在戰前根本不惹人注意。經過八年抗戰，情形完全改觀。縣政稱全省第一，武力為魯中砥柱，處敵偽匪侵凌窺伺之下而能巍然屹立，歷千百戰役而均能克敵制果；人民有組織、有訓練，忠勇愛國，士氣高昂；教育普及，雖烽火漫天而弦歌不輟。因之抗戰勝利之後，從後方復員回魯的軍政要員，無不驚為奇蹟，於是「神祕的昌樂」一詞乃宣之於眾人之口。的確，張天佐治昌十年曾經創造過近似奇蹟的重大成就！

於是有人以為張天佐是一個三頭六臂的人，或是一個能夠呼風喚雨長於控制氣候的仙道。其實都不是。張天佐只是一位平實、精幹、忠勇、嚴明、勤奮的青年地方官，是一位現代「循吏」。如果說，他在昌樂創造了奇蹟，這奇蹟是從平凡的奮鬥中創造出來的。當然，張天佐自有其過人之處，前昌樂縣訓練所主任王菁野認為張氏有八項特長：

（一）不可動搖的決心和堅苦卓絕的毅力。

（二）能面對現實，解決問題；把握重點，從根本做起。

（三）能收納人才，善用人才，培植人才。

（四）敢於為地方負責，肯為部下負責，為民眾負責。

（五）不發牢騷，不說洩氣話，不唱高調，不好高騖遠。

（六）做事審慎考慮，穩妥計畫；絕不草率從事，或虎頭蛇尾。

（七）重視教育與訓練，處處發揚忠黨愛國精神。

（八）重視經濟的建設與資源的開發，使民生充裕。

王先生的分析，確是鞭辟入裡。我個人覺得，除了張氏優異的領導才能外，還有天時、地利、人和方面的客觀因素。就天時而言，抗戰初期是個「英雄創造時代」的局面，原任縣長王金嶽不肯盡守土衛民之責，走了，地方上又沒有出類拔萃的人才，因此張天佐便以公安局長地位登高一呼，大義所在，昌樂全縣就團結起來一致抗日了。就地利言，昌樂縣城地當膠濟鐵路中點，惟南部丘陵地帶可作為基地，自創局面。這樣的地形，有利於抗戰，因為日軍就在面前。鐵路線上的敵兵，說來就來，不讓地方團隊有好整以暇的機會，地方團隊亦隨時戒備，準備迎敵，不作退避之想。當時真是風聲鶴唳，一夕數驚，戰鬥力也就訓練出來了。這樣的地形，也利於防堵共匪，共匪來了，先與地方團隊火拼，但怕招惹來鐵路線上的日軍，因此不敢作長驅直入打算，猝然來攻，敗了就竄，從不敢在昌樂境內戀棧。談到人和，我想是張天佐在昌樂創造奇蹟的主要因素了。昌樂人習慣上敬稱張縣長為「掌櫃的」，就是大家長，只要是「掌櫃的」說的話，照著做，不打折扣，因此能上下一體，全縣同心。立法委員宋憲亭這時是三民主義青年團山東支團部書記長，駐節昌樂，他有兩段追悼張天佐的話，可以反映出昌樂當時的實況：

烈士於抗戰之初，任昌樂縣警察局長升縣長，兼任游擊第二縱隊第五團長，三民主義青年團昌樂分團主任，繼升山東省第八區行政督察專員（仍兼昌樂縣長）。治昌數年，致力於民政、財政、建設，教育諸政，以鞏固抗戰力量，對民眾運動青年組訓，尤為注意，以致全縣民眾，無一不深明國家民族之大義以抗日寇者，無一不深識是非順逆之大道以剿共匪者，故全境內雖有日寇少數據點，不足為患，而共匪則自倉上一敗，創痛劇深，永不敢復入縣境，於是各級黨政機關，如中國國民黨山東省黨部，三民主義青年團山東支團部，山東省政府魯南辦事處，山東省參議會，及各區專署，各縣政府等，無慮數十單位，群集於昌，不惟徒為一片乾淨土以作避難所，亦且恃為東國長城，以維吾政權於不墜也。

余時服務於山東支團部，亦偕全體同志暫留於斯土，目擊其況，不但工作得繼續進行，且有「賓至如歸」之感。曾問烈士曰：「各級人士在昌，消耗甚鉅，閣下不以為累歟？民眾不以為苦歟？」烈士曰：「昌樂乃國家之昌樂，凡為國家努力者，昌民均應協助，吾何敢自利？昌民亦何自私？」余於是益歎烈士之識見高遠，目光正大，而使同時據地自雄，形同封建之各游擊領袖，聞之增愧！

關於「昌樂奇蹟」的內容，人證有宋憲亭、王立哉、趙季勳等黨政領導人，文證有三十六年九月十一日《紐約新聞論壇報》之報導，整編陸軍第八師臨朐戰鬥報告，以及《張天佐烈士殉國十週年紀念專刊》中之〈張烈士天佐與昌樂縣政〉專欄，均可供有意者徵考，用不著費辭了。

四、支柱昌濰的艱辛

三十二年國軍撤退，省府離魯以後，山東局勢有一段暗淡陰霾的時期。宋憲亭委員前引文中所說省府留魯各機關均集中昌樂，就在這個時期。為了安全的考慮，張天佐有意的把昌樂神祕起來。機關部隊對外通訊多用代號，如昌樂縣政府的代號是「天立堂」；若干人事命令也秘而不宣，如張天佐本人受任山東挺進第二十二縱隊司令的事，當時一般民眾都不知道。但《昌樂日報》照常出版，青天白日滿地紅旗幟處處飄揚，抗日剿共的同仇敵愾氣氛，未見稍喪。到了三十四年八月，平地一聲雷，日本人無條件投降了，歡呼聲鞭砲聲響徹雲霄，原來隱匿著一些大機關立刻掛出了耀眼的招牌，張天佐的新職銜也在大幅的布告上公開出來，他是山東省第八區行政督察專員兼保安司令，山東省保安第一師師長，膠濟鐵路警備司令，仍兼著捨不得放下的老職位：昌樂縣縣長！

戰時張天佐駐昌樂，勝利後進駐濰縣；戰時經常騎馬，勝利後改騎腳踏車，還記得他率領衛隊由昌樂馬宋沿公路首次向濰縣進發時，我們昌樂中學同學自動到路邊送他，閃閃發著亮光的自行車隊疾馳而過，十分神氣。

從進駐濰城之日起，張天佐是昌濰地區的實際軍政首長，在國軍高一級的指揮官未到達前，他的地位是最高的。他支柱昌濰，只有兩年又八個月的時間，聲望自然日隆，權位自然日高。三十七年一月，國民政府任命他為山東省政府委員，中央黨部發表他為山東省黨部委員，主席王耀武幾次想借重他組訓民眾的長才，央他出任民政廳廳長，他卻以不忍與昌濰父老遠離而婉謝了。

可是坐鎮濰城的將近三年，並非完全稱心如意。他有幾項難處：第一是對於國軍將領的相處，第二是對於偽軍的收拾，第三是對全局戡亂軍事的支援。

勝利後進駐昌濰的第一支國軍，是李彌的第八軍。這支曾馳騁於緬北戰場的勁旅初抵昌濰時，對昌濰的「游雜部隊」甚為輕視，經過一段期間後，他們才發現此一「游雜部隊」乃極具戰力且極得民心之一支友軍，隔閡因而消除。兩年又八個月中，昌濰前後駐過三位國軍的高級將領，李彌、夏楚中、陳金城。張天佐和李彌最處得來，但也不能不把濰縣縣長交由李彌來派任，李派的是他的參謀楊緒釗。至於夏的跋扈，陳的自私，都使得張天佐和他們的關係上留下不愉快的烙印！

濰縣有一支雜牌隊伍，頭目是秦三。戰時漁肉地方，無惡不作，戰後仍不知悛改，民怨甚深。濰縣是八區專員的轄區，秦三在名分上要受張天佐的統率。張天佐認為秦三惡性重大，非予嚴辦不足以儆效尤，平民憤，因而扣留了秦三，並予以正法。對這件事，平情而論，實大快人心，然而秦亦有其系統、有其班底，而指張排除異己或詆其非法殘殺部下的謠言也就造出來了。

支援戡亂戰爭是地方當局應盡的責任，張天佐對這點當仁不讓，數次因策應國軍作戰，而獲勳獎。但人力支援容易，財力支援就很難有求必應了。為了增加財力，張天佐令濰縣富豪丁淑言多所捐輸，詎丁以債務過重，厭世自殺，因之張天佐逼死丁淑言的流言也就不脛而走！

困難固多，張天佐均能一一克服，大體上說，他主持昌濰期間，是個團結的局面。昌濰位居魯省中樞地帶，足資為青島外藩，尤其是濟南屏障，昌濰團結堅強，自於魯局的安定有大貢獻。張氏在昌濰培育的武裝力量，也樹立了地方部隊的模範；不但在昌濰戰役中表現的戰鬥力比國軍強，而且戰後突圍追隨政府繼續效命的志節和決心，也為各地方部隊冠！五十三年六月自臺灣從海上遠程突擊山東半島的魯籍健兒中，半數以上是當年張天佐麾下的游擊戰士！

五、烈士繼志應有人

昌濰戰役開始於三十七年三月三日寒亭被圍，至五月一日安邱守軍保十團突圍南下結束，打了近兩個月的仗。戰鬥發生於濰縣、昌樂、安邱三座縣城及寒亭、田馬、埠南庄、張莊、倉上等主要據點，其中以濰城為主戰場。攻城戰於四月十日開始，二十七日城陷，張天佐與其副司令張髯農自殺成仁，國軍第四十五師師長陳金城戰敗被俘後降共。

戰爭開始前，王耀武主席深知此次共匪主力來犯，昌濰恐難支持，曾建議張天佐撤守昌濰，共守濟青，張的答覆是不忍與昌濰父老分離，願與昌濰共存亡。濰城攻防戰開始後，濰城各中學生向他獻花，他要學生們回去轉告大家：「我一定與濰縣父老共存亡」。他又寫信八區專署駐濟辦事處慈承之主任，請轉告各方決心「不成功，便成仁」。殉難前一天，致遺書於夫人李佐卿，謂「既無力以保國，惟成仁以贖罪」；囑其「節哀順變」，自矢「來生圖報」。二十七日上午十時，戰至城陷援絕，乃舉槍自戕，實踐了「城存與存，城亡與亡」的諾言。

比張天佐早半小時殺身成仁的副司令兼保八旅長張髯農，是一位像貌俊逸的美髯公，昌樂人，濟南商專畢業，做過真報社外勤主任，戰時投筆從戎，一直是張天佐的副手。與張天佐同庚，殉國時四十二歲。

兩位張烈士殉國前沒有任何希求，只希望朋友們「給我們開個追悼會，也總算結束此一段歷史」。他們這點希望實現了，濟南於六月十日，青島於七月九日，南京於八月一日，先後舉行過追悼大會。萬分悲痛，也萬分憤慨，鄉友們對於援軍不力而致昌濰淪陷，無不感歎太息，連一向不願多講一句話的丁鼎丞（惟汾）也在他的輓聯中，表示「余欲無言」；赴京請援失望而歸的劉和亭則憤言「從此不問戡亂事」。一位徐升平則坦率寫出悼念先烈英靈的憤激話：「你們可惜，我們可憐，他們和他們太可恨！願你們的英靈，能感動我們山東同鄉速覺醒團結！」

內心最感傷痛的，要算是故土淪落，忍痛踏上流亡道路的昌濰學生。我每次讀到昌樂旅濟同學輓張天佐專員的兩句話：「熱血赤誠，為謀地方，點點灑遍昌濰土；哀我青年，竟失指規，聲聲盡哭忠國魂。」就有椎心泣血之感。五千名昌濰學生由青而滬、而浙、而湘、而粵，最後來臺，一秉忠貞，反共到底，這也是張天佐為國家所作的另一項貢獻啊！

張天佐治昌十二年，最大的志願是開採昌樂的「人鑛」。流亡在外的知識青年，就是他開採「人鑛」的一部分「產品」。這些當年是中學程度的毛頭小子，今天卻都是黨、政、軍、教各階層的中層幹部。三十年來，他們以孤臣孽子的心情，期待著「飲馬濰水濱，揮戈定北海」的日子。三十年世態多變，此心永難移，此志永不屈！

（《山東文獻》四卷三期，民國六十七年十二月出刊）

張烈士天佐先生遺像

總統令

故山東省政府委員兼第八區行政督察專員張天佐資性剛勁智畧沈深抗戰八年剿匪三載參列軍旅迭樹戰功臨戎彰果毅之才理邑流愷悌之美自任山東省政府委員兼第八區行政督察專員即以屏蔽昌濰為己任內修庶政外攘奸宄凡所措施績效彰著三十七年四月共匪大舉犯境該員率部苦戰連旬斬獲綦鉅卒以彈盡援絕義不受污自戕成仁克全大節追懷壯烈軫悼彌深應予明令褒揚從優議卹並准入祀忠烈祠生平事蹟存備宣付國史館用彰政府褒忠愍難之至意此令

總統 蔣中正

行政院院長 陳誠

中華民國　年十月二十一日

張烈士天佐先生之總統褒揚令

悼母校保姆張故專員天佐先生

十年風雨淒淇，一片孤忠永照，張專員，你可聽到？一群你親手培植過的孤臣孽子，今天以悲憤沉痛的心情，表示我們對曠代奇英的崇敬與悲悼！恨當年，壯士一去，大局飄搖！赤禍洶洶，不期年竟把整個大陸蝕掉！緬懷貞烈，我們心裡傷痛，眼裡流淚，臉上發燒！

寶島鼙鼓悲壯，海上風雲呼嘯，張專員，你可知道？昔日繞膝跳躍的毛頭孩子，今天已是允文允武保國衛民的英豪！殺身繼志有人，人礦靈光輝耀！九泉之下，你該掛起滿意的微笑！明年此日，看我們濰濱飲馬，營陵憑弔，哭幾聲仲公英烈，嘆幾度孤峰夕照！

張天佐，字仲輔，抗日戰爭期間（一九三七—一九四五）任故鄉山東省昌樂縣縣長，政績卓著，以功晉陞山東省第八區行政督察專員兼保安司令，為我母校山東省立昌樂中學之創辦人及衛護者，母校師生慣以保姆視之。仲輔先生於民國三十七年（一九四八）四月昌濰保衛戰時，壯烈殉職於濰城陣地。中央政府明令褒揚，入祀忠烈祠。夫人李佐卿女士來臺後，卜居臺中市模範巷，我住臺中市時，時相過從，以伯母稱之。四十七年（一九五八）四月，為張故專員天佐先生殉國十週年之期，昌濰各縣來臺人士發起舉辦紀念會，並編刊紀念集，我參與其事，以是有本文之作。時年三十二歲，雪恥復仇之志猶未已也。

本文原刊於《張故烈士天佐殉國十週年紀念集》，頁九三。由於搬遷，原書已佚。九十一年（二〇〇二）四月，始由時任黨史館副主任之劉維開教授於國家圖書館查得此書，並影印此文寄贈。時我正旅居美國伊利諾州瑞柏市橡園村，曾以毛筆書寫一遍。九十三年（二〇〇四）八月，再重錄並箋注之。九十五年（二〇〇六）一月三十日，電腦儲存。

李雲漢識

敬悼程故委員韞山先生

由於連續參加幾個會議，一連好幾天都沒能趕到陽明山陽明書屋的辦公室去。十一月十四日上午上了山，辦公桌上堆滿了紅、藍、白各色卷宗和大包小包的郵件。剛開始處理這些文件，一件印著紅色大「訃」字的訃告立時擊動了我的心弦——訃告，臺中來的，北屯區，會不會是程伯程委員？

懷著一顆疑懼的心，輕輕的拆開訃告，果然就是預想中的不幸消息：程委員鈺慶（韞山）先生在本月七日逝世了。怔著，我開始發起癡想來，程伯、張天佐專員、張伯母（天佐先生夫人）、張景月司令，初紀軒表叔、霍樹棻、王世恩老師……十多位在故鄉和臺中逝世的長輩們的面容，一時都出現在腦際——還有不知道到底在何年何地被共匪迫害而死的父親、母親……視線有些模糊了，喉嚨在哽著，好久好久，我都待在坐椅上，成了個木頭人。最後是一聲長嘆！歲月，人生？太匆匆，也太無情！

想想我曉得——但不認識——程伯這個人，還是在小學生時代。爸爸是基層地方行政人員，時時進城——家鄉人說是「跑縣政府」。爸每次從城裡回到鄉下的家鄉，就會對家人講些城裡的人和事，什麼段承審呀，專會打官腔罵人的公安局長長沙人彭湖呀，掌櫃的呀，程老秘呀……後來我才曉得爸爸口中的程老秘，就是到臺灣後我才見面的程韞山委員。他是我們昌樂縣政府任期最久，人緣最好的秘書，所以我們昌樂人喜歡叫他「程老秘」！至於「掌櫃的」，是對縣長張天佐的暱稱，意思是「當家作主的人」！

在爸爸的口氣中，「程老秘」是好人，是個有道德有學問的人，是個守原則，講分寸的人，是個瞭解民情民隱，肯為縣民精打細算的人，是個儉樸，澹泊，人人樂於接近的人。當然，這都是我從回憶爸爸的「家常閒話」中獲得的印象。到臺灣後我自己接觸到程委員——大陸撤守時程伯已是山東省政府委員——的風範，覺得爸爸當時對程伯的觀察，差不了許多。

程伯是利津縣人，事業卻在昌樂。他從民國二十一年起擔任昌樂縣政府秘書，一直到三十七年四月底從昌樂縣城突圍西上，整整是十七個年頭。十七年中，倒有十六年又半的時間擔任縣長的幕僚長，自己出任縣長後尚不到四個月，昌樂便淪陷了。程伯之所以能夠「久於其任」，完全是由於個人的品德和能力，獲得先後兩任縣長——王金嶽、張天佐（仲輔）——的信任，和縣民的愛戴。最後升任縣長，也是由於他十七年默默奉獻所贏來的一項榮譽。

據我的記憶，十七年中，程伯也曾兩度離開昌樂。第一次是二十六年十二月，日本人打到昌樂後，王縣長金嶽離開縣境，程伯是秘書，也就隨之他往。大概是一年以後，程伯又回到昌樂縣府秘書的老位子上，縣長則已是原任警察局長張天佐。那時是戰時，縣政府就疏遷到南部鄉間我家附近。「程老秘回來了」的消息是爸爸親口對我講的，爸爸當時的興奮表情，我至今不曾忘記。程伯第二次離開昌樂，是在抗戰勝利後，張專員天佐進駐濰縣，程伯身任專署主任秘書，當然也就住到濰縣城內去了。但張專員仍兼昌樂縣長，程伯也就等於是遙領昌樂縣府秘書，人雖不在昌樂，昌樂政務卻仍一由張縣長、程主秘作主。因此在昌樂縣民的感覺上，縣長、秘書仍然像在戰時一樣和他們生活在一起，甚至在主觀意識上，已把張、程認作是土生土長的當地人，一點也沒有隔閡。

我忽然想起：以外縣人在昌樂服務而與昌人融洽到不忍離去，離去又回來，簡直把昌樂看作自己家鄉的，尚不只程伯一人。曹子君也是個例子。他是泰安人，卻一直在昌樂擔任政治部主任，科長等職務。在一次戰役中，他被日本鬼子俘虜去，送進東北千金寨的煤礦中做苦工。後來脫險後，他並不回自己的老家，仍然回到昌樂來，一直到三十七年昌濰戰役時為昌濰殉難。外縣人愛昌樂，昌樂人喜歡外縣人，身為昌樂縣民，自然有一種榮耀之感。

三十七年四月昌濰淪陷後，程伯以昌樂縣長突圍到了濟南，省府立即升任他為山東省第八區行政督察專員兼保安司令——繼承了張天佐專員殉國後所留下的職務，省府這一安排，我想是有深長的用意的：要他再度回到昌樂。只是同年九月間，濟南便也淪陷，一切安排與規劃都成了泡影。故鄉陷共後，我也成為無家可歸的流亡學生，對於程伯在濟南淪陷後的行蹤並不知悉。直到民國四十六年奉派到臺中服務時，才由趙顯庭老師帶我去模範巷見到張天佐專員夫人和程委員——從這時起，我改稱張夫人為張伯母，程委員為程伯。也從此時起時相過從，也無話不談。他已是卸任的專員兼縣長，在臺中的昌濰鄉友卻仍然認他為鄉長。記得我結婚後在臺中宴客，他即以鄉長身分講了話。感謝張伯母和程伯，曾經告訴我不少當年戰時昌樂的秘辛，也講述過不少做人做事的道理。可是，如今，張伯母墓木已拱；程伯也又悄悄的離開了人間！

張伯母舉殯時，由於我已調職臺北未能趕去祭奠，至今耿耿。程伯今謝世，我則又由於公忙不克前去送葬，愧懼交併，感傷無已。顯庭老師瞭解我的情況，在訃聞中註明可不必專程去臺中送葬，長輩如此關懷厚愛，感激中又體會到自己的責任又加重了一層。時勢推移，長上已先後離世，而我恥未雪，仇未報，父母骨骸究竟暴露何處？收故土，慰英靈，又待何人？期於何日？

夕陽古道一典型

——悼念當代師表王華軒先生

接到趙師顯庭先生電話，驚悉王華軒先生已於三月十二日棄世了。一時癡呆起來，久久未能說出一句話。死亡之神太殘忍無情，兩年來已攫走了我的親生骨肉、親朋鄉友及同仁同學十數人，如何不令人聞耗色變，衷悃悽愴！

前幾天在陽明山中山樓二中全會會場裡，龔伯紹九先生告訴我華軒先生病了，住進了醫院。當時就想大會過後抽時間去看看他，卻沒想到他這樣快就走了。華軒先生是父親的老友，我連最後一面也沒能見到，真是莫大的遺憾！

三十八年來臺灣後，華軒先生就一直在大甲高中任教。三十五年來，我沒能去大甲看他，卻不時從鄉友同學的口中獲得有關他的訊息。他一生盡瘁於教育，為人正直而熱誠，一向為同事所欽佩，學生所愛敬，是一位當今之世非常難得的師表。他謝世後，大甲高中及同學會為他隆重治喪，並於四月一日為他開追悼大會，那份真誠與摯愛，真令人感動、感激。在臺昌樂鄉親，也於同一天召開了第三屆同鄉大會，以答謝大甲高中師生們的義舉。「師道之不存也久矣，今乃於大甲見之！」一位鄉友這樣慨歎著，我補充一句：華軒先生是位成功的教師，付出的難以衡量，得到的回報也難以估價，求仁得仁，華軒先生本人和他的鄉友，均應引以為榮！

我心目中的華軒先生，仍是四十多年前抗戰期間在家鄉時的印象。民國二十八、九年間，華軒先生當時是昌樂縣政府教育科督學，我纔是縣立下皂戶小學五、六年級的學生，校長鞠鴻儀先生是華軒先生的好友，因此華軒先生時常到我們學校來。他為人熱誠，很負責任，但不苟言笑，看來很威嚴。看到學生們言行有不當之處，他就立即糾正，而且又是那麼一本正經，學生們對他這位督學客人，難免懷有幾分畏懼。記得一位女同學尹志瑞，就曾在華軒先生背後指指點點的，埋怨他愛管閒事！

華軒先生和我直接有了接觸，好像是民國二十九年夏天，在昌樂西南鄉的一個村莊，萊家溝。他那時是督學兼三民主義青年團昌樂分團部的組訓組長，分團部的書記是教育科科長趙伯樞先生兼任。分團部在萊蒙溝舉辦一次新團員入團訓練，為期三天。我隨了下皂戶小學的一批新團員前來參加訓練，不料臨時發現我年齡不夠入團的規定，不准參加受訓。我懷有滿懷熱望步行了幾十里崎嶇不平的山路來到這裡，卻不准受訓，自然很感不平。去見華軒先生提出請求，他卻堅持立場，不准就是不准。他也同時很同情且以鼓勵的語氣對我說：「今年入團年齡不夠，明年不就可以了嗎？這次來等於郊遊一次，幫我們做點小事，食宿都沒有問題，也可以去旁聽教官講課，不是也很愜意嗎？」他守原則，但不是不講道理，我只有照他的意思做，留下來，做了三天寫油印鋼版的臨時錄事。

抗戰期間生活在昌樂的人，都有一份榮譽感。因為，昌樂——這個周初尚父初封之邑，地雖蕞爾，卻是戰時山東的模範縣，戰後更是山東省政府指定的新縣制實驗縣，無論在戰時或戰後，都是山東唯一的一片乾淨土。昌樂之能夠有此政績，享此榮譽，張縣長仲輔先生的卓越領導自為主因，而民風純樸，教育普及，軍民一體，忠貞愛國，自亦為不可忽視的因素。服務於教育界的前輩先生們，貢獻尤不可沒。華軒先生是其中之一；他在大甲佈教的成功，其根源早植於抗戰期間服務家鄉教育界時代。那時他還只是三十歲上下，屬於「年輕氣盛」的少壯派，不意今日也已成了古人！

提到三民主義青年團，我也有一種情不自禁的親切感與榮譽感。昌樂分團部的負責人趙伯樞、王華軒等先生，都是令人肅然起敬的教育家，分團的成績常被推為全省之冠。省立昌樂中學的學生，大部分都成為三民主義旗幟下的愛國之士，響應知識青年從軍報國運動的那股熱潮，今日想來，仍覺興奮無已。參加戰時服務的成績，在全省各中等學校中，應屬獨一無二。抗戰勝利後，山東支團部特准昌樂中學獨立於昌樂分團之外，另建為昌樂中學分團部，除省立昌樂中學與益都師範外，並將省立益都中學、臨朐縣立簡師及昌樂縣立簡師的團務，均劃歸昌樂中學分團部指導。參加分團部工作的師生，除主任高魯生先生已為共匪殺害外，絕大多數均追隨政府，間關來臺。兼書記趙建修先生，兼任分團工作的同學劉百魁、陳會傑、尹公斗、卞玉玫、宋繼修以及近千位來臺同學同志，工作的崗位雖異，忠愛國家服膺三民主義的志節，則始終如一，華軒先生泉下有知，亦當引以為慰。風雨如晦，匡復有待，他日飲馬白狼之濱，登孤山為先賢召魂者，吾輩之外，尚有何人！

民國七十三年四月十七日，陽明書屋。

（原文載《山東文獻》七十三年六月第十卷一期）

革命黨人王仲裕的生平

在臺灣的年輕人都曉得王仲裕是山東籍的立法委員，他逝世後治喪委員會為他寫的略傳也標題為「王故立法委員仲裕事略」；我卻覺得單純用「立法委員」四個字涵蓋不了王仲裕的一生，也表現不出王仲裕的風格和精神，我始終把他看作是革命黨人，事實上他也的確是革命黨人，而且照我看來，是個典型的革命黨人。

革命黨人之所以不同於一般人，是因為革命黨人除了為救國救民而肝腦塗地的革命志節外，還有些與眾不同的特別氣質。大體而言，革命黨人講義氣，輕名利，重然諾，不畏強梁，不懼生死，處處見其真性情，每個人身上都有幾根俠骨。這些氣質，都可在王仲裕的身上發現出來。生平布衫布鞋，一付鄉野農夫的打扮，如果不加說明，恐怕誰也不會相信他是留學日、俄，「文武兼資於一身」之北方革命健者！

五四時代的愛國青年

民國七年（一九一八），王仲裕正肄業於日本早稻田大學。這年五月，留日學生反對北京政府與日本政府間訂立所謂「共同防敵協定」，發起抗議運動，結果遭受日本警察橫蠻的干涉與拘捕，不少人受到了沉痛的侮辱。他們忍無可忍，決定罷課歸國——這些愛國青年回國後組成了救國團，奔走呼號，實為五四時代愛國青年的前驅。歸國學生的行列中，就有王仲裕。他回國後雖然在中國大學註了冊，高漲的愛國熱潮卻使他無法安心讀書，和其他五四時代的青年學生一樣，痛恨賣國賊和帝國主義者！

五四時代的青年，在一陣愛國的熱潮過後，他們開始理智的選擇自己的道路。大多數人走進了中國國民黨的陣營中，也有少數人迷惑於共產主義的虛幻形象。王仲裕選擇的道路，是三民主義的國民革命。事實上，他早在辛亥革命前後，就已開始與革命黨人接近，並已服膺孫中山先生的主義。引導他走向革命道路的人，是國民黨北方領導人之一的丁惟汾。

為孫中山先生的主張奔走

自同盟會成立以後，丁惟汾就被孫中山先生委派為山東地區的負責人。民國八年十月十日，中山把中華革命黨改組為中國國民黨，也同時開始聯絡五四以後北方的學界，尤其是青年學生，山東方面的負責人仍是丁惟汾——他先被委任為「本黨山東主盟人」（民國十年十二月六日黨本部委任狀），再被委任為「山東中國國民黨支部部長」（十一年六月十五日委任狀），但丁氏在山東的時間不多。他先在上海創辦北方週刊，十一年秋又到北京與張繼等共同主持中國國民黨北京執行部。就在十一、二年間，丁惟汾吸收了一批山東籍的青年志士入黨，其中一位就是畢業於中國大學的王仲裕。王先後擔任北京執行部宣傳員，青年宣傳幹事等職務，來往於北京、天津、山東間，成為丁惟汾的得力助手。

民國十三年十月二十三日，馮玉祥在北京發動「首都革命」，囚禁了賄選產生的總統曹錕，馮與段祺瑞、張作霖等均電請中山先生北上，共謀國是，中山先生於十一月四日，決定北上，於十日發表宣言，提出召開國民會議及廢除不平等條約兩項主張，十二月四日，中山先生抵達天津，六日與丁惟汾、張繼、王用賓、李煜瀛等北方同志會商北方政局問題，決定擴大宣傳召開國民會議的主張。十九日，中山先生委派了三十二位宣傳委員，分赴北方十三省區做宣傳工作，其中派赴山東的四位宣傳員是：王樂平、閻容德、王盡美和王仲裕。

北京黨人及學界為推動中山先生召開國民會議的主張，已組成了國民會議促成會，王仲裕等均參加籌備，及奉令返魯後，復分赴各縣區召開民眾大會，擴大宣傳，並組成國民會議促成會各縣分會。王仲裕除在濟南活動外，並曾到博山地區宣傳中山先生北上意義及其主張。

在中山先生北上的影響下，山東於十三年冬至十四年夏的一段期間，出現了「國民黨的初春」。第一，國民黨人在國民會議促成會的名義下積極發展，終能在主要縣區建立了組織，並於十四年七月召開了第一次全省代表大會，選出了執行委員、監察委員及候補執行委員；王仲裕是三位監察委員中最年輕的一位。第二，國民黨人于恩波出任山東教育廳長，釐訂了比較完整的計畫來宣揚中山先生的革命主義；教育廳內的社會教育經理處，在性質上即係「為宣傳黨義之切要機關」，因此決定「以本黨富有聯絡性之同志接充」，這位「接充」的人就是王仲裕，可惜這一「初春」時間不長，及至屬於奉系的張宗昌主政山東，黨人的一切活動就都被禁止了。

莫斯科中山大學內的反共集團核心人物

中山先生於民國十四年三月十二日逝世後，蘇俄當局為爭取中國國民黨的好感，特別在莫斯科成立了一所紀念中山先生的大學，據王覺源《留俄回憶錄》，這所大學的俄文招牌，譯出來是「中國勞動大學紀名孫逸仙」，國人則稱為孫逸仙大學或中山大學。民國十四、十五兩年中，有三、四百名中國學生前往莫斯科中山大學深造，王仲裕就是其中的一位。

據王仲裕自己回憶，他自上海啟程去俄國，係在民國十四年八月，同行的人，有今總統蔣經國先生及皮以書、于國楨、夏雲沛、王紹文、高晶齋、劉子班、路孟凡、王甡林等十多位。由於當時尚是聯俄容共時代，莫斯科中山大學的中國學生，有國民黨員，也有共產黨員。但由於兩黨革命理論和策略的不同，兩黨學生自然發生爭辯。中國國民黨設有莫斯科支部，共產黨也有個旅莫支部；共產黨支部的任務，在千方百計爭取與赤化國民黨員，國民黨支部則堅持國民革命的理論與政策，處處防範共黨分子的破壞。國民黨支部的組織部長就是王仲裕，王因此成為莫斯科中山大學內反共國民黨人的核心人物。「王仲裕先生事略」對他在莫斯科時的反共活動，有這樣一段敘述：

> 在校一年，奉丁鼎丞（惟汾）先生指示，聯絡留俄革命青年，為反共救國而奮鬥。一時谷正綱、正鼎昆仲，蕭贊育、王啟江、王陸一諸先生咸與接納，誓共生死，不顧環境險惡，秉豪邁絕倫之正氣，與共產黨徒艱苦奮鬥。時中山大學內，設有本黨特別黨部，先生膺選執行委員，曾公開責斥托洛斯基在國父逝世追悼會上詆譭國父為「烏托邦主義者」之謬論，並屢偕同志等於午夜大雪紛飛中，集會於山野森林間，密謀應付共黨之計，俄人雖嫉之而莫可如何，嗣先生於達成任務後，奉令歸國，至獲組織之嘉許。

這段敘述是真實可靠的，不獨王仲裕本人於追悼谷正鼎、皮以書的專文中現身說法，即鄧文儀、蕭贊育等在回憶莫斯科反共奮鬥的文字中，也都首先提到王仲裕的名字，鄧文儀提到當時的情形：

> 國民黨同志為了反對共產黨滲透國民黨，運用國民黨組織打擊、分化、爭取吸收國民黨員，於是有一部分國民黨同志，如王仲裕、蕭贊育、羅芳炯、劉秀蘭、溫忠、劉詠堯、李拔夫、駱德榮、趙惠謹、韋碧輝、馮潔芬、甄天民、王澄如、王光樾……等和我，其中包括二十多位黃埔學生，便自動的結合起來，編成幾個祕密小組，每小組聯繫六個至十個黨員，每小組推定一個聯絡人兼小組會議召集人，經常祕密舉行小組及聯絡人會議，以研討反共產黨滲透國民黨及防制共黨赤化中國為主要任務。

蕭贊育亦曾證實：

> 那時，本黨同志王仲裕最為熱心，經常和我晤談，要我小心謹慎，使我原本毫無成見的心田，不禁感到既困擾又疑惑。直到有一天，我得到一些共黨的油印宣傳品，才深切認識共黨的陰謀、險詐和欺騙的伎倆。

在這許多堅決反共的國民黨學生中，王仲裕與谷正綱、谷正鼎、皮以書等人，尤為接近。谷氏昆仲係由德國轉來莫斯科，皮以書則係與王仲裕自國內同來。其後谷正鼎、皮以書的結合，王仲裕也有撮合之功，他稱讚谷、皮伉儷為「革命俠侶」。

北伐戰役中奔走敵前敵後

王仲裕係於民國十五年冬，由莫斯科回國，他先到了廣州。這時北伐軍已底定長江流域，亟需在軍閥的後方展開祕密聯絡工作，以謀策應，中央組織部遂提經中央執行委員會決議設立「天津交通局」，以聯絡北方各界人士及革命志士。王仲裕被派任為這一天津交通局的主任，於是由廣州前往北方，擔負起這一重要但卻危險的任務。「事略」中記述他當時的工作情形：

> 先生經常往返於漢口、南昌、九江、南京間，嗣又北赴奉天、吉林、黑龍江、察哈爾海拉爾等各地、策動青年、農工及軍警，信仰三民主義，參加國民革命；於是多士景從，華北各省莫不知有先生其人者。軍閥及共黨份子咸欲得之而甘心，而先生履險如夷，罔顧艱危，其冒險犯難也如是。

王仲裕在北方活動，一直到十六年四月，張作霖大肆搜捕黨人無法立足時，始行南去南京。時中央已實行清黨，並將派軍入魯，中央政治會議因決議設立「山東政治特務委員會」，調查及籌畫北伐期間山東政治事宜。特務委員為丁惟汾等六人，王仲裕也在其內。六月，王仲裕復奉派為山東省黨部改組委員會及清黨委員會委員，並兼組織部長。丁惟汾決定派山東黨人隨北伐軍同時出發，人員之分配及宣傳品之編印，多由王仲裕負責，稍後，中央以王仲裕熟悉北方情形，且有奮鬥精神與機智，乃派任為北京特別市黨部執行委員及清黨委員，並兼工人部部長，要他即行潛往北京，策動北方民眾響應北伐。

王仲裕生活簡樸，態度平易，極易與民眾接近。而北京工人多為魯籍，更增加王仲裕這位工人部長工作上的方便，據山東黨史史料記載，北伐軍到達北京之前，王仲裕已在鐵路工人、人力車夫、報夫、水夫、電話工人、印刷工人、汽車工人、電車工人等階層中間，發展了組織，並實施了訓練。小組長的訓練，係由王仲裕親自負責。此外，王仲裕與李樂三並對北京的警察偵緝隊展開了「特務工作」——爭取警士響應北伐，成績亦相當不錯，其工作紀錄是：

> 特務工作，王仲裕、李樂三兩人任之。內四區一部警士，內五區一部警士，及偵緝隊一部，共約四百人，傾向本黨，願為效力，就中劉崇祜、王悦壽、仲子沖三人，最為傑出，槍械共三百二十支，劉崇祜偕李樂三曾往檢驗。

國民革命軍於十七年四月，發動了以攻克京津為目標的總攻擊，五月三十一日收復保定，北京震動，張作霖自忖已無力抗拒國民革命軍，因於六月二日通電退出北京，出關回奉，而留鮑毓麟一旅在京維持治安。王仲裕見時機已至，不待國民革命軍到來，即於六月六日揭出中國國民黨北京特別市黨部的招牌，懸出青天白日黨旗與青天白日滿地紅國旗，召開了北京特別市黨部公開後第一次黨務會議，發表了對時局宣言，電請北伐軍前敵總司令迅速進京，並決議通知各學校、機關、商店、工廠，於六月七日起一律懸掛青天白日旗。國民革命軍第三集團軍的部隊是六月八日抵達北京的，北京特別市黨部卻已於兩日前公開活動起來，黨走在軍的前面，也許是王仲裕一生中最得意的行動之一。

五三慘案後濟南被捕的一幕

平津克復北伐告成之後，王仲裕擔任北平特別市及河北省黨部的訓練指導員，職位雖不顯赫，地位卻極重要。十七年七月，他決定親往南京向中央報告平津黨務，並擬於路經泰安時與山東省黨部作工作上的接洽。但他於七月十四日到達濟南——五三慘案後在日軍佔據之下，卻因所攜帶的工作表冊為日軍搜出，而被捕了。他被羈押在濟南商埠的日本憲兵隊裡，由二名名叫西田正人與田上八郎的日軍步兵大尉負責審訊，極盡恐嚇戲謔之能事。王仲裕卻鎮靜如常，坦然承認為國民黨員，顯示出威武不屈的精神，並向日人宣傳國民黨的主張，甚至勸西田正人參加中國國民黨，王仲裕這段感人的經歷，「山東革命黨史稿」有專節記載，茲引錄數段：

（七月十四日午後）四時許，引仲裕至南院第一審問處，訊者一為服西裝之日人，一為日本軍官陸軍步兵大尉西田正人。頗露帝國主義小軍閥態度。仲裕憤甚，答以：余係北京中國大學學生，中國國民黨黨員，在北平工作甚久。未多訊，言辭衝突，揮日人押仲裕至東魯中學專用拘留華人地，以繩縛仲裕兩手，禁閉於第一拘留室。

十七日午前，有略通中語之日人，招仲裕至後院第一審問處，兩日兵荷槍隨，審者二人，一為日陸軍步兵大尉田上八郎，一西田正人，訊三小時，後每日一二次，共九次。西田逐次紀錄，名「支那學生之時局談」，所訊為主張裁兵，華府會議歸還青島，對德宣戰，二十一條（此問題仲裕提出），如何廢除不平等條約，帝國主義如何解釋，日本出兵山東引起經濟絕交（此問題仲裕提出）諸問題，仲裕一一根據本黨主張答覆，并勸勿恃帝國主義侵略中國，援助土匪軍閥，摧殘民眾，置世界公理於不顧，引起華人絕大反感，談話衝突或西田不能答，田上即獻意反質，評仲裕太理想云。

一日，西田云：中國排斥日貨行為太不光明，仲裕曰：是為經濟絕交，為抵抗帝國主義武力壓迫極光明辦法，西田云：日本出兵是沒有法；仲裕曰：經濟絕交亦非得已，田上與書記均奇訝，旋相顧而笑。

二十三日午前，又審訊數時，西田云：所談問題，大略已畢，可作結論，請歸納子之主張，仲裕答：（一）對外廢除不平等條約，以合法的外交手續在國際取得最優等地位。（二）對內建設廉潔政府，剷除貪官污吏土豪劣紳，普及教育，發展實業，整理交通。西田問：此是否中國大多數青年意思；仲裕曰，非但青年，實全國老百姓意思。仲裕又提出要求條件：（一）日本若認余有特殊危險行動，速宣罪狀，執行槍決；（二）如認有重大嫌疑，即公佈判決拘押期；（三）無以上諸項，即速開釋，勿久扣留；（四）我是學生，又為中國國民黨黨員，往來光明，既用兵隊監視，何必綑縛？西田曰：汝勿著急，須請命長官，保無危險。仲裕曰：余國民黨也，不畏難、不怕死，因汝謂將從速解決，道及此耳。西田與田上微語，磋商去縛，通知守者特別待遇。

二十四日又一度詢問。西田訊仲裕筆記冊上朋友姓名通訊處，一一答之。又問是否到泰安去聯絡宣傳，或赴南京？仲裕曰：宣傳是國民黨員天職，任至何地，不能停止。君如信仰三民主義，我即介紹入中國國民黨。西田云：子為學生，言不負責；余，日官吏也，現不能語此，後有機會再商可也。

王仲裕被拘押了十七天，由於國民政府向日方交涉，始得於七月三十一日恢復自由。他去了南京，向中央報告在北方策應北伐的經過。中央嘉勉其勞績，派赴日本深造。他這次去日，不但完成了早稻田大學的學業，並進入日本士官學校預科習武。年逾四十，而猶進修不懈，也真是難能可貴。

四十餘年的民意代表

抗戰期間，王仲裕最初是在山東戰地從事黨政訓練工作，二十七年秋國民參政會成立後，則為政府遴聘為國民參政會參政員，成為戰時最高民意機構的一員，國民參政會共歷四屆，王仲裕也膺選為一及四屆參政員，他不常講話，但他堅定、剛直、坦誠、樸質的態度，卻給參政員們留有深刻的印象。

抗戰勝利後，政府決心行憲。民國三十五年，王仲裕當選制憲國民大會代表，參加制訂中華民國憲法的莊嚴工作，三十六年，當選為第一屆立法委員，由京而臺，任職達三十四年，如果從國民參政員的任期算起，王仲裕的民意代表身分長達四十三年，幾乎佔他全部生命歷程的二分之一，真正盡到了為民喉舌的責任。

編訂並影印山東革命黨史稿

王仲裕生前，筆者只和他見過兩次面，第一次是民國四十八年，在臺中的寶覺寺，他報告鍾孝先早年的革命經過，講到當年艱苦情形，哽咽著久久說不出話來。第二次是民國五十八年，筆者親到他北投的寓所中，商談刊印山東革命黨史稿的事。這次談話有很好的結果，令人感到愉快，筆者在〈丁惟汾與山東革命黨史稿〉一文中，對這次談話曾作如下的記述：

筆者親訪仲裕先生於其北投寓廬，承仲裕先生以山東革命黨史稿原稿見示，並縷述編纂、保存的經過，真是備歷艱辛，令人感動，當時談到如何把這部史稿出版發行的問題，覺得有兩個辦法可行：一是送由中央黨史會編為中華民國史料叢編之一種，由黨史會出版，但在出版前，黨史會必須在體例和內容方面加以調整，以符合史料叢編的水準；一是自行醵資影印出版，以保存史稿的本來面目。筆者贊成影印，並建議仲裕先生及早進行。仲裕先生立即同意，並立即行動。

這部山東革命黨史稿，是丁惟汾等幾位魯籍老黨人編修的，民國二十二年開始工作，二十六年完成初稿，其後由於戰亂關係，未能出版，原稿就長期由王仲裕保管，筆者發現他對這部史稿，愛之有如至寶。民國六十年五月，山東革命黨史稿正式影印出來贈送各鄉友及國內外圖書館，才了卻了他的一大心願。

這部山東革命黨史稿影印前，王仲裕曾經很細心的校正過，有些地方並加了按語，或眉註。他並寫了一篇〈山東革命黨史稿後記〉，把「史稿」遺漏的一些人和事，補敘出來，嚴正而又不失公允，也正顯示出他為人處事的一貫原則。「史稿」影印後十年，王仲裕以九十一歲之高壽逝於臺北，革命前輩的道貌風範卻能因「史稿」的流傳而聞世，其又何憾！

《王仲裕先生紀念集》（臺北，民國七十一年五月）

悼念宋憲亭先生

泰安宋憲亭先生逝世的消息，是在《中央日報》上看到的，當時就有寫篇文章紀念他的衝動，卻因為公忙一時不克落筆。八月十五日去殯儀館向他行最後的敬禮，目送他的靈車離去，心裡更是悽楚異常，悵然若失；從此以後，再也見不到這位令人尊敬的長者了！

憲亭先生是位對抗戰有卓越貢獻的人。我首次見到他，聽他講話，並由衷的敬佩他，是在抗戰後期的昌樂。那時魯蘇戰區總部和山東省政府已先後撤離山東，魯南隨即淪入中共之手，堅持留駐魯境繼續對日抗戰的一部分省級機構都集中到昌樂縣境內，憲亭先生主持的三民主義青年團山東支團部就是其中之一。當時的昌樂，處於東、北兩面是日軍，西、南兩面是共軍的合圍狀態下，成為抗日反共的「孤島」，處境當然是非常困難的。然而，昌樂竟能支撐到抗戰勝利，不能不說是一項「奇蹟」。「奇蹟」是當時的英傑賢豪們共同創造的，憲亭先生乃是參與創造昌樂「奇蹟」的一位重要人物。他愛昌樂，更珍惜戰時在昌樂的一段經歷；昌樂人更敬重憲亭先生，在臺灣的昌樂同鄉聯誼會曾一致推選憲亭先生為榮譽縣民。

憲亭先生以支團部代書記駐節昌樂時代，我才是一個省立昌樂中學的學生。由於三民主義青年團在昌樂中學每個班級內都建有組織，支團部和我們學生間就有了聯繫，凡是學生團員，沒有人不知道宋代書記。就我個人而言，見到宋代書記並聽他激昂慷慨的講話，至少有兩次難以忘懷的經驗：一次是三十二年冬間，支團部舉行了一次昌樂中學學生團員大檢閱，地點是郝家辛牟初中部的大操場，完全以軍隊閱兵的方式進行，宋代書記是大閱官，他在講評時的興奮、嘉許和激勵，深深打動了每位同學的心絃，隨後即掀起了知識青年從軍報國的高潮。另一次聽憲亭先生講話，是在三十四年八月下旬，在馬宋寺後東河河灘上舉行的昌樂各界慶祝抗戰勝利大會，他以支團部代書記身分擔任大會主席。勝利了，大家興高彩烈，憲亭先生也換上簇簇新的軍服，日正當中，英姿煥發。他講述抗戰的艱辛以及勝利的意義，語氣由低沉而激昂，表情由和悅而嚴肅，他最後斥責那些在戰時賣國求榮的敗類，嚴申忠奸之辨。我至今還記著他那幾句嚴峻肅殺，令全場鴉雀無聲的話：

> 青天白日之下，看這般無恥敗類往那裡逃？……竟然還想混到我們抗戰陣營中來，這真是可恨到極點的敗行，真是荒唐的夢想！

抗戰勝利後不久，支團部即復員省會濟南，不少昌樂中學畢業同學參加了支團部工作。三十五年夏間，昌樂地區遭受到嚴重的雹災，戰時駐昌各機構為答謝昌樂民眾，聯合發動捐款救濟，我在濟南報紙上看到了救災公告中憲亭先生的名字，真有說不出的感動和感激！

三十八年以後，大家都到臺灣來了。我曉得憲亭先生是立法委員，但沒有機會見面。直到六十年左右，在臺北市中山堂學行的一次宴會中，憲亭先生才叫人把我找到他身邊去坐，怪我為什麼不早去看他。也是從這時起，我稱憲亭先生為宋伯伯。因為他的少爺宋鐸曾是昌樂中學學生，和我是同時間但不同級次的同學。

以後工作雖在臺北，聯絡的機會也並不太多。七十一年七月，愛兒於入營接受預備軍官訓練時不幸因公殉職，識與不識，均感悼惜。我不願驚動親友，未發訃告，但舉殯之日，憲亭先生到的很早，擔任山東同鄉主祭人，對我再三慰勉。事過後數日，我去立法院向他道謝。他桌頭放著小兒的事略，說是讀過好幾遍了，真是可惜，也叫人氣憤。他轉而告誡我：「逆境裡，更要堅強，切不可輕視了自己；你要知道，一個人的生命並不是單純的只屬於自己！」「關於這次意外的不幸，我還有話要說，我會去見國防部長和參謀總長。」

七十七年一月，蔣經國總統逝世。臺北忠烈祠啟靈之日，我去參加了祭典。座位安排在外院右側，與中央民意代表同區。巧得很，在我後排座位的，正是宋伯伯。我細語問他健康狀況，他卻很鄭重的對我說：「個人健康問題是次要的，今後最重要的問題是國家的處境。經國先生走了，國家會有更多的困難。你們年輕人，責任很大，要好自為之。」他語重心長，欲言又止，這也不是可以多談話的場合，我也只能頻頻點頭，表示心領神會。想想自己也並不是年輕人了，心有幾分感傷。這是宋伯伯在世之日，最後和他見面。

七十七年四月，是昌濰戰後四十年，也就是故鄉淪共四十年的日子。大家心裡很沉痛，幾位昌樂鄉先生發起要編刊一冊「昌樂文獻」來作紀念，要我和另兩位昌樂中學同學負其責。我把這情形在電話中告訴憲亭先生，並請他寫點親身參與抗戰的體驗，以為昌濰戰役留些史料。他立即答應了，並說這是他願意做也應該做的事。過了幾個月，卻又接他電話：「文章寫不出來了，健康情形不太好，心情也亂。」我說：「不要緊，宋伯伯，待身體好些再寫吧。時間沒關係，只要寫出來，就有很大的價值。」宋伯伯最後的話是：「但願以後能寫成」。

以後的情形，就很難啟口了。宋伯母的去世，對宋伯伯自然是最大的打擊，我決定不再提寫文章的事。如今，宋伯伯也走了，我唯一能做的，就是據自己的觀察和體會，以輓聯體裁，寫出對他的感念：

戰時昌樂，抗日孤島，集三齊英豪戮力支柱，卒保此一片乾淨土；尚憶辛牟大校，寺後盛會，錚錚烈烈，為山河添顏色；

復後臺灣，反共強壘，喜四方碩彥苦心藎籌，幸奠成當世新國基；難忘殿堂嘉勉，忠祠同悲，諄諄灼灼，並歲月增光輝。

（原刊於《山東文獻》第十六卷第二期）
（民國七十九年九月二十日出刊）

悼念陳師孝祖教授

民國八十四年五月二十日中午遇到孫副董事長國勛，告訴我：陳師孝祖先生已住進士林陽明醫院，情況並不樂觀。當晚近十時，突然接到陳夫人蔡淑昭教授電話，證實了國勛的話，說惟恐過不了今夜。次晨八時二十分趕到陽明醫院加護病房，晚了，孝祖先生已於晨二時許離開人間。沒見到恩師最後一面，心裡有說不出的悽愴。

民國三十八年春天，我在青島進入陳先生主持的青年教導總隊，做了學生兵。青島撤退後去過海南島，受了許多苦。這段日子，我只是五百多個學兵中的一個，而且病魔纏身，多半時間都在病室中熬過，陳先生自然不曉得有我這個人，我也從未想到要求單獨去晉見他，或是上書要求什麼。同年十二月到臺灣後，我們都先後離開軍旅，陳先生到中興大學當教授，我則在極其艱難困苦的情形下升學深造。直到四十六年政大研究部畢業到黨史會服務時，才又去見陳先生。從這時起，稱他為老師，算來已是三十八年，真正是「光陰似箭，日月如梭」。

大概在六十二、三年間，陳師遷居臺北。我則早於五十八年自美回國後，就在臺北住下了。同住臺北，見面的機會就多了，不管他住新店或遷居士林之後，都時常找我，每過一段日子，我也會主動的登門晉謁。陳師有時也在電話中詢問一些家事、黨事和國事，要我多去看看帶我們從青島來到臺灣的大家長劉安祺（壽如）上將，也時常找幾位「青島客」餐敘一番，談東論西，自得其樂。我自信對陳師的志節和風義，瞭解不少，體會也至深。從陳師口中，獲知青島撤退前的社會亂象，若干人際間的祕聞，以及抗日及戡亂過程中他所見所聞的一些密勿。有時，陳師也要我為他蒐集一些史料，或是查證一些疑難問題，多半都是有關山東革命黨人的事蹟。

明侯先生是偉人也是奇人

孫國勛副董事長曾是青島青年教導總隊的學生兵，也是深為陳師所賞識的一員幹才。他對當年投效青教總隊動機以及對陳師景仰之情，曾作如下的敘述：

> 當時我們要入青教總隊，一因局勢惡化而從軍，另外一個原因就是聽說青教總隊總隊長陳孝祖先生，是山東大學教授，青島市青年運動的領導人，又是第十一綏靖區司令部的機要室少將主任，心想跟著這樣一位領導人，一定是錯不了的。
>
> 陳總隊長是昌邑人，是革命先烈的後裔，身材頎

長，經常帶著一副眼鏡，身著佩有少將官階的軍常服，經常巡視我們出操上課，每天早上也一定主持升旗典禮，升旗之後也都會把兩手插在腰帶上講一些話，態度溫文儒雅，說話沉著而有中氣，既慈藹而又有威嚴，一派大將風範，不由得從內心裡敬愛著他。

國勛說陳師是革命先烈的後裔，是因為陳師尊人陳幹（字明侯）先生為辛亥革命前後在山東及東三省從事革命活動的主要領導人之一，是魯籍同盟會員中之翹楚，青島震旦公學的創辦人，與德人爭礦以維護國家利權的發動者，民元任淮泗討虜軍司令，陸軍第三十九旅旅長，並為陸軍總長黃興任命為山東民軍統領。能文能武，功在國家，著有《倥偬集》一書，多為辛亥革命前後的詩文，吳敬恆於此書序文中，盛讚明侯先生為「建國偉人」並為「振古之奇人」。吳序原文是：

> 明侯先生，建國偉人，能將十萬雄師。顧其狀貌，於英偉之中，有高潔氣。若山林隱逸之士，其心胸寥遠。抱世界最新之人道主義，而於舊道德則肫然純孝，友愛其昆季，似理學名儒之所為，實振古之奇人，得天甚厚者哉。其詩若文，亦如其人，周秦漢魏之氣息，以疎曠淡遠出之，其風格終不在唐宋以後。

陳師出生於民國元年農曆六月二十九日。十六年八月，明侯先生在南京被李宗仁挾嫌戕害，時陳師已十七歲，對父親革命經歷了解一些，但不夠完整，也需要查證；一直想給父親整理一份完整的事略，卻一直沒時間著手。他告訴我，丁惟汾先生等前輩曾編輯成一部「山東革命黨史稿」，裡面有明侯先生的傳記，但「史稿」不曉得流落何處，要我設法查到下落。後來我與延國符先生談到「史稿」，延先生說由王仲裕保存。我因此前往北投去訪問王仲裕，並建議早日公開發行，以廣流傳。仲裕先生因而決定將「史稿」先行影印，其後又由《山東文獻》分期轉載，成為山東革命黨人最完整的活動紀錄。

黨史會也存有明侯先生的若干史料，《倥偬集》就是原存黨史會史庫中，我借出來送陳師校訂後出版的。陳師根據明侯先生的著作、家人的記述和我所提供的史料，編撰成一冊《陳明侯先生年譜》。一位青年日本學者北村稔根據此一「年譜」及若干口述及文字史料，用日文寫成一篇《山東之革命家：陳幹》長文，刊載於京都大學人文科學研究所教授竹內實主編的一冊《轉形中的中國》巨著中，列為第一篇。北村稔和竹內實都是見過面的朋友，當我收到他們的贈書時，心裡有說不出的欣慰。和陳師談到此事，他說對先人平生志業有了交代，可以安心了。北村稔寫傳時，也得到陳府提供的一些口頭及文字記述，因而寫得很充實，篇幅長達三十三頁。

追隨商起老，受知劉壽公

看外表和言詞，陳師是標準的學者型人物，不像是軍人，事實上，他曾踏踏實實的受過軍事教育，而且也真真正正的經歷過時間不算太短的軍旅生活。他於民國十九年東渡日本，入士官學校為候補生。至二十二年才又考入東京帝國大學，專攻工學，二十六年四月帝大畢業，旋即回國，去河南省政府向主席商震（啟予，起予、啟宇）報到。商起老和明侯先生是同盟會時代一同革命的盟兄弟，陳師尊之若父若師。起老對陳師則愛之重之，卻也不時賦予艱鉅的任務，要他有冒險犯難的機會，藉以磨礪鍛鍊。

二十九年，商起老奉調為軍事委員會辦公廳主任，陳師也隨之進入軍事委員會，先後任祕書、參議等職。同時兼任國立湖南大學教職，直到抗戰勝利。陳師長於日語，國軍接受長沙日軍投降時，被延聘為日語總翻譯官。三十五年，他回到山東濟南，任第二綏靖區少將高參。三十七年，到了青島，深受第十一綏靖區司令官劉安祺（壽如）將軍的賞識，陳師也開拓了一生事業的新境界。

陳師在青島，同時擔任好幾個職務，也負有多方面的責任。他是國立山東大學工學院的教授，青島市黨部委員，青島市動員戡亂委員會祕書長，軍職則先後出任第十一綏靖區司令部經濟處副處長、處長，機要室主任，官階為少將。實際上，陳師最重要的任務是學潮的處理和青年的組訓。山東大學忠貞愛國的學生領袖李春序、侯健、于延文等人，成功的防制了若干次職業學生挑動的學潮，給予支持並參與策劃的人則是陳孝祖教授。

三十七年四月，昌（樂）濰（縣）地區淪陷後，各中等學校學生不斷流亡到青島，再加膠東各縣的知識青年，為數甚夥。這些青年的收容和教育，成為綏區面臨的重大問題，壽公司令官授命陳師負起此一艱鉅的任務，要他對純正的愛國知識青年，予以有效的組織和教育，對共諜、職業學生及其他不法分子，則予以嚴厲的檢肅。他首先成立了正風大隊，繼之擴組為青年工作總隊，三十八年二月則又成立了正規的訓練機構：青年教導總隊。這段經歷，陳師曾根據原始文件，撰成一篇標題為〈青島青運之一章〉的專文，於《山東文獻》第二卷第三期發表。當年參與此項工作的知識青年，多是意志堅強學行優秀的人才，我所認識的趙中孚、鮑家驄、趙洪慈、姜占魁等人，後來在臺灣都是知名學者。

青年教導總隊的全稱為「第十一綏靖區青年教導總隊」，其設立係出於陳師的建議，劉司令官壽公令派陳師為少將總隊長，負責籌備並主持其事。三十八年二月八日正式成立，隊址為遼寧路九十四號。陳師有意把青教總隊辦成一所革命幹部的搖籃，實施文武合一的革命教育，外大門兩側，樹有一幅楹聯，文詞是：

有志的青年走進來
無恥的敗類滾出去

青教總隊隊歌歌詞，更是熱血澎湃，慨然以反共救黨、復興民族的先鋒隊自任。歌詞全文如下：

> 烽火漫天，血腥遍野，中華民族遭受著空前的浩劫。我們在苦難中成長，我們在大時代的洪爐裡鍛鍊，成一個革命的青年。黨的新生，民族的復興，兩種任務已緊緊的壓在我們雙肩。我們誓為主義奮鬥，我們誓為革命犧牲，為了反共，只有向前。我們的身體，好比鋼鐵，我們的意志，更比鋼鐵堅強，我們有力，要戰勝一切，我們有熱，要溶化一切，拿我們的鮮血，去把新仇舊恨洗刷個淨絕。我們是三民主義的青年，民族的中堅，看準敵人，握緊鐵拳，踏著先烈的血跡，完成復國大業，光明就在前面，勝利就是明天。

從正風大隊到青教總隊，陳師主持的青運工作雷厲風行，他的聲威也達到新高點，沒有人不曉得這位外貌儒雅溫文，處事卻明斷果決的學者將軍陳孝祖。當然，陳師之所做所為，都得到司令官劉壽公的全力支持，這批知識青年，也就成為壽公為國家儲備的一部分有用之才，壽公後來也常常以帶來一批有為有守的流亡學生而欣然色喜。

五百健兒創造了金雞嶺精神

民國三十八年五月將盡，駐青島國軍奉令撤離，十萬人安全登舟，於六月二日啟航南下。青教總隊是五月三十一日登上和順輪，於六月七日抵達基隆，停留二十日後就直航海南島，在榆林港登陸，旋即奉令進駐金鷄嶺。第十一綏靖區改編為第二十一兵團，青教總隊也自八月一日起改稱為第二十一兵團幹部訓練班學生總隊，陳師仍然擔任少將總隊長。

關於青島部隊來臺又去海南的經過，陳師知之甚切。他曾告訴我：當時國防部是要劉壽公所部勁旅開往廣州，壽公到臺灣後即去草山（今之陽明山）向老總統蔣公請示，得到的指示是先開海南待命。為這事，參謀總長顧祝同極不高興，曾當面責問壽公何以不遵奉國防部命令，壽公只講一句話：我是軍人，自然曉得服從命令的重要，沒有命令我是不會去海南的。顧總長是聰明人，一聽這話就清楚壽公是奉命行事，就不再追問了。壽公也顧全全局，他本人乃統率五十軍的一個精銳師開往廣州去保衛已遷設廣州的中央政府，但廣州還是於十月中旬淪陷了！

陳師率五百多名學生兵進駐金鷄嶺，開始了「闢草萊、刈荊棘」的工作，他有一段親切感人的憶述：

> 七月一日，綏區各部隊劃分駐地，青年教導總隊分配到的駐地是距離榆林港九公里的金鷄嶺。
>
> 金鷄嶺不是一個市鎮，也不是一個村落，只是日本人所遺留下的幾間殘陋木房，聊足遮蔽風雨而已。總隊全體官生來到了這形同廢墟的駐地，放眼盡是叢林野蔓，內心裡實在是感慨萬端。但我們沒有畏縮，更沒有懼怕，我們決心要靠自己的手腦，來建造自己

的新營區。於是伐木斬草，結籬築舍，整橋開路，經過十數天的「與自然奮鬥」，一片新的營舍竟然建成了。雙手萬能，在青年人的面前沒有克服不了的困難的！

我們在金鷄嶺生活了四個多月，苦是苦，意志卻更堅強，創造了沒齒難忘的金鷄嶺精神，眼裡閃爍淚光，心中卻燃燒起希望，揭開「金鷄嶺憶往」一書，字字都是血淚，卻也處處顯現出五百位健兒的勇者形象。我有一篇感憶文字，現在改寫一兩句，獻給已回到天國的陳師：

那是一片未開發的原野，滿目蔥蘢，處處芬芳。都是祖國壯麗的山河啊，奈何赤燄薰天，從北方蔓延南方，自中原殃及邊疆！

那是一座新建成的家園，情同骨肉，甘苦共嘗。永遠感念明智的大家長啊，培育齊魯健兒，矢志為反共之前驅，及時為建國之棟梁！

那是一座播遷中的學府，志士薈萃，文健武強。大時代洪爐裡鍛鍊啊，陶成中流砥柱，革命的熱誠似火，愛國的壯志如鋼！

那是一場嚴酷的戰地考驗，明匪暗寇，暮癘晨瘴。堅此百忍以勵肝膽義氣啊，金鷄嶺精神長存，千難萬苦中挑起重擔，荊天棘地中闢建康莊！

三十八年十二月，第二十一兵團從海南移駐臺灣，五百多位千錘百鍊的健兒，分別投身於各個不同的崗位，表現出卓然自立的精神。四十六年的時光過去了，一半以上的老伙伴都已功成身退，他們仍然組成了金鷄嶺學友會，一秉當年的雄心壯志，光大發揚。

國士永懷千歲憂

到臺灣後部隊改編，陳師於三十九、四十兩年中，更換了好幾個職位，並由少將被低敘為上校。他曾對我談到當時的縮編情形，連司令官劉壽公也屈就為中部防守司令，別人更無話可說。他一度奉調至東部防守區任職，但與政治部主任羅才榮先生不甚投緣。羅先生也是我的師長輩，陳師不見外，對我說出這段不太愉快的經驗。

四十二年，陳師脫離軍職，轉任臺灣省立農業學院即今日之國立中興大學教授，回到了教育界，仍然以作育人才為職志。移居臺北後，並曾在東吳大學教過課，直至民國七十九年才完全退休。

陳師念念不忘金鷄嶺共患難的同僚和學生，他也仍然是大家心目中敬愛的大家長。他一度發起成立一個實業公司，想為大家下一代的教育問題多作些幫助，然經營的成績並不理想。隔行如隔山，金鷄嶺這一群中實在找不出經營實業的專門人才。

金鷄嶺學友會，每年有兩次聚會，由萬壽鵬、張一民等負責，熱誠感人。前幾年，劉上將壽公也常來參加年會，關懷殷切，有如家人。七十七年一月起，學友會創刊一份小報型的季刊，陳師題額曰「金鷄嶺」，自己親任發行人。每期都發表一兩篇短文，對國家的熱望和對同學的勗勉，流露於字裡行間，令人感到溫暖、興奮和鼓舞！

早幾期的「金鷄嶺」中，陳師也寫過兩個專欄：一是「見賢思齊」，介紹山東先賢的事蹟；一是「逸山莊隨筆」，介紹山東的名勝古蹟和先賢詩文。逸山莊，是他新店寓所的別稱，用的筆名是「莊戶人」。每年一月一日出刊的一期，陳師都發表賀詞或祝詞，表達他內心的期望和祝福。民國八十二年的賀詞是：

新春欣逢鷄肖癸酉，謹以至誠合掌許願如下：
一、願金鷄報曉，萬象更新！
二、願否極泰來，國運昌隆！
三、願炎黃子孫，個個逞強！
四、願薪傳順暢，世世綿長！
五、願戶戶平安，家家興旺！
六、願奮勉六要，保持長青！
七、願善教子孫，五世其昌！
八、願好人出頭，道義雄揚！
九、願尚方出鞘，斬盡邪佞！
十、願學友攜手，高歌凱歸！

從這「十願」中，可以看到他對學友、世態和國事的感慨和期許。一方面有老驥伏櫪的豪氣，一方面有憤時疾勢的感傷，更重要的還是寄望學友奮勵團結，期能實現報國復國宏願！

今年春節前夕，我到士林陳師寓所去看他。老人家雖在新病之後，精神氣色都還好，只是中氣已沒有往常那樣壯旺。怕他講話多了傷神，幾度告辭，他卻幾度要我留下，再說幾句，垂詢殷殷，有幾次卻又欲言又止。待我離去時，他說「今天看到你，我就安心了」，當時就感到有些訝異，不意一語成讖，這就是師生間最後一次談話！

陳師逝世已五天，心中一直悽惻無已。想念他的聲音笑貌，追思他的生平志業，蒿目時艱，益自惕勵，謹以悼詩一首為恩師祭：

英氣風發當年事，
國士常懷千歲憂；
承志傳薪人應在，
壯懷勁節著春秋。

民國八十四年五月二十五日寫於臺北

作者夫婦（左）向陳師孝祖（右）致敬。

永懷劉上將軍壽公

——追憶與壽公相聚的那些日子

最早聽到劉安祺壽如將軍的威名，是民國三十七年家鄉淪陷流亡到青島以後。壽公當時是第十一綏靖區司令官兼行政長官，開府青島。三十八年六月青島撤退，我決心隨軍南下，參加青年教導總隊當學生兵，是追隨壽公的開始。到了海南島，在三亞機場聽壽公講過一次話，依稀記得他說：「海南這地方，遍地是黃金，只待我們來開發。」這當然是鼓舞士氣的話，事實上海南南部尚是一片未開發的原野，大家的生活很苦，有幾天只吃稀飯過日子。這時候，壽公當然不曉得部下學生兵中有我這個人，我也從沒想到會有和這位名將當面談東論西的機會。直到民國六十七年夏天，我才應壽公之召，前往中央信託局的貴賓廳晉謁，以後多次成為壽公客廳中的「座上客」。

壽公要我去見他，是出自陳孝祖繩伯先生的引薦。那時孝祖先生住新店逸山莊，我在青潭任國史館館長黃季陸先生的主任祕書，下班經過新店，時常到陳府小坐。有一次，孝祖師對我說：「壽公老長官很關心你們青年人，曾經問起你，去看看他吧，或是先寫信去請安，要附上你的著作。」

我照孝祖師的話做了，親筆寫信給壽公，這就是壽公約期相見並賜飯的緣起。首次與壽公面對面談話，印象特別深刻，感受也特別親切。他不談過去，也不以老長官自居，只以家長對晚輩的語氣，諄諄期勉。一開始見到他，我仍稱「司令官」，他微笑說：「現在沒有司令官了」。以後我也跟隨前輩先生稱他為壽公，就像稱老總統蔣先生為蔣公一樣的心情，親切而又尊敬。

民國七十年六月，壽公八秩嵩壽。在學術界服務十位後進聯名呈送了一幅國畫祝嘏，並邀約了二十餘位追隨過壽公的晚輩學人在天廚為長者暖壽。前者由鮑家驄兄籌劃，後者由我發起邀請，那天首次見到壽公那麼愉快，開懷暢飲，高談闊論，令人無限感動，由衷敬愛。朱炎教授再三聲言，壽公是他最大的恩人，沒有壽公的資助，他沒有今天的成就。是的，壽公是大家共同的恩人，沒有他帶我們到臺灣來，我們那裡會有今天！

七十一年七月，小兒甫畢業於交通大學，入營接受預備軍官訓練才五天，卻不幸因參加天龍演習而中暑殉職。這事軍中是有延誤送醫而醫院亦有未盡責任的過失，我內心的悲痛是難以形容的，但因服務中樞，不便說什麼。公祭之日，壽公親來致祭，他只對我說一句話：「你要堅強」。蔣彥士祕書長對我說：「你要保重」，黃季陸師則殷殷叮囑：「要向寬處想」。在長輩和長官的慰勉下我沒有迷失自己，應當算是極大的幸運。壽公的激勵，令我沒齒難忘，溫暖在心。

有好多次，壽公請一些朋友、部屬及晚輩到他中山北路七段寓所吃飯，好像每次都請孔院長達公坐首席。兩位鄉長喜歡說笑話，有時也互相調侃幾句，引起閧堂大笑，真是歡樂無比。鄉先輩們喜歡稱孔達公為「聖人」，壽公更時常自謙為「老粗」。事實上，壽公韜略勝人，經史知識亦極豐厚，身與東征、北伐、抗日、剿共諸役，身當方面，肩負萬鈞，所知所歷軍政祕辛，無不為現代史中的珍貴史料。張玉法兄數度以口述一生親歷以存信史為請，壽公終亦允諾，於是有《劉安祺先生訪問紀錄》的出版。他也存有外人所不宜當見的書刊。一次，和我談到西安事變的事，涉及張學良，壽公即從存書中找出一冊《四十年家國》給我看，並允許我帶回來閱讀，但鄭重告訴我：「不要轉借他人，借給你，不是送給你，看過後要還我。」

《四十年家國》係一冊一百二十七頁的小書，內標題為「揭開二十四年來從未公開之謎——張學良幽居生活實錄」，在當時尚是禁書。我研究過西安事變，寫過專書，聽說有這樣一本書，卻未曾讀到，意外的從壽公老鄉長那裡得到，自然喜出望外，我帶回來珍藏著，未曾歸還給壽公。現在壽公駕鶴西歸了，我在這書的封面內頁寫下一句話，留作紀念：

> 這是劉上將壽公借閱之書。尚未璧還，壽公已遽歸道山，決定永久珍藏，書此以為紀念。

我也從壽公以及孝祖先生口中，獲悉青島撤守及溪口之行，部隊經臺灣開赴海南時陳辭修、李振清等人反應，以及參謀總長顧祝同對壽公未遵令開往廣州而逕開海南，頗有不滿等事故的情形。壽公說，青島撤退前的溪口之行，是先總統蔣公派專機來接的，由夏功權親自駕駛，可謂保密到家。我在依據蔣公日記編纂之《總統蔣公大事長編初稿》一書卷七（下）三十八年二月二十日紀事一條中，發現有如下之記述：

> 劉安祺司令官來溪口謁公，報告青島近況，謂：「美國海軍人員對青島問題態度已變，表示不願放棄，並要求我軍堅守不撤，但對中美兩軍組織聯防機構事，則不能保證其實施。」公意以為美方既不能切實保證協防，則我軍仍應照原定計畫作隨時撤退之準備。

我承壽公召宴過不少次，但從未以主人身分邀宴過壽公，深感有失禮之疚。黨史會主任委員秦孝儀先生有次對我說，你是劉壽公帶出來的流亡學生，我們請壽公來陽明書屋看看，請他吃飯，陪客都請你們山東人，如何？我當然舉雙手贊成。但秦先生事繁，一直未能安排出適當時間。直到八十年四月他將依例自退，由我代理其職務，秦先生方又說：「請壽公吃飯的事現在要兌現了，我們兩人做東，越快越好。」我當天即與壽公通電話，說明秦先生和我的誠意，壽公立即說好，爽快之至。這是我唯一一次以主人身分邀宴壽公，主客另外請了孔德成院長，陪客則多是歷史學界的「山東幫」，陳孝祖師也應邀作陪。這餐飯輕鬆愉快，留給我最美好的回憶。

壽公年逾九秩高齡，而健朗如恆，鄉人無不額手稱慶，私衷亦嘗以大仁必壽為頌。本年初，偶聞壽公健康有衰退現象，初不信其竟至大去也。九月九日驚聞壽公於安詳中離開人間，乃以為大德者始有此無痛而終之善報。悵惘數日，於九月十四日親擬輓語如次：

志在春秋，功在春秋，大忠大節，將軍勳名自千古；

身也齊魯，心也齊魯，唯孝唯義，先生令德滿人間。

民國八十四年十月十日寫於臺北寓所懷元盧

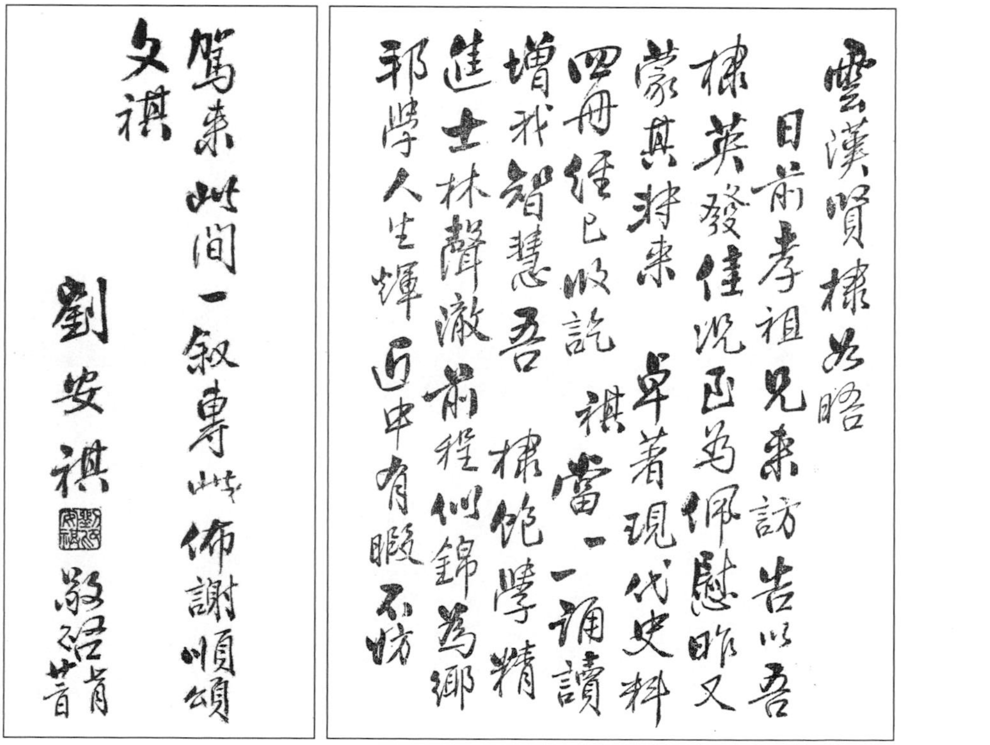
雲漢賢棣如晤
日前孝祖兄來訪告以吾
棣英發佳況正為佩慰昨又
蒙其持來卓著現代史料
四冊經已收訖祺當一一誦讀
增我智慧吾棣飽學精
進士林聲澈前程似錦為鄉
邦學人生輝近中有暇不妨
駕來此間一敘專此佈謝順頌
文祺
劉安祺敬啓

劉安祺壽公致作者函

作者（左）恭迎劉安祺上將（中）。右為陳孝祖教授。

懷念孔奉祀官德成先生

民國九十七年（二〇〇八）十月二十四日晨八時，在家閱《聯合報》，突然發現「孔德成住進加護病房」的報導，不禁心頭一怔。高齡老年人住加護病房，是危險的預告，怕孔先生出不了醫院了。五天後的十月二十九日，《聯合報》A五版出現了〈孔子七七代嫡孫　孔德成辭世　享壽八九〉的標題，一整版都是論述孔德成生平事績。我一字不漏的讀過全版，想到曲阜孔家在歷史上獨一無二的地位，以及我與大成至聖先師奉祀官孔德成先生的多次交往。百感交集，能不一吐！

由衍聖公到奉祀官

尊孔，是中國的歷史傳統。自漢代起，歷代帝王均對孔子（西元前五五一－前四七九）頒贈尊號：唐稱文宣王，宋稱至聖文宣王，元稱大成至聖文宣王。至於世襲的「衍聖公」，始自宋仁宗至和二年，經明、清以至民國初年，未曾改變。孔德成出生於民國九年（一九二〇）二月；他出生前三個月，上代「衍聖公」孔令貽病故，孔德成係遺腹嫡長子，繼承了「衍聖公」的名位。民國二十四年（一九三五），孔德成已經十五歲，情形始有了改變。

孔府瞭解到中華民國是民主共和的國家，不宜再有帶有封建意味的「衍聖公」存在，遂主動請求國民政府廢除此名號。國民政府認為孔子乃中華文化宗師，尊孔的傳統有正面教育意義，於民國二十三年（一九三四）八月二十七日通令全國各機關紀念孔子誕辰，國府及各院部代表在曲阜舉行祭典。同年十一月十五日，執政的中國國民黨中央常務委員會通過尊孔辦法：孔、孟、顏、曾聖哲後裔均稱奉祀官，並給資培植至大學畢業。二十四年（一九三五）一月十八日，國民政府決定以孔子嫡系裔孫為大成至聖先師奉祀官，以特任官待遇；以顏子、曾子、子思子、孟子嫡系裔孫為復聖、宗聖、述聖、亞聖奉祀官，均以簡任官待遇。首任大成至聖先師奉祀官，由孔德成任之，其後仍由孔子嫡系子嗣繼承。《聯合報》記者李光儀記曰：「孔德成成為國府最年輕的特任官，這個紀錄迄今尚無人打破。」

國民政府既特任少年孔德成為孔子奉祀官，於法定俸給之外，尚負有道義的教育責任，曾指派山東籍黨國大老丁惟汾（鼎丞）先生等人為孔奉祀官導師，為孔氏策定進修計畫。民國二十六年（一九三七）七月，抗日戰爭爆發，國民政府軍事委員會委員長蔣中正為維護孔奉祀官安全，特令國軍第七十二師師長孫桐萱親迎並護送孔氏至武漢，孔氏從此隨同中央政府行動。戰時在重慶，勝利（一九四五）後復員南京，三十八年（一九四九）再播遷臺灣。雖在戰亂時期，孔氏潛心向學，因而成就為經學家、名教授、書法家，被推崇為青年社會賢達人士，戰時政府曾禮聘他為國民參政會參政員；行憲後，由總統禮聘為總統府資政。

原是白面書生

我童年時代，常聽到先父暨塾師談些有關「衍聖公」的故事，當然還不曉得孔德成其人。直到民國三十六年（一九四七），我讀高中三年級，才從訓育主任高魯生先生口中得知一點孔德成的人和事。高主任是曲阜人，與孔德成同縣。高先生於戰時在山東戰地從事抗日工作，屬三民主義青年團系統，為山東支團部書記長兼游擊縱隊司令秦啟榮的嫡系幹部。當時山東各縣進行第一屆國民大會代表選舉，高主任努力爭取曲阜縣提名，以他的黨政人脈及資歷，自以為沒有問題，顯得很高興。過一段時間後，他忽然消極起來了。原來省方受到中央指示，曲阜縣要提名孔奉祀官德成，高主任只被列為候補。但他沒有抱怨，認為提名孔德成是符合民意的；他被列為候補，已經很滿意了。高主任還曾對我們幾個同學，談到早年曲阜第二師範學校上演「子見南子」話劇，惹怒了孔府而興訟的往事。

我於民國三十八年（一九四九）由青島經海南來到臺灣，由流亡學生幸而變成了在學學生。四十年代，有幾次同鄉集會場合，遇到過山東籍幾位鄉先生，如秦德純、裴鳴宇、趙季勳、王仲裕、延國符、宋憲亭、趙公魯等，孔德成也是其中之一。沒想到，鼎鼎大名的孔子奉祀官孔德成竟還是個白面書生，帶幾分威嚴，言詞卻甚謙和，簽名時慢慢細細，橫平豎直，絲毫不苟。臺北《聯合報》記者李光儀形容孔德成風範說：「望之儼然，即之也溫，在孔德成的身上可清晰尋得孔子的身影。」

辦《山東文獻》，贊助而不參與

《山東文獻》季刊，創刊於民國六十四年（一九七五）六月，於出刊二十八年之後，於九十二年（二〇〇三）三月休刊，事實上是無限期停刊，是令人惋惜而無可奈何的事。這份山東人在臺灣所辦記述山東史事及人物的期刊，首倡者為已故山東省政府教育廳廳長、第一屆國民大會代表楊展雲（鵬飛）先生，鼎力相助之鄉賢為宋梅村、孫繼丁、劉安祺、孔德成等先生。《《山東文獻》總目錄》之〈編者序〉中，有下面記載：

> 二十八年來，國大代表楊展雲先生、立法委員宋梅村先生先後任發行人，前青島市代市長孫繼丁先生、陸軍一級上將劉安祺先生、前師大附中校長劉安愚先生先後任社長，立法委員宋梅村先生及中華民國紅十字會副秘書長姜增發先生先後任總編輯，實際的編輯、發行工作，則由在中央研究院服務的幾位先生負責。編輯委員會委員有王曾才、王志勤、王治中、朱炎、李雲漢、張玉法、張存武、陶英惠、趙儒生、楊澍。

經理部，自民國六十六年十二月第二卷第三期自臺北市衡陽路遷至南港研究院路後，一直由何國隆先生負責，備極辛勞！

上開名錄中，沒有孔德成先生，何故？是因為孔先生自己決定的原則：贊助，但不參與。他出任考試院院長後，更有了理由：身為國家公務員，不宜再擔任其他職務。大家也都理解，孔先生是想保持其事事超然的形象。事實上，有關創辦《山東文獻》的會議及活動，他幾乎從未缺席。刊頭「《山東文獻》」四個字，也是孔先生手筆。依據《《山東文獻》社榮譽贊助戶題名錄》的紀錄，孔先生曾捐款四次，共捐臺幣兩萬六千元。

記得早期的幾次餐會，是在臺北市西寧南路的會賓樓餐廳。餐廳是山東人開的，是孔先生的「老地盤」，他喜歡什麼菜，廚師一清二楚，我們沾光，一定是可口的家鄉菜。他是有名的美食家，然喜歡的菜，也只是幾樣很普通的菜：「酒黨搗蛋」、「蔥燒烏參」、「清炒蝦仁」、「雪菜百頁」。幾位鄉先生，都喜歡稱孔先生為「聖人」，我們年輕一代則喜歡稱他為孔先生或達公（孔先生別號達生）。孔先生與劉安祺上將喜歡彼此開個小玩笑，逗得大家開懷大笑。這情景，已經成為往事，幾位鄉先生已先後駕鶴西歸，孔先生是最後一位，《山東文獻》也已停刊五年了！

曾為達公代筆寫過講詞

民國七十五年（一九八六）為中華民國行憲後首任總統已故蔣中正（介石）百年誕辰紀念之期，不僅臺灣地區舉辦了多項追思及紀念活動，日本各界也在東京舉辦一次盛大的「蔣介石先生百年誕辰紀念會」。日本方面將由前首相岸信介主持，邀中華民國派大員前往參加。主其事者為中國國民黨中央黨史委員會主任委員秦孝儀先生，他與總統兼黨主席蔣經國先生商定，禮請孔奉祀官德成先生率團前往，以壯聲色。孔先生感到義不容辭，乃欣然承諾。誰也沒有想到，孔先生在東京紀念大會之講詞的擬稿工作，竟落在我身上。這件事，我在〈筆耕一周甲〉一文中，作過如下的憶述：

> 我在黨史會擔任副車一十二年（民國六十八年八月至八十年四月），所撰寫的代筆文字有長有短，篇數在三十上下。有學術性的，也有應景性作品；有的花費不少時間，自己還感到滿意，有的則筆不隨心，寫出的似乎都是言不由衷的空話。印象最深刻，也感到很光榮的一次，是受命寫一篇談論蔣故總統中正先生與日本關係的講稿，交由孔奉祀官德成先生帶去東京，在日本各界舉行的「蔣介石先生百年誕辰紀念會」上講述。秦主任委員孝儀先生於上午十時告訴我這件事，我當即開始構思，中午未休息，午後擬稿、改稿、重抄後，交掌理主任委員辦公室機要的武競時編

審轉呈孝公，已是午後四時了。次日來到辦公室，武小姐告訴我：「主任委員很滿意，說你做得又快又好。」我當然很高興。秦先生也把稿由我擬的事告訴了孔先生，孔先生後來見面也表示嘉許。因此之故，這篇標題為〈蔣介石先生與東方文化〉，不到一千五百字的短文，我至今仍然保存著。

東京的「蔣介石百年誕辰紀念會」於一九八六年九月四日舉行，由岸信介主持，孔奉祀官以貴賓身分發表演說，轟動一時。黨史會編印的會史《汗青一甲子》一書第一五六頁，收錄了岸信介前首相與孔德成奉祀官並肩進入講堂的一幀照片，岸信介胸前佩帶大紅花，孔先生佩帶大黃花，兩人的表情均甚莊重、嚴肅。次年，日本各界即繼續舉辦「蔣介石先生遺德顯彰會」，充分表現出日人對蔣中正先生的敬佩與感念情懷。

為《昌樂文獻》題耑

民國七十七年（一九八八），為山東昌濰戰役國軍失敗，故鄉昌樂淪入共黨統治四十週年之期。昌樂在臺鄉友聯誼會負責人趙光家（顯庭）先生倡議兩事：一為編印一冊紀念集，定名為《昌樂文獻》；一為在臺中市舉辦一次盛大的紀念會，訂期於五月一日昌樂縣城淪陷之日。顯庭先生是師長輩，要我協助兩位前昌樂中學同學張來禧、張瑞岐籌編《昌樂文獻》，當然樂於從命。書稿編成即將付梓，考慮到書名題耑，顯庭先生希望懇請已出任考試院長的孔德成先生，要我與孔先生一談。

孔先生是曲阜籍，與昌樂並無淵源。然山東人都視孔先生為鄉賢，懇請他為《昌樂文獻》親題書名，也非非分之請。我寫一封短信給孔院長說明此意，寄給新任考試院秘書長王曾才兄轉達，並請曾才兄安排個時間，讓我親去拜會孔院長一申誠悃。沒幾天，曾才兄的回信到了，竟是孔先生親筆所書金文體「昌樂文獻」四字。這麼爽快，大出我意外。後來見到曾才兄，當面謝謝他，他說：「孔先生說，你的事來信說明就行了，不必再跑一趟。」孔先生是知名書法家，以楷書及金文體有聲於當代。但他惜墨如金，不輕易揮毫。我此次輕易獲得他的墨寶，不能不引以為榮。

陽明書屋的一次晚宴

記憶中，與孔達公共餐有好多次；他多半都是主客，我有幸敬陪末座。只有一次，我和秦孝儀先生共同做東，邀請兩位山東大老及八位史學與兵學界的「山東幫」到陽明山的陽明書屋做客。這事是秦孝儀先生主動，時間是民國八十年（一九九一）四月，秦先生自黨職退休由我接掌黨史會之際。其經過，我在〈陽明書屋瑣憶〉一文中，作了簡略的記述：

> 在我主觀的感覺上，秦孝儀先生對我們山東人似乎懷有好感，他幾次提到要請我們山東幾位鄉長暨史學

界的「山東幫」吃飯，聊天。我的記憶裡，印象最深刻的餐會有兩次：一次是在故宮博物院；另一次是在陽明書屋，是在民國八十年四月。主客預定為前陸軍總司令劉安祺（壽如）上將、現任考試院院長孔德成（達生）先生。這件事，秦先生已講過好幾次，要我負責聯繫。由於大家都忙，一時找不出個適當的時間來。直到秦先生要離開陽明書屋了，才要我趕快辦，並要我和他共同做主人。我先與劉上將壽公通電話，決定了日期；再與孔院長聯絡，他表示「樂於奉陪」。另外的客人，秦先生要我決定，當然以請山東籍人士為限。我決定邀請與劉壽公有特殊交情的陳孝祖（繩伯）教授，暨學術界之孫震（伯東）、于宗先、呂實強、張玉法、孫同勛、朱炎（南山）等兄，以及和我一樣由青島跟隨劉壽公與陳孝祖先生，撤退來臺，現任國防部軍事情報局副局長之楊學晏中將。地點是在陽明書屋，時間則訂在晚上。屆時除孫震兄（時任臺灣大學校長）臨時有事不克上山外，餘人均尅時到達。是晚談笑風生，賓主盡歡，秦先生贈送客人每位一份有關黨史的紀念文物，極有意義。我也保留了一份，作為曾經長期為陽明書屋服務的紀念。

中山學術文化基金會默念達公

孔先生於本職及教授職務之外，很少兼任其他機構的任何名義，只有財團法人中山學術文化基金會為一特例；但也只居其名而不參與實務。據我所知，達公之應邀擔任中山學術文化基金會董事，係在民國七十二年（一九八三），補葉公超董事遺缺。當時的董事長是考試院故院長楊亮功先生。兩年之後——民國七十四年（一九八五），副董事長黃季陸先生逝世，經楊董事長提請董事會議通過，聘孔先生為副董事長；至本年十月，任職已滿二十三年，為歷任副董事長之任期最久者。

我於民國八十五年（一九九六）自黨史會本職退休，承中山學術文化基金會劉董事長真（白如）先生聘為該基金會學術著作獎審議委員會委員，九十年（二〇〇一）又受聘為董事。因此，名分上，我與達公成為同事。由於達公從未出席過每年兩次的董事會議，見不到面，私下不無遺憾。然我瞭解達公的心意與其一貫的作風，確也已登高齡，也就釋然。本年十一月四日，基金會假臺北市中山南路二十號國家圖書館一八八室，舉行第八十七次董事會議，我尅時出席。會前，先由主持人提議大家起立，為孔副董事長德成先生默念一分鐘！我的感觸比他人更深，以往和達公相聚時的情境一幕幕湧現在腦際，默禱達公在天上生活得更快樂。達公所遺副董事長職務，董事會無異議通過劉董事長白如先生提議，由吳伯雄董事繼任。這是最好的安排，相信達公也一定感到滿意。

中華民國九十七年十一月七日，李雲漢筆述
於臺北文山木柵路寓所。

三、上司、同僚

我的秘書長老上司：馬樹禮

民國九十五年（二〇〇六）八月二十日的《聯合報》，刊出「國民黨前秘書長、中評委主席團主席馬樹禮病逝，享壽九八」的報導，為之一驚。因為我完全不曉得馬先生生病的事，還一直認為他健康情形良好；前些日子遇到陳鵬仁兄，不是說馬先生還想要鵬仁陪他去日本看看麼！

由於這一訊息，勾起我服務中國國民黨中央黨部時期的一些回憶。我自民國四十六年（一九五七）八月進入中央黨史會，到八十五年（一九九六）七月退休，整整四十年；只是中間有兩年，去國史館做主任秘書，實際在黨史會服務三十八年。這其間，經歷了三位黨魁：總裁蔣中正、主席蔣經國、李登輝；九位秘書長：張厲生、唐縱、谷鳳翔、張寶樹、蔣彥士、馬樹禮、李煥、宋楚瑜、許水德；五位主任委員：羅家倫、黃季陸、杜元載、蕭繼宗、秦孝儀。這十七位先生，是我任黨職時期的老上司，已經有十二位成為古人了，如何不叫我撫今追昔，感慨萬端？

九位秘書長中，從未交談過的是唐縱先生。只談過一次話的，有兩位：一是張厲生先生，我初到黨史會任職時去看過他，他說：「你來黨史會工作，很好，羅先生書讀得好，你可以學到很多東西。」另一位是谷鳳翔先生，我考取黨公費出國留學時去看他，他講兩段話，一是：「李同志，北方青年，很好。」一是：「我們黨是有前途的。總裁是個絕頂聰明的人，據我的經驗，他預料的事八九成都正確。」其餘六位秘書長，由於我的職位已是副主管、主管，見面接談的機會就多了。馬樹禮先生又是個特例，在他秘書長任內和我交談的機會並不算多，他退休後主持三民主義統一中國大同盟暨逸仙文教基金會時期，幾乎所有的學術活動都邀我參加，甚至要我代筆寫點東西，我對他的為人及治事風格也有了更深入的認識，感佩的情緒亦與日俱增。我和鵬仁兄一樣，喜歡稱他為馬先生，心懷關切與尊敬！

我曉得馬先生，是在政大研究部讀書時代。為一篇論文，到書店裡找參考書，發現有一冊《印尼獨立運動史》，著作人是馬樹禮，很有用，就買了。這書我保存了近四十年，讀過好幾遍，也因此對馬先生有了敬佩之感，他真正是位愛國志士。這冊書，三年前搬家時由於新居太小，不能不忍痛捨棄了。馬先生另外一種很有價值的著作《使日十二年》，我一直好好保存著，不定時的取出來查閱一番，也才真正體會到他的智慧、毅力和苦心。陳鵬仁兄為馬先生延攬，自美赴日，專任僑務組長，成為馬先生的股肱，對當時的境遇體會得最為真實而痛切。

馬先生出任亞東關係協會首任駐日代表期間（一九七三－一九八五），我供職於中國國民黨中央黨史會，跟主任委員秦孝儀先生工作。秦、馬兩先生為中央黨部多年同事，相知甚深，於國事黨事尤能心同志同，密切配合。據我記憶所及，最少有兩件事難以忘懷。第一件事，是為慶祝中華民國建國七十週年，秦先生策劃了三次國際性學術會議：一是八月間在臺北舉行規模盛大的「中華民國建國史討論會」，一是九月間在香港舉行的「孫逸仙博士與香港」國際學術會議，一是十月間在日本橫濱舉行的「三民主義與中國——辛亥革命七十週年紀念學術討論會」。香港的會，洽請珠海書院（大學）校長梁永燊先生籌畫，我協助他；橫濱的會，秦先生敦請馬先生大力相助。我奉命負責協調聯絡，因得與聞其詳。馬先生一口應諾，指派陳鵬仁兄負責籌備，我們也將鵬仁兄列入我方出席學者名單內——共八人：李國祁、王曾才、李守孔、蔣永敬、朱堅章、陳三井、李雲漢、陳鵬仁。這個會也得到旅日僑領李海天先生的大力支援，辦得極為成功。還記得十一月一日中午，馬先生在東京美國俱樂部請我們吃午飯餞行的情形，是我首次與馬先生面對面談話，頗有「即之也溫」的感覺。第二件事，是在民國七十三年（一九八四）十一月間，秦主任委員應美國全美中國研究學會（American Association for Chinese Studies）之請，決定邀請國內四位歷史學者，前往德拉瓦州（Dalaware）威明頓（Wilmington）出席該學會一九八四年年會，討論第二次世界大戰期間日軍在華暴行。秦先生經與中央研究院近代史研究所、國史館方面洽商，決定由近史所的王聿均教授，國史館的洪桂己協修及我（代表黨史會）前往。但需要一位瞭解日本學界情形並精於日語日文的人，秦先生與我研究後，決定借重駐東京代表處的陳鵬仁兄。秦先生電話馬先生告以此情，馬先生立即同意，非常爽快，秦、馬兩先生一諾千金的風格，實在太令人敬佩了。

馬先生為人厚道，一生清廉，有些事是出於我自己的觀察，有些事則是由陳鵬仁兄轉告。馬先生與鵬仁兄之間，早已超越了一般長官部屬間的關係，私誼已在師友之列，這也是令我感到興奮與欽佩的地方。馬夫人吳為琳女士，乃名將之後，其尊人吳克仁將軍為東北軍中堅將領，於民國二十六年（一九三七）十一月奉令馳援上海抗日戰爭時，不幸殉職。然馬先生暨夫人從不張揚；就如馬先生曾榮獲日本明治大學暨菲律賓聖道多瑪斯大學先後授予名譽法學及人文學博士學位一事，從未聽他主動提起過。其謙抑為懷的美德，亦足為世人法。

八月二十一日上午馬先生第二殯儀館景仰廳的喪禮，我去參加了。遇到陳鵬仁、高銘輝、潘振球、葛維新、關中、于宗先、張劍寒、黃天才等老友，握握手，眼光中透射出共同的語言：對馬先生無盡的懷念與哀思！離去時，徐新生送我一份《世界論壇報》，登載著他的一篇〈高山景行無殼輕——側錄馬樹禮先生的風範〉，才曉得馬先生「最後竟沒有屬於自己的住所」，不禁又感慨系之，我的秘書長老上司中，似乎就馬先生一人屬於「無殼族」！夕陽古道，這樣的典型尚有幾許？

民國九十五年八月二十二日星期二，八十老翁李雲漢草於臺北木柵蝸居。

秦心波先生與我

突如其來的噩耗

民國九十六年（二〇〇七）一月五日晚間十點二十分，接到中正文教基金會秘書楊麗美小姐電話：「孝公走了，是在今天傍晚六點多的事，已送振興醫院往生處。」太突然了，我直接的反應是：怎麼會這樣呢，我一直不擔心孝公的健康問題，怎麼會突然間就走了呢！麗美也告訴我：孝公昨天下午還到基金會辦公室看她們，她送孝公上車離去，一點也沒有異樣，誰想到今晚就發生了這樣的意外！

我把這事告訴內子，兩人的心情都很沉重。躺在床上，輾轉反側，往事一幕幕湧上心頭，大半夜未曾闔眼。在我的生涯中，孝公秦先生是最具影響力的前輩先生之一，有情有義；遽然永別，情何以堪！轉念凡人都有末日，孝公在沒有太多痛苦的情形下歸天，乃是有福之人，應當為他感到高興才是！

次（六）日臺北《聯合報》A十三版，刊出記者周美惠、施靜茹的報導，標題是「蔣公文膽　故宮化身　秦孝儀病逝」，提到振興醫院已為孝公布置好靈堂。我草草略進早點，即匆匆搭公共汽車趕往振興醫院。進入靈堂，首先遇見孝公故宮博物院院長任內的機要秘書廖寶秀小姐，未開口，眼睛就已潤濕，廖也語帶哽咽。向孝公遺像行禮時，眼淚不自禁的下落。想安慰在現場答禮的孝公三公子無忝君幾句話，卻不知從何說起，只講一句：「節哀！保重！」

九日下午，我出席了在中國國民黨中央黨部新址臺北市八德路二段二三二號五樓會議室舉行的「中評委主席團主席秦孝儀先生治喪籌備會議」。由中評委主席團主席李煥（錫俊）先生主持，決定：成立治喪委員會，推連戰先生為榮譽主任委員，馬英九先生為主任委員，中國國民黨歷任副主席為副主任委員，今日到會諸人暨有關人士為委員；訂於元月十八日（星期四）下午假臺北市立第二殯儀館景仰廳舉行公祭。散會後，在電梯門口遇到李煥先生，他對我說：「心波兄就這樣走了，真沒想到會這樣快，太早了點吧！」我上次見到孝公，係在去年九月二十九日中正文教基金會召開董事會議時；雖發覺他略有遲鈍，然步履尚健，初未料及此為最後一次晤敘也！

初聞秦先生言談

民國四十年代，在臺北《中央日報》副刊上讀到一篇逐日連載的語錄體專文：〈進德錄〉。係以名賢格言為綱，予以簡明了當的詮釋，鞭辟入裡，極得我心。作者署名為

「心波」；此公何許人耶？我茫然不知，也未深究。心想一定是位學養豐厚的高年長者，年輕人無此功力也。四十六年（一九五七）我到黨史會服務，在一次與主任委員羅師志希先生談話時，談到〈進德錄〉，他告訴我，作者「心波」就是新任中央委員會副秘書長秦孝儀先生，正當盛年，是總統蔣公介石先生官邸的秘書。我去中央日報社買了一冊《進德錄》，一直放置在興隆路家中書櫥中，不時取閱，後來因搬來木柵路小房子，容納不下，只有連同其他的書籍分別贈送了其他朋友。

孝公出任副秘書長，係在民國五十年（一九六一）四月，那年他四十一歲。他是湖南人，有湖南人的脾氣，後台硬，也勇於負責。上任後不久，曾由羅主任委員陪同去草屯荔園（黨史會史庫）一次，與典藏室同仁座談，我和蔣永敬兄都參加了。對某件史料的文辭有不合時宜處，孝公說可考慮更改，羅先生以微笑報之。我和永敬兄都基於嚴正的史學觀念，認為史料應存真，如有疑問，可作注釋，但不能輕言更動原件。只是我倆都還是編審級的小人物，話未敢出口。憑良心講，我和永敬兄對孝公的第一印象，並不算好。

民國五十二年（一九六三），蔣永敬兄之首部學術專著《鮑羅廷與武漢政權》獲得中國學術著作獎助委員會的優良著作獎，並為其出版。這冊依據中國國民黨原始檔案寫成的著作，深獲國內外知名歷史學者郭廷以、韋慕庭（C. Martin Wilbur）等人的重視，美評如雲。次年，永敬以此書向教育部申請學術著作三民主義一科之獎金。這是當時中華民國最高的學術著作獎，要經過三民主義教育委員會委員嚴格審查後，以投票方式決定給獎與否。當時的三民主義教育委員會委員中，如崔載陽、崔垂言、傅啟學、羅剛等先生都是三民主義學術專家，態度公正，預料必會支持；孝公也是委員，眼界甚高，是否能同意給獎，不無疑慮。等評選結果揭曉，永敬榮獲首獎，才獲悉孝公也甚器重永敬兄的大著，投票支持。我和永敬，對孝公的印象因此有了改變，覺得以他的身分背景，尚能尊重學術成就，甚為難得。

遠近離合之間

民國五十九年（一九七〇），黨史會黃主任委員季陸先生任命我為第二室總幹事，兼辦中華民國史料研究中心業務，要在臺北辦公。這一變動，提供了我和孝公副秘書長接觸的機會：有時是他主動找我，詢問有關某些史料的事；有時我是以黨史會代表身分，參加孝公主持的某項會議或活動。例如：孝公有次問我黃克強先生辛亥年（一九一一）十月間曾有〈和譚人鳳詩〉，譚的原詩在那裡？他知道我曾寫過黃克強先生的年譜，以為我必能給他滿意的答覆，他正在寫紀念黃克強先生百年誕辰的文章。有一次，孝公主持一次人事評審會議，我代表黨史會參加，於討論臺東縣黨部主任委員某君懲處案時，他要每位出席人員都表示意見，然後以投票方式決定之。他的認真負責態度，給予我極為深刻的印象。他策劃由三家電視台聯播，宣導中華民國革命建國史事的連續劇「證言」，指名要我參加，開過不少次會，我也直接見證到孝公恨鐵不成鋼的個性，與要求嚴格，絲毫不許通融的行徑，令人又敬又畏。

民國六十五年（一九七六）十一月，孝公由首席副祕書長調任為黨史會主任委員，人皆謂之為「貶調」，僚友中只國史館黃季陸館長電話賀慰，告以黨史會位置仍大有可為。會中同仁，亦有以人事將大幅調整為慮者，事實卻證明這一疑慮是不必要的。蔣永敬兄在其回憶錄《浮生憶往》中，曾述及他當時的心境：

> 民國六十五年（一九七六）十（一）月，秦孝儀先生接任黨史會主任委員，素聞其權勢甚大，心中畏之。但相處之後，知其並非可畏。有是非感，亦重情感，有脾氣，尚能容反調。

我的經驗，與永敬兄略異。孝公初至黨史會時，對我頗重視，去草屯荔園視察暨到國史館拜訪，都要我陪同。去荔園時，見幾位老同仁服裝言語，似均與現實社會有差距，孝公私下曾笑謂為「山頂洞人」。晚間住於臺中市「協園」，即海軍招待所，海軍總司令鄒堅特派其政治部主任前來接待，畢恭畢敬，我始知孝公在軍中的威望。訪問國史館時，我親聆孝公對黃館長說：「季老，我做事，做過了頭是有的，但不會稍有鬆懈。」

孝公對黨史會業務的開展，一步步進行。他想創辦一種雜誌，要我與史學界幾位朋友試擬一項計畫。我邀請臺大、政大、師大歷史系的幾位教授好友到我家中，商訂了一份意見書，建議雜誌的性質應該是學術性的，以建立當代史研究的權威。當我把這份意見書送閱時，卻不合孝公的意思，他說他要辦的雜誌不是「學報」，而是綜合性，可讀性要高。這一構想，就是後來《近代中國》雜誌的根源。

相處幾個月，漸漸了解孝公的史學觀念與史料編纂方向，有些事我很佩服，有些事我卻未能苟同，甚至有所堅持。這態度，當然是不應該的，也是滿危險的，只是我涉世未深，竟未能多體會他人的感受。崔副主任委員垂言先生曾規誡我：「雲漢，主管要做的事，你不能說做不到。」在秘書處任議事秘書的前青年服務團老同事馬鶴凌先生也對我說：秦先生的脾氣就是急，你如有話不方便講，同我說，我同他講。我想鶴凌公是聽到什麼傳言了，其實我對孝公決策並沒有異議，只是說話不夠圓融，態度不夠恭謹而已。

次年夏間，國史館主任秘書許師慎屆齡退休，黃館長季陸師對我說：「人很難找，要有學術涵養，又要具備簡任職任官資格。雲漢，最好你能來幫我這個忙。」我答應想想看。這時際，黨部為促進人事上的新陳代謝，將退休年限由二十五年縮短至二十年，我的服務年資已適合退休條件。我也怕待在黨史會，萬一與主管處不好，就更難為情了，還是早離開為妙。因而申請退休，去國史館專任纂修兼主任秘書。孝公批准了我的申請，於是我自黨史會「出走」。後來劉秘書世景兄告訴我，孝公有不能不讓我離去的理由：黃先生是黨的元老，向他提出此請，並說要提拔我，秦先生不好阻擋。我自己揣度，孝公此時對我尚沒有深刻的了解，且認定我有「傲上」的紀錄，史學觀念也難以配合，因而讓我「掛冠」而去。

離開黨史會次年，孝公要黨史會與革命實踐研究院合作，舉辦了一次歷史教學講習班，邀我去講一次課。孝公親自來聽講，表示對我的「重視」，實際上則是對我的一次「測試」。課後，孝公對我說：「你的看法與我的想法一樣，我們間沒有什麼距離嘛！」

離開黨史會，距離孝公及幾十位老同仁是遠了，內心難免有些怏怏；一有空，還是會回到黨史會去坐坐，聊聊，內子說我「真無聊」。還好，孝公也並沒有真的嫌棄我；兩年後，孝公又要我「回歸」黨史會。我在學術自敘傳《史學圈裏四十年》寫出這樣的兩段話：

> 黨史會似乎也無意把我完全開除掉，因為秦主任委員發給我一紙聘書，聘我為名譽纂修。劉秘書世景兄告訴我，秦先生甚至還希望我能參加黨史會的編輯會議，經他說明體制上不甚妥當，我才獲准「免役」。
>
> 「出走」快兩年了。六十八年五月間，秦主任委員在一次餐會中告訴我：史料一兩個月內集中完畢，新計畫即將開始，我要你回來幫忙。人多，不便多問，只有唯唯。同月三十一日，秦先生就給黃先生一封信，請同意要我仍回黨史會。

孝公提拔我，向中央常務委員會議提案任我為新增設的副主任委員，當經中常會決議：「通過」。我到職後，才知道這次是蒙孝公破格提拔；因為人事單位認為依人事法規，已退休人員不能再任用為專任職務；孝公曉以：副主管係政策用人，不受此項限制，人事單位始不再有異議。孝公指定我的辦公室在陽明書屋後進一排房屋第二間，對我說：「這間辦公室距我辦公室近些，以後有事找你來商量時，比較方便。」是的，我在心理上也感到與孝公由遠而近；告訴自己，黨史會鐵定是我一生最後的碼頭，當悉力以赴。

副車十二年

民國六十八年（一九七九）八月至八十年（一九九一）四月的十二年間，我是黨史委員會秦主任委員心波先生的副手。辦公地點在臺北市陽明山中興路十二號「陽明書屋」——即原來的「中興賓館」，是已故蔣總統介石先生與夫人的避暑別邸。「陽明書屋」的建立與經營，是孝公的大氣魄、大作為、大貢獻，黨史會也因此進入了它的「黃金時代」。

孝公黨史會主任委員任內的副職，先後有梁興義、許朗軒、陳敬之、李雲漢、林徵祁、陳鵬仁六位。梁、許任職比我早，陳敬之兄與我同時到職，徵祁兄係接任敬之兄的缺，鵬仁兄到職最晚。以任期言，我的十二年最長。興義、敬之、徵祁、朗軒四位已先後謝世。我接任此一職位時，係五十三歲，今已八十有一；鵬仁兄少我三歲，算來也已七十晉八了。

我時常自我檢討：任副職期間有那些功過、得失。自知不是個精幹靈敏的人，唯一的長處就是不偷懶、不取巧、不惹是非，奉公守法，默默耕耘。初到職時，許副主任委員最資深，掌管綜合業務，孝公要我督導第一、三兩室，即專管編輯、學術活動及史料典藏，業務雖繁，尚能順心應手。及許副主委朗公屆齡退休，綜合業務也歸我督導，就難免為一些人事及事務問題煩擾於心了。所幸劉委員兼秘書世景兄治事精幹，操守又好，不少事都由他處理得井然有序，孝公放心，我更倚若長城，合作無間，成為始終如一的知己好友。

平心而論，我任副職期間，對主任委員孝公交辦及分內應辦之公務事項，雖未能件件做到盡善盡美，大體上尚能差強人意，無愧於心。當然，事情做得不理想，會受到檢討或責難；做得不錯，也會直接間接聽到幾句叫我心爽的話。受到責備的一次，是在一次舉辦中學教師歷史教學研討會後的工作檢討會中，孝公隱約指責我「動員不力」，我感到委屈，當場落淚，失態。受到稱許的場合也有不少；印象最深刻的一次，是我奉命在中央工作會議作一次學術性專題報告之後，孝公於發言評論時，說「李副主任委員是個現代史研究的權威」，因而楚崧秋主任、白萬祥主任在會中也對我讚譽有加，秘書長蔣彥士先生則在會後對我說：「你的報告很有分量，很好。」回想十二年間，孝公對我的獎勉，實遠多於責怪，更從未發過脾氣。我也確是小心翼翼；尤其在孝公多次出國由我代理其職務期間，內子更時時提醒我，不可有任何差錯。還好，我未曾有負於孝公，孝公對我的信心，似乎也與日俱增。對我連續籌辦多次國際性學術會議，能任勞任怨，成果不錯，曾專案報請中央頒授我一座華夏一等獎章。

我深深體驗到，孝公是位樂於授權，也對下屬深信不疑的好上司。他重視新進人才的培養，更重視新進人才的史學專業。在他任內，新進人才有十六、七位，多係各大學歷史系，研究所，及三民主義研究所的博士及碩士畢業生。他也重視新進同人的進修，有幾位年輕同仁邵銘煌、劉維開、高純淑等，即係在任職期間同時進修，順利完成其博士學位。人才的拔擢，孝公有時授權於我，要我先行約談提出建議，他多半都依據我的建議核定。主管編輯及學術活動的第一室總幹事呂芳上兄另有高就，孝公即要我考慮繼任人選；我曾多方面觀察並一詢芳上意見，最後決定提升邵銘煌君。孝公接受我的意見，後來也發現銘煌是「瑚璉器也」，肯定我的選擇，我當然深感興奮；後來我自孝公手中接掌黨史會，復提升銘煌為秘書。銘煌果不負孝公與我的期望，成為繼陳鵬仁兄之後的黨史館（黨史會自民國八十九年起，降格為二級單位的黨史館）主持人，兼任中正文教基金會的執行長，傳承了保存並弘揚黨史的香火。

去年夏天，我寫過一篇〈陽明書屋瑣憶〉，收入我的未刊自敘傳書稿《雲漢悠悠》中，對孝公與我之間幾項公務方面往事，略作敘述。實則孝公與我單獨見面時，也常談些私事。民國七十一年（一九八二）七月間，小兒肖元甫畢業於國立交通大學電子物理學系，於接受空軍預備軍官訓練參加「天龍」演習時，不幸因公殉職。孝公數度慰問我，且曾說：「你考慮要不要大嫂再生一次；我出生時，父親已六十多歲了。」另一次和我夫婦同時談話的場合，很高興的說，他會煎蛋，早餐都是自己動手。當他知道我完全不做家事時，就對內子說：「大嫂，妳把雲漢給慣壞了！」

依我親身經驗與體察，孝公是位真性情的讀書人，待人以誠，處事以公。對我，講過不少次出自肺腑的忠告。有三次，我牢記心頭，無時或忘。一次是我重回黨史會擔任副職的第一天，他對我的檢討與期許。這次談話，我在《史學圈裏四十年》中，寫下了一段：

> 到陽明書屋第一天，去看秦主任委員孝儀先生。他說也正要找我，有些話要當面講一下。秦先生是個爽快人，一開始就說：我們先小人，後君子，先說不大好聽的話。你是黨史會老人，有學識，有能力，但你有個大毛病：傲上。沒有人會和我抬槓子，你卻曾和我爭執過，抬槓子。這些我都不在乎。我要的是能做事的人，要你回來就是要做事。
>
> 秦先生隨即告訴我他的計畫，準備於民國七十年暑期，召開一次國際性學術研討會，史料的整理和發表也要加強，這些都要我好好的規劃。最後並說：「以後要看你的了，放開手做吧！」

聽頂頭上司指出我「傲上」的毛病，使我清醒了不少，也改變了不少。孝公幾句忠告，對我可謂「對症下藥」，我以前確曾看不起幾位無品無學的副主管，深感自己的器量不夠，也因此吃過暗虧。孝公也只忠告我這一次，已使我終生受益無窮。

大該是民國七十六、七年間吧，在一次私人談話時，孝公很輕鬆的對我說：「現代史方面的學問，我不如你；應對及治事方面，你不如我。」這話前半，是孝公客氣；後半卻暗含對我的期望，希望我能多學習，多歷練。今日自我檢討，在做人與做事方面，我確從孝公那裡學得了不少，使我後來擔任主管時，尚能應付裕如。

孝公於民國八十年（一九九一）一、二月間，即曾數度向我透露即將屆齡自退的訊息，並表示要交棒給我。他勸我：有機會講話，就要侃侃而談，不要叫人家認為學者不善於行政。但我未把這事放在心上，因為我認為做主管是項苦差事，興趣不高。我也判斷黨中央不會讓秦先生輕易離去；即使秦先生堅持要退休，接任的人也不會是我，聽說已有位名教授利用總統府的人事關係，開始活動。三月六日，孝公在陽明書屋堅決表示，他已向秘書長表明要退，推薦我接棒，並說非我來接，他不移交。他也說，這不是為私情，是為黨史會的整體前途著想；如果來個外行人亂來一通，如何對黨及同仁交代！我在當天的日記中記了一筆：

> 秦先生告訴我：黨史會要交給我，別的人他不交。我

很吃驚，也很感謝他的提拔。但興趣不高，卻也不能堅持。晚間與妻談起，妻則勸我勇於負責。一切順其自然吧！進退有時是由不得自己的。

在孝公的鼎力推薦與堅持下，我接掌黨史會乃成為事實。適在此時，中央黨部實施「精簡」，人員及經費一下減少三分之一。我雖力爭，但勞而無功，因為我是「弱勢主管」，這是一位黨史會同仁對秦先生說的話。世景兄卻傳來訊息，謂秦先生表示：逆勢已開始，不僅李主任委員擋不住，就是我仍在黨史會，也沒法扭轉形勢。還好，風浪過後，穩住了腳。在我為時五年的主管任期內，尚能夠維持孝公辛勤開創的局面，同人們同心同德，勉力以赴，把八十三年（一九九四）之建黨一百週年大慶辦得很美滿，我和陳副主任委員鵬仁兄且曾「遠征」莫斯科，並憑一己之力為黨寫出一部完整而具學術價值的《中國國民黨史述》；深感無愧於黨，也無負於孝公。八十五年（一九九六）七月，我提前申請退休。劉鳳翰兄以此事詢之孝公，孝公對他說：雲漢這樣做，是個聰明人。鳳翰又把這話轉告我，說感到可惜，卻不能不同意孝公的看法。

中正文教基金會

我退休後，與孝公見面的機會少了，然訊息還是很流通，財團法人中正文教基金會更提供了不少可與孝公見面談話的機會。

中正文教基金會，是陳鵬仁兄接任黨史會主任委員後次年，獲得中央同意並經教育部核准而設立的學術團體，推孝公為董事長，鵬仁兄為副董事長，我、喬寶泰、樓文淵、呂芳上等人為董事，邵銘煌為執行長（第三屆董事會後亦為董事），楊麗美為秘書。基金原本只有黨史會提供的五千萬元，很拮据；其後，獲得中華婦女聯合會主任委員辜嚴倬雲女士的贊助，才略為寬裕，孝公亦禮聘辜嚴女士為董事。另外，黨務系統的馬永駿、謝文義、韓民生，史學界的朱重聖，文化界的簡漢生，以及中央評議委員楚崧秋，中央委員蔣方智怡，亦先後應聘為董事。去年第四屆董事會選舉時，朱重聖辭職，孝公徵求諸董事意見，一致同意邀前行政院長郝柏村繼其任。

屈指算來，中正文教基金會成立已屆十年。這是孝公最後主持的一個學術團體，其宗旨為：弘揚蔣公中正（介石）先生思想志業，闡揚中國國民黨暨中華民國歷史，舉辦各型學術會議，編刊《近代中國》雜誌，促進臺海兩岸學術交流。十年來，政治環境及經濟狀況均未見改善，然在孝公的主導及銘煌、麗美等人的努力下，基金會的工作績效極為顯著。忝為基金會之成員，我深以為榮。我在〈退休五年〉一文中，亦嘗自矢「願為兩個基金會略效微力」：一是中正文教基金會，一是中華民國中山學術文化基金會，只要健康狀況許可，兩個基金會主辦的學術活動，我都不會缺席。

中正文教基金會董事長有間辦公室，係黨史館提供的一間小套房。由於楊麗美秘書的悉心布置，甚為雅致，孝公很喜歡，時常來坐坐，有時也會見客人。我也曾去孝公的辦公室查閱資料，有時是去看看他，記得去年他曾對我說：「這間辦公室，你隨時都可以來利用。不過，我只同意兩人：一位是蔣方智怡，一位是你。」又說：「我倆的關係，不是一天了。」說過，笑笑。這幾句話，使我感到很溫暖，也很滿足。

談手札　憶前塵

連日來，我翻閱孝公在晚年贈送給我的書、詩稿，以及親筆寫給我的手札，想重溫昔日亦步亦趨的深情。那冊孝公書法傑作《秦氏大小篆三種》（千字文、九歌、詩品），放置在珍藏書廚內，十幾篇詩稿放置書桌旁小櫥上層架上，親筆手札六件，過幾天要送由黨史館妥為保存，期之久遠。這六件手札，每件都含蘊著一段往事，叫我尋思再三，愛難釋手。原札未加標點，為了閱讀方便，我標點出來。

一件是寫在孝公的名片上，只一句話：

雲漢兄：弟因事先行，請主持會議到底為感。

這是民國八十年（一九九一）七月，黨史會為紀念蔣總統經國先生逝世三週年，舉行了一次以討論蔣經國先生行誼與事功為主題的學術討論會，邀馬英九等四位先生宣讀論文。這天，適值立法院要審查故宮博物院的預算，因此孝公在討論會上簡短致詞後，即匆匆趕往立法院備詢，要我代為主持。看到這片手跡，當時的情景又歷歷在目！

一件是民國八十七年（一九九八）四月二十七日所寫，寄往美國的一封信。內文是：

雲漢兄嫂儷右：
遠行歇夏，願言
安樂。前為設飯，因
賢者別去，遂亦緩期。何日
言旋，願
先見示，當設盞洗
塵也。即候
旋苐
弟秦孝儀拜　四、二十七

事情是這樣的：我夫婦將於三月下旬赴美探親，擬小住數月，孝公客氣，定期於三月二十四日邀黨史會數位同仁餐敘，以示餞行。詎小婿乘自印尼回美之便，接我夫婦提前於十八日啟程。我行前寫信向孝公致歉，初不意孝公因我離去而取消飯局也。歉感實深！

一件是民國八十八年（一九九九）八月八日寫給我的一封回函，寄到我美國臨時住所。內文如下：

雲漢兄道右：奉
手翰，知正作歸計，跂予望之。

總裁日記，待
兄歸而商如何納之《大事長編》，此吾輩二十年來未嘗去心之懸慮也。暑燠，加愛。即候
潭第

秦孝儀拜　八、八

函中所言之《大事長編》，即《總統蔣公大事長編初稿》，原由總統府總統事略編纂室編印，孝公為總編纂，已出版至卷八，記事迄於民國三十八年（一九四九）。孝公說服蔣方智怡女士逐次提供蔣公三十九年以後之日記，擬據以繼續編纂《大事長編》。經數度研商，決定：由中正文教基金會負責，仍依原體例編纂卷九以後各卷；請秦董事長孝公任總編纂，由李雲漢、呂芳上、劉維開、邵銘煌組成編輯小組，劉維開任編輯之責，經李雲漢、呂芳上複閱後，呈孝公核閱定稿；費用由基金會負擔。自九十一年（二〇〇二）開始，已出版卷九至卷十一，頗受史學界歡迎。今孝公已西歸，此事恐難以為繼了！

民國八十九年（二〇〇〇）三月十八日，中華民國自由地區臺澎金馬舉行總統選舉；中國國民黨的候選人連戰（永平）敗於民主進步黨的候選人陳水扁，形成所謂「政黨輪替」。這一變局，影響到中華民國與中國國民黨的命運，凡是忠貞國民黨人，無不深感沉痛悲憤。我於投過票後再飛美小住，心中無限感傷，因而寫信給孝公，一抒鬱積。孝公乃於四月十一日復我一函，原文是：

雲漢兄道右：奉
手翰，大選挫折，太息痛恨，爾我正同。
足下一時托居子食，當可遠引自浮。黨史不獨石室存廢，恐且削株掘根矣！國史潘氏已捨去，暫由朱氏留守，不知能否暫安一時。附件奉
閱，聊盡區區而已。即候
儷第

弟　孝儀拜　十一

函中所言「國史潘氏」，係國史館館長潘振球先生，彼「義不帝秦」，已掛冠而去！朱氏，係副館長朱重聖教授，留原職不動。「附件」，係孝公三月二十八日致連戰主席及林豐正秘書長兩函之複印件，呼籲對黨史會「不僅不宜計議其存廢，反而應使之加強充實，期以發揮振聾啟聵與凝聚感情之功能。」然未獲採納，亦意料中事也。為黨史會存廢事，我也曾自美國電話中央評議委員主席團主席劉真（白如）先生，請他向連戰主席說明：無論如何困難，黨史不能廢。白如先生同意進言，但也無下文。

民國九十一年（二〇〇二）四月間，我再致函孝公，慨嘆黨事，並詢問秦夫人病情。他因於同年六月二十五日，復我一函，原文如下：

雲漢兄道右：奉
示翰，望風懷想，彼此正同。

賢者託足海外，仍丹心青史之是念，感佩感佩。此間政權社會，皆亂靡有定，傷痛無已！九月企望星軺北返，一傾鬱結。內子病情反覆，唯有強自鎮定已耳。亢旱無雨，幾成鮒涸，天意人心，從可知矣。

即候

著安

儷茀

孝儀拜　六、二十五

讀及「內子病情反覆」一句，心為之一沉。我於九月間回到臺北，立即與秦府通電話，知秦夫人已住進振興醫院。十月十一日，不幸的消息傳來，秦夫人許海平女士已於是日午後一時往生。我先於十四日前往醫院行禮致祭，又偕內子參加了十七日振興醫院圓中心禮堂的公祭，寫一短文標題為〈秦夫人許海平女士有德有福〉，其中有下面兩段話：

世景兄常說，黨史會歷任主管的夫人，像羅太太（張維楨女士）、黃太太（王全麟女士）、秦太太（許海平女士），從來公私分明，絕不麻煩公家一絲一毫，辦事務的人甚至未曾到過她們的住所。這一美德，在黨史會已相沿成習。

秦夫人也是有福之人，受到夫君的關愛之外，還有慈母生活一起；直到兩年前，太夫人才謝世。秦先生伉儷情深，初遭鼓盆之痛，我擔心他難以承受。轉念他是明智豁達之人，意志之堅強無與倫比，絕不至於氣沮志喪，因此也就放心了。夫人公祭後次日——十月十八日，他就去陽明山天籟溫泉旅館主持「國民政府廢除不平等條約六十週年國際學術討論會」，一連三天，未曾離場，真正是「忍常人之所不能忍」，能不令人且感且佩！討論會會場中，我找個機會對孝公說：「你的達觀和堅毅，是別人所無法比擬的，雖處逆境，對你卻十分放心。」他沒說什麼，只重重的握一握手！

最後一件手札，是孝公於民國九十四年（二〇〇五）八月九日寫給我的一張卡片，要我檢查一下他過去寫的文章，作一取捨，成為「選編」。卡片正面，他這樣寫著：

孝儀舊稿，雜亂無章，敬求沙汰，蓋所以就有道而正焉也！此上

雲漢老兄足下

弟　孝儀拜　八、九

我在八月下旬某一天，去中正文教基金會董事長辦公室拜閱孝公全部文稿。其已發表者，我率皆讀過；未發表部分及雖已發表我尚未讀及者，則悉心細讀。尤其有關家世及摯友的紀念文，如〈先母事略〉、〈萬劫丹心永不灰—梁寒操均默先生百年誕辰紀念詞〉、〈余紀忠先生墓誌銘〉等文，

最有興致亦最受感動。詩稿多未加標點，讀來略感吃力。我作了筆記；並於九月二十三日寫一份編輯意見，上陳孝公，建議全部文稿均可採，依專論、講詞、報告、序跋、詩歌、頌賀、悼念等類別，先成初編，再詳加校訂或註釋，最後再由孝公親自定稿。其後如何進行，我未獲訊息，唯盼其文集能儘早付梓也。

報告孝公行誼志業

一月十一日，楊麗美秘書電告：廖小姐電話說，秦府希望邀我在孝公十八日祭典中，報告孝公生平行誼，問我可否允諾。我一口答應，對麗美說，凡是為孝公效力的事，我無不樂於承擔。想到民國七十四年（一九八五）四月，黃資政季陸師的告別式中，也是由我報告黃先生生平行誼；能為兩位敬愛的老上司作最後的服務，是緣分，也是光榮！報告時間只有十分鐘，不能不準備一份簡單的講稿，來約束自己。預擬的講稿如下：

秦公心波先生的行誼與志業

衡山秦孝儀先生，別號心波。同僚同事及友好，喜歡稱他為孝公；學術界的同道好友，多敬稱他為心波先生。我，李雲漢，自民國六十（一九七一）年，開始和心波先生談論黃克強先生革命史事，並在其他黨史史料考訂及編纂方面直接交換意見，經歷中國國民黨中央黨史會、中正文教基金會兩個階段，迄今已是三十六年。其間有十二年，擔任心波先生的副手，朝夕相處，如驂如輔，責善規過，我受惠良多，感受也深。現在，我以一個心波先生舊屬員的身分，懷著沉痛而虔誠的心情，依據長年追隨心波先生的所知所見，就他的行誼風格、學術修養、志業成就三方面，作一簡略的報告。

就行誼風格而言，心波先生是孝子，是君子，是忠黨愛國的國士，也是具有中國傳統讀書人氣質、風格的學者。他思想縝密，見地超卓，言必信，行必果，重節操，尚清廉。待朋友、屬下以真誠；然用人唯才，賞罰分明，尤能獎掖後進，超格拔擢。這方面的事例，我親歷、親見、親聞者至多，此時不需要一一舉述。我相信：凡與心波先生相處日久，對他了解益深的朋友，會和我具有相同的體驗與認知。他有端莊嚴肅的一面，也有不少幽默慈祥的場景。

就學術修養而言，心波先生是一位具有多方面才華、表現多方面成就的智者，也是賢者。他具有深厚的家學淵源，熟讀經史，博覽群籍，記憶力特強，更有卓然自立的見識與能力。他長於文學，為文自成一體。筆力雄健穩實，為先總統蔣中正先生擢任為侍從文學秘書，達二十五年之久，其文名蜚聲國內外，傳播界人士喜歡稱他為「蔣公文膽」。他是詩人，童年時代即「留心文史，進而每喜吟諷」。青年時代曾以詩稿獲梁寒操先生所賞識，薦之於梁氏所主持之三民主義理論研究委員會。渡臺後之詩作數百篇，已彙集為《玉丁寧館詩存》；承心波先生以多篇見贈，因得窺其風格，雄奇豪憤，隱見陸放翁之襟懷。他是書法家，金文、古篆、大篆、小篆、隸書、正楷、行草，均自成家。所著《秦氏大小篆三種：千字文、九歌、詩品》巨帙，顯示其筆法實遠紹秦之李斯、唐之李陽冰，稽之近世，實無第二人。他是一位知名的古玉及金石文物的愛好者與鑑識家，深受歷史文物收藏界人士的尊重，結緣為知音好友。他也是一位有名的歌詞作者，所撰〈思我故鄉〉、〈白雲詞〉、〈大忠大勇〉、〈時代〉、〈海嶽中興頌〉、〈總統蔣公紀念歌〉，均弦誦於一時，今日在座心波先生友好僚屬，想能記憶猶新。

就志業成就而言，心波先生一生的志業，主要在於黨事暨學術兩大範疇。以黨事言之，據我的了解，心波先生係於民國二十八年（一九三九）加入中國國民黨，時年十九歲，迄今黨齡已滿六十八年。他於民國三十五年（一九四六），即抗日戰爭勝利後國民政府還都南京之年，進入中央黨部服務，迄於民國八十年（一九九一）依例自退，為時四十六年。其在黨中央曾擔任多種職務，其最重要者，厥為副秘書長，任期有十六年（民國五十年四月至六十五年十一月）；由於此時期仍兼任蔣公的侍從秘書，工作量繁重，責任亦相對增強，他秉持「強烈的責任感」與「嚴正的使命感」，黽勉劬瘁，悉力以赴，為黨務決策、文宣、人才任使、制度革新、傳佈黨譽於國際間等大端，無不著有顯著的成就。

學術範疇方面，心波先生的專長及其長年努力的重點，是歷史與文化。他在副秘書長任內，即不斷通過報紙、廣播、電視等傳播媒體，進行中國近代歷史文化的宣導。大家還記得，由日本《產經新聞》與中華民國《中央日報》分別以中、日文連載，為時兩年又四個月的《蔣總統秘錄》——日文稱為《蔣介石秘錄》，曾轟動一時，其真正的主導者乃是心波先生。他還曾主動邀約臺視、中視、華視三家電視台，共商一項宣導中華民國建國史實的聯映節目，主題確定為「證言」，劇本初稿亦已寫好，其後卻選擇另一更有功效的計畫，放棄了。心波先生曾要我參與此項計畫，因知其詳。他曾主持過中國歷史學會，並曾應教育部之邀請，出任「中華民國建國史編纂委員會」主任委員，集合一百多位歷史學者，著成一部分裝為十六巨冊的《中華民國建國史》，允為史學界的一大壯舉。

心波先生於民國六十五年（一九七六）開始主持黨史會，七十二年（一九八三）接長國立故宮博物院。這兩所機構，成為他大力開展中華民國歷史文化的基地與力源，是他生平最值得欣慰的事。他主持黨史會十五年，主持故宮博物院十八年，其間所表現之大開大闔，積極奮進精神，以及所締造之日新月異，光輝燦爛成績，歷歷在目。誰也不能否認：在心波先生主持時期，黨史會、故宮博物院的發展史上，係眾所公認的「黃金時代」。在這一時期，兩所機構的國際聲望，達到空前的最高點：故宮博物院被認為是世界五大著名博物館之一，其收藏之富與水準之高，在亞洲更是首屈一指；黨史會則在國內外史學界嶄露頭角，與中央研究院近代史研究所、國史館同被認為是中華民國近、現代史研究的重鎮。心波先生的國際聲望也因之日隆，美國奧克拉荷馬大學與韓國清州大學先後授予他榮譽博士學位。

心波先生先後自黨職及公職退休後，繼續主持財團法人中正文教基金會，為宣揚中國國民黨黨史努力不懈。雖然由於政治環境的改變、人事的更迭，以及經費的困難，基金會不可能依據心波先生的構想展現黨史會時代的雄風，然三、五同仁完全係在心波先生的感召下，全心全力，以一當十，仍能維持黨史弘揚於不墜。心波先生去世前一日下午，他還到基金會辦公室，對數同仁懇切慰勉！心波先生去矣！他的精神志節必將長存人間，永為典型！

（中華民國九十六年一月十八日，
李雲漢在秦孝儀先生告別式報告。）

我和內子全程參加了孝公的祭典，算是送他最後一程。秦府邀二十餘位要好友人及晚輩，於一月二十一日晚間在國賓大飯店十二樓餐敘，以表示謝意，我夫婦應邀到席。遇到旅日僑界領袖李海天先生，已經有八年未見面了，分外高興。我夫婦被安排坐於主桌，客人為李海天先生、郝柏村先生、林百里伉儷、劉介宙伉儷、我夫婦；主人為孝公長公子無逸、女公子無恙。席間，李、郝、林、劉四位都講了話，使我對他們幾位與孝公的長久友誼，有了更多的了解。友情如此純真恆久，孝公在天上也會頷首微笑吧！

中華民國九十六年一月二十八日星期日，李雲漢筆於
臺北市木柵路蝸居，年已八十晉一。

秦孝儀（左）、作者（右），民國八十四年五月合影於陽明山陽明書屋正館門前。

由左至右：作者、林徵祁、秦孝儀、許朗軒、劉偉鵬，民國七十二年三月合影於陽明書屋。

孝公秦先生的另一封親筆函

本年一月間撰寫〈秦心波先生與我〉紀念文時，只找到六件孝公寫給我的親筆函件，也就只對這六件信函的時間背景作了敘述。六件信函原件，已面交黨史館同仁楊麗美、胡海敏兩位女士，妥為存藏，期於久遠。近日收拾抽屜中文件，竟又發現孝公秦先生覆我的另一封親筆函，至感欣喜。其原文及款式如下：

雲漢道兄硯右：久不奉
握，至深馳系。
來示知已告馬主席黨史之所關至大，極佩
蓋忱。未相見頃，
加愛加愛。匆候
儷茀

孝儀拜　九月八日

原信未標點，句讀係我所斷者。用「黃少谷先生九秩壽慶紀盛」信箋，右下側印有「國立故宮博物院建院六十週年紀盛」篆體陽文字樣，蓋亦有其來歷者。考其年代，應為民國九十四年（二〇〇五）。馬英九先生係於是年八月十九日，就任中國國民黨主席，我於八月二十六日致函馬氏，建議：

提昇黨史館位階至一級單位之地位，適度充實其人力與財力，使其有充分能力從事黨史與政績的弘揚，並加強與中外史學界之交流與合作，以恢宏吾黨吾國歷史精神於千秋。

我曾把這信的副件寄給孝公，孝公因於九月八日復我一信。他也寫信給馬英九主席，力陳黨史館之重要性，切勿輕言裁併。馬主席有復信給孝公，作正面反應。我的信，則因人微言輕，有如石沉大海；此固不在意外！我意亦只在表明心悃，此時此地此情境，我等老黨員對黨中央自不應多存奢望！

孝公此函，亦將送請黨史館與前六函併案存藏。

中華民國九十六年（二〇〇七）
三月二十八日（星期三），
李雲漢記於臺北市文山區木柵路三段
六九號六樓之三蝸居。
孝公之逝已八十餘日矣！

追思雙清老人曹聖芬

民國九十二年（二〇〇三）六月二十日的臺北《聯合報》披露了「曹聖芬追思禮拜明舉行」消息，才曉得曹聖老已於六月一日逝世。我決定要去參加這位為我所敬重，和我已有三十年情誼的老友的告別式。

放下報紙，我沉默了一會。想到蔣故總統中正（介石）先生的中文秘書有五位湖南人，有幸都相識。五人中，唐振楚和周應龍已作古，如今曹聖芬又走了，健在的兩位是秦孝儀和楚崧秋兩位先生。以私誼言，秦孝公是我追隨數十年的頂頭上司，也是大力提拔過我的老長官，關係自非泛泛。次之即為曹聖老，相識於民國六十二年（一九七三），是他主動「禮賢下士」，和我成為文字交，引為知己，信函不斷，不時慰勉我「這個一直在默默耕耘的人」。

六月二十一日的追思禮拜，是在臺北市新生南路三段九十號浸信會懷恩堂二樓舉行，由周聯華牧師證道，秦孝儀先生追述曹聖老生平。家屬編印了一冊「追思禮拜程序」，我立即閱讀一遍，一時情緒激動，眼睛有些潤濕了。小冊中，有三段文字沁我肺腑，特志之留作紀念。

第一段文字是曹聖老的親筆自敘詩，在小冊的首頁。全詩是：

門對公園十里方，淺山池沼任徜徉，
眼前芳草依依綠，道畔黃花冉冉香。
春雨聞歌鶯百囀，秋林訪蕉樹千章，
人人歡笑余心樂，一片祥和日月長。

雙清老人

這是曹聖老退休後的生活寫照；淡泊名利，悠然自適，其修養已臻無私無我之境。他自中央通訊社董事長本職退休後，即同時辭卸各項兼職，這點與我不約而同，真所謂心同志同也。

第二段文字，是〈事略〉中對他的論述，入木三分，恰到好處。原文是：

曹先生個性果敢剛直，潔身自愛，光明磊落，是非好惡分明，待人正直嚴肅，不假辭色；修養上國學根基深厚，文章典雅簡潔，社論時評記敘文到古文詩詞，皆鏗鏘有聲，書法勁秀，棋藝精湛。

第三段文字是「送別」一項，由聲樂家陳妍陵女士主唱，李叔同填詞的那首名歌：

長亭外，古道邊，芳草碧連天；
晚風拂柳笛聲殘，夕陽山外山。
天之涯，地之角，知交半零落；
一觚濁酒盡餘歡，今宵別夢寒。

我愛李叔同這首詞，今日暗咏這首詞以送別老友曹聖芬，內心更感戚戚！聖老，天涯海角，任你恣意遨遊吧，我只有虔誠的為你祝禱！

民國九十二年六月二十一日晚，
雲漢寫於臺北興隆路陋寓。

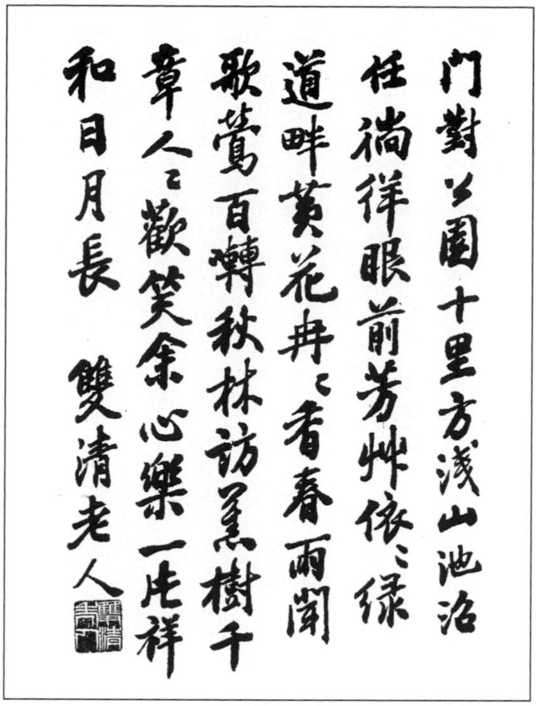
門對一園十里方淺山池沼
任徜徉眼前芳艸依依綠
道畔黃花冉冉香春雨聞
歌鶯百囀秋林訪菊樹千
章人人歡笑余心樂一片祥
和日月長　雙清老人

曹聖芬先生親筆自敘詩。

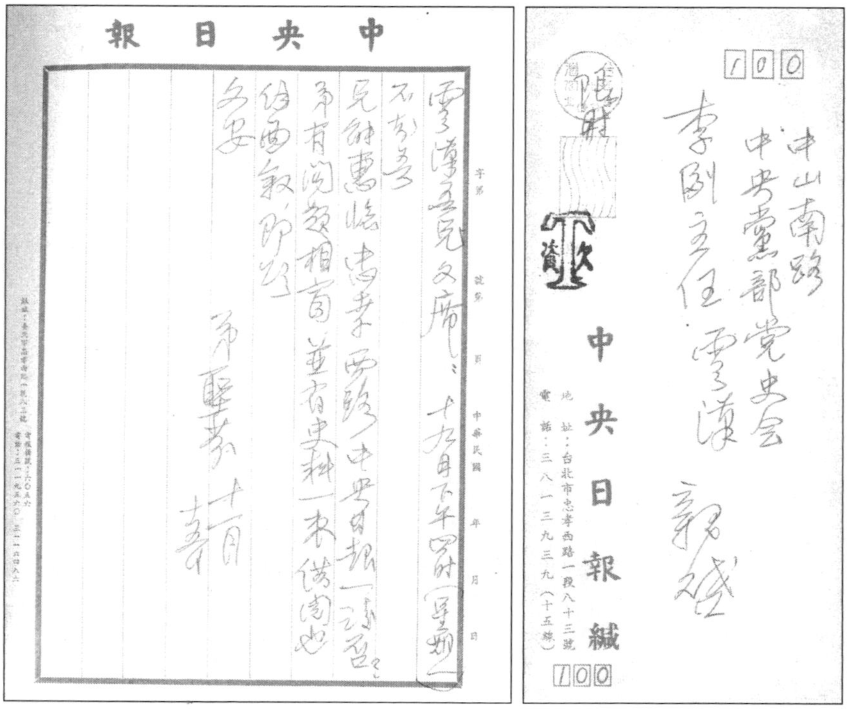
中央日報

曹聖芬先生致作者函。

王雲五紀念館落成典禮

收到財團法人臺北市雲五圖書館基金會名譽董事長邱創煥、董事長王學哲、副董事長王壽南三位先生聯名邀請卡，內容是：

> 本會為復興固有文化，發揚倫理道德，特興建「王雲五紀念館」。謹訂於民國九十二年十月十八日（星期六）上午十時正，在本館一樓舉行落成典禮，恭請蒞臨指教。

同時間內收到的邀請函，尚有數份：中國國民黨中央委員會行政管理委員會舉辦的保健講演會、前立法委員徐亨及馬樹禮先生等發起的「葉公超百年冥誕紀念演講會」、中華軍史學會主辦的「一九四〇年代中國軍事發展學術研討會」等，我都回函婉謝了。王雲五紀念館的落成典禮，卻毫不猶豫的決定剋時前往參加。

王雲五先生，別號岫廬，廣東省香山縣人。他是中國近代史上一位自學成名的奇人，是聞人、學者、出版家、政務官、行政改革設計人，也是科學管理的倡導者。他還是一位中華民國開國時代的高等文官，民國元年（一九一二）一月，為南京臨時政府孫中山大總統任命為總統府秘書，他那時才是個二十幾歲的青年人。他一生，多采多姿，只是連一張小學畢業的證書也沒有，全靠自學成名。他曾任教於上海的中國公學，是胡適（適之）的老師。到臺灣後，兼任政治大學政治研究所教授有年，為博士論文指導教授，培育過不少位知名青年學者，被稱譽為「博士之父」。

我在山東故鄉讀小學時代，手頭就有一部《王雲五字典》，曉得王先生是「四角號碼檢字法」的發明人，已經成為同學們心目中的偶像。正式見到王先生，則是在民國四十四、五年間就讀政大研究部時代。我沒選讀他開的課，卻曾聽過他幾次演講，所以也稱他王老師。真正與王老師有直接接觸，是在民國五十六年（一九六七）十一月，他是中華民國中山學術文化基金會董事長，我是首屆中山學術著作獎得獎人，他親自把獎牌、獎狀和獎金頒贈給我，並合影留念。後來我進行一項「宋哲元與戰前華北政局」的專題研究，又蒙中山學術文化基金會補助臺幣三萬元。時在基金會任職秘書的李錫祥（葉霜）兄特別電話告訴我：「王雲老決定獎助你三萬元，很不尋常，對你期許甚殷。」

雲五先生體質素健，曾作豪語：「我將來要從圖書館直接進入殯儀館，而不經過醫院。」然而，人世間不少事都不是個人主觀意志所能控制，王老師最後還是生了病，進了醫院，於民國六十八年（一九七九）以九十二歲高齡謝世。記得這不幸消息，是陽明書屋主人秦孝儀心波先生於共進午餐時，告訴我的。我沉默良久，深以未能在雲五先生病時前往省候為憾。二十四年之後，尤其哲嗣王學哲先生將其故居改建為紀念館，展示其文獻、文物、書籍、函札、用具等，供國人瞻仰，雲五先生在天上應會撚鬚微笑。

十月十八日上午九時五十分，我到達位於臺北市新生南路三段十九巷八號的紀念館內。首先向王壽南兄與王學哲先生道賀，隨即去地下室參觀文物展示。文件中，包括雲五先生在民國四十四年（一九五五）孫立人案發生時，由它擔任九人調查小組召集人的相關資料，頗為珍貴。只是忙於和十多位同學好友打招呼及敘說往事，沒能對這些文件詳加閱讀，引以為憾。來賓越來越多了，我熟識的有前立法委員，中央政策會秘書長趙自齊，前國立政治大學校長歐陽勛，前國立臺灣大學校長孫震，暨政大研究部老同學邱創煥、徐有守、來璋、雷飛龍、朱堅章、陳寬強、張亞澐、王兆徽、胡述兆、孫廣德、張煥卿，老同事劉志達等，也都是年逾古稀的銀髮族人了。

典禮於十時四十分開始；剪綵、遺像揭幕後，由王學哲、邱創煥、王壽南等相繼致詞。政大研究部同學中，追隨雲五先生最久的，是王壽南、徐有守兩兄。尤其是壽南兄，至今仍為臺灣商務印書館負出版籌劃主責，曾編有《王雲五年譜初稿》四冊；王學哲說，雲五先生全部文件都將交由壽南兄處理。徐有守兄，著有《道南從師記》、《行政院王副院長雲五先生環臺諮諏錄》兩書，這次又出版了《王雲五與行政改革》一冊，對雲五先生的政治理念及實務有所闡述。紀念館贈送來賓一個資料袋，除有守兄的新著外，尚有印有雲五先生單照或合影的明信片一束，每片都印有雲五先生遺墨，文曰：

為學勿萌老態
做人須具童心

典禮進行中，發生了一件意外不幸事件，是歐陽勛先生心臟病發，暈倒了。所幸有雷飛龍兄等強力支扶，未曾受傷，隨即召來救護車送醫，應無大碍。我站在歐陽先生旁邊，亦曾協力扶持。目睹這一情景，心中確有些忐忑不安。上了年歲的人外出活動，不能不考慮到安全。歐陽先生係民國八年（一九一九）出生，算是八十五歲了，希望這次意外只是有驚無險，我為他祝福。

民國九十二年十月十六日，
雲漢記於臺北市興隆路陋居懷元廬

哀悼敬之兄

民國七十一年（一九八二）九月十六日午後三時中央工作會議就要開始時，秦心波先生告訴我：敬之兄走了，今天中午十二時！心波先生的表情很凝重，聽到他的話後，我真不知道要說什麼好，一時呆若木雞。秘書長宣布開會了，我才恢復了理智，兩眼卻已開始潤濕了。

敬之兄的年齡比我長，閱歷比我深，學問道德都比我強得多多，無論從那方面講，他都是長者。但由於是黨史會的同事，又是一見如故的老友，因此也就不揣冒昧的稱兄道弟了。有時稱他聲敬公，他反倒感不自在，我也覺得不自然，因此就一直稱他為敬之兄，私人間的情誼也真的是如兄如弟。

三年前，敬之兄和我同時奉命擔任同樣的職務。上下班同車，辦公室緊鄰，午飯又同席，上下班路上及公餘時間，談古論今，發奇析疑，成為我倆最大的樂趣，也從彼此的相互切磋中，更加體驗到處世與治事的道理，我的耐性不夠，做事有時會過於躁急，敬之兄都是老成持重，爐火純青，他規誡我的地方遠比我勸告他的地方多。如今敬之兄走了，恐怕不容易找到這樣的益友！

本年三月間，他開始腿部不舒服，時常到公保醫院去療治。當時我曾勸他作澈底的檢查與治療。他卻總放不開公務。後來經過幾個月的調養，腿疾已告痊癒。大家正為他慶賀，誰也沒想到另外一種潛伏的病症突然發作，竟至一病不起。造物者這樣無情的播弄人，真是太殘酷了。

七月間，我遭逢到人生最大的不幸，小兒甫大學畢業，於入營接受預備軍官訓練時，因意外的不幸而殉職。七月三十一日亡兒舉殯時，敬之兄於黨史會同仁公祭時擔任主祭，他再三勸我節哀順變，八月初我恢復上班，但心如槁木，全無生機，在萬念俱灰的心態，幾度不想再做下去。倒是敬之兄時加勸勉，屢以大義相責，我的心情才略為平靜下來，但做夢也沒想到，亡兒殯後僅四十六天，敬之兄也溘然告逝！想到愛兒、好友相繼離我而去的情境，眼淚就不禁涔涔然下！

敬之兄長於政事，尤擅文學，來臺後又潛心於史料的整理與編纂。他在《暢流》雜誌發表過不少關於臺灣史事和人物的作品，曾編印為一冊專輯。原稿我曾拜讀過，他也有意由中華民國史料研究中心代為出版。但由於經費困難，沒能實現他的願望，曷勝歉憾！

記得敬之兄是八月二十三日病發就醫的。次日傍晚我去仁愛醫院看他，再次日一早又去看他，但僅握握手而已，他無氣力講話，我則心懷哀傷，講不出什麼話來。總希望他在三五日內復原後，詳傾心臆。沒想到轉院榮總後，情況未見好轉，我是遭新喪的人，怕進加護病房，就這樣，一直到心波先生告訴我敬之兄的噩耗，始終沒能和他再說半句話，這真是莫大的遺恨。

我從沒有問過敬之兄的宗教信仰，但他曾以「天命無常」的道理來勸慰我。該死的人不死，不該死的人偏偏要死去，難道這就是「天命無常」嗎！兩個月內我逢到兩次「天命無常」的事，上天也未免對我太不公平了。敬之兄，你身體、精神都好，很多事都還等著你去做，奈何你也受到「天命無常」的擺佈，這又是如何令人百思而莫得其解的天憾！

你畢竟是走了，敬之兄，我再做更多的哭訴，也無濟於事，我也沒有別的東西可以送你，只想獻給你噙著眼淚寫出的幾句輓詞：

來了，
有名有聲！
去了，
無影無蹤！
「天命無常」的人生，
你已成功的完成了天賦的使命！
歷史的軌跡上，
你生命的光輝永遠明澈晶瑩！

游刃於新聞與歷史之間

——記林徵祁先生二三事

徵祁兄離開人間將近一個月了，他在我腦海中的印象絲毫未見消褪，反而更為明晰，更感親切，聲音笑貌，歷歷如昨。然而，這位灑脫、曠達、有才華、肯負責、講義氣、愛國家的知心好友，畢竟已離我而去，不再回來！回想九年來一同工作的情景，哀傷自己也曾遭逢不幸的境遇，悽愴滿懷，這種痛苦的感受無法用筆墨來形容的。二十多天來，時時思念著徵祁兄，總覺得有很多話要說，一時卻又理不出個頭緒，不知從何處說起。

初識徵祁兄，是民國七十年九月，在香港「孫逸仙博士與香港」國際學術會議的會場裡，他是以香港時報董事長身分應邀出席會議，由於議程安排得很緊湊，我們沒有時間深談，但對某些問題的看法一致，心理上像是有種自然的默契。七十一年九月，中央黨史會秦主任委員心波延攬徵祁兄到黨史會來擔任副主任委員，事先告訴我：「林徵祁兄文武全才，中英文造詣均深，人又信實誠樸，請他來會服務，一定會是你的最好夥伴，相信兩位一定能合作無間。」心波先生講對了，徵祁兄和我共事七年，公務上各傾全力，不分彼此，私誼上隨緣投分，有如昆仲，從來沒有半點不愉快的事發生。彼此砥礪策勉，截長補短，各自學得了很多，享受到「友諒友直友多聞」的快樂。

徵祁兄是新聞界的健將，對歷史卻也有濃厚的興趣。記得他剛來黨史會時，很坦誠的對我說：「我是新聞界的老兵，卻是歷史學界的小學生；你是歷史學教授，對小學生用不到客氣，但你要了解，這個小學生是有興趣和誠意來學習的。」這樣的謙虛真誠，正是徵祁兄的可敬可愛之處。事實上，徵祁兄是具備史學修養的人，他辨正史料很認真，下筆為文很謹慎，採證史源很廣闊，審查訂正很負責。他不輕易撰寫學術性文字，一經承諾撰寫就悉力以赴，因此作品的品質很不錯。在黨史會舉辦的學術會議中，我曾商請徵祁兄寫過三篇論文：

一篇是七十三年五月，在「中華民國歷史與文化學術討論會」宣讀的論文：〈先總統蔣公與聯合國的創立〉；

一篇是七十四年六月，在中華民史料研究中心舉辦之第六十三次學術討論會報告的論文：〈黃埔軍校第一期招生情形的分析〉。

一篇是七十四年十一月，在「孫中山先生與近代中國學術討論會」宣讀的論文：〈華萊士訪華之行〉。

三篇論文都引用了未曾發表過的新材料，立論嚴正而中肯，史學界的評價很高。尤其是第二篇論文，依據原始史料作客觀的分析，嚴厲駁斥了席格勒夫（Sterling Seagrave）

「宋氏朝代」（The Song Dynasty）一書對黃埔軍校學生來源的誣衊，受到史界同人的欽佩與重視。

徵祁兄是讀書人，重然諾，義之所在，當仁不讓。公務如此，私交亦如此。是在民國七十二年六月間，西德慕尼黑大學舉辦一次主題為「中華民國與西方」的國際學術研討會，邀請秦心波先生去參加並宣讀論文。心波先生的論文準備好了，卻因公務所羈不克分身前往。心波先生希望我能代他去參加，我卻因西河之痛的心理傷痕未復，深恐失態於國外，表示為難。心波先生臨時換將，請徵祁兄前往，他立即應命啟程。這件事，令我由衷的感激和敬佩。七十三年八月間，為了與美國奧克拉荷馬市立大學商洽國際學術會議事，徵祁兄也是「臨危受命」，他也同樣的絲毫不計艱苦與成敗，立即成行。這種劍及履及，義無反顧的精神，真是智者勇者的本色。

徵祁兄係於七十七年，依規定自黨史會退休，工作卻並未因退休而停止。許多書稿，仍然請他審閱，也有若干史學範圍內的專文，請他親自動筆。英文書稿文稿的審查甚至校正，更是非他莫屬。他最後為黨史會做的一件工作，是撰寫一篇學術性的「陳博生傳」，只可惜剛收齊材料，他就病倒了。尚憶去年十月他住進臺大醫院前一天，電話中告訴我：「我這次進醫院恐怕要很長時間，陳博老的傳沒法寫了，已將所有蒐集到的材料包好，請派人取去另找人寫。這次不能遵命，抱歉。」聽他這番話，心裡像突然受到電擊一樣，一時竟想不出適當的話來安慰老友！

徵祁兄愛國愛黨，氣節凜然。他住院療養期間，仍睠睠於國事黨事，不減當年意氣風發之慨。他的健康狀況本來十分良好，心胸又開闊曠遠，我常以這兩項條件來鼓勵他，相信他能戰勝病魔。事實卻證明我個人主觀的祈求無補於徵祁兄病情的惡化，四月二十二日清晨靜蘭嫂終於告訴我這一噩耗：徵祁兄走了！我未及見徵祁兄最後一面，哀痛中我對他的輓詞是：

警世讜論著一代，
生平風義足千秋！

（七十九年六月九日《中央日報》副刊）

我所知道的劉紹唐

《傳記文學》雜誌社劉社長紹唐（宗向）兄的逝世，為民國史學界帶來了震撼和惋惜。蔣教授永敬兄說：「紹唐先生走了，好像帶走了我們這個時代。」在我個人的感覺上，紹唐兄的棄世，有如一顆史界巨星的隕落，帶給朋友們無限深遠的感念，也將是無可彌補的損失。

初識紹唐兄於四十五年前

我最早在報端看到劉紹唐的名號，是在民國三十九年（一九五〇）夏季。他那時已脫離了中共的南下工作團，隻身潛往香港，經過一段慎思熟慮後，決心站出來，勇敢的做個「紅色中國的叛徒」。他寫了一封信給當時的總政治部主任蔣經國先生，說明他反共的意志和決心。蔣主任把這封信公開發表出來，不少青年讀者受到感動和鼓舞，我也是其中之一。在那個年代和那個時際，大陸與臺灣的強弱氣勢成尖銳對比，劉紹唐這位北京大學畢業的青年知識份子，竟能挺身而出到臺灣來共赴國難，其愛國情操和明辨是非的智慧是如何敏銳，所代表的意義又是如何的深遠！

首次和紹唐兄見面，是在民國四十四年（一九五五）。那時他任職於中國國民黨中央設計考核委員會，是崔主任委員書琴的得力助手，我則是國立政治大學的研究生，在木柵讀書。這年暑假，崔主任委員計畫把國父著作作成專題卡片，找了政大四位研究生來承擔這項工作，這四人是陳栗、李雲漢、鍾永琅和簡木桂。崔先生召集我們開過座談會，會後餐敘，紹唐兄也奉命參加，因而相識。那時他的名著《紅色中國的叛徒》一書已出版，轟動一時，但他絲毫沒有「名人」的架勢，一派恂恂儒者形象，說話也略帶靦腆，不像後來那樣豪爽健談。這只是相識的開始，還談不到深交。民國五十一年（一九六二）六月，他創辦了《傳記文學》月刊，我是忠實的讀者，但由於遠在中部工作繼之出國進修，很少有見面長談的機會。直至民國五十八年（一九六九）我回到國內，紹唐兄也由設考會轉職黨史會後，才成為不時見面無話不談的三同好友：同志、同事又同道。

黨史會的「三老纂」

中國國民黨中央組織體系中，黨史會（原稱黨史史料編纂委員會，民國六十一年後改稱黨史委員會）是唯一帶有學術色彩也確是從事學術工作的一個單位，黨史會的組織和若干職銜也不同於其他會處。依職能分為編輯、徵集、典藏、展覽等處（室），另設有纂修、採訪等職位，類似國史館的纂修和協修。這是當年在大陸及初到臺灣時的情形，其後經數度改制及縮編，編制就大不相同了。

黨史會的纂修，最早都是由中央聘任一些元老黨人擔任，地位崇高。民國三十八年（一九四九）遷臺初期，尚有梅喬林、孫鏡、鍾孝先等纂修在職，會中同仁都尊稱他們為「老先生」。每年在臺中辦公室舉行的春節團拜，也都由最年長的纂修主持。幾年後，「老先生」們次第謝世，於是幾位年高資深的秘書和總幹事沈裕民、曾介木等，遂被派任為纂修。民國五十八年（一九六九），黃季陸先生繼羅家倫先生之後出長黨史會，人事略有變動。劉紹唐、蔣永敬兩兄先後調任為纂修，我繼之擔任此同一職務，三人志同道合，時相聚敘，遂被稱之為「三老纂」。此時纂修已被列為「工作人員」，享受不到「老先生」們的榮崇了。

事實上，「三老纂」的年齡都在壯年，不能算老。紹唐兄最年長，也只四十八歲。永敬兄小紹唐兄一歲，四十七歲。我算是「年輕的」，四十二歲。由於紹唐兄任職最先，年齡居長，所以我常稱他為「首席」。我們雖不算老，卻甚喜歡「三老纂」的稱號。後來工作職位雖多次變動，我們卻一直以「三老纂」自詡自慰，每逢在餐飲場合同席，三人都會乾一盃，以紀念「三老纂」時代那段雖非完全愉快卻也韻味無窮的歲月。

「三老纂」興味相投，因為我們都有心為推展民國史的研究而竭盡棉薄。紹唐兄纂修任內及退休以後，都全力投注於《傳記文學》，永敬兄和我，都是他的長期讀者和作者。永敬兄其後轉任政治大學教授，兼歷史研究所所長多年，他的幾種重要的著作也都由傳記文學社出版。我也一度離開黨史會，兩年後又回到會裡，一直「頂」到民國八十五年（一九九六）七月主任委員任內退休。紹唐兄有次對我說：「我的朋友凡是做了官的，就要開除他的友籍，只有你例外。」我急著說：「我從來不是官，也討厭官，和你同調。」兩人抵掌大笑。時常通電話，他時常在電話中說：「過幾天，找老蔣（永敬）喝一盃，重溫三老纂舊夢。」

論史的厚道與公道

紹唐兄大半生的心力，都投注於《傳記文學》，目標是要為中華民國歷史建立起「萬里長城」，並且要為中國現代史的研究開創新天地。經過三十八年的辛勤耕耘，終於獲得空前的成就，《傳記文學》已是當代中國流傳最廣，風評最佳，影響力也最深遠的一份雜誌，紹唐兄也是國內外享有盛譽的文化名人，他的貢獻將在中國近代學術文化發展史上留下不朽的記錄。

至民國八十九年（二〇〇〇）二月，《傳記文學》雜誌已出刊至四百五十三期，由傳記文學出版社出版的史書亦多達四百餘種。《傳記文學》所發表的傳記文字，不見得篇篇都好，但卻能維持一定的水準，讀者歡迎和支持的熱情歷久不衰。其內容涉獵的範圍甚廣，更能言人之所不能言，使若干極具敏感性的史事和爭議性的人物，都能呈現在讀者面前。《傳記文學》是民間雜誌，選稿的標準和史料的運用，都比較自由而有彈性，因而雜誌內容多采多姿，足以彌補官

黨史會三老纂：由左至右為作者、劉紹唐、蔣永敬。

方正面史料之不足。我始終認為：為史學研究者提供了更廣闊的史源，是紹唐兄對史學界最大的貢獻之一。

近世紀來的中國歷史，是個大動變的時代，紛歧錯雜，價值觀也充滿了對立與矛盾。紹唐兄是文人，由於辦《傳記文學》，不能不埋首史稿中作鑑別與取捨，因而也成為史學知識極為豐富的人，我常說他是游刃於史學與文學之間的文化奇人。他有自己的主見，也有自己的史觀，不附和於流俗，但也不刻意向官方或權威挑戰。有人說：「過去戒嚴時代，《傳記文學》象徵一種向官史挑戰禁忌的指標。」我認為言過其詞。紹唐兄只是恪盡言論的正義感，敢於言所當言，寫所當寫，但質樸負責，絕不挑戰法令，尤忌輕浮刻薄。香港《新聞天地》主持人卜少夫稱頌「劉紹唐對歷史非常真心和認真」，職此故也。

近年來，臺灣的現代史學界有走偏鋒的現象，對若干人物和事件的論述都充滿激情，甚至偏見。紹唐兄不以為然，因此極力主張寫史的人要講公道，心存厚道。一部分自外於中國人的妄人，對已故蔣總統介石先生不分青紅皂白的加以誣衊，紹唐兄曾為文評誡。對大陸中共當局對抗戰史實的說法做法，他也不以為然。他說：「歷史問題本不需要激情，淡化也並非不宜，但扭曲、否定、消滅是絕不能容忍的。」

中華民國國民在中華民國國境內著書立說，應採用中華民國年曆，是理所應為的事，這也是公道。《傳記文學》用中華民國紀年，紹唐兄自己為文寫信，也用民國年月日。但由於學術的國際性日益濃厚，臺灣的年輕一代學人也多習慣於用西元（視之為公元），漸漸形成以西元取代民國紀元的趨勢。紹唐兄基於重視史實的觀點，也顧慮到中外交流的方便，乃主張「公元民國大清干支應並重」的紀年方式，這樣才是公道。《傳記文學》是這樣做了，用民國××年（公元××年）」方式行之，其他公私文書卻不一定能接受紹唐的建議，紹唐也只有慨歎：「歷史的大事不好管，也管不了。」

「一國兩制」與「一國兩史」

紹唐兄是早年唾棄中共的反共志士，他的反共立場一直都沒有改變。反共，是反對共產主義和共產黨的暴虐政治，並不反對國家在適當的時機和合理的條件下，再度歸於統一。近年來，在臺灣有所謂「統獨問題」的爭論，紹唐兄認定「獨派」為逆流，但也不贊成無條件的或完全依照中共條件的「急統」。他的朋友中有幾位是傾向「急統」的，他表示不敢苟同。記得是去年（八十八年）春天，在臺北有一次和我晤敘，當面說過：「談統一不能放棄自身的立場和理念，××兄的想法和做法，我都難以苟同。」

中共提出促成兩岸「和平統一」的口號是「一國兩制」，紹唐兄認為這是中共無可奈何的政治策略，是一時的圈套。因為香港回歸後、接著就修改教科書，「從扭曲、消滅、否定、取代，甚至於偽造等方面著手。不容許真正歷史繼續存在。」今日在大陸已不允許出現中華民國字樣，遑論「統一」後的將來？連「一國兩史」都不允許，如何能證明「一國兩制」是出於誠意與善意？紹唐兄早在民國八十六年（一九九七）七月號《傳記文學》發表的一篇〈從一國兩制看一國兩史〉短文中，即曾作過如下一段發人深省的呼籲：

> 一國兩制不會是永遠的，將來必將歸於一國一制，但一國兩史是應該永遠並存的。歷史不能聽命於政治，在歷史研究中絕不能是有我無你，有你無我，兩岸史學家應以承認歷史事實，消除政治敵意，有修養，有度量，有宏觀的視野。成立專門機構分別進行學術性的修史工作。讓歷史真相長久保存，不要把歷史當成統治或統戰工具。臺灣最近也要修改國中國小教科書，那只是一股小逆流，在歷史長河中，是成不了甚麼氣候的。

對於日趨明顯的民國史研究的危機，紹唐兄確是憂心忡忡。他更希望史界同道們能攘臂奮起，力挽狂瀾，「不容青史盡成灰」，維持歷史正義於永恆。據悉友人們正計畫將紹唐兄的史論文字集書出版，取名為「不容青史盡成灰」，相信必將獲得普遍而又讚許的反響。

人算難敵天算

紹唐兄一生，讀書多，見聞多，朋友多，好客，健談，樂於助人，有文人之雅，也有豪士之風。為人就像他辦的《傳記文學》一樣，有其獨特的氣質和風格。有不少青年作家、媒體奇才、民意代表以至觀光大飯店老闆，都與紹唐兄有深厚的友誼，戲稱他為「師父」，紹唐則喜歡暱稱這些「徒弟」為「小朋友」。

忝為老友，我和蔣教授永敬兄常為紹唐兄的座上客，有時是應邀作陪，有時則是主客，白吃白喝，飯後還要逗紹唐說一兩個或葷或素的故事。近三年來，我被紹唐兄延為主客來款待者，有兩次：一是民國八十五年四月間，賤辰七十初度暨內子舉行畫展時，承紹唐兄嫂盛筵祝賀。一是一年前赴美探親歸來，又承紹唐兄設宴接風。紹唐嫂王愛生女士，也是作家，更是紹唐兄辦《傳記文學》最有力的支柱，平時是不常參加友人飯局的，卻曾為邀宴愚夫婦而親臨張羅，十分感佩。

去年（一九九九）六月，我自國外寄函陶英惠兄，詢國內諸友好是否有為紹唐八十大壽發動祝嘏活動；如有，請英惠代我列名為發起人。我從英惠兄回信中，獲悉紹唐兄身有微恙。八月中回至臺北，才曉得紹唐兄進過醫院，正療養中。我未敢去劉府打擾，只寄一短函慰問，並將紀念陳師雪屏先生的一篇文稿寄去。九月間又將出國，行前得項紀台告知：「師父要李伯伯和他通電話。」我當即撥電話到劉府，和紹唐兄談了一大陣。真是語重心長，他對若干事都表示無奈與無力，但仍然力持要盡一己的本分，期能有所補益於世道人心。他略帶期盼的話：「雲漢，這些事，你也有責任。」我勸他別太焦慮，待健康恢復後一切都好辦。沒想到，這竟是最後一次通話。我十二月中回來，紹唐兄已不方便見客，不久就住進了醫院。我曾與一二好友談過，大家都覺得不宜再去醫院打擾他。二月六日，我偕內子去蔣府看永敬兄嫂，永敬把紹唐病情的嚴重性見告，我內心悽傷，為之黯然。但沒想到四天後，紹唐兄就離開人間。我在報紙上看到紹唐逝世消息，轉身告訴內子時，兩人都淚眼相視，上蒼實在太無情了。下午去劉府紹唐靈堂前上香行禮，不禁失聲。但我了解：對逝者最大的安慰，就是堅強的支持下去做他所希望做的事。第二天，我寫出追思紹唐兄的一聯：

相知近半紀，道同心同，方喜史界長城已雄立；

睽違才五月，音在影在，遽哭國族楨幹情何堪！

由左至右：作者、劉紹唐、杜維運。

廖風德壯志未酬

昨晚五時看中天電視台新聞節目時，突然出現準內政部長廖風德「猝逝」的驚人消息，心頭為之一怔！怎麼會呢？正在盛年嘛，前途看好，難道命運竟如此不幸！驚疑歸驚疑，事實歸事實，風德真的是走了，得年五十七歲！我把這不幸的消息告訴正在準備晚飯的老伴，她也感到意外而不勝惋惜！

五月十一日的各家平面新聞及電視台新聞播報中，都以極大的篇幅及時段，報導廖風德的家世，學經歷、文學修養以及對中國國民黨的貢獻。聯合報頭版以五分之四的篇幅刊報廖的病情及猝逝經過，標題是：「沒帶手機　廖風德猝逝，錯失救命良機。」提要文字是：「準內政部長（廖風德）天雨爬山摔倒，已無呼吸心跳，四十多分鐘後才送醫。馬（英九）、劉（兆玄）探視，吳（伯雄）痛哭。」說明文字第一段是：

> 準內政部長廖風德昨天爬山導致心肌梗塞猝死，幕僚語帶哽咽轉述，廖昨下午陪同夫人爬山，滑倒陷入昏迷後，卻因為忘記帶手機，夫人郭芳美下山打求救電話，中間錯失四十多分鐘的黃金時間，無法挽回寶貴生命。

我對這情形，感觸特別深刻。一則元兒於二十六年前在空軍訓練中心接受預備軍官訓練之作戰演習，不幸中暑，即因部隊延誤送醫而斷送了性命；一則我夫婦於外出健行時，也無帶手機的習慣，不能不痛下檢討，以防萬一。老伴說，一切都是命！是的，人算不如天算的事端太多，除了歸咎於命外，還有甚麼最好的解釋呢？

廖風德，是我政治大學歷史系的同事，也是我在中國國民黨中央委員會服務後期的同僚。他是政大歷史研究所的博士，但沒修過我的課。他太太郭芳美，就讀政大史研所期間，曾修過我講授的「中國近代史專題研究」。因此之故，自從在百年樓教授休息室首次見面，他一直稱為李老師，我則稱他風德兄。據說他修博士學位時，同時獲得臺大史研所、政大史研所接受，他最後的決定是捨臺大而就政大，可知其對政大「情有獨鍾」。

我曉得風德兄是位優秀的歷史學者，卻不曉得他是一位成名的文學作家。他猝逝後，媒體才報導出他的文學造詣。二十七、八歲時，曾以「廖蕾夫」筆名寫過兩本小說：《竹仔開花》與《隔壁親家》，先後於民國六十八年（一九七九）、六十九年（一九八〇），兩度獲聯合報文學獎項中之短篇小說獎。《隔壁親家》其後改編為電視劇《親戚不計較》，由民視台播映超過一千集。可惜我未曾收視民視節目，不曉得其內容，想是草根氣息濃厚之鄉土文學。

民國八十五年（一九九六）春，廖風德獲黨主席李登輝之器重，任命他為中央秘書處主任，是他為中國國民黨犧牲奉獻的開始。他任秘書處主任後不久，我去他辦公室看他，表示歡迎之意，兩人談了很久。當時國民黨已經開始走下坡路，想請學術界人士進入黨部服務，的確不很容易。風德是歷史學者，年華正盛，又出身於民進黨「民主聖地」的宜蘭，能捨身為國民黨服務，真的是難能可貴。我對他說明這一看法，他說願為國民黨服務，目的是為了臺灣人民好，民進黨那夥人不走正路，遲早是會害死臺灣人民的。他也提到，國民黨在民間接受到民進黨的挑撥與誣衊，聲望也確不如前；但還不到令人絕望的程度，只要黨人肯深入民間，肯加倍努力，仍大有可為。我發現他很有為宜蘭鄉親出點力的心願，這也是他以後回宜蘭競選立法委員、縣長的原因。

風德任中央秘書處主任不久，我就決定提前申請退休，李登輝主席很快就批准了。退休金的核算，要由中央秘書處的人事室負責，要得到財務委員會的同意。人事室以我曾退休過一次，以前的「基數」要扣除；總「基數」不得超過「四十」，這樣算下來，我的退休金已寥寥無幾，後十年等於白做了。公文送到風德主任處，他認為這樣對我太不公平，乃簽註意見，加發「慰勞金」伍拾萬元。提到此事，除了要謝謝風德外，也叫我想起另一位曾為我「仗義執言」的中央秘書處主任，吳水雲兄。我家住臺北市南區的興隆路，每日要到陽明山的陽明書屋上班，有時臺北有會議，須往返陽明山兩次，座車所耗油量自然比家住臺北市區的其他主管為多。秘書處事務室忽然定了主管用油的標準，超過標準的油量要由用車人自行付款。有兩個月，我得用自己的特支費支付超額的油價。這事為吳水雲主任知道了，大不謂然。說：「李主任委員是位學者，每天兢兢業業為黨工作，怎可由他自己付油錢？他用多少油，統統由秘書處供應。」水雲兄花蓮人，曾任花蓮縣縣長，監察委員等職。由於不滿黨中央的若干措施，後來到親民黨那邊幫宋楚瑜，如今已是年近八十的老人了！老友，近況可好？

我退休後次年，風德也轉職總統府。其後又出任第四、五屆立法委員。直到民國九十三年（二〇〇四）六月，他又回任黨職，任組織發展委員會主任委員，其後四年，是他對黨作出最大貢獻的時期，媒體說他「拼輔選，八連勝，國民黨福將」。可是他也付出了昂貴的代價：健康。他有大貢獻於中國國民黨，最光榮的一役乃是本年三月總統副總統選戰的空前勝利，黨對他的報酬是馬（英九）、蕭（萬長）、吳（伯雄）三位領導人，一致推定風德為內政部部長最適當人選。誰又想到，命運之神竟如此無情的捉弄他！不禁為之鼻酸！

廖風德猝逝後第三日——中華民國九十七年五月十三日（星期二），李雲漢記於木柵寓所。

懷念我與蔣永敬兄的「荔園時代」

情難自禁放聲哭

我與蔣永敬兄已是相識六十三年的老友；同學，同事，同志又同道，有段時間且曾是鄰居。太熟識了，我都直接喊他名字永敬，或永敬兄，不常敬稱他為蔣永敬教授或蔣永敬先生，更少像史學界一般朋友尊之為蔣公或永敬蔣公。

永敬兄，安徽定遠籍，生於中華民國十一年（一九二二），長我五歲。身材、智慧都高於我，健康狀況也比我好。即使九十歲後進入老老年期，走路還是比我快，舞文弄墨也比我勤奮、瀟洒。我常想，他必能壽登期頤，傲視同儕；因而預定到時親為張羅，大肆祝賀。兩年前——民國一〇五（二〇一六），永敬兄九十五歲誕辰，我曾撰八十句俚詩相賀，尾句即說：

九五大慶齊獻觴，嶽呼連連有新聲，
迎兄期頤成百句，默禱心願不落空。

本年（民國一〇七，二〇一八）四月十日，收到秀威資訊科技股份有限公司代寄之永敬兄新著《多難興邦：胡漢民、汪精衛、蔣介石及國共的分合興衰，一九二五－一九三六》，同月十三日即致函永敬申謝，並以期頤大展相期。說：

秀威公司寄來大著《多難興邦》，經已拜收，且喜兄台寶刀未老，仍盼佳作連連，於期頤大慶舉行大展，為史界開啟先河。

沒想到，十天後接到永敬大公子世安來信，說：爸爸病了，是膽囊腫瘤，已裝了引流管。事出突然，心情為之一怔！想於近日內找個適當時間去看看他。誰又想到，人算不如天算，永敬竟於四月二十六日凌晨撒手西歸了！世安於當天晚間親來舍下報告此一訊息時，我不禁悲從中來，失聲痛哭！轉念永敬已是民國史學界高齡耆老，著作等身，桃李滿門，譽滿臺海兩岸，兒輩均卓然有成，臨終未多受折磨，是有福之人，又有何憾！收起眼淚，只告訴世安：有什麼需要我做的事，告訴我；告別式之時，我不管健康狀況如何，一定親去送他最後一程！我做到了，五月十八日親去第二殯儀館參加了永敬的告別式，為黨史會同仁主祭，向他行最後敬禮！也要寫篇紀念文，一抒心臆！想來想去，相識六十多年來，以初入中國國民黨中央黨史會服務之前十年（民國四十六年至五十五年）之「荔園時代」最接近，最富挑戰性，磨鍊最多，收穫也最大。就以「荔園時代」為題，憶述這段看似平淡卻也風波不斷的境遇罷。

初識於政大教研所

我初識永敬兄，係於中華民國四十四年（一九五五）十月，在國立政治大學教育研究所。政大在臺復校，係新任教育部長張其昀（曉峯）先生的德政。他於民國四十三年（一九五四）七月接任教育部長，八月即決定恢復國立政治大學；先恢復研究部。沒有校舍，先借用臺北縣木柵鄉指南山下的教育部疏散用房舍。招生事宜，統由教育部代辦。初設四個研究所：公民教育、行政、國際關係、新聞：於九月間舉行新生入學考試，十一月二十四日在教育部院落內舉行開學典禮。次（民國四十四，一九五五）年恢復大學部，四個研究所也正名為教育、政治、外交、新聞。首任校長為陳大齊（百年）先生，四所所長依次為陳雪屏先生、邱昌渭先生、崔書琴先生及曾虛白先生。教授有羅家倫、薩孟武、王雲五、浦薛鳳、黃建中、劉季洪、王鳳喈、謝幼偉、趙一葦、翁之鏞、趙麗蓮等名家，可謂極一時之盛。

我是教育研究所第一期研究生，永敬是第二期；但因我是以高等考試教育行政人員及格之資格考取入學，須補修大學本科教育系所缺學分，獲准延長公費多讀一年，因而與永敬同學兩年，同時於民國四十六年（一九五七）七月離校，八月一道進入中國國民黨中央黨史委員會（原稱黨史史料編纂委員會，民國六十一年改稱黨史委員會，簡稱中央黨史會，外間多稱之為國民黨黨史會或黨史會）。從此時起，兩人逐漸發展為相交超過一甲子之同學、同事、同志及同道的「四同老友」。民國一百年（二〇一一）永敬九秩華誕大慶時，我送他的賀詩首段就是：

相識逾半紀，平生樂四同；
剛柔曾相濟，切磋見真誠。

在政大，兩人相識，但無深交。這是因為我住校中，永敬通學，他課前來，課後走，因此很少見面。偶爾在餐廳中見到他，也覺得他西裝畢挺，不像個學生，未曾主動交談。永敬於所撰〈荔園雜憶〉文中，曾作如下的回憶：

> 那時我和雲漢還不太熟，他在政大教研所比我高一級，他因補修大學學分，故與我同時畢業，同時他也取得兩張學位證書。後來雲漢時常告訴我，他在學校對我印象「欠佳」，看我不像學生，個子高高的，擺來擺去，滿不在乎似的，有點「老油條」味道。

到民國四十六年（一九五七）五月，快要畢業了，才有了首次交談的機會。原因是：政治研究所第二期同學杜奎英晚間在臺北建國中學夜間部兼任教職，要去日本作一個月的畢業旅行，須覓人代課。找到我，我答應了。奎英說，你首次去上課時，先找到蔣永敬，他會帶你去見夜間部主任，並告訴你應注意事項。我這才曉得永敬也在建國中學夜校教課，他教地理，奎英教歷史。有關此事，我在賀永敬九五華誕俚詩中，記下一筆：

分級聽課不同堂，首會有賴杜奎英；
記否建中那一晚，課前傾談十分鐘。

結伴同進黨史會

那時，教育研究所還未開設博士班；碩士班畢業了，必須面臨就業問題。永敬和我不約而同的想留校，都曾與新任所長吳兆棠先生表達過此一意願，但都未被接受。吳師對我說：「學校希望同學們向外發展」。對永敬，則希望他到中國青年反共救國團工作，永敬「對此團有成見，不願往。」適於此時，中國國民黨中央黨史會主任委員羅家倫（志希）先生，希望政大教研所推薦數位應屆畢業研究生到黨史會服務。負責教研所行政業務的沈宗執講師，分別徵詢我等意見，永敬與我均答應去與羅先生一談，等於面試，也都為羅先生接受。因此，開啟了我倆黨史會同事二十二年的善緣，兩家家人也都熟識，外間人也常以蔣李並稱。

為何要進一般人視為是冷門機關的黨史會？我倆的想法大同小異，兼顧理想與現實。永敬於其《九五獨白》中，坦誠以述：

余之所以選擇黨史會者，一因待遇較一般公教為優；再為文桂就業及宿舍問題。……其時臺灣省政府疏遷南投草屯附近，新建中興新村，設有中興中學，教師可供宿舍。校長宋鴻域，楊師之安大學生；教務主任汪慧佛，余之同學及從軍伙伴。因之文桂往任教至便。配有丙級宿舍一棟，兩臥一廳，有廚房衛浴設備，計約十七坪，較在臺北市之四坪斗室寬大多矣。

我在《雲漢悠悠九十年》自敘傳中，說明「我樂於到黨史會工作的幾項理由」：

黨史會是學術機構，有豐富的史料可資利用，適合我的志趣；環境單純而安定，不會有人事糾紛，可以久於其職；羅先生是史學名家，研究工作需他經常指導；羅先生告訴我，在臺中市有一棟日式宿舍，我結婚後可以申請入住。

兩個過去生活背景不同，志趣能力也有差別的青年人，從此走在同一條學術研究道路上，成為直、諒、多聞多見、亦文亦史、時相切磋的終生益友，能不引以為樂？為榮？

荔園在何方

羅主任委員任命永敬和我為編審，相當於政府公務系統中的薦任職，派往遠在臺灣中部南投縣草屯鎮郊外的「荔園」工作。這時，我才曉得黨史會的辦公地點是分散的：主任委員辦公室在臺北中央黨部內，總辦公室包括秘書、編輯、徵集、總務三室，則借用臺中市政府的一座平房，草屯荔園則是黨史會史料典藏處所，亦即史庫所在地，由黨史會四單位之一的典藏室負責管理。永敬〈荔園雜憶〉文中曾作介紹：

> 荔園，原是一座舊式的別墅，建築在日據時代。屋主姓洪，是當地一位富有人家，後來家道中落，這座別墅便售給黨史會作為史庫。荔園面積約佔地千坪，建有形平房一座，土牆瓦頂，有冬暖夏涼之感。正面大廳三間，坐南向北，東西兩邊各有廂房一排。大廳的正對面建有一道牆壁，遂使整個院落成為四合式。院內有幾株桂樹和百合花，經年花香撲鼻。更有龍柏數株，益增庭院之美。房之四周圍以圍牆，高約丈許。牆外均是農田，牆內植有荔枝樹多株，故稱「荔園」。就荔園全部型式來看，正是一個「冂」字形。凡是到過的人，無不稱讚它的環境幽靜，真是一個理想的讀書環境。
>
> 民國四十七年，又購得荔園旁邊的農田約兩千坪，增建一棟二樓新庫，民國四十八年完成。樓下藏史料，樓上辦公，便是現在的規模。

不知為什麼，荔園並未掛出黨史會的招牌。新建的庫房正門門額，也只是鑄刻羅主任委員手書「光昭八表」四字。荔園作為黨史會的史庫，算起來，有將近三十年歷史；到民國六十八（一九七九）年，在秦主任委員孝儀（心波）先生大手筆下，全部史料及人員北遷臺北市陽明山陽明書屋，荔園由地方政府接管改建為學校，荔園名稱也就從此消失了。曾在荔園共事過的老友張恩柄（大軍）失去聯絡，李振寬、林德、夏文俊已陸續告別人間，如今永敬又走了，撫今追昔，能無慨然！

苦樂十年

記得我是於民國四十六（一九五七）年八月一日，與典藏室新任總幹事張恩柄一道到臺中辦公室報到的，當晚即進住草屯荔園。人生，地不熟，感到落寞孤單。十天以後，永敬來了，我有喜從天降的感覺。永敬回憶他當時的心境：

> 民國四十六年八月十一日，我首次走進荔園，頗有進入「修道院」之感。雲漢先我到荔園十日，一切都很熟悉，他以「識途老馬」資格，指點一切。

漫長的歲月開始了。我倆同一辦公室，兩張辦公桌面對面而坐，高談闊論，了無顧忌。永敬係青年軍出身，戰後到過東北；來臺後曾在海員黨部、民航局等機關做過幾年事，資歷比我深，經歷比我多，企圖心與做事能力也遠比我強。記得有次對我戲說：「本人姓蔣，名幹，字就幹。」可見他的處事態度是如何積極而強烈！我私下也曾對他表示佩服與感謝：

新進人員受歧視，機關歪風貫古今；
所幸兄有尖銳氣，詞嚴義正帶頭拼。

隨了時間的演進，這種新鮮感逐漸消失，面臨的是多重無可避免的壓力。我於十月六日結婚後，進住臺中市精武路一棟日式眷舍，因此改為通勤，每天要騎腳踏車到臺中車站，轉搭公路局班車去草屯，再換彰化客運班車到新莊，下車後還要步行十分鐘才到荔園。每天上下班，在路上要花三小時，很辛苦。永敬住進中興新村光榮西路太太眷舍，也要先搭公路局班車到草屯，轉彰化客運到新莊，再步行十分鐘，需時一小時。天氣正常時，尚可適應，一遇風雨或酷熱驟冷，就慘了！但這是無法克服的困難，只有忍受。十年下來，上下班路途上沒發生意外，實屬幸事。

最感到無奈卻也不能不忍受的工作方式，是落後而有害健康的史料保管與維護。永敬記述當時情形：

我和雲漢到荔園後，除了每人保管百餘箱史料外，還要做史料號碼的貼籤和登記目錄，這是用體力多，而用腦力少的工作。天氣好的時候，要把箱中的史料一捆一捆地抱到庭院中，放在網架涼晒；同時要按照目錄逐件打開查對，如有缺少或目錄記載不符，便須登記下來，作為請示處理的依據。下班前，要收回原位。尤其夏日炎熱，弄得滿身是汗和灰塵；史料箱中因置有殺蟲劑，刺激全身紅點斑斑，痛癢不堪。那時不但沒有冷氣，連電扇也是稀有之物。有時上級還說我們工作不力。

辦公桌上沒有電話，新莊地區沒有郵局，荔園的老同仁都非學術界出身，無法多交流，有如置身孤島。唯一可以面對面談東論西的，只我們兩人。心情好時，興致盎然，無所不談。工作忙碌或心情不佳時，也會終日不交一語。但，我們都忍下來了。因為我們是有所為而來，一定要有所得而去。我曾對永敬說出當時的想法：

我等非為爭權位，故紙堆裡找黃金；
小風小雨不理會，默默耕耘領會深。

還好，主任委員羅師志希先生並沒有忘記我們，期望也殷。他不常到荔園來，卻常親筆寫信指示工作，並予以慰勉。我的記憶，羅先生曾直接交辦三件大事：一是《國父年譜》的增訂，一是中華民國建國五十年紀念叢書的選編，一是國父百年誕辰（民國五十四年，一九六五）紀念文獻選編及徵文審訂工作的參與。其中，以《國父年譜》增訂最重要，最費力，羅師亦最重視，最急迫；蓋此事乃牽涉到一樁「糾謬」與「謬糾」的風波。事情是這樣的：由羅師主編黨史會出版之《國父年譜》（初稿本）於民國四十七年（一九五八）十月出版後，惹起國立臺灣大學「國父思想」學科教授羅剛（隱柔）先生之尖銳批評，認為「謬誤」太多，寫出一冊《羅編國父年譜糾謬》，向黨中央提出檢舉，形成風潮。羅師因應此事，乃決定盡速增訂此書出版二稿本，以釋疑慮。此項工作，函囑永敬和我負起全責，而由永敬總其成。永敬和我積極從事，既改正疑誤，並增加新材料，同時嚴格鑑別羅剛《糾謬》，找出其誤解或錯誤之處，予以糾正。我倆以正確史料作根據，發現羅剛《糾謬》中之「謬誤」也不少，臺大傅啟學教授亦指出羅剛之書過於草率，羅氏陷於自討沒趣境地，風潮遂息。永敬《九五獨白》中，曾記有一例：

> 余曾考訂羅剛之「糾謬」，亦多有誤。例如《國父年譜》記孫中山一九〇九年十一月八日至一九一〇年一月十八日間在紐約活動情形。時香港革命黨人正在籌劃廣州新軍起義，《糾謬》謂黃興自香港致電在紐約之孫中山請其籌款，而《年譜》隻字不提，實謬。經余考訂，黃興此時不在香港，正在日本東京躲債（黃函為證，黃墨蹟，已出版），何能在香港致電中山？如此自「謬」而糾他人之非謬，豈非「謬糾」乎？羅師大為興奮，謂余有「史才」。

由於我倆在三項審訂工作之努力，連年考績均列一等。

羅師對《國父年譜》增訂工作之進行，尤感滿意。曾親筆致函永敬與我，特予嘉勉。信中說：

> 為了年譜修訂事，兩位能與有關同人通力合作，不計彼此，甚善甚善，此乃近代學人治學有成之達道也。

另一方面教我倆感到苦中有樂者，乃是與來訪數十多位學術界先進暨青年學者，建立了純潔的友誼。荔園雖遠處臺灣中部鄉間，由於典藏了大宗珍貴的民國史史料，仍有不少歷史學者前往參觀或蒐集有關資料。記憶所及，教育部長黃季陸、中央研究院近代史研究所所長郭廷以、考試院考試委員陳固亭、國立中興大學校長湯惠蓀、國立臺灣大學教授吳相湘、國立臺灣師範大學教授王德昭、中央研究院近代史研究所王聿均、李毓澍、張朋園、劉鳳翰、賈廷詩、張玉法、國立政治大學陳聖士、閻沁恆等兄，都曾訪問過荔園，有的且住上數天，甚至數週。吳、王兩教授得美國一基金會支持，從事於中國革命同盟會人物之研究，曾連續去荔園三個暑假。收穫所得，吳據以著有《民國百人傳》四冊；王亦著有《國父革命思想研究》一書，有聲於時。外籍學者曾至荔園者，僅日籍木下彪、美籍韋慕庭（C. Martin Wilbur）兩位，而以哥倫比亞大學東亞研究所（East Asian Institute，Colunbia University）所長韋氏為巨擘。他於民國五十一年（一九六二）暑期到荔園作研究，羅師指派永敬負起接待韋氏專責，兩人因而建立了深厚的友誼，哥大因而曾邀請永敬為訪問學人（Visiting Scholar），去作為期一年的研究。很高興，我也因而與韋氏相識。韋氏於所著《中國國民革命，一九二三－一九二八》（*The National Revolution in China 1923-1928*）一書序言（Aknowledgement）中，曾提到他的荔園之行曾得蔣、李之助：

> 一九六二年，我以弗爾布萊特獎助下前赴中華民國研究，通過郭廷以和羅家倫兩位教授的協助，得以到中國國民黨中央委員會的檔案館中研讀史料，兩位專家——蔣永敬和李雲漢教授，對我大力相助。以後數次訪問臺灣，他們協助我讀到更多的檔案史料，我也從他們依據國民黨的收藏寫出的著作中引用很多。

各自「出道」

「出道」，是永敬兄使用的名詞，他寄我的生日賀詩中，曾有「相偕各出道」之句。他在《九五獨白》回憶錄中，又用了「出師」一詞，標題為「黨史會『學徒』十年『出師』」；又說：「利用『寶藏』大作研究」。因此，我認定：無論是「出道」或「出師」，其意義乃是研究成果獲得國內外史學界肯定，置身於民國史研究領域諸公行列中，俯仰無愧。我也曾在《雲漢悠悠九十年》中慨嘆：「草屯荔園辛苦十年，總算有點代價，在學術道路上邁進了一大步。」

剛到荔園的第一年，我忙於婚後家庭的安頓，也要熟悉工作環境及史料存儲情形，所以並未擬定研究計畫。永敬則忙於整理他去日本作畢業參訪時帶回的僑校教育資料，並接受橫濱中華學校校長臧廣恩（伯京）的付託，兩人具名撰為《日本華僑教育》一書，由僑務委員會出版，取得六千多元的稿費。永敬送我一冊，並說稿費雖不多，但「不無小補」。這是我首次讀到永敬的作品，很欽佩，也很羨慕。

第二年，我們想到要作有計畫的研究了。處在革命史料的海洋裡，研究對象自然是革命黨人的思想與活動。我們也了解，人物研究的第一步，要先編纂一部正確而完整的年譜。革命黨最高領導人孫中山先生已有《國父年譜》問世，我和永敬便決定分頭撰寫另兩位重要革命黨領導人物的年譜：我寫黃興克強先生，永敬寫胡漢民展堂先生。是個人分工，也是整體性的合作。當然，我們並未對外聲張，是默默利用公餘時間進行。羅主任委員當時對我倆個人研究工作，未加聞問，然也未特別鼓勵。有同仁進言我倆不應該利用公家資源從事個人研究，羅先生也未理會。

永敬做事劍及履及，思路清晰，文筆也練達，只化兩年多時間即完成《胡譜》，我的《黃譜》雖也大部竣事，卻仍在小心訂正中。這時際，兩人間發生了一次「口角之爭」，很有趣，永敬在〈荔園雜憶〉文中記了一筆：

> 某日上午，我手持「胡譜」稿向他示威，我說：「你看，怎麼樣，我比你快！」雲漢不但不給我「高帽

子」，反而教訓我起來：「你行是你的，我從來也沒有同你競爭，我更不打算同你競爭，你有甚麼得意的！」我立刻自認不對，以求下臺。以後雲漢卻以此自豪，說「只有我可以管住永敬。」

永敬之《胡譜》，於民國五十年（一九六一）發表在吳相湘教授主編，正中書局出版之《中國現代史叢刊》第三冊，風評甚佳。吳相湘親口對我等說：「連自視甚高的沈雲龍（耘農）教授，都讚不絕口。」郭廷以所長讀到後，也認為應用了新資料，也具有新風格。我的《黃譜》，晚一年（民國五十一，一九六二）發表於同叢刊第四冊，沒見到史界人士的評論，只聽到陳固亭委員面告：「克強先生長女立法委員黃振華表示滿意」，夫婿時任淡江文理學院院長陳維綸博士則曾當面表示謝意。

兩種《年譜》先後發表初稿本之後，永敬和我曾作過檢討，覺得年譜基本上還是編重於撰，難以顯示著作人的史識與史學；還是要針對近代史上某階段某事件進行專題研究，較能有所發揮。吳相湘教授來荔園時，也曾請教於先進，記得他曾對永敬提議以「一九二七年之中國」為題，進行試探。永敬以此題過於疏闊，且南北對立之因素過於複雜，因而縮小範圍至民國十五、十六年（一九二六－一九二七）間武漢政權的形成與結束，而以俄共派駐中國國民黨之顧問鮑羅廷（M. M. Borodin）之操縱為主軸，定名為《鮑羅廷與武漢政權》（以下簡稱《鮑羅廷》）。我則想探討一下國共兩黨早期關係，選題為《從容共到清黨》（以下簡稱《容共清黨》。當時尚是「反共抗俄」高潮時代，兩項主題都具有極高的敏感性，還沒有人碰觸過。永敬和我不知那裡來的勇氣，冒了一次大險。

永敬的《鮑羅廷》，時限只有兩年（民國十五、十六，一九二六－二七），史料也集中，他做事也快速，因而於兩年內定稿，於民國五十二年（一九六三）由中國學術著作獎助委員會評定為優良著作，予以出版。我的《容共清黨》，時限延續至六年（民國十一至十六，一九二二－二七），篇幅也無法縮短，我做事又慢，所以晚了兩年，到民國五十四年（一九六五），始通過中國學術著作獎助委員會優良學術著作獎，予以出版，分訂為上下兩冊。其後，永敬書為教育部評選為優良學術著作，獲得獎狀與獎金；我的書，繼之於民國五十五年（一九六六）獲得中華民國中山學術文化基金會主辦之首屆學術著作獎，由副總統嚴家淦、董事長王雲五分別授予獎狀、獎牌及獎金。吳相湘寫信相賀，說：「此一段史乘，大著應為空前絕後之權威作品矣，可喜可賀。」兩書隨被認為是我倆早期的代表作，在美、日兩國史學界受重視程度，要比國內為高。

回想五十年前的往事，深深感到我和永敬兄的「荔園時代」，是我們壯年時代值得懷念的一段美好歲月。我們的環境並非完全有利於研究，我倆是孤軍奮鬥；然而我們能充分運用智慧，發揮活力，於公務有滿意的交代之外，也為自己的學術生涯奠定穩固的基礎。荔園，是我倆走向學術道路的起點！永敬兄，你已在另一個世界裡自由自在，偶而想到我們的「荔園時代」，也該會展顏微笑吧！

中華民國一百又七年（二〇一八）六月十三日，
九十二歲衰叟李雲漢
筆於臺北市文山區木柵路三段六九號六樓之三蝸居。

作者夫婦與蔣永敬（左一）、李又寧（左二）合影於香港。

蔣永敬（左）、作者於民國七十年九月十日，訪問香港青山紅樓。棕櫚樹傳為孫中山先生手植。

四、學界友好

參與珠海三次國際學術會議的回憶
——我與梁校長永燊兄的學術交往

與梁校長永燊兄相識，是在民國六十九年（一九八〇）。有一天，黨史會主任委員秦孝儀先生（現任故宮博物院院長）告訴我：有一位好朋友梁永燊校長已到臺北，麻煩你聯絡一下，接他到陽明書屋來看看。第二天，我到旅社接到梁校長同車上山，在陽明書屋盤桓大半天。我們談了很多，對於如何開展民國史研究交換了一些意見。從這時起，我們就是志同道合的好朋友。

中華民國建國七十年（一九八一），也就是辛亥革命七十年，大陸和臺灣都計畫召開國際性學術會議，藉以紀念。大陸的會議，用紀念辛亥革命七十週年作主題，地點在武漢；臺灣的會議定名為「中華民國建國史討論會」，地點在臺北圓山大飯店。臺北的會議由黨史會聯合其他四所史政機構共同主辦，秦孝儀主任委員為籌備委員會總召集人，我奉命負責學術會的實際籌備工作，並與海外歷史學界聯繫，希望亦能舉辦類似性質的學術活動；其結果則是香港「孫逸仙博士與香港」國際學術會議，日本橫濱「三民主義與中國——辛亥革命七十週年紀念學術討論會」，及美國芝加哥「辛亥革命與民國創建」研討會的先後舉行。

為了在香港召開國際性學術會議，我和梁校長永燊兄有過多次的研商。他是僑選立法委員，我常到立法院的集賢樓或復興南路的立法委員會館去看他。一次，聽到饒穎奇委員戲稱永燊兄為「梁兄哥」，我也戲問「梁兄嫂來了否」，他忙說「沒有，沒有」。這情景恍然如昨，而永燊兄「騎鯨西去」卻已一週年了，誰說上帝不會作弄人！

民國七十年臺北的國際學術會議於八月二十三日至二十八日舉行，由香港珠海大學主辦的「孫逸仙博士與香港」國際學術會議繼之於九月六日至十日召開。原在臺北出席會議的外籍學者有八位移師來港，來自中華民國臺灣的學者則有二十一人。連同香港出席者二十八人，共五十七人，提出論文三十六篇，內容均極充實。曾經參與辛亥革命的國史館館長黃季陸先生本預定在會中作專題講演，以臨時有事不克分身，其講詞「國父孫中山先生與香港有關的史事」，託由許智偉教授代為宣讀。梁校長親致開幕詞，對黃館長的地位與貢獻，尤為推崇。他的開幕詞，本身就是一篇價值很高的論文，可見永燊兄於孫先生學說事績的研究，自成系統，功力亦深。

民國七十四年即一九八五年十一月十二日，為孫中山先生一百二十歲誕辰。臺北學術界決定舉辦「孫中山先生與近代中國學術討論會」以作紀念，仍推黨史會為主辦單位，秦孝儀先生為總召集人。討論會日期為十一月二日至五日，地點在高雄市國立中山大學。我仍然負責實際工作，主動與梁校長聯絡，問珠海大學能否亦於此際舉辦一次學術會議，以擴大影響。梁校長一口應允，他認為這是應當做的事，不管有無困難，都應當全力以赴。並決定香港會議的主題為「孫中山先生與中國現代化」，於臺北會議結束後第三天——十一月八日，香港會議開始。我也表示，臺北方面將予以必要的協助。

「孫中山先生與中國現代化」國際學術會議係於十一月八日報到，九日開始研討，十一日參觀，十二日香港以外與會學者賦歸。這次中華民國臺灣來了十八人，香港學者三十三人，外國學者十二人，共六十三人，宣讀論文三十二篇。梁校長致開幕辭，他指明一項中心觀念：

> 中山先生的學說和主張對於中國現代化最大的啟示是，一個民族生存、發展的基礎，全在其民族精神的發揚和民族文化的擴大與創造。也就是說，當我們為中國現代化設計藍圖時，必先堅持中國人的民族情操與人格尊嚴，我們應該批判性的繼承傳統與本土；選擇性的吸收西方文化，主動性的創造現代，以充實現代化的內容。

承梁校長之邀，本人亦曾在開幕典禮中作簡短的講演，並指出：依據中國近代史的發展，孫先生所定革命建國的方向，就是中國現代史的一條道路。會議期間，數度承永燊兄邀宴並交換意見，所見略同，更增加了彼此間心理與情感的契合。

民國七十五年亦即一九八六年十月三十一日，為蔣中正（介石）先生百年誕辰。儘管外籍學者對蔣先生生平事業有各種不同的評價，大陸學者在當時更是一味誣衊與辱罵，但就中華民族的生存與發展而言，不管是北伐，還是抗戰，以及在臺灣的建設，蔣先生的貢獻絕對不能漠視，更不容抹煞。臺北方面，決定由黨史會等五學術單位舉辦「蔣中正先生與現代中國學術討論會」，會期為民國七十五年十月二十六日至三十日，同時也希望香港和日本能有同樣的紀念活動。日本方面反應熱烈。曾有全國性「蔣介石遺德顯彰會」的推動，香港方面最有意義的活動，則是由珠海大學主辦的第三次國際學術會議：「中國近六十年來（一九二六－一九八六）之憂患與建設」國際學術會議。出席中外學者六十八人，其規模較前兩次國際學術會議略大。

記得我代表臺北會議籌備委員會與梁校長談及我們的計畫和希望時，他很鄭重的表示：繼臺北會議之後在香港接著召開另一次會議，原則上沒有問題，會議的名稱與主題則須作進一步考慮。香港的政治及社會背景，畢竟與臺灣不同，以蔣先生大名為會議主題可能會有副作用，這些都是可以想像得到的，永燊兄之慎思明辨，是我所一向欽佩的。經過相當一段時間的考慮，他才決定會議的主題是「中國近六十年來（一九二六－一九八六）之憂患與建設」沒有提出蔣先生的名字，但沒有人不曉得，這個六十年間蔣先生是任何人都無法否認的中心人物。

臺北會議十月三十日結束，香港會議於次日即十月三十一日開始報到。我陪同臺北的十七位夥伴們趕到香港，並代表中國歷史學會理事長秦孝儀在開幕式中，宣讀賀詞：「地異心同，精神一貫」。梁校長開幕致詞，首先即指出：「中國近六十年的歷史，與蔣中正先生有著密不可分的關係。」「今天我們會議期間，適逢蔣先生百年誕辰，我們深願奉獻這一次學術會議的成果，表示對這位民族領袖的崇敬。」

六年間，珠海大學舉辦了三次國際學術會議，也都是由梁校長永燊兄的乾綱獨斷，才能順利舉行，圓滿結束。我有幸在臺北三次會議與香港三次會議中擔任協調角色，也使我和永燊兄成為心同志同的知交。每次他到臺北，都會電話中談一陣；我偶而來到香港，也都是先向梁校長報個到。

民國八十年即一九九一年八月，黨史會等單位在臺北舉行另一次國際學術會議——中華民國建國八十年學術討論會。會前半年，我便函邀梁校長前往參加，但接他回信說是很願意參加，但健康情形怕不能如願。後來胡春惠兄告訴我，梁校長需要靜養，我們不要再打擾他。去年（八十三）十月，胡春惠兄悲戚的告訴我：梁校長走了。我的直觀反應是：我們留不住他，早走了不再受痛苦，也好。好人，為甚麼就不能長壽？得到好報！

我曾經寫過一幅輓聯，因為臺北沒有追悼儀式，沒有用上。永燊兄離開人間就快一年了，寫出來獻給他罷：

諤諤一士，君真吾儕健者，臺北議壇風發，常聞讜言弘論；

循循多才，公乃當世哲人，香江學園春暖，永溢桃李芬芳。

（梁故校長永燊教授紀念集，香港，珠海書院亞洲研究中心編印，民國八十五年二月）

梁永燊校長陪同臺灣學者從落馬洲遙望神洲（一九八五年）。

梁永燊校長（右五）陪同與會學者。

梁永燊校長（右）歡迎作者夫婦於香港機場。

我與瞿韶華先生的相識與相知

初識韶華先生

瞿韶華先生未任國史館館長之前，我和他只見過兩次面。一次是在臺北車站，我送黃季陸先生去臺中，剛好瞿先生也搭同班車南下，黃先生介紹我倆相見，寒暄幾句。另一次是劉安祺上將請吃飯，瞿先生和我都是客人，飯前飯後，談了很多，他給我的印象是：謙謙君子，彬彬有禮，不像在政治圈裡掌理過機要的「要人」。

自承為史學界的老年新兵

民國七十九年（一九九〇）九月，瞿韶華先生由考選部部長轉任國史館館長。當時我在黨史會任副主任委員，襄助秦孝儀主任委員辦理史籍編纂及學術活動工作。由於館、會過去幾十年的密切關係——張繼、羅家倫、黃季陸三位先生都是館長，也是主任委員，至民國六十一年始改變館、會首長由一人擔任之局；也由於我和國史館有段分不開的歷史因緣——曾任纂修八年，其中兩年兼主任祕書；每位館長就任典禮，我都親往參加並當面致賀。這次去參加韶華先生就職館長後，他說：「今天沒時間多談，過兩天，我要專程回訪，很多事都要聽聽你的意見，今後我們是志同道合的人。」

不幾天，我們見面了。韶華先生開門見山，說了一段話：

雲漢兄，過去我們沒有深交，可是你知道，我也是中央黨部出來的，我們的大方向，大目標，完全一致。如今我到國史館來服務，和史學界又成為一家人。我雖年逾古稀，但對史界而言，是個新兵。請你千萬不能客氣，要以教導新兵的心意來協助我，督勵我，當然，史學界的每位先進，我都要向他們請教。

我們談了很多。韶華先生的誠懇，令我深受感動。他思考縝密而有條理，若干想法和做法，都使我倍加欽佩。老實說，史學界朋友對於政府把國史館館長一職視作「酬庸」位置，多不能認同，對於僚氣十足的人，也不願甚至不屑接近。然而，韶華先生的誠意和虛懷，卻使史學界朋友逐漸改變了觀念，國史館很多學術工作和活動也都邀請史學界朋友們共同參與。他做了四年又六個月的館長，史學界的「新兵」已是眾望所歸的「龍頭」人物。

為慶賀建國八十年而戮力同心

韶華先生就任國史館館長後兩個月——民國七十九年

十一月，由黨史會主任委員秦孝儀先生發動，由國史館、中央研究院近代史研究所、中國國民黨中央黨史委員會暨中國歷史學會，聯合舉辦一次國際性學術討論會，以慶祝中華民國建國八十週年。各單位的主持人都是學術會籌備會的召集人，推秦孝儀主任委員為總召集人，主持一切。籌備工作由黨史會負擔，我以黨史會綜合業務副主管受命為籌備工作的「總提調」。這件事，是中華民國史學界的另一次盛舉，顯示出各史政機構和史學團體通力合作精神。記得在首次籌備會議之後，韶華館長曾對我說：

> 慶祝中華民國建國八十年，不獨公家史政機構有責任，民間團體也有責任，所有國民也都有責任。雲漢兄，你放心，在籌備期間及將來開會時，凡有需要國史館同仁協力之處，當悉力配合。

建國八十年學術討論會籌備工作展開後，秦總召集人孝儀先生忽於民國八十年三月自黨職退休，中央循秦先生之請，發表由我代理黨史會主任委員職務。此事中間也有些波折，韶華先生極為關心，曾有一日之內兩次電話相詢的紀錄。定案後，也是他不待中央常會通過，即對國史館同仁宣布此一信息，並深感欣慰。事後對我說：「我一直期盼由你來接替秦先生職務，不是為了私人的交情，而是為了我們民國史的前途。」

我安排討論會的論文及議程時，希望韶華先生擔任第一次討論會第三討論組——教育文化史——的主席，並請他在教育文化政策方面提一篇論文。他對前者欣然接受，對於後者則認為他並非理想的論文撰稿人，因為他的行政經驗是綜合性的，並非教育文化方面的專責人員。我請他推薦一人，他答應考慮。兩天後電話告知我：已洽請師範大學校長梁尚勇博士撰寫「抗戰時期之教育政策」，尚勇兄並已接受。他能文，但不輕易執筆，其態度之嚴正與負責，可見一斑。

討論會於民國八十年八月十一日至十五日，在臺北圓山大飯店舉行，中外學者專家近二百人參加，可謂盛況空前。論文撰述、會場紀錄及討論集印刷時之督校，國史館都在時為主任祕書今為副館長之朱重聖先生調配下，大力相助。事後我向韶華館長道謝，他說：「這沒有甚麼，大家戮力同心以慶祝中華民國建國八十年，是應當的啊，我深以國史館未能盡更多的責任為憾。」

評審陳誠專稿

民國八十二年五月間，韶華先生有一次告訴我：「我手頭有一份陳辭公（陳誠，字辭修）的傳記稿件，要請你親自審查。」我答應了，「傳稿」很快就送到我手中。我想韶華先生是陳辭公所賞識的人才，他一定認為陳氏編撰傳記是應當的，但不能草率從事。這份「傳稿」，他一定先看過，覺得不是很理想，才要我以史學立場再審閱一次。他特別告訴我：「不要顧忌作者，要嚴格些，該指出的缺點儘管指出。這是我個人誠心誠意拜託你的事。」

收到「傳稿」後兩個星期內，我抽時間把「傳稿」細心閱讀一遍。認為內容已甚充實，只黨職部分沒有記述，文字亦不無值得商榷之處。五月三十一日，我寫信給韶華先生提出我的意見。這是我寫給他的唯一的一封信，原文如下：

五月十九日承交陳誠傳稿一篇，經詳讀全文，毋任欽佩。辭公功在黨國，迄無翔實傳記問世，史學同道，無不引以為憾。此稿出版，當為國人所歡迎也。再四誦讀，深感內容已甚充實，除辭公所任黨職宜作補充外，似無須多所補正，體例文字方面略有須作商榷之處。敬以讀者地位，略貢愚見數點，備供參考：

一、全文近三萬字，一氣呵成，未分節次段落，讀來似有眉目欠清晰之感。如能適度區分節次，各節標以重點，當更能收提綱挈領之效。

二、綜閱全文，係以第三人稱之立場，作客觀敘述；惟部分內容似又轉化為第一人稱。似可統一，以求意暢詞順。

三、少許文詞似失於俚俗，如謂辭公「身材瘦小，但相當精悍」，固屬事實，惟形之於正傳，總覺欠雅。

四、若干歷史事件及人物，如能略作背景性說明，當更有助讀者對史實真相之了解，正逆立場於論斷政治人物，極關重要。

五、辭公在黨中地位及所任黨職，如第五、六屆中央執行委員、中央改造委員、第七、八屆中央委員及常務委員等，均應列述，以見其事功之全部及志事之閎偉。

傳稿另郵寄上。若干眉註係雲漢所加。芻蕘淺見，未必正確，尚祈　卓酌為妥。耑此奉陳　左右，

敬頌

道綏

難得一見的學術論文

民國八十三年（一九九四）十一月二十四日，是中國國民黨建黨一百週年紀念日，早在一年以前，我就擬訂計畫舉辦十多項慶祝活動，其中最主要的一項是舉辦一次國際性學術討論會。記得是在民國八十二年五月四日，我以黨史會主任委員身分，邀請國史館館長瞿韶華先生、中央研究院近代史研究所所長陳三井先生、國立故宮博物院院長秦孝儀先生、中國歷史學會理事長宋晞先生，在臺北市來來大飯店湘園湘怡廳餐敘，並研商有關舉辦這次學術討論會各項事宜，大家一致同意討論會名稱定為「國父建黨革命一百週年學術討論會」，由五單位共同主辦，而由黨史會擔負起全部籌備責任。餐敘中，秦院長、瞿館長都說了許多支持和勉勵的話，希望黨史會能把這次國際性討論會辦得有聲有色。

安排論文和議程時，我請瞿館長於擔任一次討論會主持人外，還要在「臺灣光復與建設史」範圍內撰提一篇論文，

理由是韶華先生正是此一主題的參與者，有充分資格作歷史證人。他沒有推辭，慨然答應寫一篇論文，題目定為「六十年代臺灣省經濟發展舉隅」。

討論會於民國八十三年十一月二十日至二十三日在臺北市中山南路國立中央圖書館國際會議廳舉行。韶華先生的論文安排在十一月二十二日上午第七次討論會第四討論組宣讀，由中華經濟研究院院長于宗先評論。沒想到，韶華先生臨時有事不能到會，特請國史館副館長朱重聖博士代為宣讀。論文內容非常充實，正如于宗先院長的評論：

這篇論文的主要目的，是說明六十年代臺灣經濟所面臨的處境、政府的措施及經濟發展的成果。同時，瞿先生也說明四十年代、五十年代臺灣經濟的背景及存在的問題。論文特別強調十大建設的成果及影響。論文分析的期間，正是作者瞿先生擔任臺灣省政府秘書長期間，以他親身的經歷，來描述這段期間的臺灣經濟發展當更為深入，也格外周延。

我曾詳細拜讀過韶華先生的論文，確是得力之作。先後刊載於《國父建黨革命一百週年學術討論集》第四冊，及《國史館館刊》復刊第十七期，為研究臺灣經濟發展不可或缺的參考資料。

為抗日戰爭作證——口述戰時經歷

民國八十四年三月，聽到韶華先生辭卸國史館館長消息，十分驚訝，也倍感惋惜。我始終認為韶華先生健康狀況良好，生活又有規律，責任心也強，總可多為國史之規制與編纂作些貢獻，沒想到說辭就辭。後來朱副館長才告訴我，韶華先生的健康情形確不如以前，早退休以便於調養。我曾電話韶華先生問候，勸他暫作休息，痊癒後再共同策劃新的有利於史學發展的工作。他也表示擔任國史館長四年又半，與史界諸友合作愉快，是最值得欣慰的事。今後如體力許可，也樂於參加一些學術性活動。並說今後也許會有更多時間和我在電話中聊天，希望黨史會的出版品，尤其是《近代中國》雙月刊，能按時寄給他。

民國八十四年八月，是抗戰勝利五十週年，黨史會於四月份開始，即規劃了一系列的紀念活動。其中一項，是舉辦兩次「抗戰經歷之回憶」座談會，邀請曾親歷抗戰擔負重要黨政責任的大老先進二十餘人，暢談其親身經歷，以保存為珍貴的抗戰史料。我預定邀請的名單內列有韶華先生，但又顧慮到他的健康，因而先掛電話徵詢他的意見，回答是：「這是最有意義的事，我一定參加。」

韶華先生是參加第二次座談會，日期是民國八十四年七月二十五日，地點是來來大飯店大吉廳。他做任何事都認真負責，這次也是一樣，口述之外，還親自寫成文稿，並親自修改。他把他的經歷濃縮為一千五百字的短文，內容卻是忠心赤膽，感人肺腑，是青年愛國者也是勇敢的志士，其機智與毅力躍然於字裡行間。這篇報告稿是韶華先生自敘傳最生動的一章，看他由重慶深入敵後的一段艱險經歷，能不令人感慨萬千而肅然起敬：

> 甫抵重慶，適（三民主義青年團）平津支團組織為敵人破壞，同志多人被捕。未及受訓，即刻奉派為北平分團主任，並立即趕返平津，重整工作環境。為避敵人耳目，奉中央指示，由重慶沿長江而下，至三斗坪登岸，經過五天山路跋涉，適逢舊歷年關，氣候嚴寒，山上積雪，山下水流及膝，兩腳破裂，步行維艱。正月初三抵老河口，又遇敵機轟炸，由五戰區同志大力協助，經南陽鄧縣再步行數日，輾轉進入敵區，潛返平津。

韶華先生很重視這篇自述，《近代中國》雙月刊第一〇九期發表後，他希望多寄幾冊給他。這篇自述，也可能是他最後的親筆文字，因為十個月後，他就撒手人寰，回到了極樂世界。他逝世一年又兩個月後，我才寫這篇紀念文字，當日電話中，會場裡，兩人掬誠傾談的情景又浮現在眼前。懷念老友，心神不禁黯然。且以我對他的輓詞，作為永恆的頌贊罷：

懲敵除奸，功在北國，至忠至勇，永留青史；
治政修史，譽滿東瀛，大德大信，長存人間。

（中華民國八十六年七月二十九日，臺北）

《韶光華彩》，瞿韶華先生紀念集編輯小組編印，
民國八十七年元月出版，臺北

我心目中的林衡道先生

——參與臺灣史蹟源流研究會活動之片斷追憶

我與林衡道先生相識，記得是民國六十五年（一九七六）間的事。那時他擔任臺灣省文獻委員會主任委員，我任職於中國國民黨中央黨史委員會，第二年轉任國史館纂修兼主任秘書。

臺北市文獻委員會和臺灣省文獻委員會接受中國青年反共救國團的委託，於每年暑假期間舉辦臺灣史蹟源流研究會，列為青年自強活動項目之一。研究會開設一門課程「國民革命與臺灣」，衡道先生洽請我來講授。我曾撰寫過一冊《國民革命與臺灣光復的歷史淵源》，自認為有興趣也有能力擔任這門課程，所以就很爽快的應聘了。當時並不感到有什麼特殊的地方，三十年後讀到《林衡道先生訪談錄》有關此事的敘述，才曉得這是他的一項改革。也這樣說：

> 在我接任主委之前，臺灣史蹟源流研究會的課程都由省文獻會的人擔任，如果沒有適當人選，就聘請臺灣省黨部的處長級人士，如果處長沒來，就找他的秘書代替，這種作法實在是不像話。我接任以後，有關國民革命的課程就聘請李雲漢教授擔任，反應當然不錯。

就我所知，衡道先生和臺北市文獻委員會副主任委員王國璠先生曾禮聘史學界對臺灣史事有專精研究的學者，到臺灣史蹟源流研究會講課，甚至擔任輔導工作。如中央研究院近代史研究所的陳三井教授，國立臺灣師範大學的王啟宗和李國祁教授，國立政治大學的徐玉虎教授，中國文化大學的曾迺碩教授，都曾應邀贊助。學術活動應由學術界人士來主導，這方向是絕對正確的。衡道先生也特別照顧研究會學員的生活，因此「歷屆臺灣史蹟源流研究會都辦得非常成功」，但也「引起其他營隊的抗議」，衡道先生回憶這段愉快的往事時，也帶有幾分感慨的說出這兩句話。

曾對臺灣史蹟源流研究會作長期默默貢獻的人，林衡道、王國璠兩位先生外，還有邱秀堂女士。她那時的職務好像是秘書，職位不高，管事卻很多，為人熱情而謙虛，又是歷史系出身的青年研究人員，凡和她接觸過的史學界同道，都成了好朋友。她也是衡道先生再三稱道的高足之一，曾謂「有了邱秀堂，才有林衡道」，這種師友間的風範，在今日誠屬難能可貴。

除在臺灣史蹟源流研究會教課外，我也應衡道先生之邀，數度參加過他所主持的學術性活動。如論文比賽的評審，新竹和臺南史蹟的探勘等，我都參與其事。還記得在臺南探勘史蹟時，隨他走過了無數大街小巷，聽他解說得鉅細無遺，我都有些累了，他卻仍是「馬不停蹄」，幾乎飯都不想停下來吃。這種全心投入的工作精神，非常值得欽佩。他好像一分一秒的時間都不想浪費。有一次，在臺北舊火車站遇見他，背了個大旅行袋在車站廊道上走來走去，我問他何不坐下來休息一會，他說要藉候車的時間作運動，才算充分利用時間。我再問：不累嗎？他的答覆是：習慣成自然，不累！

民國六十九年（一九八〇）以後，我因肩負一部分行政職務，沒法再抽時間參加衡道先生主辦的學術活動。但在各學術機構舉辦的講演會或座談會中，仍有不少見面談話的機會。他是史學圈裡的「臺灣通」，有問必答。他有獨立的見解，並不隨附流傳。他更愛鄉愛國，有正義感和道德勇氣，能坐而言也能起而行，不隱諱也無所畏懼，長保赤子之心，有獨來獨往性格，他自稱「不善交際，所以朋友不多」，事實上，卻有不少人欣賞他「想說什麼就說什麼」的坦率性情，也欽佩他對臺灣史事及民俗的知識的淵博和那種「雖千萬人吾往矣」的執著。

民國八十五年（一九九六）十月，國史館出版了《林衡道先生訪談錄》。我詳細讀過這冊書；若干事件和人物的論述，證實了衡道先生敢於對歷史負責的精神。他批評過的人物中，有幾位是我認識的，我認為他的批評並不過分。我參加過行政院的「二二八事件研究小組」，閱讀過不少有關這一事件的回憶錄和訪談紀錄，總覺得有不少人困於成見和私怨，有意掩飾甚至曲解了事件的真相，弄得是非不明，真偽難辨。讀到衡道先生在《訪談錄》中有關「二二八事變」的口述，認為他的態度甚為公允，證明他是講史德的人。他說明所述「二二八事變」只是「表面上的現象」，「至於真相、內幕，則留待他人研究」，更證明他對治史的謹慎與嚴正立場，不輕易下斷語，更不隨便推功或加禍於人。

與衡道先生相識二十多年，雖非莫逆，卻稱得上是道義之交。他過世後，未曾有一言半語來悼念，終覺耿耿。民國八十七年（一九九八）一月十八日在劉紹唐社長的晚宴中，欣悉邱秀堂女士正為衡道先生籌編紀念集，陳三井教授囑我撰文以志老友行誼，又何敢辭！爰就所憶所感，書此短文，藉抒嚶嚶之私，衡道先生在天之靈其得以聞否？

民國八十七年一月二十五日，臺北。

願張佛老永遠優游如仙

民國九十三年（二〇〇四）八月十八日，軍、政、學界三棲奇人，平日優游詩書畫，並以撰著嵌名聯有名於世的「聯聖」張佛千先生的告別式，在臺北市辛亥路第二殯儀館景仰廳舉行。上午九時公祭，我去參加了，表達對佛千先生最後的敬意。近幾天來，腦海中不時出現佛老的影子，有些事要寫下來才感到爽適，否則就覺得愧對老友。

因劉紹唐而相識

我有好幾位名流朋友，是由已故《傳記文學》雜誌社社長劉紹唐兄搭起的友誼之橋。如香港《新聞天地》週刊創刊人卜少夫、中國近代史學者沈雲龍（耘農）、馳騁政教兩界之法學家阮毅成、東北軍名將曾任遼北省政府主席的王鐵漢，曾為政府在大陸時代黨政要人的湖南才子賴璉（景瑚）等，都是在紹唐兄的餐會或《傳記文學》社舉辦的學術集會中由相識而相知。這幾位先生都已作古了，張佛老可能是《傳記文學》老友中最後離開人間的一位。

贈我嵌名聯「雙頌」

民國七十一年（一九八二）夏間，張佛老給我寫過信，也掛過電話，詢問《大公報》主人張季鸞逝世後卜葬西安，軍事委員會蔣委員長中正親往致祭的事。當時是戰時，西安《中央日報》曾有頗為完整的記載。我沒假手別人，親自把西安《中央日報》的有關報導抄錄下來，寄給佛老。他非常高興，立即動筆撰一副嵌名聯贈我夫婦，題曰「雙頌」。記得他在信中說「小人所能，唯此而已。」謙摯之忱，令我銘感在心。「雙頌」的正聯是：

「榮」木長青，貴「貞」在地；
「雲」章不朽，有「漢」于天。

另有「釋文」，全文如下；

上聯之榮木，指松柏。明，陶汝鼐有「榮木堂」。莊子，「受命於地，惟松柏獨也，在冬夏青青。」又漢書杜周傳：「天道貴信，地道貴貞。」又，荀子：「松柏經隆冬而不凋，蒙霜雪而不變，可謂得其貞矣。」

下聯本容齋三筆：「雲章燦然，輝映日月。」
又，詩經大雅：棫樸：「倬彼雲漢，為章于天。」
又，詩經小雅：大東：「維漢有天」。

雲章在天，唯歷史之文足以當之也，故能切合。

我喜歡這則「雙頌」，更欽佩佛老之國學淵博，竟能考訂得這麼周詳。曾以毛筆書寫全文留念。今再錄之，感念之情未曾稍減。佛老於追念張季鸞先生專文中提及我抄供資料事，枉承以「史學家」稱之，尤可見其謙抑豁達之胸襟也。

活神仙也多感慨

臺北《聯合報》記者卓亞雄於報導張佛老九六華誕的消息時，說張佛老是：

從前清到民國，經歷黨政軍，優游詩書畫的活神仙。

好極了！我很欣賞卓君這句話。佛老好交遊，自稱「遍交天下美人名士江湖俠子」，又曾自題聯語：「直以友朋為生命，多從翰墨結因緣。」他的朋友中，有名將，有大老，有文、史學界青壯，也有鋒芒初露的文化傳播界美女俊男。這些朋友中，有三位高級將領與他的關係，不同尋常。這三位將領是：黃杰、胡宗南、孫立人。佛老晚年曾撰寫過多篇憶述性文章，敘述與這三位名將交往的過程及私誼之深厚。我都曾閱讀過，發現除了為「民國信史也因此增一註解和見證」外，也看到了佛老的真性情、真本領、真學問和真風格。他對某些人和事，也有不少感慨。特別是「孫立人案」，他有不少話要說。民國九十二年（二〇〇三），曾長期為蔣介石總統親信要人的周宏濤出版了他的回憶錄，談到「孫案」，佛老就投書《聯合報》，說：

周先生久掌蔣公機要，忠誠細心，是我所敬重之人；但關於孫案，我不能不有所辯白。

他在投書中，「辯白」了兩件事：

其一、「周書」指孫立人有「把持」之過——指孫立人堅請擔任在臺灣鳳山復校之陸軍軍官學校校長一事。佛老的「辯白」是：

總統是三軍統帥，任何一個將領都可以一紙命令撤換，任何將領都不可能把持。蔣公有降龍伏虎之能，根本不怕孫立人的所謂把持；如以一紙命令將他撤職，他就什麼權力都沒有了。孫立人在陸軍總司令居滿以後，不讓他出任參謀總長，調任為無所事事的參軍長，孫立人只有服從。後來傳說所謂兵變，情治單位重要幹部的回憶錄，都說明那是莫須有的事。

其二、「周書」引述了美國解密檔案中的一些資料，說明孫與美國的關係——其中有說孫曾密函美國助理國務卿，請求美國支持他在臺灣獨立，但密函已被燒掉。佛老的「辯白」則是：

周氏久任蔣公機要，你相信有任何幕僚敢把呈閱蔣公的公事函件燒掉嗎？在一九四九那一、二年，是臺灣最混亂的時期，美國各單位都派有大大小小的人員來臺灣工作，他們的工作報告都成了美國的解密檔案，其中一定有很多荒唐資料還沒有公佈。我要以孫立人婉拒麥克阿瑟這一證來破除已公佈或未公佈的解密檔案的千證、萬證。

佛老所說「麥克阿瑟這一證」，他指稱：「就在所謂密函之前的一年左右，麥克阿瑟曾派專機專人來臺接請孫立人去東京，要孫『反蔣保臺』，要槍給槍，要錢給錢。孫立人忠於蔣公，拒絕了。」

為幾位高齡師友祝福

張佛老生於民國紀元前四年即清光緒三十四年（一九〇八）九月六日，於民國九十三年（二〇〇四）七月二十六日病逝，享壽九十七歲，已經是「仁者壽」的境界了。他似乎還不太情願，因為去年九十六歲壽誕時，曾放言：「一百歲沒問題，說不定一百一十歲。」人的壽限乃係天定，任何人都勉強不得，佛老就認了吧！以佛老的樂觀與開朗，無論在人間或天上，都是一位逍遙自在的神仙！

前兩年，我曾界定以九十歲為界限，超過九十歲始得稱高齡。八十歲很平常，七十歲剛及格，七十歲以下則是「夭折」了。以此標準計算，我的高齡師友有十多位；只是王志信（篤修）、霍樹枏（梓坡）、楊亮功、陳雪屏四位老師已駕鶴西歸，我也都曾為文悼念。去年十月，趙自齊先生告訴我，張式綸（雪涵）先生也走了。雪老是清光緒二十六年（一九〇〇）出生，是我師友中年齒最高的一位。如今，張佛老又歸道山為仙了。算來高齡師友健在的尚有五位：前中國國民黨中央考紀會、黨史會副主任委員、蒙藏委員會委員長崔垂言先生（吉林長春，一九〇七年生）；前中國國民黨中央委員會秘書長、總統府資政馬樹禮先生（江蘇漣水，一九〇九年生）；臺灣光復後首任中央通訊社駐臺特派員、新聞界耆宿、世界新聞大學董事會董事長葉明勳先生（夏風，福建浦城，一九一三年生）；前國立臺灣師範大學校長、臺灣省政府教育廳長、國立政治大學教育研究所長、今中山學術文化基金會董事長劉真先生（白如，安徽鳳台，一九一三年生）；前逢甲大學教務長、校長、董事長廖英鳴先生（廣東興寧，一九一三年生）。這幾位師友，已經有四、五年沒有見面了，他們的身影常在我心中，謹遙致虔誠的祝福。

民國九十三年八月二十六日艾利斯颱風過後，
李雲漢草於臺北文山木柵路仁普世家寓所，
年已七十有八，尚不敢言老也。

追憶沈雲龍教授

閱讀《傳記文學》第九十卷第四期（中華民國九十六年四月號），於「歷史與人物」欄內，讀到老友陳三井教授所撰〈沈雲龍研究近代中國史的一些波瀾〉一文，觸發了我對中國青年黨籍史學界名家沈雲龍先生的回憶。沈先生逝世二十整年了，往日相處的一些情景仍然清清楚楚的浮現在腦海中，不禁對著天空問一聲：「雲老，二十年來，你在天國裡生活得可好？」

陳三井教授大文，於點出「沈氏對近現代中國史研究之貢獻」外，重點在分別剖析沈先生治史態度及他的幾種著作引起的「一些波瀾」，而「批判聯俄容共政策」乃是「波瀾」中的最顯著者。三井教授亦為當代史學界名家，治史態度公正而中肯，於雲龍先生為至交，因此他的評論實為實事求是，入木三分。他認為中華民國臺灣的近現代史學者，對聯俄容共政策的評價，有兩類：一類「可稱為肯定派或叫解釋派，力圖為孫中山的聯俄容共政策找到合理化的解釋，這以國民黨人為最多最為普遍。」舉出崔書琴、李雲漢、黃季陸、王健民、謝信堯五人的觀點為代表；一類「可稱之為反對派，其基調在斷言聯俄容共是一種錯誤的策略，這以反共抗俄先鋒自居的中國青年黨人為代表。」舉出沈雲龍早年著作《中國共產黨之來源》之「嚴厲批評」為依據。我認為三井先生的評論很持平，很公道，當然可以為史學界所接受。他提到：「研究聯俄容共最有系統，引用資料最為豐富的，是李雲漢教授。」我也認為話講得很平實，並無溢美之嫌，三井先生以為然否？

沈雲龍先生，江蘇東台人。生於清宣統二年（一九一○），比我長十七歲。出道當然比我早，應當與郭廷以、吳相湘、李定一等先生同輩分。他別號耘農，政治上屬中國青年黨的中堅份子，曾被青年黨提名出任第一屆國民大會代表，曾一度出任副秘書長。早年就讀上海光華大學，後又留學日本，在明治大學攻法政，又曾畢業於日本新聞學院。在大陸時代，從事新聞，歷任上海《國論》月刊等雜誌編輯。民國三十八年（一九四九）來臺灣後，以教學及著述為主要工作，並開始研究中國近、現代歷史，成為其後半生成就卓越的主要事業。由於此一背景，陳三井教授說沈氏：「並非史學科班出身，亦未受過正規史學訓練。」然由於「家學淵源」，「雖說無師自通，或半路出家，其實由來有自，植基深厚也。」

我與沈雲龍先生相識並締交，始於民國六十年代，係由於《傳記文學》雜誌社社長劉紹唐兄的引介。由於彼此同道，聞名已久，故能一見如故，了無芥蒂。他長於我，故敬稱為沈公，或雲老；他卻謙抑為懷，亦稱我為雲公，或雲老。他與《傳記文學》社關係很深，似是常年擔任編輯顧問，並為發表文章最多的作者。《傳記文學》社舉辦的一些學術活動如民國人物座談會等，沈先生也都參與策劃，幾乎每次活動都少不了他。我也是《傳記文學》社的基本讀者、作者與支持者，與劉社長紹唐兄為莫逆之交，所有學術活動也都參與。因此，與雲龍先生見面交談的機會也相對增多。由於這些活動，叫我有機會認識了多位老一輩的名人，包括中國青年黨創黨人之一的李璜（幼椿）老先生，東北籍抗日名將王鐵漢將軍，黃埔嫡系曾任副參謀總長的冷欣（容庵）將軍，及曾為胡宗南、孫立人、黃杰幕友的文化界名人兼奇人張佛千教授。

沈雲龍先生為中國青年黨的理論家，亦曾任中國青年黨黨史會主任委員，對中國國民黨的一些政策及某些領導人的作風，常持批評態度，然而他一些要好的朋友，卻都是國民黨人。他很欣賞老一輩國民黨人的豁達胸襟，推崇國史館館長黃季陸先生為老黨人的代表。黃先生於民國七十四年（一九八五）四月辭世，雲龍先生當面對我說：「你們黨裡，再也找不到像黃季老這樣有器量的人了！」事實上，他在史學界的好朋友，如劉紹唐、陳三井、蔣永敬、劉鳳翰等人，都是國民黨籍的歷史學者。大家相處或談論一些歷史問題，只追求史料及史實的真偽與正誤，從不考慮黨界甚至國界問題。雲龍先生與我之間，分別負有各為其黨「弘揚黨史」的一部分責任，但對於某些有爭議的歷史問題，都能秉持治史的基本信念，尊重史料，訴諸理性，客觀容忍；雖有時見解不同，但無傷於私誼，始終是真誠相待，毫無私見的好朋友。

我和雲龍先生，都曾遭受過「西河之痛」的不幸：彼先喪女，我繼殤子。他的次女，不幸於民國六十九年（一九八〇）在不明不白的情況下喪失了生命，令他悲痛逾恆。我兒肖元，係於民國七十一年（一九八二）七月，甫畢業於國立交通大學接受空軍預備軍官訓練，於「天龍」作戰演習時不幸因中暑而殉職！雲龍先生聞耗之後，立即寫信來「與賢伉儷同聲一哭」，慨歎「豈真『天留二雲老，淚眼對斜陽』耶？」元兒舉殯之日，雲龍先生親臨靈堂祭悼，滿含眼淚來安慰我！那幀兩人淚眼相對的悽愴照片，常叫我睹之心酸淚落！

雲龍先生著作甚夥，主編之書籍尤多。有些著作出版後，他就寄贈給我；有些書則是我價購而得。他七十之年，曾出版一冊《耘農七十自選集》，贈我一冊。我期望他八十歲時，再出版八十自選集，他也首肯。誰也未曾想到，民國七十六年（一九八七）十一月間，這位雖然滿頭白髮，精神體力仍健旺如恆的老學人，老教授，老朋友，竟以高血壓症猝逝於座談會會場中！享年只七十有八！人各有命，乃人生最無可如何之事！公祭之日，我親去靈堂向老友行最後敬禮，亦曾親撰一副輓聯以申哀思：

西河共戚，君嘆淚眼斜陽二雲老；
東鯤同道，我哭孤憤海天一沈翁。

中華民國九十六年（二〇〇七）四月十日星期二，

李雲漢憶述於臺北木柵寓所。

發表於《傳記文學》第九一卷第四期

（民國九十六年十月號），頁六三－六五。

沈雲龍（左）、作者（右），合影於臺北中華民國史料研究中心，民國六十三年十月。

悼念宋晞旭軒教授

接到〈宋教授旭軒先生訃告〉，感到無限悵惘！老朋友，民國史學界元老學者，又走了一個！不能不有老成凋謝的慨嘆！

〈訃告〉中的〈宋教授旭軒先生行述〉述及宋教授的過世，係因：「民國九十六年三月二十一日晨起散步，遭逢車禍，救治罔效。」惟未說明車禍實況。四月十五日去第二殯儀館景仰廳參加公祭，始於《文大校訊》一篇〈永懷宋晞教授　追憶一代史學研究大師〉的報導中，獲悉宋先生罹難情形：「宋晞教授於三月二十一日早晨在光復南路與市民大道散步，經過紅綠燈時，被一輛急駛的摩托車撞倒，雖送往松山空軍醫院急救，仍於次日黃昏時刻不治。」這情形，多麼值得老年人警惕！也叫我想到黨史會故主任委員蕭繼宗（幹侯）先生，前幾年為摩托車撞倒，送醫不治的情形：他自家中外出買報紙時被撞倒，送三軍總醫院急救無效，享年八十有二。摩托車撞死人幾乎是無日無之，已非新聞，只是政府交通部門一直是充耳不聞，毫無防制措施，能不令人悲憤而又無奈！

宋教授旭軒兄，浙江麗水人，生於民國九年（一九二〇），享年八十有八。近年來，曾在幾次學術場合中見面，發現他行動雖已有些遲鈍，精神還好，言詞也很清晰。他告訴我，雖已自文化大學退休，卻仍然開一門課，每週去華岡一次；也是一種活動嘛，對健康有益。他對自己的健康滿有信心，誰又想到「人算不如天算」，竟在晨間散步途中遭此意外災害！

我和旭軒兄初次相見，係在民國五十九年（一九七〇）春間，在他中國文化學院（今中國文化大學）院長任內，我甫自美國進修回來後不久。其情形是：崔劍奇兄在文化學院舞蹈專修科教授英文；他要出國進修，拉我去替代他。我倆先去陽明山莊晉見中國文化學院創辦人張其昀（曉峯）先生，說明此事，請他同意。曉峯先生要我倆即刻去與宋院長旭軒先生談談。宋院長很客氣，對我說：「依你的專長，應該教中國近代史；只是目前無缺，先委屈一下接下崔教授的英文課吧。」我在舞蹈專修科教了一個學期英文，適郭榮趙兄接任史學系主任，為我在三、四年級開一門「民國史料」，才算回到史學本行。這是我在文大史學系任教之始，也是與宋院長旭軒兄交往的開端。算來已是三十七個年頭了，彼此間以「老友」相稱，誰曰不宜？

促進宋教授旭軒兄與我之間情誼日深的另一橋樑，是中國歷史學會。這個學會，早在我國對日抗戰期間的民國三十二年（一九四三）四月即在重慶成立，後來由於戰亂關係，中斷了。四十三年（一九五四）三月，在張其昀先生等人的推動下，中國歷史學會在臺北恢復，成立了第一屆理事會，選舉臺大文學院院長沈剛伯先生為理事長，胡適等二十一位先生為理事，董作賓等九位先生為監事，理事臺大歷史系教授方豪（杰人）先生兼為總幹事。就在這年，張其昀先生出任教育部部長，旭軒兄奉派赴美服務並進修，因此與歷史學會無直接關係。旭軒兄係於四十七年（一九五八）夏回臺，然直至五十五年（一九六六）九月中國歷史學會召開第三次會員大會時，始當選為理事，開始直接為學會服務，直到最後的歲月。我與歷史學會的關係更晚了幾年；我係於五十八年（一九六九）一月自美回臺，三月加入為會員，至六十三年（一九七四）五月第十次會員大會時始當選理事，與旭軒兄同為理事會成員。其後有將近三十年的時間，共同直接或間接支持歷史學會會務及其主辦、協辦的學術活動，稱得起是中國歷史學會的台柱會員。也由於不斷參加歷史學會的各種會議，更加深了彼此間的了解，史學觀念也很相近，逐漸有了「同一國人」的感覺，自認為是知己好友。

旭軒兄與我，均曾擔任過中國歷史學會的兩任理事長。旭軒兄是於八十一年（一九九二）七月第二十八次會員大會時當選理事長，八十二年（一九九三）九月第二十九次會員大會時獲選連任。這期間，我都是常務理事，參與決策。八十三年即西元一九九四年，為中國國民黨建黨一百週年大慶；我是中國國民黨黨史會主任委員，職責所在，計畫擴大慶祝，其項目之一，為舉辦一次「國父建黨革命一百週年學術討論會」。我邀請國史館、中央研究院近代史研究所、國立故宮博物院、中國歷史學會共同列名為主辦單位，喜獲四機構之主管先生瞿韶華、陳三井、秦孝儀、宋晞之熱烈支持，討論會得能順利舉行，圓滿成功。會前，我與瞿韶華館長、宋晞理事長、陳鵬仁副主任委員共同召開記者會，宣布討論會宗旨及籌備情形。我們留有一幀照片，我把它收入自敘傳《史學圈裏四十年》中，長作紀念。旭軒兄第二任理事長任滿後，擬於〈會章〉之規定不能再連任。他希望我來接棒，特邀請我在預期於八十三年九月二十五日在臺灣師範大學舉行之第三十次會員大會中，以「由孫中山先生建黨革命談革命史研究」為題，作一次學術演講，被認為是有意要我接任董事長的一項暗示。我雖無太大興趣，但也不便作過拂人意的表示，聽其自然而已。結果，我在會員大會第三十屆理事選舉時，得票數在王仲孚、宋晞、王吉林、王綱領、陳三井五位先生之後，居第六位。但在十月十六日舉行之理監事聯席會議中，我未到會，卻以幾乎是全體一致的高票當選理事長，次年又獲選連任一次。我在《史學圈裏四十年》談及「中國歷史學會與我」時，寫出下面一段感想：

人生在世，很多事都不可能適合自己的意思。第三十屆會員大會召開前，我曾期盼不要當選，結果卻當選了。這次理事長選舉，我也希望由新人接替，結果卻無法擺脫。我不是怕負責，也不是偷懶，只是一直認為歷史學會理事長應來自大學歷史所系為最相宜。明年選舉很可能牽動政局的變化，自己說不定要提前退休，因而不想再佔住理事長位子，免得誤事。各位理事既然仍投票選我，而且是高票當選，就沒有理由推辭。

在我理事長任期內，旭軒兄是常務理事，兩人合作無間，極為愉快。當然，兩人學術方面的合作，並不限於中國歷史學會。記憶中，民國七十年代尚有兩次推誠合作的經驗。一次是：我應臺北三民書局董事長劉振強先生之邀，約請幾位史學家為三民書局寫幾部斷代史專著。宋史部分，我請旭軒兄執筆，他立即應諾。中國近代史，則由我自己承擔起來。另一次是：《中華民國建國史》一套叢書的撰述。這套十六巨冊的民國史專著，主導機構為教育部。當時的教育部長朱匯森（仲蔚）先生，受行政院長孫運璿先生之命，計畫編纂一套夠份量的民國史書，他邀請黨史會主任委員秦孝儀（心波）先生主持其事。教育部成立了「中華民國建國史編輯委員會」，由秦孝儀先生任主任委員，王聿均等十位先生為委員，計畫邀請近百位歷史學者及專家執筆。全書分五部分，每一部分設一編輯小組。我受聘為委員，並兼第一部分「革命開國史」編輯小組召集人。我邀請李國祁、蔣永敬、宋晞、張玉法等十七位先生，分章撰寫。我請旭軒兄和我共同撰寫第三章「革命組織的建立與發展」，他負責興中會時代，我負責同盟會時代，旭軒兄立即答應，並剋期繳稿。另外有兩位先生，卻認為分配給他撰寫的部分不合他的意願，對我有了怨言。

旭軒兄第二度主持文化大學史學研究所時期，我在陽明山陽明書屋辦公，兩地相距甚近。他有國外的朋友來訪，有時會帶來陽明書屋參觀一番，順便找我聊聊。他希望我能去文大史研所兼一門課，我因公務繁忙，且已在政大史研所開課，只有謝謝他的好意。黨史會兩位年輕同仁邵銘煌、高純淑，要去文大史研所攻讀博士學位，我寫了推薦信，均蒙順利許可，並聘我擔任他兩位的博士論文指導教授，後來也都順利獲授博士學位。文大史研所的另一位元老教授程光裕兄，也是旭軒兄的老同學，老搭擋，和我也經常來往，交換著作；對黨史會的編纂及審查工作，更是「有求必應」。光裕兄是民國六年（一九一七）生，算來高齡已九十晉一，我願為他的健康時時作虔誠的祈禱！

張其昀先生以中國文化大學的厚實學術陣容為班底，曾創立一所中華學術研究院，大力倡導漢學研究。旭軒兄是其昀先生的高足，也是「華岡學苑」的台柱，幾次國際漢學會議都係由旭軒兄悉心策劃，辦得有聲有色。我曾應邀參加過一次。中華學術研究院對國內知名學人，常贈以「哲士」、「研士」等名義，以示推崇。我曾獲授為「研士」，是否出之於旭軒兄的推薦？我不得而知，他也從未對我提過此事。

四月十五日下午在旭軒先生的祭典中，見到四五十位他早年的受業門生參加了家祭。這些門生，也都是古稀之年的老人，有的已坐了輪椅，有的身著黑色孝服，看他們悲戚而蒼老的面容，我深受感動，也很感慨。為學術，為教育而奉獻畢生精力的老學者，史學家，弟子們的匍匐哀傷以及承志傳業，應是最值得欣慰的臨終禮敬吧！

中華民國九十六年（二〇〇七）四月十九日星期四，

八十一歲叟李雲漢誌感於

臺北市木柵路「仁普世家」寓所。

追思同道老友，亦不無老懷蒼涼之歎也。

由左至右：宋晞、作者、瞿韶華、陳鵬仁。

驚悉兩位友人謝世訊息

——悼念劉王愛生女士、龐登龍先生

近幾天來，先後獲知兩位老年友人遽而謝世的訊息，不勝唏噓。一位是已故《傳記文學》雜誌暨出版社創辦人劉紹唐遺孀、今《傳記文學》雜誌名譽發行人劉王愛生女士；一位是前臺灣省青年服務團副大隊長兼中隊長、前臺灣省行政專修班教務組副組長、組長、前臺灣省立法商學院訓四組主任、課務組主任龐登龍先生。

劉紹唐兄生前曾是我的同事，一直是我時相過從，無話不談的摯友，我慣常稱其夫人王愛生女士為「劉大嫂」。她逝世訊息，是內子首先從民國九十八年九月號《傳記文學》首頁，社長成露茜教授所撰〈編輯室手記〉中發現的，立即轉告我。成社長的一段原文如下：

> 我們敬愛的《傳記文學》創辦人劉紹唐夫人、「劉師母」王愛生女士於七月十八日在睡夢中安詳離去，享年八十二歲。噩耗傳來，本刊同仁不勝哀痛！猶記得九年前，劉師母力排眾議，慧眼獨具，將《傳記文學》交棒給我們，至今仍感念在心。九年來我們一直秉持劉師母的教誨，戰戰兢兢，不敢有絲毫懈怠。目前我們已將《傳記文學》所有內容數位化，不日即發行電子版雜誌。希望能持續保持民國史學界不可或缺的權威資料的地位。劉師母走了，她生前門生故舊很多，散居海內外各地，我們期待收到大家對這位將一生奉獻給《傳記文學》的劉師母的追憶。

劉大嫂，雲南人，與紹唐兄於民國四十年代相識結褵。她外觀上有點嬌柔文弱，事實上卻極剛毅、堅強。也能文，但不常動筆，曾在《傳記文學》上發表過數篇文章。紹唐兄的《傳記文學》是「家庭企業」，夫婦倆全力投注，四十年如一日。十年前，紹唐兄以甫屆八十之年而積勞謝世，劉大嫂忍痛苦撐了一個階段，即把這份馳譽全球華人世界的文史雜誌交付給世新大學以成露茜為首的團隊，延續了《傳記文學》的生命，直到今天。移交之日，劉大嫂也交付一份長期贈閱戶的名單，其中有我，因此我一直享有贈閱《傳記文學》的特權。

紹唐兄過世後，我由於時常去美國到女兒家住些日子，所以不常與劉大嫂見面。記憶中，僅見面兩次。一次是在紹唐兄逝世週年紀念大會中，我曾登台講述紹唐對當代史學的貢獻，與劉大嫂略談幾句。另一次是李又寧教授自美回臺，請十多位老友吃飯，劉大嫂和我都應邀參加。見她精神甚好，心情至為開朗，私心至慰，以為必享高壽。今得噩耗，頗感意外。轉念人皆有末日，年過八十之人已可稱壽，於睡夢中安然西歸，實是有福之人，奚可含悲！

龐登龍先生，是我的老長官，他任職青年服務團暨行政專修班時，我都是學生。後來我做助教，又有了同事之誼。他轉職至法商學院後，對專修班畢業同學回校補修學分以取得學士學位，極力贊助，眾皆懷德。內子一班亦身受其惠，陳慶麟等一直與龐先生保持聯繫，均敬稱為龐老師。近幾年來，陳慶麟時常邀內子及其他幾位同班女同學與龐老師餐敘，也邀我參加，因此見面的機會多了，彼此的瞭解也更深一層。他外貌雖嚴肅異常，不苟言笑，內心卻極熱情，道德觀念甚強，待人極為誠懇，是真君子人也。

龐先生是河南省籍，抗日戰爭時期畢業於中央陸軍軍官學校第十六期。民國三十八年（一九四九）到臺灣後，即脫離軍事系統，參加臺灣省青年服務團的籌備工作，此後一直在團、班及法商學院服務，至屆齡退休。能武，亦能文，八十歲時曾寫過一冊回憶錄，送我一冊，我因得瞭解他的家世、經歷、為人及事功，十分敬佩。

前年，龐先生壽屆八秩晉七之慶，我隨內子、陳慶麟、凌振鈺等學妹前往臺北天母龐府祝賀，曾獻嵌名詩如下：

登臨千仞峰，
龍嘯又虎吟；
吾儕誠多幸，
師門話古今。
高山景行頌，
壽歌滿庭芬；
萬心齊歡祝，
福臨洛水濱。

他甚為高興，莞爾者再。示之子媳，伊係師範大學歷史系畢業者，知我為史學教授，且曾任教於師範大學歷史研究所，乃曰：「沒想到李教授也是老爸學生」。龐先生對我談及此事，自謂亦引以為榮。

由陳慶麟主導，內子等數十位同學參與之四季書畫會，近年曾在臺北中正紀念堂、社會教育館，舉辦多次聯展。開幕之日，龐先生和我都會親臨祝賀，因之也增加了見面談話的機會。去年聯展時，龐先生看好了內子的一幅花卉，認為正適合他家客廳中的預留空間，指名說：「我要這一幅」。內子隔日將畫送去，他立即懸掛起來，甚為滿意。

最近與龐先生共餐，是六月二十六日。看他態容已現病象，行動也沒以前靈活，不免為他擔心。他說預定七月十三日將去大陸一行，預定八月十四日回臺，沒想到尚未及啟程，即病倒住院。八月六日，陳慶麟於電話中告訴內子「龐老師已於昨日病逝」的不幸消息，內子隨即轉告我，我們都感到震驚，也有些不捨。但這是無可奈何的事，老先生患了絕症，誰也救不了他！沒受太多的痛苦，已經是福氣！九月二日的告別式，我夫婦一定會去送他最後一程！

民國九十八年（二〇〇九）八月十日，
李雲漢述於臺北市木柵路三段六十九號
「仁普世家」六樓之三寓所。

為劉紹唐、王愛生伉儷賀壽。民國七十八年十月七日，臺北松江路「金玉滿堂」。

作者夫婦為龐登龍先生祝壽合影。

唐德剛脫離塵世

民國九十八年（二〇〇九）十月二十九日星期四上午在家閱讀《聯合報》，於A四版發現了一個叫我為之一驚的標題：

> 史學家　唐德剛過世

寫報導內文的人署名為陳宛茜，應是一位駐美女記者。報導很簡單，全文如下：

> 著名史學家唐德剛，周一（廿六日）晚間在美國舊金山家中因腎衰竭過世，享年八十九歲。唐夫人吳昭文表示，唐德剛生前飽受腎病折磨，後來決定不再洗腎，在舊金山家中安詳辭世。

次日之《聯合報》A十四版，又出現了唐德剛的遺照及女記者曾慧燕的報導，對「史學家唐德剛」作了比較詳確的介紹。說：德剛係於一九二〇年八月生於安徽合肥，現年已是九十歲。「走得非常平靜」，「家屬訂十一月八日在舊金山灣區為其舉行火葬。」「全部藏書共計一百廿四箱，委託發起『贈書中國計畫』的退休華裔學者馬大任捐贈安徽大學。」「在史學方面，唐德剛有兩大重要貢獻：一是口述歷史；二是是關於中國近代史演變的『歷史三峽』說。」

由於唐德剛是相識三十餘年的老朋友，這些消息不能不叫我感到黯然——雖然我早就曉得德剛已經病得很沉重。上月李又寧教授來臺北，邀我們四五位哥倫比亞大學老友餐敘，我問又寧：「唐德剛病情如何？」她搖了搖頭，未多講話，顯然情況並不樂觀。只是我不曉得德剛已於今年五月遷居舊金山，還以為他仍然住在紐約呢！

兩三天來，心緒起伏不定。想到我和德剛的友誼，他的聲音笑貌又都出現在腦際。我倆相識，始於民國五十六年（一九六七）三月六日深夜——我到達紐約甘迺迪國際機場（John F. Kennedy Airport）的時刻，他和蔣永敬兄在機場接我。當時情形，我在《史學圈裏四十年》一書中，記下一段：

> 飛機在紐約甘迺迪機場落地，已經是午夜十二點五十分了。辦理通關手續後已近兩點，有沒有人在出口處等我？心裡多少有點不安。直到走出檢查門見到蔣永敬、唐德剛兩兄在焦急的等我，感到很高興，很溫暖，心也才放開了。永敬是老同學，德剛是聞名而初

次見面，這麼晚兩位還在苦等，真是過意不去。德剛兄駕車送我到永敬住處暫住，他說車是新買的，我是他新車的第一位遠道來的乘客，認為是好的開始，我和永敬都抵掌叫好。

雖係初識，卻有一見如故的感覺。我初到，許多事都需要向德剛請教，也是要麻煩他指點，甚至要發一份英文文件，也曾勞累他為我代筆並親自打字（我那時還不會使用打字機）。他總是有求必應，連找房子租住的小事，也曾勞他大駕。他服務的對象當然不只我一人，凡是來到哥大的中國人，不論身分與籍貫，他都熱心相助。永敬戲稱德剛為哥大的「中國地保」，詞雖欠雅，卻合於實際。德剛的人緣好，眾口一詞，沒有任何人會有異議。熟了，我都直接喊他的英文名字T. K.，不會稱他為唐博士或唐教授，這稱呼一直延續到我們都進入老年。

當時在哥大的人文與社會科學領域內，華裔教授中比較有名氣的有六位：胡昌度、喻德基、房兆楹、杜聯喆、夏志清、唐德剛。胡昌度在教師學院（Teacher's College），喻德基在新聞學院，我都去拜訪過一次，但無深交。房、杜夫婦及夏志清的研究室都在坎特大樓（Kent Hall），我第一年的研究室也在這裡，時常碰面，但因為他們不是研究中國近、現代史的，見面只是寒暄，不談學術問題。唐德剛主持東亞研究所（East Asian Institute）的圖書館，時常見面，成為知友。我和德剛有一幀頗具紀念意義的合照，是在哥大校園內一位哲學家的塑像前拍攝的，兩人都穿了同款式的黑大衣，笑嘻嘻的，看來很得意。我把這照片刊印在《史學圈裏四十年》之圖片欄內，不時取出來凝視也沉思一番，很懷念在哥大進修的那段歲月。

德剛主持東亞圖書館，儘量給予中國留學生們方便。館員幾乎都是來自臺灣和香港的留學生；連打字員，也聘用留學生的太太；記得陳福霖的太太及吳章銓的太太，都曾做過這份工作。這一行徑，當然也會引起日本人的閒話，甚至某些美國人私下也議論，但德剛並不在乎，因為館內圖書十分之八是中文；口述歷史檔案資料庫，也都是以中國要人的經歷為主體。

我在哥大只有兩年；然與德剛的友誼卻一直延續下來，直到他因健康惡化不再來臺灣。維護我們之間長久友誼的大功臣，是《傳記文學》雜誌社和出版社的創始人劉紹唐兄。每次德剛來到臺北，紹唐總要邀三五位老友們餐敘一番，古今中外的聊上一陣子，其樂無窮。德剛新著出版，有的會送我一冊，傳記文學社出版的幾種卻沒送，理由是：要你自己買，因為自己花錢買的書，更為珍貴。民國七十一年（一九八二）七月，小兒肖元於大學甫畢業接受預備軍官訓練期間不幸殉職，德剛適在臺北，聞耗即由蔣永敬兄陪同親臨舍下弔慰，那情景叫我畢生難忘。曾幾何時，我又要隔海為老友的駕鶴西歸而唏噓嘆息！

細想想，我們都已臨黃昏歲月，遲早都會到達生命終點站。德剛兄已登高壽，腎病在身，在賢妻及孝子女照拂下

「走得非常平靜」，乃是福分，應無遺憾。T. K.兄，希望你在另一個世界裡，仍是一位才氣縱橫，擇善固執，熱誠感人，言辭幽默，下筆如有神的名士、史學家、愛國者！

中華民國九十八年（二〇〇九）十一月一日星期日，

李雲漢抒感於臺北文山木柵路寓所。

心送葉明老

民國九十八年（二〇〇九）十一月二十三日晚間，與老伴在客廳裡看電視，忽然聽到TVBS新聞台報出新聞界耆宿葉明勳過世的消息，不禁為之一怔。明老——從相識之日起，我就這樣稱呼他，是我三五位年過九十之高齡朋友中，年齒最長的一位，就這樣撒手人寰了嗎？次日的《聯合報》刊出記者湯雅雯〈奉獻新聞一甲子　葉明勳病逝〉的報導，附了葉的半身西裝照片，對葉的生平作了概略的介紹，我才曉得明老已於本年四月間「因腦溢血昏迷住院」，於今真的離開了人間。

首先想到明老多采多姿的一生。翻開臺灣中華書局印行的《中華民國當代名人錄（三）》，在「文化界」一類中，找到了〈葉明勳先生〉。這是篇小傳，記事卻甚完整，我認為是出自明老的手筆，應當是他的自傳。照原文錄下：

葉明勳先生

字夏風，福建浦城人，民國二年九月廿五日生。私立福建協和大學文學士，美國州立科羅拉多大學新聞學院、美國史丹福大學新聞研究所研究、中訓團黨政班廿八期、革命實踐研究院廿四期、黨政軍高級幹部聯戰班第一期結業。曾任協和大學代訓導長。抗戰軍興，入渝，參加中央社工作。從此終生以新聞為職志。卅四年勝利後奉派來臺，接管同盟社，卅五年籌設中央社臺北分社並任主任，四十年出任中華日報社長，四十八年任自立晚報社長。其間並先後應聘擔任行政院設計委員，臺灣省政府顧問，籌組臺灣省新聞記者公會，歷任一二三屆理事長。五十五年在私立世界新聞專科學校教授兼副校長，並兼報業行政科主任。五十年參加創辦國華廣告公司，為我國現代化廣告事業開其先河，初任常務監察人，六十三年改任董事長。現任我國廣告業業績最佳之聯廣公司董事長、新生報業公司常務董事、自立晚報常務董事、民生報常務董事，臺灣電視公司董事、正聲廣播公司監察人、中國信託投資公司董事、中國合成橡膠公司董事、中國鋼鐵結構公司監察人、林公熊徵學田常務監察人等。

葉氏為人淡泊名利，勇於任事，勝利後即奉派隨前進指揮所來臺，擔任中央社特派員，卅餘年間但知奉獻，利不及身，其在臺籌設中央社，無異白手成家。接長中華日報及自立晚報時，兩報均虧損累累，瀕於停刊邊緣，經悉心整頓，不但轉虧為盈，且均奠定了良好基礎。

《當代名人錄》出版於民國六十七年（一九七八），明老六十五歲。其後三十多年的經歷就應另有記錄了。由於年齡相差十四歲，工作的領域也不同，遲至民國七十八年（一九八九）我才有機會與明老相識。那是由於與我同時擔任黨史會副主任委員，也是明老福建同鄉兼中央通訊社老同事的林徵祁兄生病住進了臺大醫院，我和明老不約而同去探視，在病房中見面，彼此均有相見恨晚的感覺。徵祁兄不幸謝世了，明老此後與我談到徵祁兄，總說「我們的朋友徵祁兄如何如何」，真情流露，教我深為感動。算來我與明老已有整整二十年的友誼。

與明老最接近的一年，是民國八十二年（一九九三）。行政院院長郝柏村為瞭解「二二八事件」真相，特別設立一個「二二八事件研究小組」，聘當代歷史學者十餘人為研究委員，敦聘兩位名流陳重光、葉明勳為召集人。陳、葉兩先生也是舊識，都曾擔任過臺灣電視公司董事。我被聘為研究委員，其他委員有陳三井、遲景德、賴澤涵、黃富三等。小組研究期限定為一年，每月集會一次，由兩位召集人共同主持，並輪流作東請大家吃午飯。每次集會，行政院有兩位參議來列席，有一次午餐，行政院秘書長王昭明也來作陪。會場中，深深感受到葉明老的機智與幽默，氣氛和諧而莊重。記得明老常稱遲景德兄為Mr. Late，引起大家會心一笑。

當然，我與明老交換意見，並不限於二二八研究小組集會時間，平時在其他場合見面也常談起陳儀與「二二八事件」的事，偶而也通通電話。他是事件的見證人，能瞭解全貌，態度較他人為公正。他曾寫過一小冊《莫教青史盡成灰》，送我一冊。還記得，我和蔣永敬兄曾請當年以閩臺監察使身分前來臺灣查辦「二二八事件」的楊亮功老師口述當時實況，楊師曾數度提到葉明勳，說他拍給南京的密電，都由葉明老代發，「葉明勳幫我很多忙」。

明老是一位新聞界大老，也是位忠愛國家的名學者；於平日談話及著述中，對國事、黨事的演變，均深表關切。民國八十九年（二〇〇〇）三月，中國國民黨由於分裂，於總統副總統大選中敗於民主進步黨，他感到震驚與惋惜。同年五月間，明老將其近年來發表對黨建言的文章五篇，輯為《中國國民黨的走向》小冊，愛之深責之切，句句為披肝瀝膽的忠告。談到黨史，和我同調，我於〈黨史會七十年〉一文結尾時，引用了明老的兩段話：

> 一個黨的盛衰，一個家族的盛衰，與一個國家有相似之處；黨、家族與國家，同樣的，都不能沒有歷史。
>
> 黨史的價值，勝於黨產，超越時代，可以承先啟後，闡揚黨的精神，永垂而不朽。黨可無產，但不可無史。如說執政黨（案指中國國民黨）黨史，只見於遷臺後數十年，則推翻專制、建立民國、八年抗戰、臺灣光復的光榮歷史，皆成謊言。這種無知，與亡

國者並不知已亡其史有何差異？如對史，對主義的真諦，都缺乏了解，欲談黨的精神，黨的政策，將何異緣木求魚？

明老好客，交遊廣闊。記不清參加過多少次他邀請的飯局了。一次是明老千金葉文心教授回臺，招待史學界的中外朋友，明老要文心教授坐主人位置，女兒不肯，懇推明老，父女相推數次，結果還是父親贏了。明老的理由之一是「有外賓，我不會講英語。」引來大家一陣大笑，大家都曉得明老是老留美學生，英語超級棒。另一次，是我表弟楊學晏做正聲廣播公司董事長時請葉明老吃飯，我應邀作陪。明老是主客，那天竟然有點拘束，原因是「小朋友多，不好意思放肆。」還有一次，像是明老家宴，主人是明老夫婦、文心教授；客人則有明老襟兄辜振甫暨夫人嚴倬雲女士、臺灣大學校長陳維昭先生等，我也應邀敬陪末座。這次輪到我有些侷促不安了。因為在座均是大老及名流，只有我是一介平民。辜振老似乎看出我的難題，有意的說：「我和李先生已認識多年了；每次開中央常會，他都坐我背後那個位子。」是的，每次開會見面，總是點點頭，笑一笑，如此而已。

明老掌上明珠葉文心博士，是位才女，任教於美國加州大學，現任東亞研究院院長。民國八十年代，我在黨史會主任委員任內曾舉辦過數次國際性學術研討會，每次都邀請文心教授回臺出席，因而成為熟朋友。有一次，和文心談到她母親名作家華嚴女士（本名為嚴停雲）的作品，次日她就將母親全部著作送給我。只是我退休以後，就少聯絡了。前些日子，中央研究院近代史研究所的朋友告訴我，該所已決定邀請葉文心教授回來擔任所長，我認為是很理想的安排；心想等她到職後，親去南港向她道賀。沒想到，文心的意願不高，所長改成了青年學者黃克武博士。明老的小女兒葉文可是名作家，與她不熟識，聞名而已。

明老和我，都是中國國民黨中央評議委員；只是明老最資深，受尊重，我則聊備一格而已。中評委每年集會一次，明老都被安排坐第一排，我則排到五十排以後。我總要先跑到第一排去找明老，寒暄幾句。只是最近數年，明老不再出席中評委會議了；見不到他，自然很失望！從去年起，一向被推為會議主席的李煥也缺席了，改推與我政大研究部第一期同學的邱創煥主持，看到創煥兄也呈現龍鍾老態，不能不感嘆歲月不饒人！

本年十一月六、七兩日，TVBS電視台由方念華主持的「一〇一高峰會」節目，主題是〈烽火走來・報人葉明動〉，應邀受訪的人有兩位：一位是無黨派報人卻與政治走得很近、現任監察院監察委員吳豐山；另一位則是葉文心。我當然不能放過，聚精會神的從頭看到尾，並順手作點札記。吳豐山曾任自立晚報社長，所談多為明老在新聞界與教育界的特立獨行事件，推崇明老為傑出的新聞界前輩，交遊廣闊，從公卿到布衣都有他的朋友；他是國民黨人，但屬開明派，主張改革但反對造反；與黨外人士亦有往來，且曾在民進黨執政時代應聘為總統府資政；他的名言是：「民主憲政的信念不可變，非常時期的認知不可無。」葉文心以家屬身分，談及明老性格、學養、信仰、待人治事態度，句句扣人心弦。她說：「父親大智若愚，不喜歡高談闊論，然喜歡談戰時重慶往事。」「與人為善，不記仇，不結怨。」「喜歡飲酒，但不過量。」「有記日記習慣，三十年未間斷。」「是三民主義信仰者，並非派系者。」「負責任，有分寸。」「穩重的掌舵者」「與葉公超交誼深厚，是鄰居，葉伯伯退職後，時常到我家午餐、午睡。」

據《聯合報》報導：「家屬將遵照葉明勳遺囑，身後事從簡，治喪期間不擾親友，不設公祭，將擇期舉辦追思紀念會。」我不曉得紀念會何時舉行，也不一定能收到通知。明老，您離開這個世界已經二十天了，我只能以虔誠的心為您祝福，希望您永遠那麼明智、洒脫、幽默、慈祥、快樂。

中華民國九十八年（二〇〇九）十二月十五日，

八十三歲老叟李雲漢書於臺北木柵。

讀本年十二月十九日《聯合報》A二三版「民意論壇」欄，有文字工作者黃肇松撰〈告別老報人　明公豁達卻也憂心的走了〉一文，獲悉：「世新大學、台視公司和辜公亮文教基金會將於今日舉辦追思紀念會，送老先生最後一程。」但未說明紀念會的地點。天氣又冷，我肯定不能參與明老的紀念活動了，至以為歉！

雲漢又記，時為中華民國九十八年（二〇〇九）十二月十九日星期六午後三時三十分。

潘振球去矣！

民國九十九年（二〇一〇）十一月九日臺北《聯合報》刊出如下一則報導：

九年國教推手　潘振球病逝

曾任臺灣省教育廳廳長，任內推動九年國民義務教育的潘振球，六日上午八時卅分，因心肺衰竭病逝臺北市立聯合醫院仁愛院區，享年九十三歲。

讀到這一報導，為之一怔。潘先生，前國史館館長，是我的高齡老友之一；多年不見，竟以棄世聞，如何不叫我感慨無已，思緒起伏不安！

潘振球，江蘇嘉定人，民國七年（一九一八）生，比我大九歲。於抗戰期間（一九三七－一九四五）先後畢業於國立師範學院教育系暨中央幹部學校研究部第一期教育組。中央幹部學校係三民主義青年團所創設，首任教育長為蔣經國，因而被認定為蔣氏門生，參加過青年軍，列名為蔣經國門下「四大金剛」之一。抗戰勝利後，為青年軍復員學生設立了數所青年中學，其中設於浙江嘉興的一所，校長即是潘振球，他才剛滿三十歲。我昌樂中學同學趙企增曾在嘉興青年中學就讀，對我提過校長潘振球如何如何，是我曉得潘振球其人之始。三十八年（一九四九）到臺灣後，住「七洋大樓」，才知道潘氏正擔任臺北市省立成功中學校長。沒有機會見面，而且地位懸殊，當然是只聞其名而難識其人。

潘振球的主要事業在臺灣。分三方面：一是教育，曾任省立臺中第二中學、臺北省立成功中學校長，臺灣省訓練團教育長，臺灣省政府教育廳廳長；一是中國國民黨黨務，曾任臺灣省黨部主任委員，中央組織工作會主任；一是青年工作，曾任中國青年反共救國團主任，行政院青年輔導委員會主任委員。其最後的職位是國史館館長。他在主持救國團時代，曾邀約我對計畫中編纂團史提供意見，見面很客氣，但未深談。七十一年（一九八二）七月亡兒肖元祭典中，他特地送來花籃表示悼惜。然直到他出任國史館館長時期，彼此才有較多見面深談的機會，成為志同心同的好朋友。見面，我敬稱他為潘公，他則一直稱我雲漢兄。只可惜，潘先生於八十四年（一九九五）三月接任國史館館長，我則於八十五年（一九九六）七月自黨史會主任委員任內退休，相處只一年多，太短了，深以為憾。

記得我退休時，除卸除黨史會主任委員本職外，其他機構的兼職及榮銜亦一併辭卸，並不再接受任何名義——只中山、中正兩個基金會例外。潘館長要禮聘我為國史館顧問，我也婉謝。我在〈退休五年〉一文中寫出兩句話：

國史館的聘書由潘振球館長親交，我當面接下了。次日還是寫一封婉謝厚意的信，將聘書璧還。

這樣做，自然令潘館長感到失望。但他了解我的為人，電話中表示尊重我的決定，並說如有國史編纂方面的難題，仍然希望我以友人身分提供意見。他也告訴我，兒子在美國南加州大學研究歷史，待回國時一定要來拜訪，多多請教。只是我在退休後時常到美國女兒家住些時日，與潘公見面機會相對減少，不無歉感。然偶而於某種集會或宴會場合見面，就會談上一大陣。民國八十九年（二〇〇〇），由於國民黨於總統大選中敗於主張臺獨的民進黨，形成「政黨輪替」。他「義不帝秦」，立即辭國史館館長職，表現出令人欽佩也感奮的氣節。當時我適在美國，故宮博物院院長秦孝儀先生寫信告訴我此事，曾有「時窮節乃見」之歎。

今日獲知潘公辭世的訊息，心情難免有點激動。九十歲以上高年老友一個個謝世，健在的已經沒有幾人了，似乎只有崔廷選、楊茂林、王羽鵬等數兄。細想想，人總有撒手人寰的一天，潘公已享高齡，也已樹立了完美的人格典型，應無遺憾。從書櫥中取出《中華民國當代名人錄》第一冊，翻到一七一頁，把潘公的「小傳」再讀一遍，好像又見到他的人。他為人忠厚，長處很多，「小傳」中有幾句令人感動的話，極為切合：

待人以誠，處事以忠，樂與人同。故常能鼓舞群情，共赴事功。

報載潘公好友許水德、李鍾桂等將擇期在救國團青年活動中心舉行追思會。如果我獲有確實訊息，而且天候、健康都良好，我將去參加。潘公，你功在國家，風格永在，相信在天國裡仍然生活得很愉快。

民國九十九年（二〇一〇）十一月十一日，
李雲漢感憶於臺北文山木柵路
「仁普世家」寓所，時年八十有四。

驚悉李海天棄世

民國一〇二年三月十四日，收到華僑救國聯合總會寄贈的《僑訊》第一三四四期（同年二月二十八日出刊）。翻開一閱，A四版赫然發現如下的頭條標題：

僑聯常務理事　襄贊會務不遺餘力
推動文化交流　支援僑校　全心投入
李海天遐升　簡漢生扼腕僑界失巨擘

這訊息，立即引起我的驚疑與關注。李海天先生，是我交誼雖不深，卻難以忘懷的友人，彼此間有志同道合的感覺。他是旅日僑領、前僑選監察委員及立法委員、中國國民黨中央評議委員主席團主席；更重要的，是位成功的企業家，富而好禮，愛國愛黨。已經有六年沒有他的訊息了，不料於這份小報上見到他已辭世的報導！讀過前立法委員楊作洲提供李海天生平簡介，僑聯日本關東地區辦事處主任謝偉所撰悼念文字之後，對李氏一生志業及成就有了更深入的了解，也更增加了對他的敬佩與惋惜！

李海天，河北省武清縣人，生於民國十二年（一九二三）。民國三十八年（一九四九）大陸變色後來到臺灣，曾在警界服務一段時期，而後去日本留學，先後在日本中央大學及明治大學讀得法學碩士學位。其後，美國紐約的聖若望大學授予他榮譽法學博士。然而他的事業並不在法學範疇，而是在商業與文化。他長期在日本創業，成為龍門商事海運公司、重慶飯店、橫濱假期飯店的創辦人，也涉足金融、廣播及中日文化交流等領域，登上旅日僑界龍頭的榮銜。太太吳延信女士，是他事業的好幫手；伉儷情深，太太於數年前逝世後，矢言不再續弦。他係於本年一月二十四日逝世，高壽九十。楊作洲說，他的事業「數年前兩子接手，業績蒸蒸日上。」不過，我敢斷言其後人的愛國情操與樂善好施性格，不能與海天先生比擬了。

屈指算來，我與李海天相識已有三十餘年，相聚同席卻只有六次：四次在橫濱及東京，兩次在臺北。每次相聚，都曾留給我極為溫馨的印象。他的話，仍然清清楚楚的留在腦海中。

首次與李海天先生見面，是在民國七十年（一九八一）十月月末，我會同李國祁、王曾才、李守孔、蔣永敬、朱堅章、陳三井六位教授由臺北飛往東京，參加由中日雙方共同舉辦的「三民主義與中國——辛亥革命七十週年紀念學術討論會」。會議地點選在李先生在橫濱經營的假日酒店（Holiday Inn），他自然成為東道主人。他請我們吃過幾次飯，每人送一份珍貴紀念品。這件事，我在《史學圈裏四十年》自敘傳中，留下一小段記錄：

> Holiday Inn的主人是李海天先生，他當時是監察院監察委員，承他熱情款待，深懷感激。永敬兄提議等李先生來臺北時，我們七個人歡宴一次略表心意，但始終找不到一個適當的機會，等於說了空話。我是聯絡人，自然該負責，我曾把這番心意轉告海天先生，他笑說心領心領，謝謝謝謝。

民國八十四年（一九九五）三月十二日，是孫中山先生逝世七十週年紀念日。我先期徵得日本慶應義塾大學教授山田辰雄同意與支持，由慶應大學於三月間舉辦一次中日雙方學者參加的座談會，以紀念孫中山先生。座談會的主題定為「孫中山思想與國民黨黨史研究的趨勢」，日期訂為三月十四日，地點在慶應大學地域研究中心。因此促成我第四度訪問東京，也有了與李海天再度見面暢談的機會。我此時的職稱是中國國民黨中央黨史會主任委員，陪我一道前往的是副主任委員陳鵬仁兄及第一室總幹事劉維開博士。

座談會後，繼續有參訪活動。三月十五日，預定於晚間在新宿東京大飯店邀宴中日雙方友好表示謝意，特別邀請李海天先生來參加。這天我們整天都在橫濱訪查革命遺跡，晚間趕往東京大飯店途中又塞車，足足遲到一個小時，深表歉意。海天先生先到了，幫我接待。對我說：「我早就料到你們會遲到，已經與客人講過，並代你們招待客人了。」他並與我約定明日晚間要在他橫濱的假日酒店設宴為我們慶功，說：「討論會非常成功，值得慶賀一番。」次日晚間，我等如期到達橫濱假日酒店，李先生邀我們先到咖啡室茶敘，提出一項教我感到意外興奮的訊息：「今年是抗戰勝利五十週年，我主持的蔣經國中日文化交流基金會決定要在八月五日在東京舉辦一次『戰後五十年紀念學術研討會』，邀請您在會中作一次以〈戰後五十年的回顧與展望〉為題的講演，然後進行討論。請您一定答應。」在日本紀念抗戰勝利是樁大好事，我那有不答應之理？事情就這樣決定了。然後進入貴賓宴會廳用餐，竟又是意外溫馨的場面。我在自敘傳中記下這一段：

> 六時正，我們進入二樓的貴賓宴會廳。廳口樹立起「歡迎李主任委員雲漢等一行宴會」的標牌，如此隆重，實在愧不敢當。除臺北來的我們三人外，主人邀請了六位先生作陪，他們是：橫濱華僑總會副會長王良（墨野）、國民大會僑選代表楊作洲、臺北駐日經濟文化代表處橫濱分處處長郭明山、中央日報社駐東京特派員齊濤、海工會駐日特派員魏延年，和我政大老同學服務於東京新聞界的王瑞徵。正所謂「吃得香甜，談得愉快」，一直到九時三十分才告終席。海天先生等七位並分別簽名於「名菜譜」，由我們三人分別帶回作為「橫濱之宴」的紀念。海天先生並再說

一句：「經濟學者我佩服鄭竹園，歷史學者我佩服你。」這更增加了我的愧色，卻也同時提高了自己的責任感，黽勉劬瘁，曷敢稍懈！

賓主十人餐後合影留念。分兩排，前排坐，後排立，推我坐前排中央座位，是我在日所攝照片中最鄭重的一幀，收入次年三月出版的《史學圈裏四十年》中，作為永久的紀念。同年八月四日，我依約飛往東京參加海天先生主持的「戰後五十週年紀念學術研討會」，五日午後在會中發表專題演講，參加討論，接受並答覆日本及中國大陸學者挑戰性的詢問，還算得體。海天先生以主持人身分最後致詞，講題是〈紀念戰後五十週年的意義〉，極有見地。我認為這是「一次堪稱完美的研討會」，也是我與海天先生交往過程中最具紀念意義的一幕。陳鵬仁兄曾寫過一篇有關此次研討會的報導，連同海天先生閉幕式中的講詞，一併發表於我們的《近代中國》雙月刊，我的論文則見於《中國歷史學會會訊》，國內史學界因得獲知此次研討會的過程與成果。

民國八十七年（一九九八）一月十三日，是中華民國故總統蔣經國先生逝世十週年紀念日。李海天主持的日本蔣經國中日文化交流基金會發起，與中山學會、臺商會等團體，決定於一月十五日舉辦一次「蔣故總統經國先生逝世十週年紀念演講會」，地點在東京 Miyako Hotel 。李先生再次邀我作一次學術性講演，我雖已退休，然於紀念經國先生的活動，不容推辭，也不應辜負海天先生的誠意。預定的講題是〈蔣經國先生的志節和理念〉，是篇學術論文。有兩天時間與海天先生相處，承他優渥款待，彼此間也更多一層了解。

在臺北，與海天先生同席吃過兩次飯。一次是民國八十五年我自黨職退休之後，承他邀請我夫婦去忠孝東路「來來大飯店」（今「喜來登大飯店」）吃飯，客人另有接我職務的陳鵬仁兄及時任中國國民黨中央委員會秘書長黃昆輝。黃那晚講的話，不像是個國民黨中央的負責人，後來果然背叛了國民黨。謝偉所撰悼念李海天的文章中，說出海天先生不願再見李登輝、黃昆輝的事：「二〇〇〇年政黨輪替後，他再也不願與李登輝見面。連當年他最熟識的黃昆輝到日本來見他，他都以『道不同』為由拒絕了。」

另一次與海天先生同席，是在民國九十六年（二〇〇七）一月二十一日，地點是臺北市中山北路國賓大飯店十二樓。宴會係故宮博物院院長秦孝儀先生喪儀過後，其子女舉辦的答謝宴，邀請李海天先生、郝柏村夫婦、林百里夫婦、劉介宙夫婦、我夫婦為主賓。孝儀先生是我在黨史會的老上司，不幸於是年一月五日辭世。一月十八日在第二殯儀館景仰廳的告別式中，由我報告秦先生生平行誼，曾看到李海天先生在座，惟未及面談。二十一日的秦府答謝宴，則曾暢敘離悰。我在當日日記中有幾句話：「與海天先生暌違已八年多，相談甚歡，並將電話號碼寫給他，以便必要時聯繫。彼為旅日僑界領袖，忠黨愛國之熱忱，殊可佩也。」

海天先生離開人間了，他的典範長存。我未能參加二月二十日在東京舉行的追思會，只有藉這篇隨筆文字表達思念心忱。他是位愛國僑領，憑自己智慧、才能創建出輝煌的事業，在當代歷史上具有不容忽視的影響力，他的生命是不朽的！

中華民國一〇二年三月十九日，
李雲漢筆於臺北木柵寓所。
時年八十有七。

悼念楊教授茂林兄

民國一〇三年（二〇一四）五月二十一日晚間，老伴韓榮貞老師接到老友楊茂林教授夫人黃素琴女士電話，驚悉茂林先生已於昨晚安詳的離開人間。事出突然，榮貞神情陡變！等她與楊夫人細詢前後過程並懇致慰問心忱後，轉身將此哀訊告訴我，眼睛已經有些潤濕，聲音也有些悽愴了。我聽過後，也悵然若失，如鯁在喉！本來近日由於微恙在身，心緒難安，今晚更加輾轉反側，一直感念著五十多年來與楊府的通家之好，以及與茂林兄相識相知而志同道合的不尋常友誼，不知何時竟也落淚了！

想到五十五年以前，榮貞初與茂林兄嫂賢伉儷結識的日子。那是民國四十八年（一九五九）秋季，榮貞畢業於臺灣省立法商學院（今國立臺北大學前身），由於家住臺中，經由時任救國團副主任之鄧傳楷先生函介至臺灣省立臺中商業職業學校任教，陳奇秀校長立即接受了。榮貞到校後首次晉見的學校主持人，倒不是陳校長，而是時任教務主任的楊茂林先生。大家都知道：楊主任深獲陳校長器重與信任，授以校務全權；楊先生也確具多方面長才，不負所託。熟悉臺中商校由職校發展為著名商業專科學校過程的人，無不承認並推崇茂林主任的重大貢獻。楊夫人黃素琴女士此時也服務於商校，隨後也與榮貞相識並成為志趣相近，無話不談的同事好友。

我與楊主任茂林兄的相識，稍微晚些。是榮貞到商校服務之次年（民國四十九，一九六〇）秋間，我基於對教育工作的愛好，有意於史學機構本職之外謀一夜晚兼任教職，以期「教學相長」。事為臺北市私立育達商業職業學校校長王廣亞先生所悉，乃主動函陳於楊茂林主任。已經開學數日了，一天中午榮貞突然回家告訴我：楊主任請你即去學校一談。我去了，茂林主任一見如故，當面告知：「商職補校有一機會，是初一女生班導師兼教高二男生班國文。請你委屈一下，下年度再調整。」我當晚就到差，遇到陳奇秀校長，他也只講一句話：「楊主任對我講過了，請你多幫忙。」快人快語，果決明斷，兩位先生初見面留給我畢生難以忘懷的愉快印象，半個世紀來的珍貴友誼從此建立起深厚的基礎，引為生平一大得意樂事。

我在臺中商職夜校教課只有三年，卻是非常值得懷念的一段經驗。最深刻的印象，是人才濟濟。負責教務的康鐵錚與擔任訓導的馬東明兩兄，都熱誠老練，識多見廣，溫文負責，處事有方。兩位與我同時教授高中國文課程的老先生——周月笙、閔思禮，乃恂恂儒者，為國學名師。王柱為一位不苟言笑，為人卻熱情奔放的科技專才。汪沱則是一位滿懷雄心壯志的青年才俊，後來果被擢升為中部一所中等學校校長。陳校長、楊主任也不定時於晚間來夜校辦公室坐坐，瞭解問題，也與教職員閒話家常。內子在臺中商校任教期限遠超過我，達一十一年，她在教學與交友方面的體驗，較我更廣泛，也更深刻。我想，她最大的收穫應當是結識多位知心好友，尤以與楊太太黃素琴女士間，彼此之瞭解切磋與關懷，實已逾越一般友人之上。內子和我，都依老習慣一直稱楊太太為黃小姐，我稱楊主任為茂林兄；他夫婦則一直禮貌的稱內子為韓老師，稱我為李先生，其謙讓精神，可見一斑。我們兩家的子女們年齒相若，彼此間也都熟識；他們似乎是在同樣的教育環境下長大成人，如今也都順利完成高等教育，各自成家立業，在社會上嶄露頭角。我等垂垂老矣！欣見彼等之優異表現，自然感到無限欣慰，甚至有幾分榮耀，也會不時寄以無言的祝福。

依我的了解，茂林兄具有行政管理長才，其學術專長則是會計學。他教學認真，學理與實務兼顧，更重視新著作與新理論的瞭解與鑑賞。記得民國五十七、八年間（一九六八－六九），我在美國進修的時候，他曾託我到紐約幾家大書店中調查有關會計學的新著，並曾採購數冊供作參考。他的學問與時俱進，同道諸友無不知之賢之；而其為人之誠厚與處事之圓融，更是儕群輩眾口皆碑，引為典範。

由於職務的調整，我家於民國六十年代遷居北市，彼此間的聯繫，卻未曾間斷。及楊府也遷來北市，接觸就更頻繁了。頭幾年，多半是內子與黃小姐約期相會，及我與茂林兄先後自公職退休，兩人見面的機會也自然增多。近十多年來，兩家四人間的約期餐敘，幾已成為定制：每過兩三個月，就會餐敘一次，「上海高記」、「易牙居」以及「天廚」等餐館，都留下了我們無數的足跡與笑語。茂林兄與我本是不大喜歡多講話的人，但在餐會時則古往今來，無所不談，彼此了解得更多更深刻，也發現兩人性格上及人生觀念上更多相同的地方，引為知音。

去年（民國一〇二，西元二〇一三）七月，茂林兄高齡已屆九秩晉五，子女們特於七月四日假「京華城」十一樓「揚州會館」設宴慶賀，我夫婦應邀出席，共申賀忱。見到茂林兄精神奕奕，言辭清晰，內心感佩萬分。當時即面告以「九字賀詞」：

仁者壽　智者樂　德者昌

這不是空泛的恭維，而是內心中長久以來的感受：茂林兄於仁、智、德三者，當之無愧。如今，他已駕鶴西歸了，我仍願以此三者向他道別。任何人都不能跳脫天年所限，茂林兄福壽雙全，道範長存，妻賢子孝，應無遺憾。數年後，讓我等再在天國裡促膝長談！

民國一〇三年五月二十八日，
八十八歲叟李雲漢筆於臺北木柵寓所。

五、同學

孫國勛的一生

孫國勛，原籍為山東省安邱縣第五區（今改隸昌樂縣）紅河鄉理稼莊子。民國十九年（一九三〇）七月吉日生。孫氏詩禮傳家，為安邱西鄉望族。父親孫靜一，於抗日戰爭期間及勝利後數年間，主持紅河鄉政，以精幹廉能見稱。母李氏，持家有道，教子有方。國勛幼而聰穎，克承庭訓，其忠耿率真性格實裁成於幼年時代也。

民國二十六年（一九三七）抗日戰爭爆發時，國勛甫八歲，其小學教育係於戰地烽火中度過，敵偽肆虐，一夕數驚，備受顛沛流離之苦。三十二年（一九四三），小學畢業後升學山東省立安邱中學初中部。三十四年（一九四五）八月，抗戰勝利，安邱則備受共軍之侵擾，國勛因轉學鄰縣昌樂之山東省立昌樂中學初中部，隸第八級。初中畢業後，繼升入同校高中部，隸第九級乙班。在學期間，眼明手快，才華橫溢，每試輒列前茅。尤熱心於課外活動，曾為校內軍樂隊成員。時值國共內戰，國勛目睹山東軍政情勢之益趨動盪不安，深感悲憤，因萌從軍報國之志。三十七年（一九四八）春，報考青年軍（第二期）第二〇八師（當時駐青島），雖被錄取，然以昌濰戰役國軍失利，唯一對外交通之二十里堡機場關閉，致未克及時飛青入營。他曾感嘆：「二十里堡機場奉命關閉，因此我就沒有達成從軍的願望，當時的情緒是十分低落而頹喪的。」

三十七年四月，山東昌濰地區各縣淪入中共之手。國勛隻身流亡至青島。初入山東省立青島臨時中學就讀，生活至為困苦。三十八年（一九四九）四月，投身於甫行成立之第十一綏靖區青年教導總隊，為學生兵。初隸第一中隊，以成績優良，旋擢升為第五中隊之副班長。時綏區司令官為劉安祺中將，青年教導總隊總隊長為文人出身之陳孝祖少將，對國勛甚為器重，期望亦殷。六月，國軍撤離青島，經臺灣基隆駛往海南島南部之榆林、三亞地區，青年教導總隊駐於榆林港北九公里之金鷄嶺。由於水土不服，營養不良，疫癘相侵，處境極為艱困，有十多位同學竟賚志以歿，國勛族叔孫熙烈亦以身殉。國勛則能一秉樂觀奮鬥精神，惕勵奮勉，未嘗稍懈。

三十八年十二月，國勛自海南隨軍回駐臺灣臺中。部隊奉令縮編，遂脫離軍中生活，移住臺北。三十九年（一九五〇）三月，考入臺灣省青年服務團，接受為期六個月之政治及軍事訓練。九月，升學臺灣省行政專修班，入二年制教育行政科攻讀。團、班均係政府專為大陸各省流亡來臺學生而設，團長兼班主任為上官業佑。其後，專修班與臺灣省立地方行政專科學校合併改制為臺灣省立法商學院，乃回校進入行政學系補修學分，畢業後獲授法學士學位。

四十一年（一九五二）八月，政府建立預備軍官制度，於鳳山陸軍軍官學校內設立預備軍官訓練班負召訓之責。應屆畢業各大專院校學生均應召入班受訓，為期一年；是為第一期，國勛與焉。四十二年（一九五三）八月，預備軍官訓練結業後，得中國國民黨中央委員會秘書長張其昀之推薦，至革命實踐研究院分院任職，掌理機要，深獲分院主任任覺五之賞識與信任。四十七年（一九五八），任主任調主臺灣省黨部（設於臺中市），國勛亦隨之轉任臺灣省黨部視導，是為服務於中國國民黨地方黨部之始。

國勛任職於地方黨部，長達三十二年。曾先後出任花蓮縣、基隆市、臺南縣、臺南市黨部主任委員，經歷至為完備，績效亦粲然可觀：於政策執行、組織開展、政務輔導、民眾服務、公職選舉、人才拔擢諸大端，均有卓越建樹。由於臺南市黨部主任委員任內，與無黨籍之市長蘇南成密切配合，黨政關係之圓融，為全省冠。以是臺灣省黨部先後任主任委員李煥、宋時選等人，無不期望殷切，許為楨幹。

七十九年（一九九〇）三月，國勛由臺灣省黨部副主任委員調升中央委員會組織工作會副主任，於全黨組織工作之擘劃督導，獻替良多。八十年（一九九一）九月，中央將各航業及郵電等黨部合併擴組為交通事業黨部，任國勛為副主任委員兼書記長。蓋主任委員一職，係由交通部長兼任，屬榮譽性質，負實際責任者乃國勛，其任務頗為艱鉅，工作領域且遠及海外各地。八十四年（一九九五），轉任黨營事業之督導，次年解職。方思從事於教育文化事業，於臺海兩岸文化教育之交流亦有所謀劃，不意突罹不治之症，於八十六年（一九九七）二月十四日謝世，享年六十有八。天妒英才，良可慨也！夫人林瑩光女士，臺灣省籍，常年服務於銀行界，今已退休。育有一子，名大可，已婚，從商。國勛才思敏捷，文采書法均有可取，惜皆散失，能無憮然！

中華民國九十八年（二〇〇九）六月十一日，

李雲漢憶述於臺北

張來禧謝世週年祭

清理抽屜內舊文件，發現了張來禧兄民國九十三年（二〇〇四）六月十一日寫給我的一封信，內文如下：

雲漢兄嫂尊鑒：

「三二〇」私梟得逞，數夜難寐。「五二〇」訪中市榮總，發現肺有不明物，入院檢查，住院化療中，故已無力提筆了。

謹此先請兄嫂安康。寄來文獻兩冊，請查收。

順頌

闔府安康

弟來禧敬上　九三、六、十一

信中提到的「文獻」，是《昌樂文獻》。我急需此書參考，乃寫信給來禧兄一詢是否尚有存書。我完全沒想到他會生病，而且在我主觀意識中，他是壯漢，從來不懷疑他的健康。接到此信，看到他歪歪斜斜的字跡，很吃驚，也很難過。但我並不悲觀，寫信勸他放寬心情，安心醫療，人都會生病，病癒後仍然是海闊天空。誰又想到這信竟是他最後的絕筆，十八個月後竟告不起！

來禧的告別式，係於民國九十五年（二〇〇六）一月二十六日上午，假板橋市臺北縣殯儀館舉行。我因同時間內，須參加前考試委員劉象山夫人張毓貞女士之安息禮拜，沒去板橋，只託張瑞岐兄代為唁慰，並致送奠儀二千元。未及送他最後一程，始終感到很遺憾！今再見到他最後的來信，心潮又開始激盪起來，六十多年來的陳年往事，一一出現在腦際！

我和來禧兄，是昌樂縣小同鄉，先後曾三度同學。最早是在抗日戰爭期間的民國二十九年（一九四〇），我們同讀昌樂縣立下皀戶小學五年級，他和我鄰座，因而很熟。同學們絕大多數是當地的農家子弟，穿著都是土布衣服，來禧則是「貴族子弟」（他父親張墨仙先生，是昌樂老二區區長兼縣保安團第八連連長），穿著比較講究，人也比較豪爽。只是沒多久，他就因病停學了。第二度同學，係就讀山東省立昌樂中學時期。我讀初中第二級，來禧讀第五級，成為學弟了。由於仍是戰時，各班級分散在各村落中上課，彼此見面的機會並不多。民國三十八年（一九四九），我們都成為流亡學生，循不同路線來到臺灣，其後即「文武分途」。民國四十一年（一九五二）八月，我們應屆畢業大專學校學生奉令前往鳳山陸軍軍官學校預備軍官訓練班受訓一年，來禧已是軍校正科第二十五期學生，兩人因而第三度同學。只是操課緊張，管理又嚴格，很少見面暢談機會；偶而相遇，也只三言兩語，互相慰勉而已。

軍校受訓期間，也還是有幾次不定時定點的聚會；最值得紀念的一次大型正式的聚會，是四十二年（一九五三）七月十九日在高雄商職舉行的「昌樂旅臺高雄區鄉友歡送軍校第二十四期預訓班第一期畢業同鄉茶會」。這件事，我在會前兩天的日記中有如下的記述：

七月十七日　星期五　晴

軍校正科第二十四期和我們預訓班第一期都將於本月底畢業。在高雄地區服務的昌樂縣籍同鄉發起餐會，表示祝賀。地點預定在尹公斗服務的省立高雄商業職業學校；公斗為召集人，軍校方面則由上尉教官劉景堯兄任聯絡之責。

今日景堯接公斗信，十九日的聚餐改為茶會招待，希望僅昌樂縣籍的同鄉參加。因為人多了，就會顯得亂。景堯把此意告訴我，我又將此意告訴國勛。國勛是昌樂中學同學，但籍隸安邱，想參加竟不可得。國勛聽我說明後，表示諒解，然不免憮然失望。美中不足，余亦至感歉疚。

與景堯、國勛、學晏就地席坐，閒敘家常，兼及往事，有海闊天空，自由飛翔之樂。我今日始悉景堯曾一度浸入愛池，至今猶睠睠於懷。聽他憶述昔日參與印緬遠征之役，激昂奮發之氣仍溢於言表。相別返室時，露滿草徑矣。

七月十八日　星期六　晴

晚，偕學晏再赴軍校，與滕建孟、張海昌、孫英三、劉建耘、田世義、曹孝昌、田克源等傾談良久。約定明日午後二時去高雄商職出席昌樂同鄉歡送茶會。夜，展轉不能成寐，思及明日同鄉聚會事，乃乘興構七絕草句於腦中，冀曉來錄之日記以誌念。句云：

五載淪城幽魂繞，七月炎陽烈火燒，
兄弟今夕明心志，壯懷何傷灞陵橋！
秋風北海見靈秀，春雲東瀛識英豪，
相期懸歸賊頭日，高歌麾點孤山高。

七月十九日的茶會到了昌樂同鄉三十一人，穿軍裝的有三分之二，著便服者，有劉新民、黃博五、劉誠心、滕建麟等人。鄉心鄉語，場面感人。大家留有一幀合照，我卻因數度搬遷弄丟了，很懊喪！後來在來禧兄的回憶錄《流亡六十年誡敘》第二〇七頁發現了這張照片，不勝欣喜。照片中，我和來禧都站在第二排，神情很嚴肅。這是我和來禧來臺後首次在一起照相，很有紀念性。今日看看照片中人，已經有田世義、滕建孟、張海昌、高潔（忠信）、趙怡然、潘國佐、劉新民、劉誠心、張來禧等人離開人間了，能不愴然感傷於時不我待！

軍校畢業後，來禧走入軍中，我則投身於學術界，因而有一段很長的時間，失去聯絡。直到民國五十八年（一九六九）來禧轉任臺灣省立花蓮工業職業學校軍訓教官後，我應邀去花蓮演講順便到花工探親老同學高明敏校長時，才又意外的見了面，抵掌暢談。這件事，來禧在其回憶錄中，也記了一筆（第二六一頁）。只是對我有過譽之處，有點不好意思。來禧任軍訓教官十年之後，調升至臺中市的國立中興大學，才算安定下來，也才有機會施展他的抱負與能力，並且在趙光家（顯庭）先生的策動下，為昌樂同鄉開始作無條件、無保留的奉獻。

來禧在中興大學受到尊重及愛戴的情形，我雖有所耳聞，然未知其詳。對昌樂同鄉服務的事端，則知之甚稔，並曾在通訊時交換過意見。我認為他具體的貢獻有三項：一是舉辦旅臺昌樂同鄉聯誼活動，一是籌劃編印《昌樂文獻》專書，一是寫出一部回憶錄，把戰時及戰後一部分昌樂史事敘述出來，成為珍貴的鄉土史料。前二者，雖是顯庭先生所主導，實際負責推動者則為來禧兄。《昌樂文獻》的編印，來禧之外，另一位熱心奉獻的人，是張瑞岐；他兩一北一南，分工合作，終能如期完成。我也曾參與其事，但因公忙，未能多所盡力。而且未能發現唐代的昌樂並非今日之昌樂，誤將唐代昌樂籍的大天文學家張遂（一行僧）視為今昌樂的「鄉賢」，不無愧疚，因而特在《山東文獻》發表〈魯冀古今兩昌樂〉一文，以明史實。

近十數年來，山東省立昌樂中學在臺校友每年春節後都舉行聯歡餐會，由張瑞岐籌劃並召集，地點初在臺北市悅賓樓，這兩年改在國軍英雄館。差不多每次餐會，來禧都由臺中趕來臺北參加，我也都和他暢談一陣。但我並不曉得他正在寫回憶錄的事。直到民國九十一年（二〇〇二）十月間，他把回憶錄原稿寄給我，要我寫篇序，我才曉得他已完成一件大工程，也才真正欣賞到他的文采。他用的是筆名張至礽，我也才知道在《山東文獻》發表過幾篇詩作的張至礽，就是同鄉也是老同學張來禧。我在〈序〉文中，稱讚他「敦忠敦孝，允武允文，有守有為，無怍無愧」，乃是出自心底裡的話，確信來禧當之無愧。這期間，來禧曾邀我們小學同學楊學晏、王文章（慶儒）等到臺中餐敘一次。張鶴書本也說定要來參加的，屆時卻未來，想是健康情況不宜於遠行了，一嘆！

來禧的回憶錄於民國九十二年（二〇〇三）一月間出版，極為鄉友們喜愛。誰也沒有想到，僅僅十七個月之後他就身染惡疾，又過十八個月後竟告不治。噩耗傳來，為之落淚者再！天道無常，此乃人世間最無可如何事也，奈何！奈何！今日悵對來禧遺著及他最後的來信，仍然只能有「無語問蒼天」的感喟，命耶？數耶？

中華民國九十五年（二〇〇六）十一月十九日星期日，
八十老人李雲漢抒感於臺北市木柵路寓所。

祭悼中學同班同學趙世傑

民國九十六年（二〇〇七）四月十一日，收到了趙世傑學兄的訃聞。前幾天，陳會傑兄電話中已經告訴我世傑兄「已經走了」的事，我沒有太感傷，只是有點遺憾。世傑是因在家中跌倒斷了腿，才生了併發症而終不治。他是民國十七年（一九二八）出生，比我小一歲。是我讀高中同班同學來到臺灣十一人中，第一個離開了塵世。

我讀中學，是在抗日戰爭期間，學校是山東省立昌樂中學，畢業時已是勝利後的第三年度。連日來，回想中學時代的種種情形以及來臺後與趙府交往過程，覺得很幸運，也很感慨。

我是於民國三十年（一九四一）八月，開始讀中學的。先讀半學期師範後轉入同年次的初中，再升高中，由於日本敵軍的進犯被迫停課一學期，高中畢業時已是民國三十七年（一九四八）一月。我們同學是在戰火中成長的一群，可說是患難兄弟，感情融洽，特別是來到臺灣的一群，情誼尤篤。我大概計算了一下，來臺灣的初中同班同學有程威海、卞玉玟、滕欣榮、劉百魁、徐漢民、陳會傑、尹公斗、滕興華、趙世傑、馬大信、周相、馬大忠、王龍灝、高慶來、秦家起、王友倩、王紹坿；高中同班同學有劉百魁、尹公斗、陳會傑、滕興華、周樹桂、趙世傑、馬大信（未畢業即來臺灣）、徐漢民、周相、許衍潤、張晉忠。連我，共二十一人。其中，王龍灝、滕欣榮、馬大忠、趙世傑四人，不幸先後逝去。世傑在高中同班諸人中，是第一個揮手永別的「先行者」。秦家起、王紹坿於民國三十九年（一九四〇）見過一次面，以後即失去聯絡。張晉忠是海軍機械學校畢業的校級軍官，也很少與同學來往。高慶來遠在高雄岡山，很少來臺北。其餘諸兄，都能於每年春節過後的餐會中見面，山南海北的暢談一番。

我讀初中一年級時，學校是在劉家溝。我們這班，編號為「中二級」，好像有六十多人。我和世傑，算是年齡比較小的一群，也都是沒沒無聞的一群。二年級時，學校遷到馬宋東北的龐家河溝。第一次月考成績發表，世傑高居第一，我也意外的列名第二。我們當然很高興。世傑叫我於晚間到他的宿舍裡吃點糖果，算是慶賀。他又留我「打紙牌」，竟然打了個通宵，第二天上課時就成了「瞌頭虫」。這是我倆的祕密，也是中學時代饒有風趣的一次經驗。我只玩過這一次牌，以後直到今日，未曾破戒。

民國三十八年（一九四九）大陸淪入共產黨手中，我們循不同的路線流亡來臺。三十九年（一九五〇）一月間，我住在大陸來臺流亡學生的大本營——臺北舊火車站前的「七洋大樓」，舉目無親，一片茫然。沒想到，有一天世傑來找我，他已是身著軍服的學生兵。告訴我，他已就讀設於內湖的情報學校—此時的正式名稱是「國防部情報幹部訓練班第一期」，他說在戰火隨時都可以爆發的時際，要有個有力的靠山才好，這條路不失為一條獻身報國的正道，要我「不妨考慮考慮」。我也確曾思考過一陣子，覺得還是依循一般教育系統，找機會升學，比較適合我的志願。這次見過面後又過了八年，才又在臺中市見到他，這時我們的學業都已告一段落，也都在各自的工作領域中，初步打定了穩實的基礎。

世傑在臺北，祖父、父親及其他家人都住在臺中市。祖父趙公鏡海（鑑堂）老先生，曾到龐家河溝來探視過世傑，我曾經見過一面。老先生是詩人，也是教育界前輩，清代的山東優級師範畢業，民國時代曾任職於甘肅及本籍昌樂，極著政聲。美丰儀，銀鬚飄逸，狀若仙人。世傑父親趙公光漢（文齋）先生，抗戰時期曾主持昌樂縣動員委員會，戰後任教育科科長；來臺灣後，先後擔任省立南投中學暨臺中市立第一中學教師。堂伯父趙公光家（顯庭）先生，在故鄉時曾任職山東省政府財政廳暨山東省第八區行政督察專員公署，來臺後一直擔任臺中市立第一中學人事室主任。我於民國四十六年（一九五七）畢業於國立政治大學教育研究所之後，到中國國民黨中央黨史會服務，家住臺中，因得與兩位趙老師及太老師相識，時相過從，與顯庭先生尤為相得。世傑兄於春節或假期回臺中省親時，也都會見面談上一陣。

我和世傑兄畢竟走的是兩條不同的路，見面也很少詢問彼此間的工作狀況。直到接到他訃聞所載「故趙世傑先生事略」，才了解他一生的大經大節。錄其兩段文字於下：

> 民國四十四年三月，該局（案指世傑服務之國防部保密局）改組為國防部情報局，此後先生長期獻身革命事業，從事敵後謀略作戰工作，歷任情報局業務官、股長、科、組長、副處長、外勤單位站長等職，運籌帷幄，屢建殊功，深受同袍之敬佩，長官之器重，迭獲保薦，先後進入政工幹校高級班六十一期，研究班十八期深造，均以優異成績卒業，其刻苦自勵，虛心向學精神，素為識者所稱道。
>
> 先生盡忠職守，功在國家，民國七十四年元月初以少將編階特交中心任內屆齡退役。在職期間，曾三度膺選國軍英雄，並榮獲忠勤、弼亮、景風、寶星等勳獎章共十二座。實至名歸，宜其必然。

四月二十一日晨間，在榮民總醫院懷遠堂公祭時，昌樂中學老同學到場者有陳會傑、尹公斗、周樹桂、周相、王振奎、張瑞岐、冀維德等人，推我擔任主祭。我安慰趙太太劉麗蓉幾句話，也與顯庭師哲嗣趙修元寒暄幾句，其餘家屬都不相識。世傑身後其服務機關組有治喪委員會，並奉准覆蓋黨、國旗，相信他會感到欣慰。瑞岐氣色不甚好，他說中風了，我也只能勸他速就醫，多保重，災病是誰也替代不了的，只有自己多注意保健！

中華民國九十六年（二〇〇七）四月二十二日星期日黃昏時分，李雲漢述於臺北木柵寓所。

送別姚潤身兄

民國九十九年四月二十八日晨八時，接到姚潤身太太電話：「潤身走了，後事已辦好，特告知老友們。」我講幾句，再由內子接談，略表安慰之忱。由於潤身已臥病多年，醫藥無效，離去只是時間問題；所以我對這消息並不吃驚，反倒認為他走了，對他自己和家人都是一種解脫。算來他也八十多歲了，子女均已成人，應無遺憾。雖然如此，我還是感到若有所失，不能不在這裡一洩心愫。

潤身是我在臺灣省青年服務團受訓時代的老同學，同屬於第二大隊第五中隊第六班，時為民國三十九年（一九五〇），六十年以前的事了。他是河南省籍，和我性格上有些相同的地方，都很沉默，不喜歡多講話，也不愛活動，做事卻很用心。兩人的健康情形都不太好，是班上的老病號，也因此而能惺惺相惜，相互勉勵。服務團受訓半年結業後，我倆都升學行政專修班，但不同科：我讀教育行政，潤身選擇了財務行政。畢業後，他就業，我再升學政大研究部。以後有段長時間，未通音訊。走了不同的道路，交會點自然就少了。直到民國五十年代，才又在臺中市碰了頭。他已是臺中市稅捐稽徵處處長，我則供職於中國國民黨中央委員會黨史委員會典藏室，在草屯荔園上班，家住臺中。我們都已成了家，有了小兒女。五十六年（一九六七）春，我要出國進修。潤身在臺中自由路一家新開張的大飯店為我設宴餞行，兩家大小歡聚一堂，那情景畢生難忘。姚太太人很爽直，能幹，熱情，能說善道，是治家能人，尤善理財，潤身因而無後顧之憂。

民國五十九年（一九七〇）夏，我家遷居臺北市，住景美興隆路。次年，潤身一家也搬來臺北，住景美國中後面的一座新村內，我和內子曾去拜訪過數次。不久，他家又搬至興隆路二段七六巷靠興隆公園的一座高級住宅，我夫婦也曾多次去看望他們賢伉儷。此時潤身已調升高雄市稅捐稽徵處處長，只有假日才回到臺北家中。春節前後，總是要相互拜訪，賀年，給孩子們點壓歲錢。潤身對我兒肖元特別喜愛，見面就摸摸元兒的頭，說他滿臉福相。有一次，竟煞有其事的說：「肖元，你將來找太太時，我四個女兒，任你挑選。」只是「人有旦夕禍福」，元兒甫大學畢業接受預備軍官訓練時不幸殉職！潤身聞耗後掛電話來安慰我，只說兩三句就哽咽難以成聲了。幾天後，接他一封信，開始一段話：

> 雲漢兄：我不知向你說什麼好，但不向你說幾句話，心裡實在難過，更擔心你和大嫂的身體健康。人間悲慘事很多，人人希望避免，但避免不了的，也只有承

受，承受不了也得堅強的承受，否則又將奈何！過去在報上看到馬紀壯、李登輝先生失去獨子之痛！想不到這種不幸竟又加諸在你的身上，天道何其不公！但呼天喚地挽回不了事實，只有勇敢的接受事實。況大嫂及姪女還需要你的勸慰，更需要你的鼓勵，你不能不堅強起來，面對現實生活下去。

天道真的不公！不幸的遭遇竟又加到潤身身上！他甫退休，即罹患四肢癱瘓神智不清之症！我與內子曾去探視過，他已不認識誰是誰了，長年要靠姚大嫂來服侍。每次在路上遇到姚大嫂問起潤身病情，答案總是悲觀的！十多年來，姚大嫂所受的煎熬是可想而知的！據悉有子女提議送去老人養護院，姚大嫂堅持由她自己看護，讓潤身能夠多活些日子。好偉大、好堅強的一位女性，不能不由衷的向她致敬！

中華民國九十九年（二〇一〇）四月三十日，
八十四歲叟李雲漢憶述於臺北文山木柵路三段
仁普世家大廈六樓之三寓所。

悼念劉百魁學兄

歲序進入民國一百年（二〇一一）以來，第一件叫我最為傷感的事是劉百魁兄謝世！雖也明白：人的壽命係由天定，沒有討價還價餘地，百魁於四年前發現大腸癌之後，就已面臨即將到達生命終點的警告；事情一旦發生，卻有說不出，道不盡的痛楚盤結在心頭，好難過！

四月一日一大早，我夫婦趕早班車去桃園探訪滕興華兄。八點四十分到達，帶了麥當勞早點，邊吃邊談。接近十一點，我們要告辭了，興華接到臺北電話，看他接話時的表情由和悅而嚴肅，就想到會有甚麼事故發生。他放下話筒，對我說：「是燕子（百魁女兒玉燕，長輩們暱稱她為燕子）電話，百魁昨天又進了醫院。」他頓了一下，說：「恐怕過不了這一關了！」我夫婦心情也沉重起來，急急趕快車回到木柵家中。胡亂吃點東西，我即於午後一時趕去萬芳醫院八二一室探視百魁。他已插管，不能言語，看他表情及握手微顫情形，知道我是誰，想表達謝意。我沒有在病房多停留，希望他安心靜養，少受干擾！回到家來，榮貞說程威海兄已有電話來說明百魁的病情，大家都有無可奈何的感慨，只有訴諸老格言「聽天由命」；不如此，又能如何！

百魁住醫院二十二天，到四月二十一日上午離開了塵世。這其間，我曾去醫院七次。四月四日我去時，遇到滕興華兄。興華自身也是病人，這次是藉去三軍總醫院看門診之便，特地繞道萬芳來看看百魁，可惜已無法交談，他連說兩聲「安心靜養」後，悻悻離去。六日那次，是和榮貞一道去的。我們在病房遇到陳會傑兄嫂，大家心照不宣，內心都有說不出的壓力。會傑、威海、興華與百魁是交換過蘭譜的義兄弟，內心的悸動可想而知，然也保持冷靜態度。人的力量太渺小，面對橫逆，無能為力，我夫婦曾有過實際的體驗！

四月二十日上午，我再去萬芳醫院探視百魁。他已沒有意識，我問看護女士「情況怎樣」？她只搖搖頭。回到家中，妻問情形如何，我只說「不樂觀」，眼睛已經潤濕了。這是最後一次看到百魁。二十二日上午十一時，接到燕子電話：「李伯伯，我是小燕，爸爸已經於昨天上午走了！」我沒有感到意外，只告訴玉燕：「妳和媽一定要堅強，爸少受點折磨，也好。有甚麼事需要我做的，一定告訴我。」電話過後，我和榮貞都感到茫然，若有所失，人的生命竟這麼脆弱！一下午，思緒總起伏不定。榮貞於晚間寫一信給范勝妹嫂，表達唁慰誠意，並以自身的痛苦經驗勸勉她一定要節哀，堅強！

幾天來，我一直在想我們這些渡臺中學同學們的境遇。我與百魁等人於初中時代開始同學，那是抗日戰爭期間的民國三十年（一九四一），至今已經是七十整年了。依我所知，我們初中、高中同班同學於民國三十七、八年間（一九四八－一九四九）先後流亡到臺灣來的，有二十人，依姓氏筆劃為序：王友倩（女）、王紹坿、王龍灝、卞玉玟、尹公斗、李雲漢、馬大忠、馬大信、周相、周樹桂、徐漢民、高慶來、陳會傑、秦家起、張晉忠、許衍潤、程威海、趙世傑、滕興華、劉百魁；另有兩人去了美國：路樹蔭、滕愛華（女）。能免於中共統治下的凌虐、迫害，我們是幸運的一群。然各人際遇不同，大概都曾嚐受過生活上的辛酸苦辣，最後也都能立定了腳跟，成了家，為國家服務四五十年，能安安穩穩退休，第二代也都各有所成，年齡也都進入中年了。這些同學，有的早年只見過一面就從此失去聯絡；有的老年疾病在身，已不能自由行動；也已有五人（王龍灝、馬大忠、趙世傑、滕愛華、許衍潤）辭世了。每年春節餐敘能見到面的，已不到十人。其中，百魁、會傑、威海與我都住在臺北市文山區鄰近社區內，各位嫂夫人及晚輩們也都很熟，過段時間就相約餐敘一次，談天話地，情感有如兄弟。正因為如此，百魁兄的逝去，我才有如鯁在喉的感傷。

回想與百魁初高中同學年代，有三件事永銘在心，無時或忘。

第一件事：民國三十三年（一九四四）夏間，我們在龐家河溝讀初三。一天，共軍突然包圍了戰時昌樂縣政府所在地的倉上村，拼死命進攻，炮聲隆隆，徹夜不停。學校要我們儘速疏散，各回各家。我家已被共軍佔據，成了無家可歸的人。百魁乃邀我一道到他家避難。他讓我住在大門門樓上，要家人烙油餅給我吃，儼然以賓客相待；我也見到他一家和樂的情形，深受感動。幸好來犯共軍被我地方保安部隊打敗了，我倆才又回校復課。

第二件事：民國三十四年（一九四五）二月，我們一道升學高中，移住馬宋寺後。八月，抗戰勝利。次年九月，我校北遷縣城東南五里之吳家池子新校舍。鄰縣安邱、臨朐卻淪入中共之手了。三十六年（一九四七）暑假時，鄰縣一部分同學也成為有家歸不得的人，留在學校進修。我和百魁，也申請留校。於是陰毓崑教官把我們編成一個自治隊，派百魁為隊長，我為副隊長，管理課堂外的一切活動。我和百魁遂有了一段「同事」經驗，也認識到百魁柔中帶剛的個性。

第三件事：高三那年，我校的「三民主義青年團山東支團昌樂中學分團籌備處」成立。主任是訓導主任高魯生先生，書記是教師趙建修先生，他並兼任訓練股股長。其餘幹部，則選由青年教師及高年級學生兼任。全都是義務職，但可在辦公室內住宿，以便「白天上課，晚間辦公」。我班應選為幹部者四人：劉百魁、陳會傑、李雲漢、尹公斗，另有初二級同班今讀師二級的卞玉玟。百魁深得高主任之賞識，付以組織股股長重任；我等皆為幹事。這段期間，我更深一層體會到百魁的組織長才，處事有條不紊，且能任勞任繁，不中挫，不抱怨。這作風，好像他一生未曾改變。

百魁的喪禮，是於五月八日上午八時至九時三十分，在臺北市第二殯儀館「至安廳」舉行的。我和榮貞如時到達現場，送百魁最後一程。同學到者，有陳會傑兄嫂、程威海兄嫂、尹公斗、周樹桂、卞玉玟、周相、楊學晏、劉成仁夫婦、王慶儒（文章）。典禮依佛教儀式，亦甚莊重。我於瞻仰百魁遺容向他作最後告別時，哽咽了一陣。等護送百魁遺體進入火葬場後，我們才怏怏離去。會傑要駕車送我夫婦及威海兄嫂回家，我們也就不用客氣了，都是日日接近人生旅程終點站的人啊。

中華民國一百年（二〇一一）五月八日，
雲漢隨筆於臺北文山木柵路寓所。

永懷程威海兄

難以接受的哀訊

民國一百年（二〇一一）十二月十九日星期一，剛吃過午飯，正剝開一枚橘子想吃，電話鈴響了。急往接聽，是陳會傑兄的聲音，很低沉，哽咽的說：「威海剛剛逝去了！我在萬芳醫院急診室！」怎麼可能呢？可是會傑的話很清楚，不能不相信，急促回會傑：「我立刻趕去萬芳」。把這哀訊告訴內子榮貞，她也驚問：「是真的嗎？不可能呀！」但瞬間即恢復理智，這不會是假的，兩人也都有點哽咽了。

急急趕到萬芳急診室，見到劉鍾渝嫂，情不自禁的相對流淚！會傑眼睛也濕濕的。劉百魁兄的女兒玉燕也在現場。我們一道進入急救室，見到威海平躺在那裡，很安詳，兩眼緊閉著，像在睡覺。心想，人總有離開塵世的一天，威海在瞬間離去，毫無痛苦，未嘗不是福氣。我等護送威海遺體被推進地下二樓的停靈室，我和會傑兄暨鍾渝嫂守護著他，近一小時。我等力持鎮靜，可是一想到七十年來兄弟般的情誼，遽爾永別，不禁又哀思洶湧，頻頻落淚。等威海兒女亞雯、懷山夫婦暨百魁嫂范勝妹先後趕到，大家依次向威海說幾句告別的話。我最後對威海說：「你是我們同學的模範！你一生都在戰鬥中，你的機智、毅力、才識和勇氣戰勝了所有的橫逆與苦難，創造出光輝的記錄，我為你感到驕傲。你走了，誰都留不住你！安心的走罷！幾年之後，我們還會在天國裡相見！」

我、威海、會傑、百魁及滕興華，係於民國三十年（一九四一）秋季同時考進山東省立昌樂中學初中部，成為同班同學。當時是抗日戰爭時期，學校設在鄉間，日敵不斷來進犯，甚至一夕數驚，因之我等也成了同甘共苦的難友。民國三十三年（一九四四）威海響應知識青年從軍報國運動，到「大後方」從軍去了，此後有六年未曾見面。直到三十八年（一九四九）我們都流亡到臺灣來，才又取得聯絡。六十年代，除興華居住桃園市，我們四家先後遷居於臺北市興隆路二段鄰近的社區內，又成為守望相助，不時餐敘的好鄰居。算起來，我等已經有七十整年的誠摯友誼了，真正是情同兄弟；幾位嫂夫人也都成為知己好友，時相過從。可惜好景不常，百魁兄不幸於本年四月棄世，如今威海又遽然逝去，我等如何捨得？又如何不痛徹心肝！

欽佩鍾渝嫂理智堅毅

我和內子痛心失去威海，更擔心鍾渝嫂的境遇，她是否承受得了如此重大的衝擊！失去親人之悲痛，我倆是有過親身體驗的，二十九年前愛兒肖元的意外殉職，心頭迄今仍隱隱作痛。鍾渝嫂與威海兄伉儷情深，遽失枕邊人的哀傷是可以想像得到的！內子有著立即前去程府探視鍾渝嫂的衝動，只怕感情脆弱難以控制，或至於失態！等到二十日中午參加過四季書畫會的餐會，並安排女婿及兩孫攜帶行李回住石府以便明晨返美後，兩人始前去程府，對鍾渝嫂面致懇切慰問之忱。天正落著細雨，心境感到分外淒涼！

到達程府後，看到客廳中的陳設依舊，只是再也見不到男主人笑面相迎，不免又是一陣悽楚。但見鍾渝嫂能夠克制感情，訴諸理智，堅毅自持，也隨之放下心來，靜靜聽她慢斯條理的徐徐陳述。她說明威海近週來身體不適就醫情形，十九日上午去晉康復健診所復健，已經結束，穿好衣服要離去時，突然暈倒送醫，她緊急趕到萬芳發現威海已無生命跡象的過程。也告訴我倆，威海的幾位要好同事傳占闓等都已來面致唁慰，昌樂中學同學張瑞岐也有電話來慰問。至於善後，鍾渝嫂說，已作了初步安排：告別式訂期於明年一月五日上午在臺北市第二殯儀館舉行，按宗教儀式，十至十一時為家族祭奠，十一時為告別彌撒；不發訃聞，要好的親友口頭通知。她並說，孩子們都去上班了，她在家可以照顧自己，叫孩子們不要擔心。會傑已送來一些食品，你們又帶來這麼多，足夠用的了，千萬別擔心。我的心情，隨了鍾渝嫂的語態而不斷起伏，想插幾句安慰的話，卻不知說甚麼好；只靠內子和鍾渝嫂作適時適度的交流。我本擔心鍾渝嫂承受不了這一劇變，聽她一番陳述，不能不感到十分欽佩。我想要表達的只有一句話：「存者能堅強自勵，就是對逝者的最大安慰。」

回到家後，先給興華兄撥去電話，告訴他鍾渝嫂所說的情形，要他放心。興華不良於行，恐怕心情比我更淒苦。好在他一向達觀，把世事看得開，放得下，就好。

十二月二十六日傍晚，我夫婦再去程府看望劉鍾渝嫂，懷山和兩位乖孫女也在家。得知威海曾於八月六日曾寫下幾句遺言，對後事有所交代。懷山和姐姐亞雯也遵依母親的意見，選定了威海靈骨供奉的塔位，在淡水，背山面海，遼闊而開朗，極富靈明氣象。妻賢子孝，威海在天上也會深感欣慰啊！

再讀威海小傳的聯想

懷念威海，想到十多年前，我要他寫的一篇小傳。

民國八十年代，十幾位學術界山東籍的老友張玉法、孫震、于宗先、李瞻等兄發動編輯一套名為《山東人在臺灣》的叢書，集合魯籍人士近百人共襄盛舉。我也應邀參與其事。這套叢書共有十六冊，其十五、十六兩冊主題為「人名錄」。我認為威海的地位、學養與業績，都合於此書所規範的條件，應當佔一席之地，極力慫恿他寫篇小傳，刊載其中。他謙虛為懷，不肯答應，經我說明已有十多位中學同學列名其中，曷可孤芳自賞？最後，說服了他，寫了。我把他的作品送交編輯委員會，編入《山東人在臺灣》第十六冊《人名錄（下）》第八一一頁，於二○○一年五月出版。這兩天，把這書找出來，再讀一遍。要把威海小傳的原文，錄之於下：

程威海

山東昌樂人，一九二五年四月十四日生。省立昌樂中學畢業。於一九四四年底，投入青年軍二〇八師獨立六三一團，與日寇轉戰於大別山區。勝利後，改編為憲兵教導第三團。一九四九年隨軍來臺，先後畢業於臺灣師範大學國教專科暨私立淡江大學中文系，並經全國公務人員高等考試教育行政人員及格。一九六五年任教育部國教司編輯，旋任考選部視察、科長等職。一九七五年任臺北市政府教育局國教科科長，後調升臺北市政府公務人員訓練中心副教育長，執行市政府所屬公務人員在職訓練，新進人員訓練及幹部培訓業務。一九八三年，轉任行政院青年輔導委員會第一處副處長、處長，迄屆齡退休。所負業務為輔導全國青年創業及貸款並管理工業區之發展。一九八七年，獲行政院保舉為最優人員。

細心閱讀威海兄這篇小傳，不少青、壯年時代的往事軼聞，又出現在腦際，那麼清晰，那麼有趣。靈感所至，隨意寫出幾樁畢生難忘的事端吧。

我們初入昌樂中學時，都還是「少年郎」，多數人的言行還有點浪漫、輕狂。威海卻顯得成熟些，比較「懂道理」，很端莊。那時是戰時，學生們家庭接濟不容易，昌樂縣政府為獎勵成績優良學生，每班每月按月考成績發給第一至十五名份量不等的食糧（俗稱「給養」，第一至五名發全月，六至十名三分之二，十一至十五名三分之一）。因此，校方每月都公布月考成績。大家競爭也激烈，都在揣摩誰是榜首。不少人在磨拳擦掌，威海卻不動聲色，等到校長在週會（當時叫「紀念週」，全體師生參加）宣布各班月考成績時，他竟是我班的第一名，大家的視線同時集中在他身上。事後，我問威海：「你有甚麼讀書祕訣？」他否認有祕訣，只寫出「勤苦」二字。我明白了，是「勤奮苦讀」之意。連星期天他也不休息，單獨一人到學校附近的一座古廟中用功。到臺灣後，仍然抱持勤苦精神，公餘自修，所以考普考、高考，均名列前茅；讀師大、淡大，成績亦極優異。我認為他是一位自學成功的人，力學精神，令人感佩萬分。

威海的「青年軍歲月」（一九四四－一九四九），是他青年時代受到的最嚴酷考驗。懷抱滿腔愛國熱誠，走進軍中，受過最嚴格也最痛苦的訓練，度過戰地忍饑耐寒困苦生活的熬煎，冒過生死繫於俄頃的凶險，然而也鍛鍊出超人的堅強意志，機警智慧，應變能力與百折不撓，奮鬥到底的決心。他很珍惜這段軍中經驗，與我私下談話時，時常回溯六十年前那段「大時代」中不平凡的境遇。同班諸同學中，我倆的經驗比較接近，談起來，往往津津樂道，欲罷不能，也慶幸我們是戰勝橫逆災難的「強者」。平心而論，戰時生活及流亡途中帶給我們的深刻影響，正面大於負面；我等曾已經歷過此段千錘百鍊的磨鍊，感到一股自勉自強的豪氣。

滕振鐸（化文）老師，是我們中學時代敬愛的師長，民國三十八年（一九四九）來臺灣後，又成為我等共同的家長：我等結婚，都由滕師主婚。四十六年（一九五七）春，滕師接任臺灣省立桃園中學訓導主任，要我去客串一個學期的訓育組長，公餘飯後，無話不談。有次說：「你們幾個人，各有所長，也各有所短。論思慮周密及創新精神、能力，首推威海。」我完全同意滕師的看法；威海在臺灣服務四十年，十足表現出他的敬業、負責、周延、創意、圓融卻又有擔當的想法與做法，深獲機關首長的信任與同事的敬重。他曾被保舉為全國最優行政人員，真正是實至名歸。他的幾位機關主管，如臺北市政府教育局前局長高銘輝、臺北市政府公務員訓練中心前教育長傅占闓等先生，都視威海為股肱，一直維持私人間真摯的友誼，誠屬難能可貴。我認為威海實為一位政治新倫理的倡導者、實踐者，是位好楷模。

夜擬輓聯

前天午夜時分醒來，竟又想到威海，無法再入睡了。威海走了，我還能為他做點甚麼事呢！沒有，已是老朽之身，還能做甚麼！再三思維威海一生的人品與志業，突然心血來潮，擬出一副輓聯，用申心意：

報國以忠，奉公以正，言行侃侃稱國士，

齊家維慈，待友維誠，進退雍雍真達人。

詞拙意摯，威海兄其亦樂於笑納？不管怎樣，你會永遠活在家人、同學、朋友們的心裡，這就是「千古」一詞的真意義！

中華民國一百年（二〇一一）十二月二十七日，

八十五歲叟李雲漢筆於臺北文山蝸居。

由左至右：程威海、作者、張瑞岐。

悵對馬大信的一封信

農曆龍年正月初一日——民國一〇一年一月二十三日——傍晚，接到中學時代同班同學周相兄電話，一開始就語帶哀怨的說：「拜年啦，打電話給程威海、馬大信，誰曉得兩人都不在了，我竟然毫無所悉，真洩氣，好不舒服。」我把威海突然過世情形告訴他，至於大信也走了，我還沒得到信息。周相說，是在去年十月。這不意外，因為大信有病在身，情況越來越差，是大家都知道的。馬家不想勞動太多友人，竟連同班同學也未通知，我等因此失去送大信最後一程的機會，有點歉意，卻也能諒解。因為近年來，喪主遵依逝者遺意不發訃聞，不收奠儀，不舉行祭典，已成為風氣。

記得是初中二年級時代，班上轉來了一對諸城縣籍的堂兄弟新同學：馬大忠、馬大信。兩人都比我大一兩歲，都很帥氣，個性卻不大一樣：大忠活潑，瀟灑，愛活動；大信沉穩，喜思考、愛寫作。兩人成績都不錯，初中畢業升學高中放榜，均名列前茅。高中一年級時已是民國三十四年（一九四五），抗戰勝利。次年暑期學校北遷昌樂縣城近郊新校舍，又讀了一年，兩兄弟竟然同時離校了，不知何故。過了一段時間，接到大信自臺灣寫給全班同學的一封信，報導他到臺行程及基隆等地風光，才曉得他們已捷足先登，成為我校最早前來臺灣的校友。兩年後，我等同班同學十多人才先後流亡來臺，見面驚喜交集，從此有了六十多年的不定時見面、餐敘、信息往還的美好歲月；如今，我等也都是耄耋之年的老人了，已經有五人離開了人間。

大忠住臺中市。我家住臺中市時與大忠時有往還，大忠嫂與內子也熟識。我於民國五十九年（一九七〇）遷居臺北後，見面機會就少了。他過世的事，也是事後才曉得。大信住臺北，每次校友聚會，都會見面，聊一陣。我曉得，他一直在臺灣省立臺北婦產科醫院任祕書，也曾在文化大學進修過。有次見面，他說：「我幾乎做了你的學生」。原來他想讀文大史學系，後又改變了主意；如果讀史學系，我在系中兼課，他因而有此說詞。他喜愛寫作，書法也漂亮，大概是讀了文學系。他也有過失去親人的悲傷：女兒從花蓮飛返臺北，在圓山上空失事！每次提及此事，都有悲憤莫名的表情。我也有過喪明之痛，他的感受我是體會得到的！

前幾年的中學在臺校友春節餐會，大信都會參加。後來身體有了毛病，不良於行，就缺席了。他最後一次參加餐會，可能就是民國九十五年（二〇〇六）。當年二月，收到他一封信，附了三份養生保健資料，是我保存唯一一份大信的手跡。如今，他走了，翻閱這封信及附件，不禁心緒悽愴，往事幕幕又湧現腦際。且把大信這封信錄下：

雲漢學長惠鑒：

春節餐敘，故友情深，懷念不已。寄上近幾年來蒐集之養生保健資料數份，敬請參考，希望對　您有所助益。缺失之處，請多指正。

耑此

藉頌

時綏

弟　馬大信　拜啟　二月二十一日

所附三份資料，有兩份是大信自己編撰的：一是〈袪病・防癌・保健・延壽——醫藥之外另一簡易可行之道〉；一是〈解開蔬菜顏色健康密碼〉。另一份是抄錄大陸洪昭光教授的專題演講摘錄：〈生活方式與健康　老齡化和心血管病〉。再讀這幾件資料，有些已是常識，有些觀念和飲食習慣則常被忽略。體會大信之拳拳心意，能不時時注意飲食，善自珍攝？

中華民國一〇一年（二〇一二）二月十七日，

雲漢隨筆於臺北文山寓所。

興華兄，安心走吧！

民國一〇一年五月二十四日（星期四）上午十時，接到陳會傑兄電話，急促的說：「雲漢，告訴你個不幸的消息，興華昨晚走了！」我近來聽力已不甚濟事，急迫再問：「會傑，你說是誰？」他補一句：「是興華。」確定了，我如鯁在喉，自言自語的說：「怎麼會這樣呢?!我們要怎麼辦呢?!會傑，有甚麼善後的決定，請隨時告訴我！」說這話時，我已流下眼淚。轉頭把這哀訊告知內子韓榮貞女士後，就放聲大哭！內子與女兒肖寧（來臺探親）趕快來安慰我，卻也止不住我內心的悲痛。過了好一陣子，我才恢復了理智。

滕興華兄生於民國十五年（一九二六），長我一歲。在故鄉山東昌樂，我們是山東省立昌樂中學自初中至高中六年的同班同學。他父親滕振鐸（化文）老師是教導主任，是學校的第二號人物，握有教務、訓導兩方面實權，姐姐愛華也在我們班上。當時是抗日戰爭時期（一九三七－一九四五），多數同學都是隻身流亡在外，喪失了家庭的溫暖，愛華、興華姐弟卻能受到老爸兼老師的照顧，我等既羨慕，也有幾分嫉妒。當時校風還很保守，男女同學間很少交往，我不僅對愛華言行所知不多，即對興華的個性學行瞭解也有限。只記得他是位身材苗條的帥哥，也沒想到他到臺灣後竟然變成了胖帥。他性格爽朗，為人正直，熱心助人，有正義感，不喜歡多講話，講話時卻帶幾分豪氣。這是我少年同窗就讀時代對興華兄的印象。轉眼間，七十年過去了，他這性格似乎沒大改變；增加的，是他勤勤懇懇的敬業精神及與人為善的豁達胸襟。

民國三十四年（一九四五）八月，抗日戰爭勝利。次年，學校由縣境東南鄉間北遷縣城近郊的新校舍，氣勢蓬勃，我等均感興奮萬分。不意就在此時，教務主任王懷中（亦民）先生出任青島扶輪中學校長，禮邀化文老師隨往擔任訓導主任。兩位台柱老師同時離校，在我心湖中曾激動一波漣漪。化文師對我是有恩澤的，只可惜天未假以高壽！民國七十四年（一九八五），我曾為化文師寫過一篇〈滕化文先生事略〉，以編委會名義刊載於《昌樂文獻》第二五六頁。九十六年（二〇〇七），又曾撰寫一篇紀念文〈長懷滕師化文先生的恩澤〉，列為我的未刊稿《懷德與憶往》首篇。後文我曾寄一份給興華兄，他讀後回電話：「你記事這麼清楚，謝了，所言大致不差。」我的回言是「師恩浩蕩，沒齒難忘。」

懷念興華，幾天來心緒難安，不曉得要對春霞嫂說甚麼話好，也不曉得還該為興華做點什麼事好。內子也抱同樣的心情，兩三天後，她才鼓起勇氣給春霞嫂撥去電話，略表唁慰心意。會傑兄兩次電話告我興華辭世前後病情，也告知告別式定於六月九日（星期六）上午在桃園縣殯儀館舉行。內子仍放心不下，再電會傑兄詢問細節。興華長公子大文也先後於六月三日、五日，電話告知喪儀準備情形及所撰紀念文〈我們的父親滕興華先生〉之內容。然而，我心中仍滿是悽苦，幾度暗自流淚。我與化文師的師生恩情及與興華兄如同兄弟之兩代情誼，是無時或忘，也無可替代的！

懷念興華，難忘我等來臺過程及在臺六十多年的不尋常關係。想一想，我們班是民國三十七年（一九四八）一月畢業的。還來不及準備於暑期升學，四月間故鄉便被共軍攻佔，我等被迫踏上流亡之途。又一年，中國大陸全部淪入中共統治，中華民國政府與兩百萬愛國軍民也被迫播遷來臺。這是中國近代歷史上的大動變，這波洶湧險惡的浪潮也把母校母班的幾位師長和十多位同學推送到臺灣，臺灣從此也成為我們的第二故鄉。往事依然歷歷，感慨萬千也伴隨著無限的哀傷！

我們十多位同班同學來臺灣，是從不同的管道，也各自經歷過無數難以置信的險關。最早到臺灣的應是馬大忠、馬大信堂兄弟，繼之是周樹桂、趙世傑、周相、徐漢民、劉百魁，再次就是化文師與興華、會傑了。他們都是像普通遊客一樣，平安渡臺。尹公斗、程威海、卞玉玟、許衍潤和我，則是穿著軍服，全副武裝，隨了部隊「登陸臺灣」，然後才各走各的路。在臺灣，我首次遇到興華兄是在民國三十九年（一九五〇）二月間，地點是臺中火車站，係意外相遇，興華急喊：「李雲漢，你怎麼在這裡？尹公斗已去臺北找你了。」隨後又說：「聽說你已病垮了，現在看，還好嘛！」關懷而又幽默，只是那時還沒有發福。等他隨同化文師北遷桃園後，我和卞玉玟兄一道去拜候，才發現興華已是魁偉的大胖哥。那時我也才知道小妹麗華也在老師身邊，也獲知愛華已結婚定居香港。

我、內子與化文師及興華兄相處最密洽的時間，是民國四十五年八月（一九四六）至次年（一九五七）十二月這段期間。內子於四十五年暑期畢業於法商學院後，經友人介紹至桃園中學女生部任教師，從此得到老師有如子女般的照顧。四十六年（一九五七）春，化文師應聘為桃園中學訓導主任，要我去客串一個學期的訓育組長（我每週還得抽兩天回政大做功課），得與老師及興華朝夕相處，向老師學得了很多，對興華為人治事的精神更多所體察，也才發現興華已是廚房老手，不知吃過多少次興華親手做的飯菜。老師的衣服也由興華新購及換洗，每天騎腳踏車去龜山國校教學，無間風晨雨夕。我暗暗稱賞興華在家是孝子，在校是良師。我有間宿舍，但我喜歡晚間與老師、興華聊天，太晚了，乾脆就塞在興華大床上，談個痛快。我倆的悄悄話，有時也會被老師聽到，為我是否繼續去臺北建國中學代課的事，老師次日即警告我：「不要再去了，免得惹閒氣，你和興華昨晚講的話，我都聽到了。」

桃園中學這段時間，我和榮貞雖已兩心相許，但還是前後同學及男女朋友關係。化文老師卻希望我們早點結婚，並預先向學校為我們要眷舍。我卻因為學業尚未完成，兩手空空，不敢貿然行事。老師開門見山的問我：「你暑期研究所就畢業，為什麼還不計畫結婚？」我說：「沒有錢」。老師反問：「你到甚麼時間才有錢？我看你到我這把年紀，也不會有錢。」老師說對了，我這人生來就不會賺錢、存錢。我和榮貞商量，不要叫老師失望，決定六月先訂婚，八月我就業，十月就結婚。婚禮上，我的主婚人當然是化文師，介紹人硬拉興華。榮貞的主婚人是她蒲臺縣的國民大會代表胡月村老伯，介紹人請的是她大學同學邢紫劍小姐。證婚人則請我政大老師也是服務機關首長的羅家倫先生。五十五年了，羅老師、滕老師、胡老伯、邢同學都已先後作古，如今我倆唯一的婚禮見證人興華兄也走了，能不慨嘆歲月無情！

由於我服務地點在中部，婚後我倆即遷居臺中市。距離遠了，又加我出國進修，行政職務加重，與興華見面的機會相對減少。民國六十年代後，我、會傑、威海、百魁相繼遷住臺北市興隆路二段相鄰社區內，於是不時餐敘；在臺中學校友每年都舉辦春節餐會，也有其他與我等有關的喜慶活動，都可以與興華見面，聊上一陣。我於民國八十五年（一九九六）退休，隨後去美國幫女兒教養孫兒們，至九十二年（二〇〇三）才回臺北定居。從此時起，每過幾個月，我夫婦便去桃園探望興華兄嫂，聊個大半天，引為最大樂事；也曉得春霞嫂賢慧體貼，持家有道，教子有方。我發現興華變得很健談，也更有風趣，很多我原本不曉得的陳年舊事，都從他口中娓娓道來，有時不能不叫兩人抵掌大笑。例如：高中時代因言語影射鞏章武（憲文）老師有「漢奸」經歷，而被驅逐出教室；家貧，有一學期繳不起學費，幾乎停學；化文師從青島託人空運錢包回家，幾乎失落；從青島初到上海，物價飛漲情形，令人咋舌；在張耀辰（同班同學張培義父親，陸軍少將，在上海有住所）處暫時住宿之感受；去雲南計畫因路費不足告吹，算是「塞翁失馬」；手頭資金僅夠支付輪船費用，到臺灣後已無分文；初到臺灣時之生活困境及人情冷暖；至埔里任教國小「人生地不熟」的苦悶，環境逐漸轉變並受尊重的過程；北遷桃園埔里不放人之爭議及解決經過；相親時與春霞嫂一見鍾情之心理路程等密勿，興華都對我說得痛快淋漓。今日回想起來，仍然有心花怒放，眉開眼笑的快樂，太有趣，太甜美，太值得眷念！

興華開始洗腎以來，健康情形自然受到影響，逐漸不能自由行動。然他一向達觀，把人間世事看得很平淡。我與榮貞每次去探望他，他都力持鎮靜，說明病情，從未表示消極、悲觀。顯然，他是不願意影響到我們的心情。他的話，反倒更多了。有一次，近兩個小時的時間都是他在講。我們不願他過勞，告一段落，就想離去，他還是有欲罷不能的表情。多年來的談話中，發現興華不叫苦，不抱怨，不批評別人，不談論人私，也不對社會百態多所指陳。內子常說：「興華兄真是個絕頂好人，在他的心目中，沒有壞人，也沒有壞事。」這是因為他事事都是從好的方面去看，去想；然而他也是一位具有正義感與愛國心的知識份子，是個講是非、明善惡的正人君子。

最近一次去探視興華，是本年四月十八日，星期三。內子前晚與春霞嫂電話相約，我倆搭臺鐵早班自強號車去桃園，預計晨九時前可以到達。到了，推門即見興華已經穿戴整齊坐在輪椅上等待。好叫我感動。我看他氣色很好，就開始高談闊論起來，談的事卻仍是年輕同學時代的往事。春霞嫂說，興華只記得以前的事，最近的事就很模糊了。我說，這是我們老年人的通病，我也不例外。由於與卞玉玟兄有約，要去卞府一敘，所以於十一時告辭。誰也沒有想到，這次竟是我和興華最後一次談話！想到我臨行時，他欲言又止的依依表情，不禁黯然！

想到同班同學，大忠、世傑、衍潤、百魁、大信、威海，都先後離開人間了，如今興華又與我等永別，自身也已進入暮年，仰望蒼天，夫復何言！又想到興華留下了完美無瑕的典型，應無大憾！六月九日，我夫婦將與會傑兄嫂等同去桃園殯儀館送興華最後一程，見他最後一面！心潮起伏，只想對興華說一句話：「興華兄，安心的走吧！好人到那裡都不會寂寞！」

中華民國一〇一年（二〇一二）六月七日，

八十六歲叟李雲漢筆於臺北文山木柵路

「仁普世家大廈」六樓寓所。

張瑞岐誠信一生

民國一〇二年四月十三日晚間，接到張瑞岐女兒謹行電話，說他父親已於上午十一時辭世了。我沒有太大的激動，因為劉成仁告訴過我，臺北榮民總醫院已說明瑞岐已無治癒希望，拖時間而已。既然如此，早走也好，少受點折磨。然而，我也不無感慨，複雜的情緒一直盤結在心頭！

瑞岐是我山東省昌樂縣籍的小同鄉，也是昌樂中學比我晚幾級的小學弟，更是於民國三十八年（一九四九）一道參加第十一綏靖區青年教導總隊，由青島去海南再來臺灣的學生兵伙伴。但在校中及軍中，並不相識。直到民國五十年代，才有不時見面的機會。五十六年（一九六七）我去美國進修前夕，成仁全家與瑞岐一起歡送我，曾與我夫婦及子女合影留念。兩年後，我回國在臺北工作，見面的機會就多了，彼此的了解也深一層。他最初視我為學長，及至知道他的兩位結義兄弟劉成仁、孫國勛都稱我表叔，就跟著自居侄輩，寫信及電話中稱我「漢叔」。算來也近五十年了，兒女輩都長大成人，我們也都進入老境！如何會沒有時不我與，黯然神傷的感受！

瑞岐出生於昌樂縣邊下鄉唐家店村的士紳之家。父親曾任邊下鄉鄉長，以精明幹練，政績優異，有聲於當時。民國三十七年（一九三八）昌樂為共軍攻佔後，父子均逃亡到青島。次年青島撤退時，卻只瑞岐一人幸能隨軍南下。在臺灣，瑞岐畢業於陸軍軍官學校，一生于役於軍中。曾任職於聯勤總司令部，辦理國際軍售，了解很多機密。他有嚴守祕密的美德，從不對外人談論他職務內的事。做事認真負責，因能按部就班，晉級為陸軍上校。退役後，又在國軍退除役官兵輔導委員會服務一段長時期，先在新竹，後在板橋，工作成績亦甚優良，受到好評。瑞岐服役期間，曾就讀於臺北市世界新聞專科學校（今世新大學前身）。也能寫文章。據我所知，在金雞嶺學友會編印的《金雞嶺憶往》一書中，有他的一篇長達七頁的〈憶親與思鄉〉，至為感人；《金雞嶺季刊》中，有他的短文七篇：

〈懷念一位平凡的人〉　第三十六期（民國七十七年一月一日）

〈金雞嶺季刊十載感言〉　第四十期（民國八十六年十月一日）

〈學友會年會外一章——失車記〉　第四十四期（民國八十七年十月一日）

〈陪考記〉　第四十四期

〈銘謝一則〉　第四十五期（民國八十八年一月一日）

〈鬼門關去又回〉　第七十二期（民國九十六年五月一日）

〈無味雜陳〉　第七十二期

個人的感覺上，瑞岐是個明是非，講誠信的人，對同學、同鄉、朋友，服務尤其熱誠而周到。回想一下，自己和瑞岐相處半個多世紀以來，最難忘也最感動的事端，至少有三樁，願分別略為一述。

一是我受山東省昌樂縣旅臺同鄉聯誼會負責人趙顯庭（光家）前輩囑託，與張來禧（至礽）、張瑞岐共同編印一冊《昌樂文獻》，留下了極為愉快的回憶。那是民國七十七年春間的事。顯庭先生，原職是山東省第八區行政督察專員公署第二科科長，主管財政，為專員兼縣長張天佐（仲輔）之左右手（兩人係青州省立第十中學同班同學）。民國三十八年（一九四九）來臺灣後，一直擔任臺中市立第一中學人事室主任。他胞弟趙文齋（光漢），曾任昌樂縣政府教育科科長。文齋先生哲嗣趙世傑兄，與我係昌樂中學同班同學。因此淵源，我住臺中市時期（民國四十七年至五十九年，一九五八－一九七〇），與顯庭先生時有往來，以師禮事之。顯庭先生熱心於鄉友的聯絡、扶持，以及故鄉文物史料之保存，曾於張天佐專員殉職十週年之期——民國四十七年（一九五八）五月，與昌樂前縣長程鈺慶（韞山）、《光復》雜誌創辦人兼社長趙德修（晉業）等鄉友，發起編印一冊《張烈士天佐殉國十週年紀念冊》，召開過一次紀念大會。我曾應邀參與其事。七十七年（一九八八）五月，為昌樂淪陷四十週年之期，顯庭先生決定編印一冊《昌樂文獻》，並在臺中市舉行一次鄉友大會，以紀念之。《昌樂文獻》的編印工作，顯庭先生指定由昌樂中學三位畢業同學——張來禧、張瑞岐和我，負其全責。來禧在臺中，負責文稿之徵集與初編。我在臺北，負責向幾位與昌樂有關係之山東省籍立法委員趙公魯、宋憲亭等先生邀稿，並請時任考試院院長之孔奉祀官德成（達生）先生，親題書名。中、北間之聯絡及全書之印、校，則由瑞岐一身任之。我與瑞岐，為此事不知接觸過多少次，甚為他的工作熱忱及認真態度所感動。三人通力合作，《文獻》如期完成，於鄉友大會中分贈來賓及同鄉，人皆稱善。二十五年過去了，來禧已於民國九十五年（二〇〇六）一月謝世，如今瑞岐又離開人間了，我翻閱這冊《昌樂文獻》，回想當時情境，不禁熱淚盈眶！

一是瑞岐受我囑託，年年籌辦山東省立昌樂中學暨第八聯合中學在臺校友春節團拜及餐敘，直到他最後的日子。校友團拜及餐敘的事，起源於民國四十年代，最早負責籌劃的人是尹慶山、吳湘永等同學，我也曾參與其事。我們都是早期畢業年齒較長的校友。慶山、湘永先後謝世後，我想應由比較年輕的同學接辦，因此想到瑞岐。我向瑞岐說明這番心意，他立即答應，而且一辦就是三十多年，從未間斷，也從未表示厭倦或抱怨。餐會地點初在西寧南路會賓樓，後來改在忠孝東路悅賓樓，近十多年才固定在長沙街的國軍英雄館。出錢出力，他從不麻煩別人，有幾次帶女兒來現場幫忙。他不僅籌辦春節餐會，每位校友生日，他都主動以校友聯誼會名義，寄卡申賀。也曾多次印發校友通訊錄，方便大家聯繫。近幾年，他的健康情形欠佳，我曾建議請其他同學協助，他表示尚可勝任。本年一月十四日，我夫婦邀請六家老同學餐敘，電話邀瑞岐時，才知道他在石牌榮總。次日上午，我去榮總思源樓五八〇病房探視瑞岐，他告訴我，春節餐會訂於三月二日中午舉行，仍在國軍英雄館七樓迎賓廳，我緊握他的手，是感謝，也是憐惜。沒想到，三月二日的餐會，他不能到場了。餐後我和周樹桂、楊學晏、劉成仁一道去榮總看瑞岐，見他精神還好，卻沒想到這竟是最後一次見面，談話！

一是瑞岐不定期的送我有關保健、時政和鄉情的書籍，也帶來他的關懷。瑞岐贈書中，具有史料價值迄今仍不時翻閱者，以他從故鄉母校（原山東省立昌樂中學，今易名為昌樂第一中學）帶回之三書——《昌樂一中校志》、《昌樂一中七〇年》、《堅持科學發展 創建一流名校 昌樂一中教育教學成果匯編》，暨臺灣出刊之《金鷄嶺季刊》合訂本，最為珍惜。瑞岐曾對我說：「你是讀書人，書到你手中才適得其所。」我不能不心懷感謝、感動，甚至感奮。他對金鷄嶺學友會策劃的活動，也無役不與，全力以赴。

成仁早就告訴我，瑞岐的告別式訂於五月二十六日舉行，我決定去板橋殯儀館見他最後一面。今日接到訃聞，始知遺體已經火化並安奉於汐止國軍忠靈殿矣。相信瑞岐英靈常在，二十六日我仍然要去板橋殯儀館靈堂，向他致最後的敬禮！

八十七歲叟李雲漢筆於臺北文山，
中華民國一〇二年（二〇一三）五月八日。

經劉成仁複印八十份於告別式中分贈諸友好，復經張一民收刊於其主編之《齊魯會刊》第十五期（二〇一三年十月十日出版）。

愴悼陳會傑兄

民國一百又五年（二〇一六）十一月十九日傍晚，接到陳會傑兄長子光中電話，驚悉會傑已於上午辭世！事出突然，驚疑哀痛，不禁放聲大哭；只泣告光中「要好好照顧媽媽」，就放下話機，兀自哭泣一陣。轉身去告訴太太此一凶訊，她稍作疑惑，隨即也哽咽起來。她再電話光中，詢問詳情，更見她淚流滿面，幾難成聲！

入夜後，思緒混亂，難以成寐。想到我和會傑情同兄弟的關係，也想到健康情形近非良好的景芬嫂處境，只感到思潮洶湧，無邊無際，面對老同學此一突變，深愧無能為力！

次（二十）晨送走寧兒（週前來臺探視父母，今日返美）後，心情稍感平衡，想到是否要前往陳府一申弔慰心忱！榮貞先與劉鍾渝嫂電話相詢，認為此時此刻前去並無助益，甚至會加重景芬嫂的哀傷，還是稍過時日為宜。我也漸次恢復理智，不再落淚。人生，誰都有個末日，只是遲早而已！除了坦然面對，又能如何！我曾經說過：「後人對逝者最大的安慰，是節哀、理智與自強。」願以此語自勉，且以勸慰景芬嫂及光中兄弟們！會傑和我是中學時代同班同學。我們是於民國三十年（一九四一）九月入學，算來已有七十五年的友誼。我們的母校，是山東省立昌樂中學，為抗日戰爭（一九三七－一九四五）期間，山東戰區規模最大的中等學校之一。我們初中讀的一班，稱「初二級」，同班同學有劉百魁、陳會傑、徐漢民、滕興華、程威海、尹公斗、趙世傑、卞玉玟及雲漢。高中讀的一班是「高四級」，增加了周樹桂、馬大忠、馬大信、周相、張晉中、許衍潤等人。我們這些人，都於民國三十八年（一九四九）大陸陷入共產黨前後，來到臺灣。我等成長在山東故鄉，成家立業並服務社會卻在臺灣；臺灣為第二故鄉，畢生心力也毫無保留的貢獻於臺灣社會，身後也當然安息在臺灣土地上！

我們的中學時代，是戰時。昌樂縣城被日本軍隊佔據，縣政府疏散於南境的鄉鎮村落中，繼續推動政務。我校初設於鄌郚鎮的劉家溝，一年內，校舍曾有三度被來犯日軍燒毀的記錄！沒有桌椅，上課時每人都帶了圖板、馬踏（矮小折疊之坐具），在極端克難的情境下，不廢吟哦。其後，隨了戰情的變化，我校又東遷馬宋鎮屬的龐家河溝、寺後等村落，學生則散住於民家。直到三十四（一九四五）年八月抗戰勝利之後，縣政府才選定縣城近郊松山西麓之吳家池子，建立新校舍，我們才有了真正的「家」。六年的戰時教育，陶冶了我們堅強的愛國熱忱與奮鬥意志，也凝聚了我們心神一體患難與共的兄弟般情感。今天，我們都已是白髮蒼蒼的耄耋老人，見面談話卻還是一如當年同窗時代的坦誠無忌，天真瀾漫。

中學同班同學，前後有八十餘人。各人的環境與性格不同，課業行跡也「各有千秋」。來到臺灣的十多人，當年的表現似乎也是「多采多姿」。百魁、會傑是比較突出的人物，兩人都曾擔任過班長，也都贏得同學的信賴與師長的稱許：百魁老成持重，做事穩紮穩打，有條不紊；會傑心靈機巧，明快暢達，善得人緣。會傑文筆流暢，興趣多端，曾在一場話劇中扮演過一位倜儻風流的公子哥兒。他本是富家子弟，穿著新穎而講究，是班上唯一一位擁有一部自行車的人。回想起來，值得懷念且感到興奮的事很多，最重要的是高中三年級遷入新校舍那年，百魁、會傑、公斗、玉玟和我，都被選拔為三民主義青年團山東支團昌樂中學分團部籌備處的學生幹部，有間專用辦公室。百魁、會傑掌管組織，我管理文書，公斗和玉玟負責宣傳與服務。由於工作成績不錯，團主任也是學校訓導主任高魯生先生，函請縣長張天佐批准贈予我等每人一套黑色新制服，山東支團部也來文嘉獎，叫大家留下了極為美好的回憶。

我等來臺灣是循不同的管道，時間也不一致。百魁、會傑、興華是隨同滕師化文先生一道來臺，公斗、威海、玉玟和我，則是身著軍服隨部隊進駐，然後脫離軍籍。民國三十九（一九五〇）年各自安定後，彼此始有聯絡。我首次見到會傑與威海，是在臺北縣的屈尺國民小學，孫鴻祿先生甫接任校長，邀兩人前來協助。這次是意外相遇，高興得連說帶跳。此後他倆都留在臺北地區服務於教育界，見面的機會就多了。很欽佩，兩人於教職同時不忘進修，先後完成了大學教育。四十三年（一九五四）一月，我參加了會傑兄與景芬嫂的結婚喜典，年底又應邀去會傑兄嫂瑞芳新居共度春節，歡樂心情，至今猶感津津。當然，最感興奮並引以為榮的一段，是四家聚居於臺北市興隆路同一社區內，不時餐敘，守望相助的經歷。我是於民國五十九年（一九七〇）八月住進興隆路的，會傑與威海晚一年搬進來，百魁更晚些，迄今也已四十多年了，真是難得的機緣。我雖已遷居木柵，然相距甚近，隨時都可以聚敘，能不說是上天的嘉惠！

然而，世事難測！繼百魁、威海、興華之後，一向被認為體力最強健，我稱之為「老青年」的會傑，竟又駕鶴西歸了！日昨夜不成寐，擬定下開聯語為會傑送別：

忠耿從公，無愧無怍；
勤儉治家，有法有則。
強身勵志，壯懷勁節，
典範長存，光昭日月。

九十歲弟李雲漢筆於臺北文山木柵路蝸居，
中華民國一百又五年十一月二十二日。

由左至右：陳會傑、作者、尹公斗。

中學七窗友。由左至右：作者、尹公斗、程威海、劉成仁、陳會傑、滕興華、劉百魁。

六、門生

悼惜蘇墱基

民國九十一年（二〇〇二）八月三日接劉維開電話，驚悉蘇墱基已於上月二十七日病逝，定期於八月十六日舉行告別式。我告訴維開：墱基的病既無法醫治，早走了也好，少受點痛苦。隨後墱基太太鍾文慈也撥來電話，告訴我墱基逝世情形，並說曾撥來電話，但未撥通，可能是跳號了。我安慰蘇太太幾句，並問她有無需我幫忙處，她說想請老師擔任治喪委員，我立即同意。只講幾句話，就感到有點哽咽。回頭與內子談及此事，幾乎要哭了。感情竟如此脆弱，自己也覺得有點失態！

蘇墱基，是我在中國文化大學史學研究所教過的學生，他的碩士論文也是我指導的。畢業後，他轉業於新聞界，但仍致力於民國史研究，對發生於民國二十五年（一九三六）十二月的「西安事變」，尤有獨立而公允的論斷。案旁書櫥裡有一冊他的代表作《張學良・共產黨・西安事變》，看到他在首頁親筆寫的話：「恭呈　李老師　學生蘇墱基敬上　八十八年三月二十八日」不禁又為之戚感滿懷。他正當事業與學問均臻成熟的盛年，竟賚志以去，能不令人扼腕感嘆！去年秋，墱基曾說要找個適當的時間，見見面，談談心，我也請維開不時與墱基聯絡，找個適當的機會暢敘一番。沒想到，墱基竟至一病不起，空留永遠無法彌補的遺憾！

八月十六日下午，我去臺北市辛亥路的第二殯儀館景仰廳參加了蘇墱基的告別式。停留了一個半小時，想起不少與墱基一同經歷過的往事。我想再安慰蘇太太幾句，又想不到適當的話來說，只有以「節哀」、「堅強」、「事事從寬處想」的老話來表達心意。家屬提供了兩份資料給前來祭拜的友人：一份是郭榮趙教授的追悼文〈敬悼中國時報副總編輯、中國文化大學講師蘇墱基先生〉；一份是蘇墱基的最後著作《亦狂亦俠亦溫文》。兩份資料帶回家來，很細心的一一讀過，對墱基為人治學及處世風格有了更深入的瞭解。尤其是墱基在遺著中所述冷欣（容庵）、余紀忠、卜少夫、劉紹唐等人的人格，志業和風義，讀來特別親切。冷、卜、劉三位都是已故老友，墱基的記述文字更加挑起了我對老友的懷思；三位在天國中，想來仍有享受不盡之把酒言歡，抵掌暢談的快樂！

墱基祭典中，也遇到了多位平日不常見面的老友。一位是劉紹唐夫人王愛生女士，看來已滿頭白髮，被項紀台稱之為「老夫人」了，歲月真的是無情無義啊！一位是親民黨主席宋楚瑜，這是他離開國民黨自立門戶後首次見面，言詞和風度一如往昔。他提到大陸影片「滿清末代王朝」中描述孫中山、袁世凱關係的事，問我有無其事，我率直告以：

「有，只是太誇大了。」一位是鍾榮吉，曾是親民黨秘書長，如今是立法委員。坐我前排，拍拍肩，拉拉手，似乎一切都在不言中。蔣永敬兄也來了，他說下月中將去南京小住兩個月。見到孫同勛，他已自臺大退休，現在是中國文化大學文學院院長，也是中國歷史學會理事長。忽然想到我還沒繳歷史學會的年費，因此取出五百元給同勛，請他代轉。

中華民國九十二年（二〇〇三）八月十八日，雲漢書於臺北市文山區興隆路二段一五三巷四弄二號之二陋寓懷元廬。時年七十又七。

痛惜陳曼玲

民國九十四年（二〇〇五）二月中旬，突然接到陳曼玲逝世的訃聞，不禁為之一怔。怎麼可能呢，年輕輕的女學人，怎麼會戛然告逝？事實是不容懷疑的！曼玲確於二月九日病逝，訂期於二月二十六日上午，假臺北市和平東路二段二十四號臺北靈糧堂舉行安息禮拜。

陳曼玲，是我在政治大學歷史研究所教過的女學生，也是她碩士論文的指導教授。我在政大、師大暨文大教過的女學生有二十多位，指導過論文並一直保持聯繫，且與內子也很熟稔的僅三五人，曼玲是其中之一。不幸的信息到來，內子也深感惋惜。

曼玲是臺灣臺南人，民國四十七年（一九五八）生，和我女兒肖寧同歲。她於政治大學畢業後，繼升入歷史研究所碩士班就讀，因而成為我的門生。她選擇的碩士論文題目是「陳炯明與粵軍」，所長蔣永敬兄聘我為指導教授，因而增多了與曼玲接觸的機會，對她有了更多的了解。曼玲非常聰明，反應快，個性強，有主見；卻也很隨和，人緣甚好。陳炯明是個有爭議的歷史人物，他與孫中山的分合關係，也還有不少可以討論的空間。曼玲讀過一些香港《華字日報》所載祖陳抑孫的言論，因而對孫陳關係，有些先入為主的成見。和我討論時，有時也很堅持。我總是心平氣和的，從各個不同的角度來作分析，力求還原歷史的真相。漸漸的，曼玲的觀點也趨於持平而客觀。論文寫得不錯，於民國七十二年順利通過口試，獲授碩士學位。她與父親，曾來我家親表謝忱，我和內子也對曼玲抱持真誠的愛護與期望。

曼玲政大畢業後，我曾介紹她去亞東工業專科學校教授「中國現代史」。七十五年（一九八六）一月，她與黃榮護君結婚，我夫婦一道去參加了她的婚禮。兩年後，她與夫婿雙雙赴美深造。頭幾年，不時來信報告生活狀況及進修計畫，改攻教育。國外進修，當然也很辛苦，信件也漸漸少了。後來我才曉得她同時開始為基督教會服務。最後終於在民國八十八年（一九九九）獲得洛杉磯加州大學教育心理學博士學位。同年回國，在世新大學教育學程中心任教。她與同在世新大學任教的喻蓉蓉（亦政大史研所畢業同學），曾邀請政大史研所的幾位老師在福華飯店的「江南春」吃過一次飯，沒想到這竟是最後一次見面。

曼玲的安息禮拜，我去參加了。與昔日史研所前後任所長閻沁恆、蔣永敬兩兄遇，均感唏噓！曼玲夫婿黃榮護教授等友好，為之編印《更美的盼望——陳曼玲教授的生命凱歌》紀念冊，以圖片與文字記述她的生平成就。我帶回一冊，作為紀念這位不幸中年謝世之女弟子的文徵！

中華民國九十六年（二〇〇七）三月十二日，

雲漢憶述此文以紀念曼玲逝世二週年。

陳曼玲（左）、作者（右），合影於民國七十四年十一月。

哀王正華

民國一百年（二〇一一）八月一日，星期一。午後二時，接到國史館秘書高純淑電話，急切的說：「李老師，告訴您一個不幸的消息！王正華走了，是上月二十八日星期四下午。」太突然了，萬萬想不到的事！純淑也告訴我，正華告別式定於八月五日晨八時三十分在第二殯儀館懷恩廳舉行，我回應：「我會準時去參加」。稍一定神後，把這事告訴內子，她驚疑的問：「是那位王正華」？我說就是在國史館服務，我的學生，妳也認識的王正華！內子仍說，「怎麼可能呢！」事實就是事實，是沒法否認也沒法閃避的。

「白髮人送黑髮人」，是人生一大悲哀。很不幸，我已經歷過多次！民國七十一年（一九八二）愛兒肖元的意外殉職，幾乎叫我沉淪到底，生機全喪！近年來，文化大學歷史學研究所學生蘇墱基（中國時報副總編輯）、政治大學歷史研究所學生陳曼玲（世新大學教授）都在盛年而竟棄世，曾叫我無限感慨，暗自嗟歎，分別撰文悼惜。輔仁大學畢業的董淑賢雖然不是我的學生，然先後在黨史會、國史館跟隨過我，她因過勞而倒斃於國史館辦公室內，也教我不勝唏噓。

王正華之突逝，帶給我更多的哀思，因為她從政大大學部歷史系，到政大歷史研究所碩士班、博士班，三度受教於我；其碩士、博士論文，都由我指導；到中央研究院近代史研究所工作及去臺中逢甲大學教學，也都是由我寫信介紹。她是我眼看著從青年到盛年辛勤努力，終能在民國史研究範圍內佔有一席之地的女性歷史學者。不特此也，她父親王貽蓀及姐姐都曾在陽明山革命實踐研究院受過訓，聽過我的課；父女同列門牆，不能不算是一段佳話。

多年來，正華都會於春節過後來我家拜年，談上大半天，多半會留下來用餐。內子對她關懷備至，對生活、健康、子女教育等方面，殷切垂詢，並多所建議，就像對待自己女兒一樣關切、期許。去年春節，正華未來看我們，我也未以為意。至五月間，我們一道應邀去北京出席一次國際學術研討會，同住香山公園內之香山飯店。第二天晚間，正華到我房間來看我，告訴我由於父親於年前去世，因而春節未曾到我家拜候，哭了。我安慰她一陣子，才恢復平靜。那晚，是師生談話最多的一次。她母親前幾年已過世，如今又失去父親，內心的哀戚是難免的。不過，這是任何人都無法逃避的遭遇，只有放寬心懷，節哀順變。像我，父母在大陸故鄉被凌辱殺害，竟無法回籍奔喪，那才真是痛澈心肝呢！

正華在校時，成績滿不錯。教學很認真，研究更辛勤有加，成績顯著。著有《國民政府之建立與初期成就》、《抗戰時期外國對華軍事援助》等學術專著，近年來更不斷應邀出席國內外有關民國史的學術會議，提供論文宣讀。在國史館的職位，亦由修史系統之助修、協修，遞升至最高級的纂修。家庭方面，她結婚較晚，夫君是高雄籍的周謀添，是他政大歷史系同學，畢業於東亞研究所，服務於法務部調查局。他們的結婚典禮，我和內子是去參加的，他們婚後也曾到過我們興隆路的家，可是我都沒有明顯的印象了。她沒有生育子女，收養了一名女兒，名誼臻，即將升大學。她期望培育女兒能出國進修，有所成就。她是孝女，也是慈母，只可惜看不到女兒學業告成就永別了。

今年（民國一百，二〇一一）二月六日，農曆春節後之正月初四日，正華於午後來我家拜年，話家常，一談三個多小時，可謂盡興。我夫婦帶她到附近之「錦祥小館」用餐，師母點了四個大菜，要正華盡情吃，不要拘束，她也真的不客氣，吃了不少。飯後送她至木柵公共汽車站，搭臺北客運班車回新店的家。沒想到，這竟是最後一次與正華見面！

八月五日晨間王正華的告別式，我參加了。到達現場，首先見到政大史研所博士班畢業、現任國史館纂修的吳淑鳳，我問：「正華走前，有沒有甚麼跡象？」淑鳳說：「有，她患有疱疹，可能毒菌已擴散到心臟，才突然爆發。」果如此，那就歸咎於命運了。我送奠儀兩千元，作為正華最後的程儀。靈堂內，懸有總統馬英九、副總統蕭萬長、總統府秘書長伍錦霖、副秘書長劉寶貴致送的輓額，也有國史館、中央研究院近代史研究所、國立政治大學歷史學系等學術機構的公祭，至為哀榮，正華應可瞑目。我見到之政大歷史系師長有閻沁恆、王壽南，蔣永敬要長子世安代表；學生有陳進金、劉維開等十數人，進金面容哀戚，幾至哽咽。我於最後之朋友致祭時參加行禮，默默而退。進場及離開時，均有一位女士前來問候，自報姓名，我竟未聽清楚，漫應之。事後始憶及她是劉敏元，任教於臺中商技學院。她在政大與正華同班，會京劇，是個多才多藝且善解人意的聰明女生。後悔沒有多回應幾句，恐怕要她失望了。

家屬提供了一份〈王正華女士事略〉，說明正華祖籍江蘇江陰，生於臺灣高雄左營。她生於民國四十三年（一九五四），逝於民國一百年（二〇一一），得年五十八。〈事略〉也提供兩項我未聞知的事：一為正華曾考取高等考試，因而分發至國史館，得有長期安定的研究環境；一是她的業餘消閒活動，原文說：「女士平日專注於學術研究外，偶有閒暇時喜歡各種藝文活動；欣賞京劇、崑曲、舞蹈、話劇、繪畫、電影等，只要時間體力許可，從不錯過，這些是舒展精神的良方。另外碧潭快走，休假旅行，都是放鬆心情的快樂時光。」

大陸史學界預定於十月間在武漢舉辦一次紀念辛亥革命一百週年的國際學術研討會，邀請正華出席。正華曾告訴我，說已允諾前往，並開始準備撰寫論文；不意遽爾西歸，心志永無實現之日矣。她曾希望退休後能將所有著作彙集出版，未悉其夫君能否實現其遺願！

中華民國一百年（二〇一一）八月十二日，

雲漢感述於臺北文山木柵路寓所

作者夫婦與王正華（左一）、吳淑鳳（右一）合影。

悼念莊政

中華民國一〇六年（二〇一七）五月十八日傍晚，接到莊政太太申時方教授電話，說：「李老師，莊政已於昨（十七）日辭世了！你是他最親近的老師，不能不告訴你。」事情太突然，心絃為之一震，急問：「怎麼回事？」等莊太太約略告訴我有關情形後，頓時如鯁在喉，只回復一句話：「有甚麼需要我做的事，請告知，告別式中我會去送他最後一程。」

莊太太的話沒有錯，我和莊政間四十多年的師生關係，的確不同尋常。回想一下，我是於民國六十年（一九七一）二月，應國立臺灣師範大學歷史研究所之聘，開一門課「中國近代內亂史研究」，是我在師大兼任教職之始。第二年，三民主義研究所所長葉守乾偕同李守孔教授來我家中，說：三民所一門必修課程「中國革命史」原由守孔教授講授：守孔教授抽不出時間，經兩人再三考慮，決定請我接任。守孔是老友，不能拒絕。這是我在師大三民主義研究所（今已改名為政治學研究所）講課的開始，到民國七十三年（一九八四）辭職，有十二年經歷，感到很愉快。

我在自己的學術自敘傳《史學圈裏四十年》中，曾作如下的記述：

> 師大三民主義研究所是國內各大學最早設立研究孫中山先生思想學說與革命歷史的機構，基礎極為穩固，培植的人才亦不少。就我所知，黃人傑留校任教授，並朱文原在國史館任協修，黃城則任教於空中大學，並負責革命實踐研究院的教務。早期畢業的董家安，一直任教於彰化師範大學，並負責訓導工作，以研究中華革命黨而知名於史學界。莊政研究孫中山先生的生平事業，已出了四五種著作，治學極為勤奮。

此書出版於民國八十五（一九九六）年，記述莊政的著作只有「四五種」，今日算來，至少有一十二種。記得班上的研究生，除莊政及上引文中提到的黃人傑、朱文原、黃城四位外，還有馬政、王全民、洪碧姬等六、七位。馬政與莊政都是很有主見的人，課間進行討論時，時常針鋒相對。王全民後來移居美國，改行習醫，如今已是芝加哥地區的名醫。洪碧姬是女生，與朱文原結婚，曾公費赴英國進修，常年在革命實踐研究院服務，表現極為優異；朱文原則已升任國史館纂修，具近代史學專長。四十多年時光過去了，諸人均屆古稀之年！思及往日課堂情景，無限感慨！

莊政是於民國五十八年（一九六九），考進師範大學三民主義研究所，至六十四年（一九七五）才獲得碩士學位，足足讀了六年，比一般碩士班研究生時間要長。他選定的碩士論文題目是〈國父革命與洪門會黨〉，指導教授是請臺灣大學教授羅剛。中間，羅教授病了，建議他改請我指導，我答應義務協助，這是我對莊政治學態度有系統瞭解的開始。莊政在其自傳《風雨八十年——從小兵到教授的故事》中，作過如下的記述：

> 羅師以肺癌住院，病勢逐漸沉重，當然再沒法指導我的論文了。他以私人情誼，託付同時在師大三研所講授「中國革命史」的李雲漢教授代為指導。李老師學養深厚，正值壯年，滿口答應，慨然義務指導，既未收應得的鐘點費，且也婉拒掛名。這種既不為名，也不為利，一味犧牲付出，鐵肩擔道義的高潔風範，真為革命黨人精神的活現。多年來，每逢年節，我都沒有忘記李老師，有時登府拜見，有時電話問候，過年時更是帶點食物，少不了帶去臺北金山南路山東老店「不一樣」的嗆麵饅頭。

莊政獲授碩士學位後過了一段時期，在數所學校教課，獲得教授資格後，才又申請讀博士學位。這期間，未曾中斷與我之間的聯繫。他在博士班後期，決定論文題目是「中山先生晚年的思想與政略」，是想對孫中山先生的晚年的救國謀略作深度探討。請我擔任指導教授，我認為這題目很重要，卻很難請到適當的資深學者指導，也就義不容辭的答應下來。他後來把論文範圍擴大了，改題為「孫文革命建國思想闡微」。論文內容擴張了，研究的時間自然也延長，我和他當面討論的機會也增多，對他性格及學養的了解，也自然加深。他有鍥而不捨的精神，努力了七個整年，至民國八十六年（一九九七）才通過筆試及口試，獲得博士學位。值得高興的是：他的碩士及博士論文都已出版了專書，博士論文且曾榮獲中華民國中山學術文化基金會主辦的優良博士論文獎，獲得獎牌、獎狀和獎金。

我常想：孫中山先生不僅是中國近代的一位偉人，也是二十世紀初期世界上的知名之士，曾被稱之為人傑。研究孫先生之學說與事功，在中華民國政府遷臺之初的二十年內，曾被認為是顯學，人才鼎盛：崔載陽、崔書琴、羅家倫、黃季陸、崔垂言、羅剛、傅啟學、任卓宣、吳相湘、林桂圃、周世輔、陳固亭、王德昭等先生，乃其著者。其後，於民國六十至八十年代，歷史學者有多位著力於孫先生時代國共關係及對外關係之研究，王聿均、蔣永敬、李守孔、陳三井、王爾敏、陳鵬仁、呂芳上、宋越倫等，均有學術專著問世。人數雖少了，學術色彩甚為濃厚。民國九十年代以後，專研孫學的學者屬於第三代，莊政有資格作為代表。只是由於政治環境的變動，三民主義研究所均已改制更名，研究孫學的學者專家少之又少，只見黃城、朱文原、陳宜安等數人。莊政今又離開塵世了！視今憶昔，能無憮然！

中華民國一〇六年（二〇一七）九月二十四日，

九十一歲退休史學教授李雲漢筆於

臺北市木柵路三段六十九號六樓之三蝸居。

血歷史128　PC0713

新銳文創
INDEPENDENT & UNIQUE

懷元廬存稿之二：懷德與憶往

作　　者　李雲漢
責任編輯　洪仕翰
圖文排版　楊家齊
封面設計　蔡瑋筠

出版策劃　新銳文創
發 行 人　宋政坤
法律顧問　毛國樑　律師
製作發行　秀威資訊科技股份有限公司
114 台北市內湖區瑞光路76巷65號1樓
電話：+886-2-2796-3638　傳真：+886-2-2796-1377
服務信箱：service@showwe.com.tw
http://www.showwe.com.tw
郵政劃撥　19563868　戶名：秀威資訊科技股份有限公司
展售門市　國家書店【松江門市】
104 台北市中山區松江路209號1樓
電話：+886-2-2518-0207　傳真：+886-2-2518-0778
網路訂購　秀威網路書店：https://store.showwe.tw
國家網路書店：https://www.govbooks.com.tw

出版日期　2018年10月　BOD一版
定　　價　460元

Printed in Taiwan

國家圖書館出版品預行編目

懷元廬存稿之二：懷德與憶往 / 李雲漢著. -- 一版. -- 臺北市：新銳文創, 2018.10
面；　公分. -- (血歷史；128)
BOD版
ISBN 978-957-8924-34-5(平裝)

1.李雲漢 2.回憶錄

783.3886　　107014629

讀者回函卡

感謝您購買本書，為提升服務品質，請填妥以下資料，將讀者回函卡直接寄回或傳真本公司，收到您的寶貴意見後，我們會收藏記錄及檢討，謝謝！如您需要了解本公司最新出版書目、購書優惠或企劃活動，歡迎您上網查詢或下載相關資料：http:// www.showwe.com.tw

您購買的書名：＿＿＿＿＿＿＿＿＿＿＿＿＿＿＿＿＿＿＿＿

出生日期：＿＿＿＿年＿＿＿＿月＿＿＿＿日

學歷：□高中（含）以下　□大專　□研究所（含）以上

職業：□製造業　□金融業　□資訊業　□軍警　□傳播業　□自由業

□服務業　□公務員　□教職　□學生　□家管　□其它＿＿＿

購書地點：□網路書店　□實體書店　□書展　□郵購　□贈閱　□其他

您從何得知本書的消息？

□網路書店　□實體書店　□網路搜尋　□電子報　□書訊　□雜誌

□傳播媒體　□親友推薦　□網站推薦　□部落格　□其他＿＿＿＿＿

您對本書的評價：（請填代號　1.非常滿意　2.滿意　3.尚可　4.再改進）

封面設計＿＿　版面編排＿＿　內容＿＿　文／譯筆＿＿　價格＿＿

讀完書後您覺得：

□很有收穫　□有收穫　□收穫不多　□沒收穫

對我們的建議：＿＿＿＿＿＿＿＿＿＿＿＿＿＿＿＿＿＿＿＿

＿＿＿＿＿＿＿＿＿＿＿＿＿＿＿＿＿＿＿＿＿＿＿＿

＿＿＿＿＿＿＿＿＿＿＿＿＿＿＿＿＿＿＿＿＿＿＿＿

＿＿＿＿＿＿＿＿＿＿＿＿＿＿＿＿＿＿＿＿＿＿＿＿

請貼
郵票

11466
台北市內湖區瑞光路 76 巷 65 號 1 樓
秀威資訊科技股份有限公司 收
BOD 數位出版事業部

………………………………………………………………………………

（請沿線對折寄回，謝謝！）

姓　　名：＿＿＿＿＿＿＿＿　年齡：＿＿＿＿　性別：□女　□男

郵遞區號：□□□□□

地　　址：＿＿＿＿＿＿＿＿＿＿＿＿＿＿＿＿＿＿＿＿＿＿＿＿

聯絡電話：(日) ＿＿＿＿＿＿＿＿＿＿＿＿ (夜) ＿＿＿＿＿＿＿＿＿＿＿＿

E-mail：＿＿＿＿＿＿＿＿＿＿＿＿＿＿＿＿＿＿＿＿＿＿＿＿